"教师—幼儿园"心理契约的违背及其影响因素

赖晓倩 著

九州出版社 全国百佳图书出版单位
JIUZHOUPRESS

图书在版编目（CIP）数据

"教师—幼儿园"心理契约的违背及其影响因素 / 赖晓倩著. -- 北京：九州出版社，2025. 4. -- ISBN 978-7-5225-3735-1

Ⅰ. G443

中国国家版本馆CIP数据核字第2025BP6473号

"教师—幼儿园"心理契约的违背及其影响因素

作　　者	赖晓倩 著
责任编辑	肖润楷
出版发行	九州出版社
地　　址	北京市西城区阜外大街甲 35 号（100037）
发行电话	(010)68992190/3/5/6
网　　址	www.jiuzhoupress.com
电子信箱	jiuzhou@jiuzhoupress.com
印　　刷	北京星阳艺彩印刷技术有限公司
开　　本	720 毫米 ×1020 毫米　16 开
印　　张	21.75
字　　数	429 千字
版　　次	2025 年 5 月第 1 版
印　　次	2025 年 5 月第 1 次印刷
书　　号	ISBN 978-7-5225-3735-1
定　　价	68.00 元

本书系白城师范学院博士科研启动基金项目"'教师—幼儿园'心理契约的违背、效应及其影响因素研究"的阶段性成果。

目　录

绪　论 ……………………………………………………………… 1

　　一、研究缘起 ………………………………………………… 2

　　二、研究问题 ………………………………………………… 7

　　三、研究意义 ………………………………………………… 8

　　四、研究的重点、难点与创新点 ………………………… 10

第一章　文献综述与理论基础 ……………………………… 12

　　一、心理契约的相关研究 ………………………………… 12

　　二、理论基础 ……………………………………………… 59

第二章　研究设计 …………………………………………… 79

　　一、研究内容 ……………………………………………… 79

　　二、研究思路与研究框架 ………………………………… 80

　　三、研究方法 ……………………………………………… 82

　　四、研究对象 ……………………………………………… 89

　　五、研究的信度与效度 …………………………………… 90

　　六、研究伦理 ……………………………………………… 93

第三章　"教师—幼儿园"心理契约结构模型建构研究 …… 94

　　一、师园心理契约结构维度的理论构想 ………………… 94

二、师园心理契约问卷的编制 …………………………… 100

三、师园心理契约问卷的预试与修订 …………………… 120

四、师园心理契约问卷的信效度检验 …………………… 133

五、师园心理契约问卷内容及结构维度的总结 ………… 135

本章小结 …………………………………………………… 139

第四章 "教师—幼儿园"心理契约违背的现状 ………… 141

一、师园心理契约违背现状的研究对象 ………………… 141

二、师园心理契约违背现状的研究方法 ………………… 143

三、师园心理契约违背现状的研究过程 ………………… 145

四、师园心理契约违背现状的结果讨论 ………………… 154

本章小结 …………………………………………………… 157

第五章 "教师—幼儿园"心理契约违背的效应 ………… 159

一、幼儿园心理契约违背的效应 ………………………… 160

二、幼儿园教师心理契约违背的效应 …………………… 219

三、师园心理契约违背效应的综合讨论 ………………… 233

本章小结 …………………………………………………… 235

第六章 "教师—幼儿园"心理契约违背影响因素的研究 … 237

一、教师因素对师园心理契约违背的影响 ……………… 238

二、幼儿园组织因素对师园心理契约违背的影响 ……… 247

三、社会环境因素对师园心理契约违背的影响 ………… 257

本章小结 …………………………………………………… 267

第七章 研究结论、建议与展望 …………………………… 269

一、研究结论 ……………………………………………… 269

二、研究建议 ……………………………………………… 272

三、研究展望 ……………………………………………… 288

结　语 …………………………………………………… 290

附　录 …………………………………………………… 292

附录 A　访谈提纲 ………………………………………… 292

附录 B　开放式问卷 ……………………………………… 296

附录 C　内容效度专家评价表 …………………………… 299

附录 D　心理契约违背及效应问卷（节选） …………… 302

参考文献 ………………………………………………… 307

图目录

图 1-1　心理契约形成的雇佣关系模型图⋯⋯⋯⋯⋯⋯⋯⋯⋯⋯⋯28

图 1-2　心理契约形成的组织生涯模型图⋯⋯⋯⋯⋯⋯⋯⋯⋯⋯⋯29

图 1-3　心理契约形成的社会认知过程模型图⋯⋯⋯⋯⋯⋯⋯⋯⋯30

图 1-4　心理契约形成的职业社会化阶段模型图⋯⋯⋯⋯⋯⋯⋯⋯30

图 1-5　工作环境对心理契约的影响图⋯⋯⋯⋯⋯⋯⋯⋯⋯⋯⋯⋯47

图 2-1　"教师—幼儿园"心理契约研究框架图⋯⋯⋯⋯⋯⋯⋯⋯⋯ 81

图 2-2　"教师—幼儿园"心理契约研究设计思路图⋯⋯⋯⋯⋯⋯⋯ 84

图 3-1　奥尔德弗的 ERG 需要理论图⋯⋯⋯⋯⋯⋯⋯⋯⋯⋯⋯⋯ 98

图 3-2　幼儿园责任量表碎石图⋯⋯⋯⋯⋯⋯⋯⋯⋯⋯⋯⋯⋯⋯128

图 3-3　幼儿园教师责任量表碎石图⋯⋯⋯⋯⋯⋯⋯⋯⋯⋯⋯⋯129

图 3-4　幼儿园责任量表结构模型的验证性因素分析路径图⋯⋯⋯⋯132

图 3-5　教师责任量表结构模型的验证性因素分析路径图⋯⋯⋯⋯132

图 3-6　"教师—幼儿园"心理契约的三维结构内容图⋯⋯⋯⋯⋯⋯135

图 5-1　心理契约违背的食言模型图⋯⋯⋯⋯⋯⋯⋯⋯⋯⋯⋯⋯169

图 5-2　组织信任、情感承诺和工作满意度在心理契约违背和工作绩效间
　　　　的中介作用模型图⋯⋯⋯⋯⋯⋯⋯⋯⋯⋯⋯⋯⋯⋯⋯174

图 5-3　自变量验证性因子分析模型结果图⋯⋯⋯⋯⋯⋯⋯⋯⋯183

图 5-4　中介变量验证性因子分析模型结果图 ……………………185

图 5-5　因变量验证性因子分析模型结果图 ………………………187

图 5-6　中介效应模型结果图 …………………………………………192

图 5-7　组织信任、情感承诺和工作满意度在心理契约违背和离职意向间
　　　　的中介作用模型图 …………………………………………200

图 5-8　离职意向验证性因子分析模型结果图 ……………………204

图 5-9　离职意向模型结果图 …………………………………………206

表目录

表 1-1　心理契约的概念列举表 ……………………………… 13

表 1-2　"教师—学校"心理契约的主要内容汇总表 ……………… 50

表 1-3　霍曼斯社会交换理论的五个命题汇总表 ……………… 67

表 3-1　受访园长基本情况表（$N=40$）……………………… 104

表 3-2　受访教师基本情况表（$N=40$）……………………… 105

表 3-3　开放问卷调查园长基本情况表 ($N=220$) …………… 109

表 3-4　开放问卷调查幼儿园教师基本情况表 ($N=218$) ……… 109

表 3-5　教师责任开放问卷编码示例表 ……………………… 111

表 3-6　幼儿园责任开放问卷编码示例表 …………………… 113

表 3-7　教师责任汇总表 ……………………………………… 116

表 3-8　幼儿园责任汇总表 …………………………………… 117

表 3-9　幼儿园教师的基本信息表（$N=556$）………………… 121

表 3-10　园长的基本信息表（$N=550$）……………………… 121

表 3-11　幼儿园责任量表项目分析结果表（$N=556$）………… 124

表 3-12　教师责任量表项目分析结果表（$N=550$）………… 125

表 3-13　幼儿园责任探索性因子分析结果（$N=278$）………… 128

表 3-14　教师责任探索性因子分析结果表（$N=275$）………… 130

表 3-15　幼儿园责任量表验证性因素分析的拟合指数表（N=278）·······131

表 3-16　教师责任量表验证性因素分析的拟合指数表（N=275）·········131

表 3-17　幼儿园责任量表信度分析结果表（N=556）·················133

表 3-18　教师责任量表信度分析结果表（N=550）·················133

表 3-19　幼儿园责任量表的相关矩阵表（N=556）·················134

表 3-20　教师责任量表的相关矩阵表（N=550）··················135

表 4-1　幼儿园教师的基本情况表（N=1332）····················142

表 4-2　园长的基本情况表（N=550）························143

表 4-3　幼儿园心理契约的违背状况统计表··················147

表 4-4　教师对幼儿园心理契约违背程度的感知统计表···········147

表 4-5　幼儿园教师心理契约违背状况统计表···············148

表 4-6　幼儿园对教师心理契约违背程度的感知统计表··········148

表 4-7　教师对幼儿园心理契约违背的感知在各维度上的差异统计表···149

表 4-8　幼儿园对教师心理契约违背的感知在各维度上的差异统计表···149

表 4-9　不同年龄的教师对幼儿园心理契约违背感知的差异统计表·····150

表 4-10　不同学历的教师对幼儿园心理契约违背感知的差异统计表·····150

表 4-11　不同工龄的教师对幼儿园心理契约违背感知的差异统计表·····150

表 4-12　不同专业背景的教师对幼儿园心理契约违背感知的差异统计表
···151

表 4-13　不同性质幼儿园的教师对幼儿园心理契约违背感知的差异统计表
···151

表 4-14　不同规模幼儿园的教师对幼儿园心理契约违背感知的差异统计表
···152

表 4-15　不同雇佣关系类型的教师对幼儿园心理契约违背感知的差异统计

表 ………………………………………………………………………………… 152

表 4-16 不同职称的教师对幼儿园心理契约违背感知的差异统计表 …… 152

表 4-17 不同性质的幼儿园对教师心理契约违背感知的差异统计表 …… 153

表 4-18 不同级别的幼儿园对教师心理契约违背感知的差异统计表 …… 153

表 4-19 不同规模的幼儿园对教师心理契约违背感知的差异统计表 …… 154

表 4-20 不同地区的幼儿园对教师心理契约违背感知的差异统计表 …… 154

表 5-1 幼儿园心理契约违背效应的开放性编码示例表 ………………… 162

表 5-2 幼儿园心理契约违背效应指标主轴性编码结果汇总表 ………… 165

表 5-3 幼儿园心理契约违背效应指标选择性编码结果汇总表 ………… 165

表 5-4 Cronbach 信度分析表 …………………………………………… 176

表 5-5 自变量的探索性因子分析表 …………………………………… 179

表 5-6 自变量旋转后因子载荷系数表 ………………………………… 179

表 5-7 中介变量的探索性因子分析表 ………………………………… 180

表 5-8 中介变量旋转后因子载荷系数表 ……………………………… 180

表 5-9 因变量的探索性因子分析表 …………………………………… 181

表 5-10 因变量旋转后的因子载荷系数表 …………………………… 182

表 5-11 自变量模型拟合指标统计表 ………………………………… 183

表 5-12 自变量验证性因子分析因子载荷系数表 …………………… 184

表 5-13 自变量 AVE 和 CR 指标结果统计表 ……………………… 184

表 5-14 自变量 Pearson 相关与 AVE 平方根值统计表 …………… 185

表 5-15 中介变量验证性因子分析模型拟合指标统计表 …………… 186

表 5-16 中介变量因子载荷系数表 …………………………………… 186

表 5-17 中介变量模型 AVE 和 CR 指标结果统计表 ……………… 186

表 5-18　中介变量的 Pearson 相关与 AVE 平方根值统计表……………187

表 5-19　因变量模型拟合指标统计表………………………………188

表 5-20　因变量因子载荷系数表……………………………………188

表 5-21　因变量模型 AVE 和 CR 指标结果统计表……………………188

表 5-22　因变量 Pearson 相关与 AVE 平方根值统计表………………189

表 5-23　幼儿园教师工作绩效的统计结果表…………………………189

表 5-24　工作满意度、情感承诺和组织信任的统计结果表……………190

表 5-25　各变量相关性分析结果表…………………………………190

表 5-26　中介效应模型拟合指标统计表………………………………192

表 5-27　中介效应模型系数汇总表…………………………………193

表 5-28　中介效应路径分析表………………………………………194

表 5-29　Cronbach 信度分析表………………………………………202

表 5-30　离职意向的探索性因子分析结果表…………………………203

表 5-31　旋转后的因子载荷指数表…………………………………203

表 5-32　离职意向验证性因子分析模型拟合指标表…………………204

表 5-33　离职意向因子载荷系数表…………………………………204

表 5-34　离职意向模型 AVE 和 CR 指标结果表………………………205

表 5-35　幼儿园教师离职意向的统计结果表…………………………205

表 5-36　各变量相关性分析结果表…………………………………205

表 5-37　离职意向模型拟合指标表…………………………………207

表 5-38　模型系数汇总表……………………………………………207

表 5-39　中介效应路径分析表………………………………………208

表 5-40　幼儿园心理契约违背对幼儿园影响的访谈资料节选………213

表 5-41　教师心理契约违背对幼儿园影响的访谈资料节选 ················· 220

表 5-42　教师心理契约违背对教师影响的访谈资料节选 ·················· 229

表 6-1　教师因素对师园心理契约违背影响的访谈资料节选 ············· 239

表 6-2　组织因素对师园心理契约违背影响的访谈资料节选 ············· 248

表 6-3　社会环境因素对师园心理契约违背影响的访谈资料节选 ········· 257

绪　论

提及"契约"，人们更多想到的是书面明确写出和规定的、具有法律效力的协议或合同，我们称之为法定契约。法定契约是对雇佣关系一种经济性取向的看法，在雇佣关系情境下，员工和组织双方往往会在雇佣合同中对双方各自应承担的职责进行明确规定。但是，在现实中复杂多变的雇佣关系情境之下，雇佣合同并不能完全涵盖组织与员工之间的所有的职责及相处原则。因此，尽管法定契约对员工与组织间的雇佣关系进行了较为系统和明确的规定，但涉及的内容往往是不完全的。诺贝尔经济学奖获得者奥利弗·哈特 (Oliver Hart) 建立在有限理性理论、信息不对称理论和交易费用理论基础上的"不完全契约"理论就阐明了这一观点。他认为，作为法定契约本身是不完全的，主要由于：一是预见成本，即由于人是有限理性的存在，在契约形成过程中不可能预见所有可能的情况；二是缔约成本，即使当事人可以预见所有可能的情况，但以一种没有争议的语言写入契约也很困难；三是证实成本，尽管契约内容对于双方是可观察的，但对第三方（如法庭）是不可证实的。[①] 因此，在雇佣关系情境之下，员工与组织之间签订的合同或协议往往难以包含双方雇佣关系的全部内容，基于此，为构建更为健康、和谐的雇佣关系，学者们对员工与组织之间的雇佣关系进行了更为深入的探索和阐释，心理契约的概念与相关理论由此产生。根据社会交换理论，员工与组织间建立的雇佣关系的基本前提是相互需要，所以员工与组织之间的雇佣关系，即双方的心理契约关系实则是一种基于互惠原则基础之上形成的典型的交换关系。要协调这种多向度的交换关系，仅靠彼此签订的法定契约是不足的，因为工作中的个体行为方式和道德规范无法完全被雇佣合同管制和约束。由此可见，理解微妙复杂的雇佣关系还需要寻求新的理论基础与诠释视角。

已有的众多理论和实证研究均证实，心理契约的相关理论是对雇佣关系进行微观分析时极富价值的解释框架。与法学视野中的法定契约不同，心理契约强调的是员工与组织双方对雇佣交换关系内容及关系质量的主观感知，它的理

---

① Tirole J.Incomplete Contracts:Where do we stand[J].*Econometniea*,1999,67(4):741-781.

论根基属于社会心理学领域。近些年，在学者 Rousseau 开创性研究的推动下，心理契约的研究迅速兴起并快速发展，积累了大量的研究成果。至此，心理契约已被西方学者作为"员工—组织"雇佣关系分析的重要理论框架。教师作为员工群体的具体表现类型，其与幼儿园组织间的交互关系也可称之为是一种员工与组织双方的雇佣关系。通过心理契约这一理论分析框架来解释和说明教师与幼儿园之间的雇佣关系和交换关系具有一定的合理性，也具有重要的价值。

一、研究缘起

（一）心理契约是维系幼儿园教师与幼儿园之间交互关系的纽带

心理契约 (Psychological Contract) 的概念最早是于 20 世纪 60 年代初由阿吉里斯 (Argyris) 提出来的，其被定义为"基于工作小组规范之上形成的雇工与工长间的非正式关系"。[①] 标志着研究者们开始关注员工与组织间的"非正式"关系。心理契约概念的提出是基于社会交换理论，社会交换理论强调人类的一切社会活动都可归结为一种交换。[②] 社会交往中人们追求的是付出与回报间的相对对等性，雇佣关系亦是如此。社会交换过程中人们进行衡量的标准是社会规范和价值取向，强调的是双方互惠互利的关系。在雇佣关系中，契约（合同）是一个核心要素，心理契约是从交换双方主体认知角度厘定雇佣双方之间的关系。有研究者指出，在对雇佣关系进行研究的过程中，不仅要了解雇佣合同中的具体内容，还必须深入了解双方对合同中规定的相互责任的理解，以及那些合同外人们内心中"不言而喻"或"心照不宣"的内容，因为"虽没有写明，但它是影响员工对待组织和组织看待员工的态度与行为的强有力的决定因素"。[③] 基于此，现实中，心理契约作为雇佣双方持有的关于个人与组织间交换协议的一系列认知和信念实际上更为重要。[④] 了解心理契约的内容并按照双方感知到的责任进行履责对于教师与幼儿园之间良好关系的维系是非常重要的。[⑤]

较之企业员工，教师作为组织中的个体，其肩负的责任更加重大、工作环境更为灵活多变、工作对象更为复杂特别，这直接影响着教师对其责任的认知与对工作的期待，因此，教师与学校组织间的心理契约问题就是一个值得重点关注的研究课题，通过对教师与学校组织间心理契约的研究，可更加明晰双方

① Argyris C.Understanding organizational behavior[J].*American Journal of Sociology*,1960(1):457-458.

② Blau P M.*Exchange and power in social life*[M].Wiley:New York,1964.

③ Rousseau D M,Schalk R.*Psychological contracts in employment:Cross-national perspectives*[M].Thousand Oaks,CA:Sage.2000.

④ Rousseau D M.Psychological and implied contracts in organization employee[J].*Responsibilities and Rights Journal*.1989(2):121-139.

⑤ Baruch Y, Rousseau D M.Integrating psychological contracts and ecosystems in career studies and management[J].*The Academy of Management Ammals*,2018,19(01):84-111.

的交换关系。① 而作为幼儿园教师，其工作对象是更为特殊的幼小个体，日常工作繁杂且琐碎，有时工作效果和业绩难以精准衡量，这无疑会在一定程度上影响教师的工作成就感。教师工作的这些独特性都需要我们更多地关注教师与幼儿园间的心理契约关系。在幼儿园组织情境中，心理契约反映了教师与幼儿园对彼此应担负责任的期待，良好的心理契约关系的构建，能够理顺教师与幼儿园间的关系。肖尔 (Shore) 指出，心理契约的作用主要体现在两个方面：一是可以减少雇佣双方的不安全感。因为相较于书面协议，心理契约的内容更为丰富；二是可以规范员工的行为。员工以组织对自己所负的责任衡量自身表现，并以此为标准调节自身行为。② 一方面，员工从组织代理人的行为中感知到组织心理契约履行的程度和未来可能履行的程度，基于此判断自己和组织的关系，从而调整自身的工作态度与行为；另一方面，员工感知到的心理契约内容非常广泛，既包含物质层面的内容，也包含精神层面的内容。精神层面体现了员工较高层次的社会心理诉求，且形式多样、潜藏于心，无法穷尽或明确规定。如果这些事先未明确规定的心理契约内容能得到充分履行，则会增强员工对组织的认同感，从而激励他们更努力的工作。员工表现出积极的行为并较好地履行心理契约也能激发组织形成良好预期，促成相互信任的良性循环。③ 从劳资矛盾和冲突生发的潜在机理看，幼儿园与教师间相互关系存在问题的根源在于双方不平衡的交换关系。因此，对于教师与幼儿园间雇佣关系现状的研究，一个重要的研究路径就是采取行为科学（又称组织行为学）的研究方法，深刻剖析幼儿园组织情境中雇佣双方对雇佣关系的感知，由此解析和判定雇佣关系的质量状况。教师和幼儿园建立了良好的心理契约关系，才能更好地增进教师与幼儿园间理念的认同。基于此，心理契约作为教师与幼儿园双方关系中的"纽带"，透视着契约双方的需求，通过对教师与幼儿园心理契约问题的深入分析，可以管窥双方关系中的矛盾点。

（二）幼儿园教师职业倦怠及高流动率与心理契约违背密切相关

教师的职业态度与行为反映了教师对待工作持有的信念感及由此产生的各种行为。教育作为百年树人的工作，其效果无法短期见效，必须靠教师秉持的教育热忱及良知不断努力。④ 针对教师职业压力和心理健康的调查显示，86%的教师存在一定程度的职业倦怠，49.7% 的教师存在明显的情绪衰竭，68.2%的教师认为自己的成就感低落。⑤ 研究表明，绝大多数幼儿园教师都会出现明

① 田宝军 . 教师心理契约与学校人本管理 [M]. 保定：河北大学出版社，2011：12-13.

② Shore B.Examining degree of balanced level of obligation in the employment relationship:A social exchange approach[J].*Journal of Organizational Behavior*,1998(19):731-744.

③ 林澜 . 心理契约及其对员工组织公民行为的影响——基于中国高校组织情境的研究 [M]. 厦门：厦门大学出版社，2013：5.

④ 田宝军 . 教师心理契约与学校人本管理 [M]. 保定：河北大学出版社，2011：12-13.

⑤ 李超平，梁莹 . 谁来为教师减压 [N]. 中国教育报，2005-10-16.

显的职业倦怠，且职业倦怠一旦发生会严重影响其工作效果，既影响教师自身的身心健康、工作态度及行为，也会对幼儿的健康成长造成消极影响。[①②] 因此，降低幼儿园教师的职业倦怠，提升教师的职业幸福感，对我国学前教育整体质量的提升会产生重要影响。2018 年 1 月 20 日，中共中央、国务院印发了《关于全面深化新时代教师队伍建设改革的意见》，再次强调"百年大计，教育为本；教育大计，教师为本"，提出"坚持兴国必先强师，深刻认识教师队伍建设的重要意义和总体要求"，将"全面加强教师队伍建设作为一项重大政治任务和根本性民生工程切实抓紧抓好"作为国家战略要求，提出"到 2035 年……广大教师在岗位上有幸福感、事业上有成就感、社会上有荣誉感，教师成为让人羡慕的职业……维护教师职业尊严和合法权益，关心教师身心健康，克服职业倦怠，激发工作热情"。[③]《国务院关于当前发展学前教育的若干意见》建议"各地根据国家要求，结合本地实际，合理确定生师比，核定公办幼儿园教职工编制，逐步配齐幼儿园教职工"。[④] 然而，《光明日报》报道称："幼师已成为跨行业人才流动率最高的职业之一。"[⑤] 因此，激发幼儿园教师的任教意愿、维持教师的工作认同感和向心力是幼儿园管理中的一项重要议题。[⑥]

已有研究证明，良好的心理契约关系可以增强员工的工作满意度，产生积极的情绪体验，提升职业幸福感，激励员工加大对组织的奉献。反之，当组织违背心理契约时，员工会出现一定程度的职业倦怠、消极行为及较强的离职意向，并会减少组织公民行为，一定程度上影响其身心健康。[⑦⑧] 研究表明，心理契约的违背有许多不利影响，如员工对组织失去信任，责任感和忠诚度下降，工作满意感降低，体验到这种违背的人更可能离职。[⑨] 而心理契约的履行可以促进生产性雇佣关系的维系，有助于在组织中留住优质员工，从而支持组织的成

① 周晓芸，彭先桃，付雅琦等. 心理授权与幼儿教师职业倦怠的关系：链式中介效应分析 [J]. 中国临床心理学杂志，2019（5）：1049-1053.

② 谢蓉，曾向阳. 幼儿教师职业倦怠的缓解与职业幸福感的提升 [J]. 学前教育研究，2011（6）：67-69.

③ 中共中央 国务院关于全面深化新时代教师队伍建设改革的意见 [EB/OL].http://www.moe.gov.cn/jyb_xwfb/moe_1946/fj_2018/201801/t20180131_326148.html.2018-1-20.

④ 国务院关于当前发展学前教育的若干意见 [EB/OL].http://www.moe.gov.cn/jyb_xxgk/moe_1777/moe_1778/201011/t20101124_111850.html.2010-11-21.

⑤ 朱波，王斯敏. 谁来教育我们的幼儿？——学前教育迷局中的师资之困 [N]. 光明日报，2011-5-1.

⑥ 金芳，姚芳玉，张珊珊等. 变革型领导对幼儿园教师组织承诺的影响——心理契约的中介作用 [J]. 中国特殊教育，2020（7）：82-88.

⑦ Robinson S L,Elizabeth W M.The development of psychological contract breach and violation:A longitudinal study[J].Journal of Organizational Behavior,2000,21(5):525–546.

⑧ Robinson S L,Morrison E W.Psychological contracts and OCB:The effect of unfulfilled obligations on civic virtue behavior[J].Journal of Organizational Behavior,1995,16(5):289-299.

⑨ Greenberg J.Employee theft as a reaction to underpayment inequity:The hidden cost of pay cuts[J].Journal of Applied Psychology,1990,75(5):561.

功。[1] 总之，大量围绕心理契约及其作用机制展开的研究已充分表明，在雇佣关系存续期内，心理契约违背是当代组织中普遍存在的现象。当员工认知到组织违背其心理契约时，其在组织中的负面情感、负面态度和负面行为会显著增加。基于此，教师亟须得到情感与实践的支持，以增强其工作自主性，提高个人成就感和工作表现欲望。[2] 对于幼儿园教师心理契约的关注，可以更全面地了解教师的职业需求，明确其对于职业发展的期待，更大程度满足教师的心理需求。科特（Kotter）进行的心理契约方面最早的量化研究证明组织与员工间的心理契约的期望越匹配，员工的工作满意度越高，且工作效率也会更高，离职率则会更低。[3] 而心理契约违背极易导致员工出现职业倦怠，降低其工作幸福感，使其产生离职倾向甚至采取离职行动。[4] 因此，缓解幼儿园教师职业倦怠、提升其职业幸福感及稳定教师队伍都需要对教师的心理契约问题予以关注。对于教师与幼儿园间心理契约问题的研究，既可解构心理契约中教师的责任与义务，也可以明确其期待与需求；一方面能帮助教师认识自身工作的现实处境，加强自身工作态度与行为的反思；另一方面也可以追溯教师流失率高、工作幸福感低的源头，从源头发力，找到稳定幼儿园教师队伍、提升教师职业幸福感的有效路径。

（三）"教师—幼儿园"心理契约关系的破裂是幼儿园稳定、健康发展的阻碍

幼儿园作为学校组织的一种形式，教师是其重要的人力资源，为确保组织目标的有效达成，幼儿园必须吸收并留住优秀的教师，使其全身心投入工作并为园所发展做出积极贡献。换言之，幼儿园若想得到持续、健康的发展，必须与教师建立良好的关系并营造和谐、友好的园所氛围。教师教书育人的角色职责决定了教师的劳动质量远非岗位职责中的刚性规定能够衡量。许多教师选择教师职业不仅只求一份安稳的保障，而是希望能获得心理的满足感。[5] 如若幼儿园漠视了教师的心理需求，出现心理契约违背，就很可能会导致教师工作热情的丧失。过去很长一段时间，我国幼儿园管理制度常与晋升、奖金等奖惩性措施相联系，这种自上而下的评价制度削减了教师的工作积极性和创造性，很难适应新形势的要求。往往体现为对教师的心理需求关注不足，导致管理效率低下，使组织松散、缺乏活力和凝聚力。[6] 而发展性评价则以促进教师专业发展

---

① Coyle J A M,Costa S P,Doden W,et al.Psychological contracts:Past,present,and future[J].*Annual Review of Organizational Psychology and Organizational Behavior*,2019(6):145-171.

② 曹丽平，杨文奇.说说高校教师"职业倦怠病"[N].经济日报，2005-5-25.

③ Kotter J P.The psychological contract[J].*California Management Review*,1973(2):391-399.

④ 马丽.中国情境下心理契约与离职倾向关系的元分析[J].经济管理，2017（10）：82-94.

⑤ 林澜.心理契约及其对员工组织公民行为的影响——基于中国高校组织情境的研究[M].厦门：厦门大学出版社，2013：5.

⑥ 张立迎.普通高等学校教师心理契约形成、履行、破裂的实证研究[D].博士学位论文.长春：吉林大学，2010.

为目的，不单纯依靠物质奖励激励教师，更注重教师归属、尊重、自我实现等需要的满足。因此，关注教师需求的重要性与迫切性不言自明，以满足教师心理需要为激励手段，最大限度激发组织的活力，促进组织的健康发展。在幼儿园组织情境中，心理契约违背会使教师出现与幼儿园的疏离感，对组织的归属感也会在一定程度上降低，对幼儿园的有序管理和良性发展造成一定消极影响。若幼儿园能与教师建立良好的心理契约关系，尊重对方感受，则心理契约的无形规范能最大限度使教师将自己的命运与幼儿园紧密结合，推动幼儿园的健康发展。

近二十年来，随着教育改革的不断推行，学校组织生态也发生了巨大变化，从传统的权威封闭走向强调民主多元的组织文化。在此情境之下，教师与学校组织间的关系也发生了变化。传统的科层理论强调教师绝对服从学校管理，在20世纪80年代之后，被西方先进国家推行的"教师专业自主"理念取代。在学校中，教师不再只是言听计从的部属，而成为具备独立思考能力的专业人士。换言之，学校与教师间不再是从属关系，而转换成为平等互惠的关系。[1] 随着社会人文关怀水平的不断提升，员工与组织双方在责任、义务、权力等方面对公平的要求越来越高。[2] 管理大师彼得·德鲁克曾提到"传统的人事管理正在成为过去，一场以人力资源开发为主调的人事革命正在到来"。[3] 人事管理逐渐出现"人是最宝贵的财富""组织的首要目标是满足员工发展需要"等新的理念，反映了管理价值观的变革。[4] 在人力资源管理的理论根基——组织行为科学研究范畴中，心理契约理论是最近几十年备受学界关注的"员工—组织"间雇佣关系分析的重要理论框架。心理契约是形成组织凝聚力的一种无形手段，特别是在学校文化建设中起着实质性作用。[5] 教师在幼儿园中工作与发展，若幼儿园不能增强与教师的沟通并体现尊重，帮助教师在自主、宽松的氛围中实现自我价值，会一定程度上影响幼儿园组织的稳定，对幼儿园良好组织氛围的形成造成消极影响，进而影响到幼儿园组织目标的实现。在幼儿园中，若组织能依据融合关注、尊重和信任的心理契约与教师建立良好的关系，激发教师自觉付出，则能最大程度上使教师将自身发展与组织的命运联系在一起。反之，心理契约的违背，即师园心理契约关系的破裂会在一定程度上降低幼儿园的人力资源管理效率，成为幼儿园组织稳定与健康发展的阻碍。

---

① 秦梦群，简玮成. 国民中学教师心理契约、情绪劳务与组织公民行为之关联性研究 [J]. 教育与心理研究，2017（1）：1-30.

② 陈加洲. 员工心理契约的作用模式与管理对策 [M]. 北京：人民出版社，2007：3.

③ [美] 彼得·德鲁克. 管理的实践 [M]. 北京：机械工业出版社，2006：10.

④ 陈维政等主编. 人力资源管理 [M]. 北京：高等教育出版社，2002：19.

⑤ 潘玉峰，赵蕴华编著. 教师职业倦怠与应对 [M]. 合肥：安徽人民出版社，2012：88.

二、研究问题

　　教师与幼儿园间的交换关系，既是一种存在于雇佣双方之间的经济交换关系，同时又隐含雇佣双方社会的、情感的交换关系。仅靠法定契约，即教师与组织间签订的劳动合同显然是无法协调这种多向度的交换关系。因为在雇佣关系中，幼儿园的管理方式、对教师的态度及教师在工作中个体的行为方式、道德规范等无法完全呈现在合同中，所以需要寻求新的理论框架来解释微妙复杂的雇佣关系。基于对已有的相关研究的系统考察，研究者普遍认为，心理契约是对员工与组织间雇佣关系进行微观分析时极富价值的理论框架，能够深度剖析教师与幼儿园间的雇佣关系。现实中，在幼儿园组织情境之下，教师与幼儿园心理契约违背的事件时有发生，心理契约违背现象普遍存在，且根据已有研究结论，心理契约违背在一定程度上会对教师的工作态度与行为产生一系列消极影响，同时也影响着幼儿园组织管理效能，对于学前教育的整体发展会产生一定消极影响。本研究通过对"教师—幼儿园"心理契约违背现实状况的深描，基于心理契约的具体内容和影响因素等，力求通过提出有效建议为幼儿园育人、用人、留人提供理论依据，为幼儿园教师激励和教师职业生涯管理提供理论指导，为幼儿园组织文化建设、组织活力的调动提供理论参考，为幼儿园组织的持续、健康发展奠定坚实基础。

　　因此，本研究主要需解决的核心问题是"'教师—幼儿园'心理契约违背的效应及影响因素"，本研究遵循"是什么、怎么样、为什么"的逻辑对核心问题展开研究。第一，心理契约"是什么"的问题用以明确"教师—幼儿园"心理契约的具体内容及形成的结构为何。本研究在对国内外员工与组织间心理契约问题进行具体研究和梳理的基础上，借鉴西方心理契约理论与研究思路作为教师与幼儿园间雇佣关系的分析框架，通过规范的实证研究方法，对教师与幼儿园间的心理契约结构模型进行建构。第二，心理契约"怎么样"的问题用以考察"教师—幼儿园"心理契约违背的现实情况及其所产生的效应。一方面，凭借前一部分建构出的师园心理契约结构模型对"教师—幼儿园"心理契约违背的现实状况进行测度，了解师园双方心理契约违背的具体情况及在不同人口学特征和组织特征下存在的差异，另一方面，以心理契约违背的结果为导向，考察师园心理契约违背对教师与幼儿园组织双方产生的效应。第三，心理契约"为什么"会违背的问题。基于前述实证研究结果，本研究深入挖掘心理契约违背的影响因素，以此为我们构建"教师—幼儿园"良性心理契约关系提供参考。具体来说，这些研究问题包括：

　　问题一："教师—幼儿园"心理契约具体包括哪些内容？会形成怎样的结构维度？

　　1."教师—幼儿园"心理契约包括哪些内容？

2."教师—幼儿园"心理契约的结构维度如何划分？

问题二："教师—幼儿园"心理契约违背的情况如何？

1."教师—幼儿园"的心理契约在哪些方面责任违背程度较高？在哪些方面责任违背程度较低？

2."教师—幼儿园"心理契约的违背在各维度上存在怎样的差异？在不同人口学特征和不同组织特征下有何差异？

问题三："教师—幼儿园"心理契约的违背会产生怎样的效应？

1.幼儿园心理契约的违背会对幼儿园教师和幼儿园组织产生怎样的影响？

2.幼儿园教师心理契约的违背会对幼儿园组织和幼儿园教师产生怎样的影响？

问题四："教师—幼儿园"心理契约的违背受哪些因素的影响？

1."教师—幼儿园"心理契约的违背受到哪些教师方面因素的影响？

2."教师—幼儿园"心理契约的违背受哪些幼儿园方面因素的影响？

3."教师—幼儿园"心理契约的违背受哪些社会环境方面因素的影响？

三、研究意义

本研究基于心理契约问题研究的相关理论，结合国内外心理契约相关研究的已有结论，从"教师—幼儿园"心理契约的研究视角出发，对"教师—幼儿园"心理契约违背现状、心理契约违背的效应及心理契约违背的影响因素等相关问题展开理论分析及实证探讨，本研究具有如下理论与实践意义：

（一）理论意义

1.有助于心理契约研究理论视角的拓展

心理契约是连接和平衡员工与组织间交换关系的纽带。目前，已有的关于心理契约问题的研究多集中于对员工与企业组织间心理契约问题的研究，对于教师与学校间心理契约问题的研究总体较为薄弱，且对于教师与学校间心理契约问题的研究多集中于对高校教师与学校间心理契约问题的研究，对于中小学及幼儿园教师与学校（幼儿园）间心理契约的研究较为有限。少量关于"教师—幼儿园"心理契约的研究主要聚焦于对心理契约内容的探究，未涉及心理契约违背的相关问题，更未能触及心理契约违背效应问题。且从研究视角来看，已有研究多从组织员工这一单项视角对心理契约问题进行研究，本研究选取教师与幼儿园组织作为研究对象，从教师和幼儿园双向视角对双方心理契约违背的现实状况及心理契约违背效应、影响因素等问题的研究可在一定程度上拓展教师与组织间心理契约研究的理论视角，有助于教师与幼儿园间心理契约理论范畴的丰富。

2. 有利于心理契约研究范式的丰富

已有的关于员工与组织间心理契约问题的研究，多数研究者倾向于采用单一的量化或纯质性的研究范式，且多数研究选取了量化的研究取向，即通过编制问卷和采用问卷调查的方式进行某一员工群体和组织间心理契约问题的研究，混合研究方法应用于心理契约问题的研究目前还不够丰富也不够成熟。量化研究虽然科学严谨，但研究模型中能涵盖的情境和变量毕竟有限，在文化各异的复杂组织情境中，单纯运用量化方法会使研究者禁锢于理论检验，可能会忽略很多重要组织内部和外部影响因素。基于此，本研究尝试全面采用混合方法研究范式，在"教师—幼儿园"心理契约问题的研究中尽量做到量化研究与质性研究方法的有机结合，既保证本研究所获取资料的丰富性和立体性，也期待进一步丰富我国心理契约问题的研究范式，尤其是为教师与幼儿园间心理契约问题的研究范式提供补充和借鉴，为心理契约的研究提供新的研究思路。

3. 有益于本土化心理契约理论体系的丰富

心理契约理论来源于西方组织行为学与人力资源管理理论。虽然这一理论在西方已有相对悠久的研究历史，但由于东西方文化差异致使社会禀赋、价值观念与人文形态等均具有显著差异，这些差异不同程度制约着西方研究成果在东方世界的应用。由于员工与组织间心理契约问题在一定程度上受社会历史文化背景的影响，国外的研究结论不能完全适用于我国的现实国情。与国外已有的心理契约相关研究相比，我国心理契约方面的本土化研究还有待于进一步完善，尤其体现在教师—幼儿园心理契约相关研究的匮乏。本研究对教师与幼儿园间心理契约问题的深入研究，将有益于对我国本土化的心理契约理论体系的丰富，进一步拓宽我国雇佣关系的研究范畴，推动雇佣关系的多学科研究与对话，为雇佣关系双方避免冲突、实现合作共赢提供可行思路，促进人力资源管理成为幼儿园组织治理的有效工具。

（二）实践意义

1. 为幼儿园教师职业态度和行为的优化指明方向

已有研究表明，我国幼儿园教师职业幸福感缺失、职业倦怠感出现，包括离岗和离职现象的发生，部分缘于教师对于幼儿园教师职业不合理的期待和对幼儿园组织不切实际的期望，使其在职业生涯中出现"失望"情绪，而这些"失望"情绪的累积又会在一定程度上对教师的工作积极性产生一定消极影响。本研究通过对"教师—幼儿园"心理契约内容的总结分析，对"教师—幼儿园"间心理契约违背现状的分析，探究教师与幼儿园心理契约违背的影响效应和影响因素，基于相关研究结论，尝试引导在岗的幼儿园教师及面临就业的师范类学前教育专业的学生更加深入地了解幼儿园教师的职业特征，明晰幼儿园教师在幼儿园组织中担负的责任，进而调整自身的职业期待，促进教师职业态度与行为的调整，进而提升其职业幸福感与工作绩效，为幼儿园教师队伍的建设提供支持。

2. 为幼儿园组织的持续、健康发展提供支持

本研究基于心理契约内容要素层面对心理契约问题进行研究，本质上是从幼儿园和教师双重视角来解析和测度雇佣双方交换关系的质量。测得的结果可以使教师与幼儿园双方清晰地了解对彼此心理契约内容的认知，了解双方心理契约履行的总体状况，幼儿园组织可以根据"教师—幼儿园"心理契约的结构框架和发生破裂要素调整其人力资源管理策略，针对我国目前幼儿园教师队伍不稳定、流动性大等问题，可依据"教师—幼儿园"心理契约的现实状况，从幼儿园管理的角度出发，为解决幼儿园教师管理中的现实问题提供支持，实现对幼儿园教师的激励，为探求幼儿园组织的人力资源开发提供新思路。对幼儿园组织的稳定、组织文化的建设及幼儿园的持续、健康发展提供有效支持，促进双方交换关系走向平衡。

四、研究的重点、难点与创新点

（一）研究重点和难点

本研究的研究重点在于具体了解"教师—幼儿园"心理契约违背的现实状况及其效应，并分析影响"教师—幼儿园"心理契约违背的因素，基于此，实现对幼儿园管理方式和幼儿园教师工作态度与行为的优化。但由于心理契约是内隐于教师和幼儿园组织（代理人）内心中对彼此责任的认知，且心理契约相关问题——尤其是心理契约的违背是师园关系中的消极表现，这就可能导致研究内容的失真。

研究过程中，研究对象往往从维护幼儿园教师和幼儿园声誉的角度出发，向研究者隐瞒可能有损教师及园所形象的信息，致使研究资料的真实性和可靠性大打折扣。因此，如何打破研究对象内心的壁垒、打消其顾虑，拉近研究对象与研究者之间的距离，挖掘其内心最真实的想法是本研究中的难点。此外，混合方法研究本身在研究设计和具体实施过程中均具有一定复杂性，例如如何合理衔接、关联质性研究与量化研究的设计及数据等，这也对研究者的研究方法知识与技能及科研素养等提出了较高要求。

（二）研究的创新之处

随着研究者对员工与组织间雇佣关系的持续关注，关于心理契约问题的研究也日渐丰富。从最初国内外研究者关于企业员工与组织间心理契约问题的研究，到对于教师与学校组织间心理契约问题的关注，心理契约研究的对象不断拓展、研究方法日渐丰富、研究视角不断更新、研究范畴不断拓宽。本研究在

综合已有心理契约研究的基础之上，结合本研究的研究目的与研究问题，在研究视角和研究设计等方面进行了创新。

1. 研究视角：基于教师与幼儿园双向视角聚焦心理契约问题

近些年，研究者对于心理契约研究问题的关注度不断提高。目前，学术界对于心理契约问题的研究多集中于人力资源管理和组织行为学领域，教育管理领域的心理契约问题的研究也多聚焦于对高校教师与学校组织间心理契约问题的研究，对于教师与幼儿园心理契约的研究较为薄弱。且心理契约相关研究多从员工或组织的单向视角进行研究，尤其多聚焦于员工视角的研究，基于员工与组织相互关系的双重视角的研究较为匮乏。研究者 Shore(2004) 指出在心理契约问题的研究中，整合员工与组织两个层面的心理契约是必要的，这将有助于更好地理解员工与组织交换关系的性质、变化和效应。[1] 因此，本研究选取教师与幼儿园的双重视角对师园间心理契约相关问题进行研究，以求通过从教师与幼儿园组织双方的角度对"教师—幼儿园"心理契约问题做到更加全面、深入的了解，深度解构教师与幼儿园间的雇佣关系，探析蕴含在双方关系背后更为深层次的效应和动因。

2. 研究设计：综合运用量化和质性研究范式研究心理契约问题

很长一段时间，研究者都倾向于采用量化研究范式对心理契约问题进行研究，只有极少数的研究采用了单纯的质性研究取向。主要通过问卷的编制和发放对员工与组织间的心理契约的现实状况进行研究。问卷调查能够满足研究者从横向的角度在更大范围内收集研究数据的目的，得到更为普适化的研究结论。但由于心理契约问题是潜藏于员工与组织内心深处对于彼此担负责任的一种观点，在量化研究的基础上引入质性研究范式，能够更为立体的对心理契约问题进行全面探究。采用混合方法对员工与组织间心理契约问题的研究虽然个别研究者已有尝试，但相对较匮乏，少数将质性方法引入量化研究，也只是用于问卷的编制和修订过程，或简单的以质性研究材料作为对量化结果的补充和说明，质性和量化研究之间没有建立起紧密的内在联结，没有在真正意义上采用混合研究的范式。本研究尝试采用混合方法研究范式，通过问卷调查、深度访谈等数据收集方法，力图从横向和纵深两个角度广泛了解和深入挖掘"教师—幼儿园"心理契约违背的现实状况，分析心理契约违背的效应、探析心理契约违背背后深层次的原因，在此基础上实现幼儿园管理方式的变革及教师工作态度与行为的调整，力求在心理契约的研究范式上进行尝试和突破。

---

① 　Shore L M.The employee-organization relationship:A timely concept in a period of transition[J]. *Research in Personnel and Human Resource Management*,2004,23:324-336.

第一章 文献综述与理论基础

文献综述是通过对某领域已有研究成果的总结，反思自身研究问题的主要依据，而理论是"世界为什么是其所是"的解释模式，目的在于说明世界的某些方面是如何运作的。通过研究获得的大量经验性事实需借助特定理论进行分析才会产生意义。[①]本研究系统梳理了关于"员工—组织"心理契约问题（主要聚焦于企业员工、公务员群体等）和"教师—学校（幼儿园）"心理契约问题的相关研究。在理论基础部分，结合本研究的研究内容与研究需要，最终选取了不完全契约理论、社会交换理论和社会系统理论作为本研究的理论基础，为"教师—幼儿园"心理契约相关问题的研究奠定基础并提供依据。

一、心理契约的相关研究

20 世纪 60 年代开始，研究者们尝试采用"心理契约"这一概念和理论分析框架对员工与组织间的雇佣关系问题进行深入分析和阐释。在一定程度上促进了人们对于员工与组织间雇佣关系的理解，即引导研究者从仅关注雇佣关系的表象拓展至挖掘关系背后的一系列问题，这对于深入解读组织关系中人物的内心动机、事件发生的动态机制及人与事的互动效应提供了分析路径。纵观心理契约问题研究的发展脉络，主要经历了三个阶段：第一阶段主要聚焦于对心理契约概念的界定和内涵的阐释，研究者们对心理契约内涵的理解日渐清晰和深刻；第二阶段主要围绕心理契约内容和结构的探析，通过心理契约问卷的修订与编制，探索心理契约问题的结构维度；第三阶段侧重于对心理契约形成过程和动态发展过程的研究。包括心理契约的形成过程、履行与违背状况及其作用机制等问题的研究，并对心理契约的影响因素进行了深入探究。本章围绕心理契约的主要内涵、形成过程、履行与违背、效应及影响因素等问题进行详尽的文献回顾，对已有研究脉络进行详细梳理。此部分文献综述内容既包括"员工—组织"心理契约（主要聚焦于企业员工、公务员群体与组织等）相关研究的综述，也包括"教师—学校（幼儿园）"心理契约研究现状的探讨，洞悉当前

---

① 陈向明. 质的研究方法与社会科学研究 [M]. 北京：教育科学出版社，2000：323.

研究的不足，探寻本研究的切入点。

（一）心理契约概念的相关研究

1.心理契约的内涵

心理契约的概念最初是由组织心理学家阿吉里斯（Argyris）提出的，他在其著作《理解组织行为》一书中用"心理的工作契约"说明工人与工长间的关系。这种关系状况表现为：只有工长满足了工人要求，工人才会实现高效生产；只有工长与工人进行充分的沟通，双方的关系才能得到改善；只有工长关注工人的需求并确保其需求得到满足，如让工人拥有工作中的自主权，确保合理的工资待遇，保持工作稳定等，工人才会减少抱怨且维持高效率的生产活动。[①] 阿吉里斯（Argyris）用"心理的工作契约"描述了这种现象，但没有明确进行概念的界定。[②] 尽管他并未对心理契约的概念进行明确定义，但作为心理契约研究先河的开创者，他在心理契约概念的形成和相关研究发展的过程中起到的作用是不容忽视的。实际上，早在1938年巴纳德(Barnard)提出的组织协作系统思想[③]，甚至更早的20世纪20年代梅奥(Mayo)等人开展的著名的霍桑试验中对雇佣关系的阐释都蕴含着心理契约的相关思想内涵。巴纳德(Barnard)的组织协作系统观指出，组织成败的关键取决于组织与员工间相互的多方面的投入和奉献。[④] 由于心理契约涉及的问题具有重要理论和实践价值，随着时间推移，逐渐受到越来越多研究者更为广泛的关注，已成为人力资源管理和组织行为学领域研究的热点问题。综合已有研究，下面将对已有研究中关于心理契约的典型概念界定进行列举（见表1-1）：

表 1-1 心理契约的概念列举表

代表人物	心理契约的定义
Levinson（1962）	心理契约是员工和组织间所隐含的、内在的、未表述出的一系列期望的累加，它是心理契约发生双方面向对方的、连续的期望。
Schein（1965）	心理契约是任何时刻都存在于个体与组织之间的一系列没有明文规定的期望，包括两个层次：个体的和组织的。

① Argyris C.*Understanding organizational behavior*[M].London:Tavistock Publications,1960.

② Spindler G.Psychological contracts in the workplace:A lawyers view[J].*Human Resource Management*,1994,33(3):325-333.

③ Millward L J,Brewer P M.Contractors and their psychological contracts[J].*British Journal of Management*.1999.10:253-274.

④ 陈加洲.员工心理契约的作用模式与管理对策 [M].北京：人民出版社，2007：8.

代表人物	心理契约的定义
Kotter（1973）	心理契约是存在于员工与组织之间的一份内隐契约。这份内隐的契约指明了双方关系中一方期望另一方付出的内容和获得的内容。它是将一方希望付出的代价和另一方希望获得的回报具体化。
Rousseau（1989）	心理契约是在组织与员工互动关系的情境中，员工个体对于相互之间责任与义务的知觉和信念系统。
Robinson,Kraatz,Rousseau（1994）	心理契约是雇员对外显和内在的雇员贡献（努力、能力和忠诚）与组织诱因（报酬、晋升、工作保障）之间交换关系承诺的理解和感知。
Herriot（1997）	心理契约是组织和个人在雇佣关系中彼此对对方应提供的各种责任的知觉。
Morrison,Robinson（1997）	心理契约是个体对有相关互惠关系的另一方的一些涉及期限、条件、结果等的信念与期望。该信念建立在对承诺的主观理解基础上，但并非能够被组织或者代理人完全理解或者想到。
Mclean,Kidder,Gallagher（1998）	心理契约是为雇员对自己的义务（自己将为雇主的付出）和权利（期望得到的回报）的独特的互惠期望。
Turnley,Bolino,Lester,Bloodgood（2003）	心理契约是员工对组织应该为他们履行的义务的认知和他们应该为公司履行的义务认知的组成。
魏峰（2004）	广义的心理契约是雇佣双方基于各种形式的（书面的、口头的、组织制度和组织惯例约定的）承诺对交换关系中彼此义务的理解；狭义的心理契约是员工出于对组织政策、实践和文化的理解以及对各级组织代理人作出的各种承诺的感知而产生的，对其与组织之间的并不一定被组织各级代理人所意识到的相互义务的一系列信念。
李原（2006）	员工的心理契约指员工对于相互责任的认知和信念系统；组织的心理契约指组织对于相互责任的认知和信念系统。
陈加洲（2007）	心理契约为员工与组织双方在相互关系中己方要为对方担负什么责任同时对方要为己方担负什么责任的主观约定，是雇佣双方或劳资双方关于双边关系中相互责任的主观信念。

通过对心理契约已有研究相关概念的分析不难发现，关于心理契约概念的界定主要包括以下两种观点：

（1）心理契约是员工与组织的相互"期望"

在心理契约内涵的解读中，一个重要观点就是认为心理契约是员工与组织间的相互"期望"。这种观点以 Levinson（1962）、Schein（1965）、Kotter,

1973）、Morrison，Robinson（1997）和 Mclean（1998）等人为代表，他们突出了心理契约是组织和员工对交易关系的相互期望。1962 年，Levinson 等人通过对美国工厂 874 名工人的访谈调查，考查了运用心理契约提高员工心理健康水平的路径，并在《工人，管理和心理健康》一书中将心理契约定义为"组织与员工之隐含的、未公开说明的相互期望的总和"，指出"这些期望都是内隐的，其中一些期望，如工资待遇，明确一些；另一些期望，如晋升等则较模糊。但总体看，心理契约的内容具有义务的特性，因为关系中的一方意识到另一方有一种义不容辞的责任去兑现这些期望"。①Levinson 被誉为"心理契约之父"，主要由于其在心理契约研究领域的突出贡献。Schein 明确指出心理契约涉及员工与组织两个方面，因而心理契约的研究可以从员工和组织两个视角开展。他在《组织心理学》一书中将心理契约界定为"任何时刻都存在于个体与组织之间的一系列没有明文规定的期望"。他还强调心理契约在组织建设及在雇佣双方形成的权利义务关系的重要作用，强调心理契约一旦遭到破坏，将导致员工不再信任组织且不愿再为其服务，最终危及组织的正常运转。②Kotter 强调心理契约是员工与组织间的一种内隐契约，指明了双方关系中一方期望另一方付出和获得的内容。③Morrison,Robinson(1997) 和 Mclean 等 (1998) 也在后来的研究中对心理契约是雇佣双方的期望这一观点予以支持。④

综上，早期关于心理契约的研究中很多研究者都倾向于从员工与组织相互期望的角度对心理契约的概念进行界定，认为心理契约是员工与组织双方对彼此在组织情境和雇佣关系中的相互期望。

（2）心理契约是员工与组织对相互责任的认知

关于心理契约内涵的另一个观点即是认为心理契约是员工与组织彼此间担负的"责任"，这些观点以 Rousseau、Herriot 和 Turnley 等为代表，包括我国学者在后来大量心理契约问题的研究中相关概念的界定中都采用了这一界定方式。Rousseau（1990）在考察已有的对于心理契约概念界定的基础上，提出了一个明确的定义，即认为"心理契约是在组织与员工互动关系的情境中，员工个体对于相互之间责任与义务的知觉和信念系统"。⑤ 由于其在心理契约概念发展上做出了重要贡献，因此被认为是继 Levinson 和 Schein 之后在心理契约研究领域最具影响力的人物，她的论文《组织中心理的和隐含的契约》标志着当代

①　Levinson H.*Organizational diagnosis*[M].Harvard Univ Press,Cambridge MA,1962.

②　Schein E H.*Organizational psychology*[M].Englewood Cliffs,NJ:Prentice-Hall,1965.

③　Kotter J P.The psychological contract[J].*California Management Review*,1973(2):391-399.

④　Mclean P J,Kidder D L,Gallagher D G.Fitting square pegs into round holes:Mapping the domain of contingent work arrangements onto the psychological contract[J].*Journal of Organizational Behavior*,1998,19:697-730.

⑤　Rousseau D M.Psychological and implied contracts in organizations[J].Employee Responsibilities and Rights Journal,1989(2):121-139.

研究者在理解心理契约的意义和功能方面发生了根本转变，这篇论文对通过实证方法开展心理契约的研究指明了方向，标志着心理契约理论在概念界定、理论发展和研究框架上均有一套相对成熟和完整的体系。[①]Roehling(1997) 也称 Rousseau 这篇论文标志着心理契约从早期研究转向当代研究的"变迁"。[②]依据这种观点，研究者强调心理契约为员工与组织间的"相互责任"而不是"相互期望"。Herriot(1997) 在后来的研究中支持了这一观点，认为"心理契约是组织和个人在雇佣关系中彼此对对方应提供的各种责任的知觉"。[③]我国很多学者如魏峰（2004）、李原（2006）、陈加洲（2007）、张士菊（2008）、张立迎（2010）和刘燕（2014）等在后来的研究中关于心理契约概念的界定均参考了 Rousseau 的界定方式，将心理契约概念的界定为雇佣双方的责任。

综上，不同学者对于心理契约定义的分歧主要表现在心理契约究竟代表组织与员工间彼此的"期望"还是相互间应担负的"责任"，综合看来，这种分歧主要源于不同的研究视角与研究范畴。在心理契约早期研究中，研究者更倾向于将心理契约界定为雇佣双方的"期望"，在后来的研究中，研究者更倾向于将心理契约界定为员工与组织双方担负的责任，认为将心理契约聚焦于"责任"更为具体也更易于被研究的理解和研究者具体研究的开展。我国学者在心理契约问题的研究过程中不约而同地将心理契约定义在责任之上，对于心理契约究竟是"期望"还是"责任"的长久以来的辨析，体现了不同研究者对心理契约问题的不同理解，但抛开分歧，研究者们在"心理契约是组织和员工间内隐的交换关系"的本质认识上是一致的。[④]

2. 心理契约与法定契约内涵的厘清

契约又称合同、合约，是法学、社会学、政治学和经济学中普遍使用的概念。更多情况下，人们使用"契约"一词多指向的是法律概念。在法学领域，契约 (Contract) 作为法律术语指的是"两个以上当事人间具有的法律约束力之协议"。[⑤]更简要的表述契约就是能用法律约束的立约人的合意，[⑥]或能直接或间接由法律强制执行的允诺。[⑦]总之，在法学领域的"契约"一词"暗示必须按照

① Conway N,Briner R B.*Understanding psychological contract at Work:A critical evaluation of theory and research*[M].London Oxford University Press,2005.

② Roehling M V.Conceptualizing the psychological contract construct:The identification and empirical investigation of critical issues[D].Michigan State University,1997.

③ Herriot P,Manning W E G,Kid J M.The content of the psychological contract[J].*British Journal of Management*,1997,8:151-162.

④ 朱晓妹 . 基于心理契约的薪酬模式研究 [M]. 北京：知识产权出版社，2008：2.

⑤ 杨桢 . 英美契约法论 [M]. 北京：北京大学出版社，1997：1.

⑥ [英] 梅因，H,S. 古代法 [M]. 沈量，译 . 北京：商务印书馆，1995：183.

⑦ [美] 麦克尼尔 . 新社会契约论 关于现代契约关系的探讨 [M]. 雷喜宁，潘勤，译 . 北京：中国政法大学出版社，2004：4-5。

所有各方都能接受的原则划分利益才算恰当"。[1] 本研究将这种具有法律约束力的"契约"称为"法定契约"。我国颁布的《中华人民共和国合同法》也对契约明确进行了定义，在《总则》第一章第二条规定："本法所称合同是平等主体的自然人、法人、其他组织之间设立、变更、终止民事权利义务关系的协议。"而关于契约的形成，则在第二章第十三条规定："当事人订立合同，采取要约、承诺方式。"第十四条规定："要约是希望和他人订立合同的意思表示。"第二十一条规定："承诺是受要约人同意要约的意思表示。"

仅从内涵上就不难看出，法定契约和心理契约有一定区别。Guest(1998)认为心理契约与法定契约的区别体现在：首先，法定契约强调相互性，心理契约体现的则是契约双方对彼此应担负责任的主观认知；其次，法定契约强调契约双方认可的书面协议的存在，而心理契约则不需要这种书面协议；第三，法定契约的变更需经双方同意，而心理契约的变更更多体现的是单方面意愿。[2] 对Guest 的观点进行理解，与雇佣合同不同，心理契约不需要员工与组织双方协商一致，各种正式与非正式的、直接与间接的、明确与不明确的、成文与不成文的契约条目都会因个人主观状况不同而成为（也可能不成为）心理契约的条款内容。从形式上看，相较于法定契约，心理契约没有明确的通过文本形式将契约内容确认下来，只是契约双方的主观感知，它是契约双方对相互关系的主观感知。因此，相较于法定契约，心理契约具有动态性特征，一旦确立需双方再度协商才可变更。基于此，若心理契约反映的是契约双方的主观意志，具有主观性、内隐性和动态性特征，法定契约则反映的是客观的劳动关系，具有客观性、外显性和稳定性的特点。

在学校与教师间的聘任关系一中，学校是委托人，教师是代理人。"委托—代理"关系实质上就是一种契约关系。教师与学校签订的雇佣合同作为一种法定契约具有不完备性。研究者 Rousseau 指出"我们不可能想到雇佣关系中可能发生的所有事情"，再加上现有信息的不完整（关于双方的技能和能力及未来的不确定性），一份详细涵盖所有意外事件的契约几乎是不存在的，且双方认知的差异导致雇佣双方在建立对契约的理解时，关注的信息点也是不同的。[3] 基于此，在签订雇佣合同时，雇佣双方不可能预料到雇佣中可能发生和遇到的每种状态；即便预料到了，要准确描述每种状态也是很困难的；即使客观描述了，由于信息不对称，双方也可能会产生异议，对于实际状态争论不休；即使信息

① ［美］罗尔斯.正义论[M].何怀宏，何包钢，申白，译.北京：中国社会科学出版社，1988：14.

② Guest D E.Is the psychological contract worth taking seriously[J].*Journal of Organizational Behavior*,1998,19:649-664.

③ Rousseau D M.*Psychological contracts in organizations:Understanding written and unwritten agreements*[M].Thousand Oaks:Sage Publications,1995.

是对称的，法庭上想要对具体情况予以证实也非常困难；即使法庭上能够证实，执行成本也可能很高。基于此，刘献君等（2009）指出委托人与代理人的契约关系很多情况下是建立在信任基础上的，用制度规范和意识形态约定的价值判断代替了契约文本。① 在这里，以信任为基础形成的、以意识形态约定为形式的价值判断实质上就是双方的心理契约。

与法定契约相比，心理契约虽没有明文约定，缺乏明确的约束力，强调个体的主观感受和知觉，但确实是客观存在的，组织与员工双方都能明显觉察到并会随员工工作年限的增长、双方雇佣关系的变化而不断调整。如果说法定契约体现的是双方的经济交换关系，心理契约则融合了经济交换与社会交换的双重特征。雇佣合同中明确规定的双方责任主要体现了双方的经济交换关系。而在心理契约中，一方面教师能从组织代理人的行为决策中感知组织相关责任履行的程度和未来可能履行的程度，并以此评价自己和组织的关系，并决定自己在工作中的付出程度。这种在付出（成本）与回报（收益）间保持平衡的心理账体现了心理契约的经济交换特征。

由于缺乏法律强制力的干预，人们可能会认为心理契约没有法定契约对契约双方的影响深刻。实际上，法律常常滞后于人的行动，法定契约提供的只是最低限度或保护性的约定。员工与组织间的关系是非常广泛和复杂的，任何合同都不可能对组织与员工间的所有关系充分约定，任何法定契约的效力也都是建立在契约双方主观认知基础上的，只有被知晓、认可和坚信的约定，才会左右人的态度，进而影响人的行为。因此，心理契约虽是主观、内隐的，但它对正式的劳动关系，对正式劳动关系存续期间的双方活动，对契约双方的行为和态度具有重要影响。心理契约也因此成为现代雇佣关系中的一项重要内容。②

基于此，纵使心理契约与法定契约有所区别，并不意味两者是对立的。心理契约作为个体层面上形成的，建立在个体对于雇员和雇主之间相互义务的信念之上。这些主观义务转变为隐含的或感知的承诺，既基于法定的契约、公开的承诺，也基于其他与诚信和公平相关的不太公开的因素。③ 作为员工与组织间关系的表现形式，心理契约与法定契约均是客观存在的，且心理契约的缔结在一定程度上建立在双方对法定契约的理解基础之上，但内容更丰富、范围也更广泛。从这一立场上看，心理契约既可能是对法定契约的补充，同时，心理契约相关问题的研究对法定契约的修订也可能具有一定的参考价值。

---

① [美]哈特.企业、合同与财务结构[M].费方域，译.上海：上海三联书店，1998：28-29.
② 陈加洲.员工心理契约的作用模式与管理对策[M].北京：人民出版社，2007：14.
③ Rousseau D M.Psychological and implied contracts in organizations[J].*Employee Responsibilities and Rights Journal*,1989(2):121-139.

3. "教师—幼儿园"心理契约概念界定

心理契约作为本研究立论阐发、分析推演和建构成篇的基础概念，在已有研究基础上，结合本研究实际，对于心理契约相关概念的界定和阐释至关重要。从管理学的视角看，教师与幼儿园间的关系作为员工与组织间关系的一种表现形式，同样存在一种心理上的契约关系，且这种心理契约体现为一种超越"期望"的责任。在心理契约概念界定"责任"与"期望"的不同取向中，本研究将心理契约定位在"责任"上，因为相较之下期望的内容较宽泛，既可能是一种对未来的希望，也可能是不切实际的幻想，期望未满足会产生失望感。而心理契约涉及的感知和期望是建立在双方相互信任和基于对法定契约中双方责任理解基础上的。因此，心理契约的违背和破坏是一种更为强烈的消极情绪反应。[1] 相较之下，"责任"比"期望"的范畴更窄，且相较于"期望"，"责任"变化（违背）的影响效应更为深刻，造成的后果更为显著。[2] 综合已有研究，在对概念本土化基础之上，本研究中心理契约概念的界定主要参考了最早将心理契约的概念引入中国且在我国进行相关研究的学者陈加洲[3]的观点，认为心理契约是指教师与幼儿园组织双方就自己为对方付出什么同时对方又为自己回报什么形成的一种主观约定。具体看，心理契约为教师和幼儿园双方各自就对方为自己担负什么责任并享受什么权利，以及自己要为对方担负什么责任并享受什么权利形成的信念。由于双边关系中权利和责任的相对性，一方的责任对于另一方则是可享受的权利。

因此，本研究中"教师—幼儿园"心理契约的概念可界定为：心理契约为教师与幼儿园双方在相互关系中己方要为对方担负什么责任同时对方要为己方担负什么责任的主观约定，是雇佣双方或劳资双方关于双边关系中相互责任的主观信念。其中，由于我国1989年颁布的《幼儿园管理条例》中明确规定："幼儿园实行园长负责制，幼儿园园长负责幼儿园的工作。"且在2022年，中共中央办公厅印发了《关于建立中小学校党组织领导的校长负责制的意见（试行）》，通知指出"加强党对教育工作的全面领导，是办好教育的根本保证。建立中小学校党组织领导的校长负责制"。对于这一意见，公办幼儿园要参照执行。结合这两个文件的精神，考虑到幼儿园组织的现实状况和本研究的研究需要，将以幼儿园组织代理人（园长／副园长）作为组织机构代表来开展此项研究。在理解心理契约的概念时，需特别注意的是：首先，心理契约建立在客观实际中"相互责任"的基础上，但归根到底是主观性的内容。我们在这里关注

---

① 林澜.心理契约及其对员工组织公民行为的影响——基于中国高校组织情境的研究 [M].厦门：厦门大学出版社，2013：8.

② 朱晓妹.基于心理契约的薪酬模式研究 [M].北京：知识产权出版社，2008：64.

③ 陈加洲.员工心理契约的作用模式与管理对策 [M].北京：人民出版社，2007：10.

的是幼儿园和教师双方主观上对彼此应担负责任的认知,因为正是人们的认知(而不是客观事实本身)决定了人们的行为。第二,心理契约内容中既包括一些内隐的未明确说明的内容,如组织对员工的关心和指导,也包括了一些合同中明确规定的内容,如薪资待遇等。因为即便这些内容有客观载体,但个体对它们的认知和理解未必相同。对心理契约概念的理解,也需要从两个视角来理解,即从组织和员工视角来全面进行理解。Herriot&Pemberton(1996) 和 Guest&Conway(2002) 等人强调心理契约的主体由组织与员工双方构成,认为它是组织和员工对雇佣关系中隐含的相互责任的知觉。[1][2]Guest(1998) 也指出,在心理契约的研究中,缺乏组织视角会导致其核心问题产生偏差,因为毕竟心理契约反映的是双方互利互惠的责任。[3] 因此,心理契约需要包括当事人双方才能构成这种关系。基于此,本研究对于"教师—幼儿园"心理契约概念的界定也应包含幼儿园教师与幼儿园组织两个视角,且每个视角中均包含"教师对幼儿园担负的心理契约责任"(以下简称幼儿园教师的责任)和"幼儿园对教师担负的心理契约责任"(以下简称幼儿园的责任)两部分内容。

本研究需全面探讨的核心问题是"教师—幼儿园"心理契约违背的问题,本研究中心理契约违背概念的界定是基于 Morrison 和 Robinson 的定义,认为心理契约违背是指员工与组织双方对彼此未能履行其在心理契约关系中应承担责任的认知评价。[4] 在本研究中,对"心理契约违背"的操作定义是:心理契约违背 = 对于心理契约履行程度的感知 – 对于心理契约重要程度的感知。最后得到的心理契约违背的分数介于 -4 至 +4 之间。0 分表示教师与幼儿园双方感知到的心理契约的重要程度与心理契约的履行程度完全一致,则不存在心理契约违背的感知;分数介于 0—4 之间表示教师与幼儿园心理契约的履行程度高于双方对于彼此心理契约重要程度的感知,双方会产生"心理契约履行"的感知;分数介于 -4—0 之间,表示教师与幼儿园心理契约履行的程度低于双方对于彼此心理契约重要程度的认知,双方会产生"心理契约违背"的感知。本研究将按照此方法对"教师—幼儿园"心理契约违背的状况进行全面、具体和详细的分析。

(二)"员工—组织"心理契约的相关研究

在对心理契约相关概念进行界定的基础上,本研究进一步对企业员工与组织、公务员群体与组织等心理契约的结构维度、心理契约形成的过程模式、心

① Herriot P,Pemberton C.Contracting careers[J].*Human Relations*,1996,49:508-525.

② Guest D E,Conway N.Communicating the psychological contract:An employer perspective[J].*Human Resource Management Journal*,2002,12:22-39.

③ Guest D E.Is the psychological contract worth taking seriously[J].*Journal of Organizational Behavior*,1998,19: 649-664.

④ Morrison E W,Robinson S L.When employees feel betrayed:A model of how psychological contract violation develops[J].*Academy of Management Review*,1997,22(1):226-256.

理契约的影响效应及影响因素等内容进行了相关文献综述，主要针对组织行为学和管理学视角下的"员工—组织"心理契约的相关问题进行了综述。

1.心理契约的结构维度

在雇佣关系情境之下，员工与组织间的心理契约包含的内容非常广泛，这些内容之间往往既有联系又存在一定区别，研究者在已有研究基础上，根据契约内容之间的内部关联性将心理契约内容具体划分为二维结构、三维结构及多维结构。

（1）二维结构

①交易责任与关系责任

1985年，法学家MacNeil在研究中将心理契约划分为交易责任和关系责任两个维度。[①] 交易责任指双方在有限时间内进行特定的、可盈利的交易。有竞争力的工资和缺乏长期承诺是交易责任的特点。相反，关系责任涉及的是建立和维持关系的不太具体的协议，既包括物质的也包括非物质的交易。具体包括培训和发展机会以及在组织内的稳定工作等。[②]Rousseau(1990)采用典型相关分析方法证明了二维结构的存在。其中，"交易责任"维度指员工以加班、职责外工作换取组织提供的高薪、绩效奖励及培训和学习的机会等，是基于经济交换的契约关系；"关系责任"维度指员工以长期工作、忠诚和愿意接受内部工作调整为代价换取组织长期的工作保障，指向的是以社会情感交换为基础的契约关系。[③]Robinson,Kraatz & Rousseau(1994)利用两年半的时间对125名MBA毕业生进行了两次追踪调查，对组织应担负的责任进行因子分析后也发现了"交易"和"关系"这两个因子。交易责任包括高额报酬、绩效奖励、提升和发展等与物质交换有关的责任。关系责任包括长期的工作保障、职业发展、培训等与社会情感交换有关的责任。且研究证实这两个因子总体是稳定的。[④] 研究者Robinson(1994)(1995)和Tsui（1997）在后来的研究中进一步证明了交易责任和

① Macneil L.Relational contract:What we do and do not know[J].*Wisconsin Law Review*,1985:483-525.

② Robinson S L,Kraatz M S,Rousseau D M.Changing obligations and the psychological contract:A longitudinal study[J].*Academy of Management Journal*,1994,37(1):137.

③ Rousseau D M.New hire perceptions of their own and their employers obligations:A study of psychological contracts[J].*Journal of Organizational Behavior*,1990,11(5):389.

④ Robinson S L,Kraatz M S,Rousseau D M.Changing obligations and the psychological contract:A longitudinal study[J].*Academy of Management Journal*,1994,37(1):137-152.

关系责任维度的存在。[1][2][3]

②内在责任与外在责任

Kickul&Lester（2001）在研究中提取了"外在"和"内在"两个因子。外在责任主要与员工工作完成相关，如灵活的工作时间、安全的工作环境、有竞争力的工资和奖金、对于员工的培训等。内在责任则与员工的工作性质有关，如工作自我选择、自主决策、自我控制、从事挑战性工作、提供组织支持、参与决策以及有发展机会等。[4]在后来的研究中，Kickul等(2004)通过对心理契约中组织责任的分析进一步印证了这一维度划分方式。其中外在责任包括福利待遇、工作培训、明确的工作职责、职业指导、合理的工作负荷、工作支持、公平的绩效评估、工作保障以及有竞争力的薪酬等；内在责任包括自由创造、良好的管理、坦诚沟通、有意义的工作、工作自主决策参与、挑战性工作、管理支持、绩效反馈、责任增加、信任与尊重等。[5]

③现实责任与发展责任

我国学者陈加洲（2001）在研究中提取了心理契约的"现实责任"与"发展责任"两个因子。组织对员工的现实责任是组织担负的维持员工当前正常工作生活必需的责任，如提供安全的工作环境、尊重员工的权利和尊严等；发展责任指组织担负的维持员工长期工作生活、面向未来的责任，如签订无限期合同、提供稳定工作机会等；员工对组织的现实责任是员工担负的维持组织当前正常活动必需的责任，如遵守单位一切规章制度和作业规程、全力为单位争创效益等。发展责任是员工担负的维持组织长期发展、面向未来的责任，如长期在单位工作、接受单位安排调转岗位等。[6]

④交易责任和发展责任

我国学者白艳莉（2012）通过对463位知识员工的调查得出我国知识员工的心理契约（主要聚焦于员工对组织担负责任的理解）由两个因子构成，分别

---

① Robinson S L,Rousseau D M.Violating the psychological contract:Not the exception but the norm[J].*Journal of Organizational Behavior*,1994,15(3):245-259.

② Robinson S L,Morrison E W.Psychological contracts and OCB:The effect of unfulfilled obligations on civic virtue behavior[J].*Journal of Organizational Behavior*,1995,16(3):289-298.

③ Tsui A S,Pearce J L,Porter L W,et al.Alternative approaches to the employee-Organizational relationship:Does investment in employees pay off[J].*Academy of Management Journal*,1997,40(5):1089-1121.

④ Kickul J,Lester S W.Broken promises:Equity sensitivity as a moderator between psychological contract breach and employee attitudes and behavior[J].*Journal of Business and Psychology*,2001,16(2):191-217.

⑤ Kickul J,Lester S W,Belgio E.Attitudinal and behavioral outcomes of psychological contract breach:A cross culture comparison of the United States and Hong Kong Chinese[J].*International Journal of Cross Cultural Management*,2004,4(2):229-252.

⑥ 陈加洲，凌文铨，方俐洛.企业员工心理契约的结构维度[J].心理学报，2003（3）：404-410.

被命名为"交易责任"和"发展责任"。其中，交易责任是员工认为组织应提供合理的工资、福利等责任，而发展责任则是员工认为组织应该为员工提供学习与培训、职业生涯发展空间等责任。简单来说，经济回报和职业发展是知识员工心理契约的核心内容。①

综上，二维结构的划分是心理契约研究中较多被使用的维度划分方式，这些划分方式透视着研究者对心理契约问题的不同理解，其内容之间相互关联、相互渗透。其中"交易责任""外在责任"和"现实责任"属于保障员工与组织关系存在的必要责任，缺少这些责任员工与组织间的双边关系就不复存在。而"关系责任""内在责任"和"发展责任"则可对这种双边关系进行保障。缺少这些责任，员工与组织的关系则难以得到有效维系。这些关于心理契约不同的维度划分方式也反映了研究者们对心理契约的不同研究视角。

（2）三维结构

通过对已有研究的整理，研究者发现心理契约的三维结构总体上是在"交易责任"与"关系责任"的二维结构基础上发展起来的，无论如何进行命名，在心理契约不同维度中均包含了"交易"和"关系"两个因子。总体看，这些三维结构的划分方式主要包括：

①交易责任、关系责任和团队成员责任

研究者 Rousseau&Tijorimala(1996) 在研究中提出心理契约包含交易责任、关系责任与团队成员责任三个维度。其中交易责任指组织为员工提供的经济支持和物质条件，而员工承担基本的工作职责，指的是有形的交换内容，更多与雇佣合同有关；关系责任指员工与组织长久的、与未来发展相关的，彼此为对方的发展承担的责任。团队成员责任指员工与组织间重视人际支持与关怀，强调良好的人际环境。② 后来许多研究者的研究均支持了这一划分方式。③④

②交易责任、关系责任和培训责任

Shapiro&Kessler(2000) 通过对英国 703 名管理者和 6953 名员工的心理契约内容进行因子分析得到交易责任、培训责任和关系责任三个因素。其中，交易责任包括与相同行业员工有相同报酬和福利、报酬与职责挂钩、发展性的工资待遇等，更关注的是与经济条件相关的责任；培训责任包括新知识、新技能培训和组织支持等与员工专业成长相关的责任；关系责任包括长期的工作保障和

① 白艳莉.雇佣关系感知对知识员工行为的影响机制研究：基于心理契约的理论视角 [M]. 北京：法律出版社，2012：200.

② Rousseau D M.Perceived legitimacy unilateral contract changes:It takes a good reason to change a psychological contract[J].*Symposium At the SIOP Meetings,San Diago*,1996,4.

③ Lee C,Tinsley C H.Psychological normative contracts of work group member in the US and Hong Kong[J].*Working Paper*,1999.

④ Coyle-Shapiro J A M,Kessler I.Consequences of the psychological contract for the employment relationship:A large scale survey[J].*Journal of Management Studies*,2000,37(7):903-930.

良好的职业前景等与员工职业生涯发展相关的责任。[①] 我国学者王庆燕（2007）在对中国新员工心理契约短期动态变化的研究中也采用了这种划分方式。[②]

③规范型责任、人际型责任和发展型责任

我国学者李原的（2002）（2006）研究发现员工与组织的心理契约包含规范型责任、人际型责任和发展型责任三个维度。其中规范型责任指组织为员工提供经济报酬与物质条件，而员工遵守规章制度、行业规范与完成基本工作要求，相当于前述的交易责任；人际型责任表现为组织为员工提供人际环境与人文关怀，员工为组织创造良好的人际环境，相当于前述的团队成员责任；发展型责任表现为企业为员工提供更多的发展空间，员工更愿意在工作中付出更多努力，相当于前述的关系责任。[③④] 徐进（2014）在后来的研究中也采用了这一三维划分方式。[⑤]

④发展责任，关系责任，交易责任

我国学者彭川宇（2008）研究发现知识员工心理契约内容的具体维度包含交易责任、关系责任和发展责任三部分。其中交易责任包括提供良好的福利待遇、提供有竞争力的薪资和福利等；关系责任包括提供舒适的工作环境和良好的工作氛围等；发展责任包括提供必要的职业生涯规划与内部晋升机会等。[⑥] 张士菊（2013）通过对国企与民营企业员工心理契约进行比较研究，发现我国企业员工心理契约由发展责任、关系责任和交易责任三部分构成，且实证研究表明三维结构各项拟合指数明显优于二维和四维结构。[⑦] 除此之外，研究者万映红（2013）[⑧]和胡琪波（2014）[⑨]在后来心理契约的相关研究中均支持了这一研究结论。

除上述划分方式外，还包括其他心理契约的三维划分方式：如 Thompson 等 (2003) 在研究中基于"交易责任"和"关系责任"增加了"理念责任"，即

① Shapiro J C, Kessler L.Consequences of the psychological contract for the employment relationship:A large scale survey[J].*Journal of Management Studies*,2000,17:903-930.

② 王庆燕. 组织社会化过程中的新员工信息寻找行为与心理契约的实证研究 [D]. 博士学位论文. 上海：上海交通大学，2007.

③ 李原. 企业员工的心理契约概念、理论及实证研究 [M]. 上海：复旦大学出版社，2006：60.

④ 李原，郭德俊. 组织中的心理契约 [J]. 心理科学进展，2002（1）：108-113.

⑤ 徐进. 心理契约对企业隐性知识共享绩效的影响 [D]. 博士学位论文. 大连：大连理工大学，2014.

⑥ 彭川宇. 知识型员工心理契约与其态度行为关系研究 [D]. 博士学位论文. 成都：西南交通大学，2008.

⑦ 张士菊，国有企业与民营企业员工心理契约比较研究 [M]. 北京：中国经济出版社，2013：130-134.

⑧ 万映红，岳英胡，万平. 基于映像理论视角的顾客心理契约中商家责任认知激励研究 [J]. 管理学报，2013（1）：110-116.

⑨ 胡琪波. 家族企业员工心理契约与组织公民行为的关系研究 [D]. 博士学位论文. 西安：西北工业大学，2014.

员工和组织对超越经济利益和情感成分的共同理想的追求。[①] 朱晓妹（2008）研究发现中国文化背景下，知识型员工心理契约中的组织责任由物质激励、环境支持和发展机会三个维度构成；员工责任由规范遵循、组织认同和创业导向三个维度构成。其中，创业导向指员工提出合理化建议、勇于挑战权威、主动适应变革和创新等，其他维度均与二维结构中的"交易责任"与"关系责任"一致。[②] 李燚等（2006）提出"管理责任"维度，主要由适当的授权、充分的信任、公开的双向沟通、给优异绩效特殊奖励与职业生涯规划五部分构成，其关注点倾向于组织给予具有管理职能或关键职位的人的一些特殊待遇和权利，以满足他们的需求。[③] 研究者蔡建群（2008）在研究中引入了"伦理责任"维度，认为伦理责任强调的是员工以勤勉工作、尽心尽力维护组织和管理者利益为条件以换取管理者承担伦理道德责任、成为行业的榜样。管理者承担的伦理道德责任主要包括廉洁奉公、不图私利、以身作则、不计较个人得失、尽心尽力工作、言行一致与信守承诺。[④] 尹洁林（2012）在对中国知识型员工心理契约研究中在交易责任和关系责任基础上增加了"平衡型责任"，这一维度包含三个子维度：一是外部可雇佣性——员工不断学习，提高自己在人才市场上的竞争力；雇主也要为提高员工的可雇佣性做出贡献。二是内部发展——在内部劳动力市场的职业发展。员工有义务不断学习和发展目前所服务的组织看重和需要的技能；雇主有义务为员工创造组织内部的职业发展机会。三是动态绩效——为了保持和提升组织的竞争力，员工有义务为组织不断变化的新目标付出努力；组织有责任提升员工的学习能力。[⑤]

综上，心理契约的三维划分方式得到了研究者的广泛关注，且在国内组织情境下得到了验证。通过对心理契约三维结构不同划分方式的深入分析不难看出，大多数三维结构的构建是建立在"交易责任"和"关系责任"的二维结构基础之上的，并结合研究实际，补充或分离出第三种维度。其中，组织视角下的研究中，在二维结构基础上加入了"职业责任""伦理责任""管理责任"与"现实责任"等，更多体现出的是管理者忠于岗位、关注员工的生存与发展的职责。可见，交易责任和关系责任仍是研究者公认的员工与组织心理契约中两个较为核心的维度，而第三种维度的建立则更多与研究者对心理契约问题的理解、具体的研究情境、不同的研究群体和研究的内容有关。

---

① Thompson J A, Bunderson J S. Violations of principle: Ideological currency in the psychological contract[J]. *Academy of Management Review*.2003,28(4):571-585.

② 朱晓妹. 基于心理契约的薪酬模式研究 [M]. 北京：知识产权出版社，2008：81.

③ 李燚，魏峰，任胜钢. 组织心理契约违背对管理者行为的影响 [J]. 管理科学学报，2006（5）：88-96.

④ 蔡建群. 管理者—员工心理契约对员工行为影响机理研究——基于中国国有企业样本的实证分析 [D]. 博士学位论文. 上海：复旦大学，2008.

⑤ 尹洁林. 知识型员工理契约相关问题研究 [M]. 北京：经济科学出版社，2012：183.

（3）多维结构

除上述心理契约的二维、三维结构维度划分方式外，研究者们根据研究实际还将心理契约划分为四维、五维、六维甚至七维结构，这里统称为多维结构。

其中，有学者在研究中采用了心理契约的四维划分方式。如 Kickul 等（2001）以 183 名在职 MBA 学生为研究对象，经过探索性因素分析发现心理契约的维度包括自主和控制、组织奖励、组织福利及成长和发展四个方面。[①] 余琛（2007）在研究中将心理契约的维度划分为工作支持、内部培养、外部推荐以及工作稳定四个方面。其中，工作支持包括为员工提供良好工作氛围等，内部培养包括为员工职业生涯发展提供帮助等，工作稳定包括为员工提供有安全保障的工作等，外部推荐包括帮助员工能力提升、提高员工可雇佣性等。[②] 不难发现，以上关于心理契约的四维划分方式中均包含了福利待遇和发展晋升的内容，相当于上述二维划分方式中的"交易责任"和"发展责任"维度。

此外，心理契约的五维划分方式也在研究中被广泛应用。如 Freese&Schalk（1996）提出了工作内容、人力资源制度、激励制度、个人发展和社会交往五个维度。[③] Kickul（2001）在研究中将雇主责任归纳为自主与成长（如自主和可控的工作），薪酬（如休假福利等），报酬与机会（如晋升与发展机会等），工作稳定与工作职责（如合理的工作负荷等）和工作促进（如满足工作需要的资源等）五个维度。[④] De,Buyens&Schalk（2003）在有关新员工心理契约形成过程的研究中发现员工责任包括职业发展（如晋升机会等），工作内容（如工作自主等），社会氛围（如良好的工作氛围等），经济回报（如有吸引力的薪酬福利等）与"工作—生活"平衡（如关心个人生活等）。员工责任包括职责内和职责外行为（如与同事合作良好等），弹性（如必要时在周末加班等），伦理行为（如保守公司秘密等），忠诚（如至少在公司工作几年等）与可雇佣性（如在工作之余参与培训等）。[⑤]

六维和七维划分方式也在研究中被使用。Lester 等（2002）将组织心理契约责任归纳为福利（如健康福利等）、薪酬（如有竞争力的工资等）、发展机会（如晋升机会等）、工作本身（如高自主性的工作等）、资源支持（如工作所必需

① Kickul J,Lester S W.Broken promises:Equity sensitivity as a moderator between psychological contract breach and employee attitudes and behavior[J].*Journal of Business and Psychology*,2001,16(2):191-217.

② 余琛.心理契约履行和组织公民行为之间的关系研究[J].心理科学,2007（2）：458-461.

③ Freese C,Schalk R.Implications of differences in psychological contracts for human resource management[J].*European Journal of Work and* Organizational *Psychology*,1996,5(4):501-509.

④ Kickul J,Lester S W.Broken promises:Equity sensitivity as a moderator between psychological contract breach and employee attitudes and behavior[J].*Journal of Business and Psychology*,2001,16(2):191-217.

⑤ De V A,Buyens D,Schalk R.Psychological contract development during organizational socialization:Adaptation to reality and the role of reciprocity[J].*Journal of Organizational Behavior*,2003,24(5):537-559.

的原料和设备等）与良好的雇佣关系（如受到尊重等）。[①]朱晓妹（2013）提出心理契约包括物质激励、稳定工作、宽松环境、工作自主、发展机会和生活关怀六个维度，与国内外较早提出的心理契约结构维度的划分相比，主要增加了稳定工作和生活关怀两个维度。[②]Guest&Conway(2002)的研究得出员工视角的组织责任包括培训机会、晋升机会、赏识鼓励、绩效反馈、酬劳公平、工作激励和工作保障等维度。[③]此外，Rousseau(2000)为了设计可用于一般心理契约评定的调查问卷，构想出稳定、忠诚、短期交易、有限责任、动态绩效、内部发展和外部发展七个维度。[④]

综上，在六十余年关于心理契约问题的研究进程中，心理契约的二维结构维度划分方式得到了普遍认可，也在研究中得到了较为广泛的应用。同时，中外学者由于在不同社会文化背景、不同国情和不同组织情境下开展研究，心理契约维度划分也因此存在一定差异。总的来看，研究者 Rousseau 提出的"交易责任"和"关系责任"两个维度是比较稳定的，在此基础上，学者们又提出了新的因子，衍生出了三维、四维、五维、六维和七维的心理契约的结构维度的划分方式。总之，心理契约的维度划分因研究者选取的研究对象不同、研究样本不同、提取因子的方法不同，维度的划分方式与结果也不尽相同。但总体看，心理契约维度结构从二维到多维划分方式的变化，能够反映出研究者对心理契约问题研究的深度不断深入，广度也不断拓展。且研究内容越丰富、研究越深入、维度划分也越细致，且越表现出丰富和多样化特征。

2. 心理契约形成的过程模式

心理契约是在复杂的环境及动态变化过程中形成并发展起来的，心理契约的形成过程是一个涵盖诸多繁复因素的动态过程，不仅涵盖组织对员工展现的愿景与承诺，员工对组织文化、管理理念与实践活动的心理感知，还涉及员工对职业愿景与组织蓝图的心理诉求。研究者们从不同角度对心理契约的形成过程进行了分析，综合已有研究，阐述心理契约形成过程的具有代表性的理论模型主要包括：心理契约的雇佣关系模型、组织职业生涯模型、社会认知过程模型和职业社会化阶段模型四种模型。

（1）心理契约形成的雇佣关系模型

Shore&Tetrick(1994) 在研究基础上构建了心理契约形成的雇佣关系模型（见

---

① Lester S W.Not seeing eye to eye:differences in supervisor and subordinate perception of and attributions for psychological contract breach[J].*Journal of Organizational Behavior*,2002,23:39-56.

② 朱晓妹.创新型人才激励机制研究——基于心理契约的视角[M].北京：中国经济出版社，2013：76.

③ Guest D E,Conway N.Communicating the psychological contract:An employer perspective[J].*Human Resource Management Journal*,2002,12(2):22-38.

④ Rousseau D M,Schema,promise and mutuality:The building blocks of the psychological contract[J].*Journal of Occupational and Organizational Psychology*,2000,74(4):511-541.

图 1-1），认为心理契约的形成过程可被看作是个人努力与组织目标方面协调一致的有意识的目标达成过程。① 心理契约是在一个复杂的动态环境中发展起来的，在此环境中员工常与多个组织代理人进行互动，组织代理人会通过语言或非语言的形式向员工传递相关信息。这种互动过程贯穿于雇佣关系建构的始终，且随组织环境更迭而产生一定变化。员工与组织代理人在处理雇佣关系时，对相互关系会产生一定的心理预期，这些预期会影响契约的形成和发展、双方互动性质、组织目标和环境条件及个体的目标取向等。图 1-1 展示了在雇佣前和雇佣早期员工与组织心理契约的发展变化过程。互动心理学认为心理契约的发展是员工与组织互动和相互作用的结果。②③

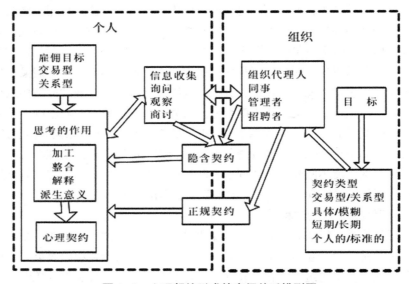

图 1-1　心理契约形成的雇佣关系模型图

资料来源：Shore L M,Tetrick L E.The psychological contract as an explanatory framework in the employment relationship[J].*Journal of Organizational Behavior*,1994:91-109.

由图 1-1 可知，心理契约形成的雇佣关系模型的左、右两部分分别展示了员工个人和组织在心理契约形成中的作用。组织代理人在聘用员工时会进行承诺并大量传达相关信息。组织目标和各种组织资源在契约形成过程中也起着重要作用。Shore&Tetrick 的雇佣关系模型较全面地概括了心理契约形成过程中员

①　Shore L M,Tetrick L E.The psychological contract as an explanatory framework in the employment relationship[J].*Journal of Organizational Behavior*,1994:91-109.

②　Endler N S.Magnusson D.Toward an interactional psychology of personality[J].*Psychological Bulletin*,1976,83:956-974.

③　Terborg J R.Interactional psychology and research on human behavior in organizations[J].*Academnny of Management Review*.1981(6):569-576.

工与组织间的相互作用过程，是员工在雇佣关系中积极搜寻相关信息并逐步形成独特心理契约的过程。

（2）心理契约形成的组织职业生涯模型

Herriot&Pemberton(1996)认为个人的职业生涯发展过程也是心理契约形成并不断修订的过程，据此提出了心理契约形成的组织职业生涯模型（见图1-2）。[①]
组织职业生涯是雇佣双方不断调整自身需求与付出，权衡投入与收益，进而形成双方共同认可的心理契约的动态平衡过程。[②] 心理契约形成的基础是雇佣双方对自身付出成本与实际收益匹配度的感知及心理契约的实际履行与违背情况。组织与员工双方在雇佣关系中所处的地位与占有的资源是影响其自身利益最优化的重要因素。各方对契约履行与违背的感知基于其对平等的认知及实现程度。根据契约本身属于关系型还是交易型会产生不同结果，如终止契约或进行重新谈判。

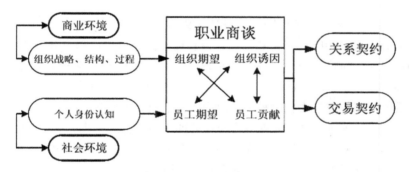

图1-2 心理契约形成的组织生涯模型图

资料来源：转引自：张士菊.国有企业与民营企业员工心理契约比较研究[M].北京：中国经济出版社，2013.43.

（3）心理契约形成的社会认知过程模型

研究者Herriot&Pemberton(1997)通过对心理契约形成过程的进一步分析，得出心理契约是雇佣双方即组织与员工对相互应担负责任的认知，认为契约的形成可划分为了解、谈判、检审和重新谈判或终止四个阶段（见图1-3），这是一个社会过程。[③] 当商业环境或社会环境发生重大的变化时，雇佣双方的心理预期和具体行动均会发生相应变化，此时，心理契约就会重新开始形成的过程或在感知到严重不公平后重新谈判甚至终止合作，整个过程形成了一个循环往复的环路。

---

① Herriot P,Pemberton C.Contracting careers[J].*Human Relations*,1996,49(6):757-790.

② 张士菊.国有企业与民营企业员工心理契约比较研究[M].北京：中国经济出版社，2013：43.

③ Herriot P,Pemberton C.Facilitating new deals[J].*Human Resource Management Journal*,1997,7(1):45-56.

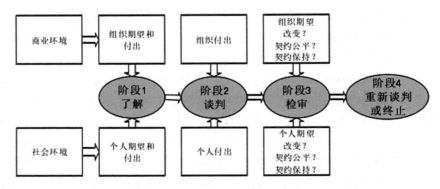

图 1-3　心理契约形成的社会认知过程模型图

资料来源：Herriot P,Pemberton C.Facilitating new deals[J].*Human Resource Management Journal*,1997,
7(1):45-56.

（4）心理契约形成的职业社会化阶段模型

Rousseau(2001) 在研究基础上，将心理契约的形成过程划分为四个阶段，分别包括雇佣前阶段、招聘阶段、早期社会化阶段和后期经历阶段（见图 1-4）。[①]雇佣前阶段员工会依据自身经验及了解到的关于组织的相关信息，对本职工作、职位性质、组织发展变化过程及规律形成自己独有的信念；招聘过程中，通过组织与员工的深入沟通使雇佣双方对彼此的承诺有更进一步了解；雇佣后的社会化过程中，双方会继续对与雇佣关系有关的新信息进行吸收和深度加工。心理契约的形成过程反映了员工的职业社会化阶段。基于这一模型可将心理契约视为组织和员工对雇佣关系稳定性和正常化的预期展现、组织与员工间的契约履行和认知评价及彼此对双方关系主观感知的社会化心理认知流程，其间包含了基于互惠原则的双方的心理博弈。

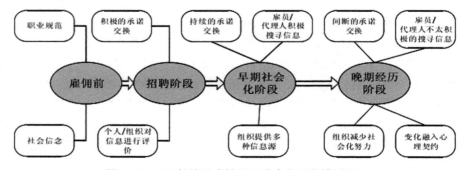

图 1-4　心理契约形成的职业社会化阶段模型图

①　Rousseau D M.Schema,promise and mutuality:The building blocks of the psychological contract[J].*Journal of Occupational and Organizational Psychology*,2001,74:511-541.

资料来源：Rousseau D M.Schema,promise and mutuality:The building blocks of the psychological contract[J]. *Journal of Ocupational and Organizational Psychology*,2001,74:511-541.

综上，心理契约的形成过程是一个不断发展变化的动态过程，过程中充满了不确定性。已有研究中，学者们从各自的研究视角对心理契约的形成机理进行了分析探讨。组织与员工间心理契约的形成从员工应聘前对组织的了解到初次接触组织，再到后续深入组织活动，直至退出组织均体现了组织与员工间责任与义务的相互交换关系。心理契约的形成过程充满了动态的不确定性，心理契约在形成过程中不仅受制于社会宏观环境、组织微观情境，还受员工个人的信念体系的影响。此过程中，员工对组织总体情况的了解不断深入且持续变化，员工的心理预期及对组织的要求也在不断调整过程中。对心理契约形成过程的探究可以深入了解员工与组织双方对心理契约感知的变化过程，进而更好地解析组织与员工间的交互关系，探明心理契约的变化规律。

3.心理契约的履行、违背及其效应

（1）心理契约的履行及其效应

心理契约的履行指员工与组织对对方履行心理契约而产生的主观感知或认知评价。[1] 研究表明，组织心理契约履行与员工的工作态度与行为有关，包括旷工、工作绩效、工作满意度、组织公民行为、组织承诺、组织信任、离职意向和员工流动率等 (Deery,2006[2];Sturges,2005[3];Hui,2004[4];Carbery,2003[5];Suazo,2005[6];Johnson&O'Leary-Kelly,2003[7])。组织履行心理契约时，员工常表现出更高的工作满意度、留职意向、组织支持感、组织承诺、组织信任、工作绩效与组织公民行为 (Robinson,1996[8];Coyle-Shapiro&Kessler,2000[9];Turnley&Fel

---

① Robinson S L,Morrison E W.Psychological contracts and OCB:the effect of unfulfilled obligations on civic virtue behavior[J].*Journal of Organizational Behavior*,1995(3):289-298.

② Deery S J,Iverson R D,Walsh J W.Toward a better understanding of psychological contract breach:A study of customer service employees [J].*Journal of Applied Psychology*,2006,91(1):166-175.

③ Sturges J,Conway N,Guest D,et al.Managing the career deal:the psychological contract as a framework for understanding career management, organizational commitment,and work behavior[J].*Journal of Organizational Behavior*,2005,26:821-838.

④ Hui C,Lee C,Rousseau D M.Psychological contract and organizational citizenship behavior in China:Investigating generalizability and instrumentality [J].*Journal of Applied Psychology*,2004,89(2):311-321.

⑤ Carbery R,Garavan T,O'Brien F,et al.Predicting hotel managers' turnover cognitions[J].*Journal of Managerial Psychology*,2003,18(7):649-679.

⑥ Suazo M M,Turnley W H,Mai-Dalton R R.Antecedents of psychological contract breach:The role of similarity and leader-member exchange[C].Academy of Management Proceedings,2005,M1-M.

⑦ Johnson J L,O'Leary-Kelly A M.The effects of psychological contract breach and organizational cynicism:Not all social exchange violations are created equal[J].*Journal of Organizational Behavior*,2003,24(5):627-647.

⑧ Robinson S L.Trust and breach of the psychological contract[J].*Administrative Science Quarterly*,1996,41(4):574-599.

⑨ Coyle-Shapiro J A M,Kessler L.Contingent and non-contingent working in local government:Contrasting psychological contracts[J].*Public Administration*,2002a,80(1):77-101.

dma,2000[1];Turnley 等 2003[2]）。朱晓妹（2013）的研究证实了上述结论，发现组织心理契约履行会对创新型人才的任务绩效、组织公民行为、学习绩效、创新绩效有正向的显著影响，对离职倾向有显著的负向影响。表明心理契约的履行对员工的工作态度与行为有良好的预测作用。[3] 尤其是对心理契约与组织公民行为间关系的研究是这一领域研究的热点问题。[4][5] 从具体维度上看，Coyle-Shapiro&Kessler(2003) 通过对英国政府公共部门工作人员心理契约的研究发现关系型责任的履行与组织公民行为呈正相关，交易型责任的履行则与之呈负相关。[6] Turnley(2003) 通过对 134 对有上下级关系的员工的问卷调查发现心理契约履行与三种员工行为（职务内绩效、组织指向的组织公民行为和组织内个人指向的组织公民行为）呈正相关。且心理契约履行与组织指向的组织公民行为的关系强于个人指向的组织公民行为。组织心理契约的履行会使员工对组织的信任感不断提升，从而对员工个人与组织都会产生积极的正向影响。[7] 余琛（2007）对 159 名在职人员的调查发现，心理契约履行程度越高，员工的组织公民行为也越强。心理契约维度中的外部推荐和内部培养维度对组织公民行为中的个人主动帮助具有预测作用。[8] 我国学者于桂兰等（2013）在后来的研究中也证实了以上学者的观点，即员工对组织心理契约履行的感知对员工的组织公民行为会产生正向的积极作用。[9] 此外，还有研究发现心理契约履行与身体不适（如疲劳、睡眠问题和头痛等）呈负相关。[10]

综上，大量研究表明，心理契约的履行无论对组织还是个人都有显著的积极影响。具体表现为组织履行心理契约时员工会有更高水平的工作满意度、留职意向、组织支持感、组织承诺和组织信任，尤其是会产生更多的组织公民行

① Tumley W H.Feldman D C.Re-examining the effects of psychological contract violations:Unmet expectations and job dissatisfaction as mediators[J]. *Journal of Organizational Behavior*,2000,21(1):25-42.

② Turnley W H,Bolino M C,Lester S W.The impact of psychological contract fulfillment on the performance of in-role and organizational citizenship behaviors[J].*Journal of Management*,2003,29(2):187-206.

③ 朱晓妹.创新型人才激励机制研究——基于心理契约的视角 [M].北京：中国经济出版社，2013：146.

④ Henderson D J,Wayne S J,Shore L M,et al.Leader-member exchange,differentiation and psychological contract fulfillment:A multilevel examination[J].*Journal of Applied Psychology*,2008,93(6):1208–1219.

⑤ Tsui-Hsu T,Jing L.Do psychological contract and organizational citizenship behavior affect organizationalperformance in non-profit organizations[J].*Chinese Management Studies*,2014,8(3):397.

⑥ Coyle-Shapiro J A M,Kessler L.The employment relationship in the UK.Public Sector:A psychological contract perspective[J].Journal of Public Administration Research and Theory,2003(2):213-230.

⑦ Henderson D J,Wayne S J,Shore L A.Leader-member exchange,differentiation and psychological contract fulfillment:A multilevel examination[J].*Journal of Applied Psychology*,2008,93(6):1208-1219.

⑧ 余琛.心理契约履行和组织公民行为之间的关系研究 [J].心理科学，2007（2）：458-461.

⑨ 于桂兰，陈明，于楠.心理契约与组织公民行为的关系——元分析回顾及样本选择与测量方法的调节作用 [J].吉林大学社会科学学报，2013，3（2）：115-123.

⑩ Karagonlar G,Eisenberger R,Aselage J.Reciprocation wary employees discount psychological contract fulfillment[J].*Journal of organizational behavior*,2016,37:23-40.

为。除了对组织员工的影响，也有研究表明心理契约履行程度与组织绩效存在显著正相关。[①] 但总体上看，与心理契约违背带来消极结果的研究相比，心理契约履行积极影响的相关研究仍比较匮乏。

（2）心理契约的违背及其效应

有学者认为心理契约的违背是组织内的常态，而不是例外。[②] Robinson & Rousseau（1994）对工作两年的 MBA 学生的研究发现，约 55% 的员工感知到组织违背了心理契约。[③] Lester 等（2002）的研究发现约 76% 的员工经历过组织心理契约违背。[④] 在一项关于员工日记的研究中，Conway & Briner（2002）指出员工认为组织经常违背心理契约，69% 的参与者认为自己在 10 天内至少有一次感受到组织心理契约违背。[⑤] 在我国关于心理契约的研究中，白艳莉（2012）的研究发现，知识员工感知到组织在交易责任与发展责任维度均未充分履行，相比交易责任而言，员工认为组织的发展责任履行更加不足，意味着组织对知识员工的职业生涯发展、提供培训等方面均存在明显不足。[⑥] 王哲（2018）在对新入职的编辑的心理契约的研究中也发现新入职编辑的心理契约违背程度较高。[⑦] 当然，也有很多员工认为组织心理契约违背程度是较低的，如有研究者认为员工对组织心理契约违背的认知程度是很低的。在他的研究里，只有 25% 的员工认为组织出现了明显的心理契约违背。[⑧] 综上，由于社会文化背景、组织机构与研究对象的差别，研究者对于组织心理契约违背的感知尚且存在较大差异。

研究证实，相较于心理契约履行，心理契约违背的效应更为显著。近年来，与心理契约相关的实证研究不断验证了心理契约违背现象普遍存在于不同的组织情境之下。研究除了证实心理契约违背是一种普遍现象外，还证明组织心理契约的违背会导致员工出现大量情感、态度和行为的反应变化。大量研究显示，

① Robinson S L.Rousseau D M.Violating the psychological contract:Not the exception but the norm[J].*Journal of Organizational Behavior*,1994,15(3):245-259.

② Robinson S L,Morrison E W.The development of psychological contract breach and violation:A longitudinal study[J].*Journal of Organizational Behavior*,2000,21:525-46

③ Robinson S L,Rousseau D M.Violating the psychological contract:Not the exception but the norm[J].*Journal of Organizational Behavior*,1994,15(3):245-259.

④ Lester S W,Turnley W H,Bloodgood J M,et al.Not seeing eye to eye:Differences in supervisor and subordinate perceptions of and attributions for psychological contract breach[J].*Journal of Organizational Behavior*,2002,23:39-56.

⑤ Conway N,Briner R B.A daily diary study of affective responses to psychological contract breach and exceeded promises[J].*Journal of Organizational Behavior*,2002,23:287-302.

⑥ 白艳莉著.雇佣关系感知对知识员工行为的影响机制研究：基于心理契约的理论视角 [M].北京：法律出版社，2012：202.

⑦ 王哲.基于心理契约违背视角的新入职编辑离职意向研究 [J].出版发行研究，2018（10）：65-70.

⑧ Turnley W H,Feldman D C.Psychological contract violations during corporate[J].*Restructuring. Human Resource Management*,1998,37(1):71-83.

心理契约违背会对员工的身心健康、家庭关系、工作态度与工作行为等产生一定影响，且会对组织的稳定、健康发展产生一定影响。

①对员工的影响

Ⅰ员工身心健康

研究表明，组织心理契约违背会对员工的身心健康造成很大影响。心理契约违背可以预测员工的健康状况，因为这种雇佣关系中的不平衡在工作环境中扮演着社会心理压力源的角色。[1]Mareike&Jakob(2017)根据"努力—奖励"不平衡模型，认为对心理契约违背的感知代表了雇佣关系中的不平衡，这种不平衡作为一种社会心理工作压力源会造成负面情绪状态和可感知的压力，进而导致员工的精神和身体健康受损。[2]Vander(2016)的研究也肯定了组织心理契约违背与员工的身体健康呈负相关。[3]Rosen&Levy(2013)和Zacher&Rudolph(2021)的研究发现员工对于组织心理契约违背的感知会正向影响员工个体的焦虑与紧张水平，使员工产生消极的情绪和情感体验。[4][5]Reimann&Guzy(2017)认为当员工感知到组织出现心理契约违背时，往往会产生较大的工作压力且会出现身心的不良反应。[6]表现为员工出现更高水平的情绪耗竭及心理上的痛苦与抑郁情绪等，还可能出现失眠。[7]Achnak&Schippers(2021)的研究表明员工对组织心理契约违背的感知会出现心率加速的表现，但是否会造成员工压力的增加有待于进一步研究。[8]综合看，员工对组织心理契约违背的感知可能会对员工的身心健康造成一定影响，使员工进入到一种情绪耗竭的状态，但员工对组织心理契约违背的感知是否会导致员工压力的增加有待于进一步研究和证实。

Ⅱ家庭关系

研究表明，员工对组织心理契约违背的感知会对员工家庭内部关系产生消

① Robbins J M,Ford M T,Tetrick L E.Perceived unfairness and employee health:A meta-analytic integration[J].*Journal of Applied Psychology*,2012:97(2),235–272.

② Mareike R,Jakob G.Psychological contract breach and employee health[J].*Journal of Work and Organizational Psychology*,2017,33(1):1-11.

③ Vander E T.De C N.Baillien,et al.Perceived control and psychological contract breach as explanations ofthe relationships between job insecurity,Job strain and coping reactions:Towards a theoretical integration[J].*Stress Health*,2016,32:100-116.

④ Rosen C C,Levy P E.Stresses,swaps,and skill:An investigation of the psychological dynamics that relatework politics to employee performance[J].*Human Performance*,2013,26(1):44-65.

⑤ Zacher H,Rudolph C W.Relationships between psychological contract breath and employee well-being and career-related behavior:The role of occupational future time perspective[J].*Journal of Organizational Behavior*,2021,42(1):84-99.

⑥ Reimann M,Guzy J.Psychological contract breach and employee health:The relevance of unmet obligations for mental and physical health[J].*Journal of Work and Organization Psychology*,2017(33):1-11.

⑦ Garcia P J M,Bordia P,Restubog S L D,et al.Sleeping with A broken promise:The moderating role of generativity concerns in the relationship between psychological contract breach and insomnia among older workers[J].*Journal of Organizational Behavior*,2017,39(3):326-338.

⑧ Achnak S,Schippers A,Vantilborgh T.To deny,to justify,or to apologize:Do social accounts influence stresslevels in the aftermath of psychological contract breach[J].*BMC Psychology*,2021,9(1):5-15.

极影响。Sturges&Guest(2004) 的研究发现员工对心理契约违背的感知与员工的"工作—生活"平衡有一定关联性。[①] 心理契约违背与"工作—家庭"冲突程度有关，组织心理契约违背常常会增加员工的"工作—家庭"冲突。[②] Jiang 等（2017）的研究支持了这一观点。[③] 张火灿等人（2010）的研究发现心理契约关系责任对员工的"工作—生活"平衡有正向影响，高情绪智力能减少交易责任对"工作—生活"平衡的负向影响。[④] 但总体看，员工对组织心理契约违背的感知对其伴侣影响的研究尚且有限，有待于进行进一步探究。

Ⅲ 员工的工作态度与行为

早期关于心理契约问题的研究中，聚焦于心理契约违背对结果变量的直接影响，但在确定结果变量时，缺乏成熟理论框架的支持，因此，结果变量的选择往往缺乏系统性。在后续 Kichul 等的研究中，根据社会认知心理学的研究视角，将心理契约违背的结果变量划分为工作态度和工作行为两个方面，成为了研究者进行心理契约违背效应研究的两个重要方面。

研究证明，心理契约违背会对员工的工作态度造成一定影响。心理契约违背相关实证研究中所涉及的态度类结果变量中，关注度较高的是工作满意度、组织承诺和离职倾向这三个变量。工作满意度是一种对工作特定方面的态度，员工在对一些工作要素感到满意的同时也可能会对其他要素感到不满意。[⑤] Porter(1974) 认为组织承诺是"个体认同和卷入特定组织的相对强度"。体现于员工个体对组织的认同感和归属感，而离职倾向是指员工在某个不确定时间离开组织的倾向。研究者们普遍认为心理契约违背对员工的工作满意度（Suazo,2009[⑥]；樊耘等,2011[⑦]；Salin&Notelaers,2018[⑧]；王

① Sturges J,Guest D.Working to live or living to work?Work/Life balance early in the career[J]. *Human Resource Management Journal*,2004,14(4):5-20.

② Gracia F J,Silla I,Peiro J M,et al.The state of the psychological contract and its relation to employees' psychological health[J].*Psychology in Spain*,2007:11(1):33-41.

③ Jiang L,Probst T M,Benson W L.Organizational context and employee reactions to psychological contract breach:A multilevel test of competing theories[J].*Econ.Ind.Democr*.2017,38:513–534.

④ 张火灿，刘嘉雯，杨辉南.心理契约对工作生活平衡的影响：社会支持与情绪智力的干扰角色 [J].人力资源管理学报，2010（3）：1-24.

⑤ 吴晓义主编.管理心理学（第 3 版）[M].广州：中山大学出版社，2015：87.

⑥ Suazo M M.The mediating role of psychological contract violation on the relations between psychological contract breach and work-related attitudes and behaviors[J].*Journal of Managerial Psychology*,2009,24(2):136-160

⑦ 樊耘，纪晓鹏，邵芳.雇佣契约对心理契约破坏影响的实证研究 [J].管理科学，2011（6）：57-68.

⑧ Salin D,Notelaers G.The effects of workplace bullying on witnesses:Violation of the psychological contract as an explanatory mechanism[J].*The International Journal of Human Resource Management*,2018:1-21.

哲,2018[①];Blessley,2018[②])、组织承诺(Lemire&Rouillard,2005[③];Suazo,2009[④];Welander,等2017[⑤];Salin&Notelaers,2018[⑥])有直接的负向影响,对于离职倾向则呈正向影响(樊耘等,2011[⑦];Lo&Aryee,2003[⑧];钱士茹等,2015[⑨];柯江林,2018[⑩];王哲,2018[⑪];Kaufmann等,2018[⑫];周子羽等,2022[⑬])且会降低组织信任感(Robinson,1996[⑭];Cassar&Briner,2011[⑮])和组织认同(Restubog等,2008[⑯])。Robinson&Morrison(1995)的研究发现,信任会影响到心理契约与组织公民行为之间的关系,当员工感知到组织心理契约被违背时会降低对组织的信任,而对组织信任感的降低也会降低员工参与面向组织的公民行为的意

① 王哲.基于心理契约违背视角的新入职编辑离职意向研究[J].出版发行研究,2018(10):65-70.

② Blessley M,Mir S,Zacharia Z,et al.Breaching relational obligations in a buyer-supplier relationship:Feelings of violation,fairness perceptions and supplier switching[J].*Industrial Marketing Management*,2018,74:215-226.

③ Lemire L,Rouillard C.An empirical exploration of psychological contract violation and individual behaviour:The case of Canadian federal civil servants in quebec[J].*Journal of Managerial Psychology*, 2005,20(2):150-163.

④ Suazo M M.The mediating role of psychological contract violation on the relations between psychological contract breach and work-related attitudes and behaviors[J].*Journal of Managerial Psychology*,2009,24(2):136-160.

⑤ Welander J,Astvik W,Isaksson K.Corrosion of trust:Violation of psychological contracts as a reason for turnover amongst social workers[J].*Nordic269 Social Work Research*,2017,7(1):67-79.

⑥ Salin D,Notelaers G.The effects of workplace bullying on witnesses:Violation of the psychological contract as an explanatory mechanism[J].*The International Journal of Human Resource Management*,2018:1-21.

⑦ 樊耘,纪晓鹏,邵芳.雇佣契约对心理契约破坏影响的实证研究[J].管理科学,2011(6):57-68.

⑧ Lo S,Aryee S.Psychological contract breach in a Chinese context:An integrative approach[J].*Journal of Management Studies*,2003,40(4):1005–1020.

⑨ 钱士茹,徐自强,王灵巧.新生代员工心理契约破裂和离职倾向的关系研究[J].现代财经(天津财经大学学报),2015(2):102-113.

⑩ 柯江林,邓秀婷,吴丹.慈善公益组织员工心理契约违背的影响效应研究——职场精神力为中介变量[J].科研管理,2018(7):159-167.

⑪ 王哲.基于心理契约违背视角的新入职编辑离职意向研究[J].出版发行研究,2018(10):65-70.

⑫ Kaufmann L,Esslinger J,Carter C R.Toward relationship resilience:Managing buyer-induced breaches of psychological contracts during joint buyer-supplier projects[J].*Journal of Supply Chain Management*,2018,54(4):62-85.

⑬ 周子羽,范海洲.乡村振兴背景下基层公务员心理契约对职业倦怠影响研究[J].学术界,2022(7):200-209。

⑭ Robinson S L.Trust and breach of the psychological contract[J].*Administrative Science Quarterly*,1996,41(4):574-599.

⑮ CassarA V,Briner R B.The relationship between psychological contract breach and organizational commitment:Exchange imbalance as a moderator of the mediating role of violation[J].*Journal of Vocational Behavior*,2011,78(2):283-289.

⑯ Restubog S L D,Hornsey M J,Bordia P,et al.Effects of psychological contract breach on organizational citizenship behaviour:Insights from the group value model[J].*Journal of Management Studies*,2008:45(8),1377-1400.

愿。[①]Rousseau&McLean(1993) 也指出当一方感到另一方没有履行心理契约时，双方的信任关系会被破坏。[②] 一旦信任关系被打破，员工将很少愿意受到契约关系的束缚，也很少愿意参与组织公民行为。[③] 而且那些对组织最初信任水平较低的员工在契约被破坏时，信任水平下降更为显著。[④] 当员工感到组织心理契约违背时，会对当前付出会在未来得到回报失去信心，员工为组织付出的动机会在一定程度上下降。[⑤] 研究者 Xanthi-Evangelia 等（2014）在对 262 名银行员工心理契约问题的研究中发现组织心理契约违背对员工的工作满意度和组织承诺有很强的负面影响，且工作满意度在心理契约违背和组织承诺之间起到中介作用。[⑥] 此外，研究者还从心理契约不同维度对员工工作态度的影响进行了更为细致和具体的研究，如有研究发现心理契约关系责任违背的感知与离职倾向呈负相关，与工作满意度、情感承诺呈正相关；而交易责任则正好相反，与离职倾向呈正相关，与工作满意度、情感承诺等呈负相关。[⑦] 我国学者陈加洲（2007）的研究发现心理契约的现实责任会对组织承诺与工作满意感产生积极影响，对离职意向则会产生消极影响；发展责任仅会对工作满意度产生影响；员工的现实责任主要影响离职意向，而发展责任则主要影响组织承诺和离职意向。[⑧] 余高雅（2015）研究发现心理契约中的三个维度物质激励、发展机会和环境支持均与离职倾向呈显著负相关。[⑨]

与态度相比行为具有明显的外显性，员工对心理契约违背的感知会对其工作行为产生一定负面影响，导致员工反生产行为出现。[⑩] 研究发现员工一旦觉察

① Robinson S L,Morrison E W.Psychological contracts and OCB:The effect of unfulfilled obligations on civic virtue behavior[J].*Journal of Organizational Behavior*,1995(3):289-298.

② Rousseau D M,Mclean P J.The contracts of individuals and organizations[J].*Research in Organizational Behavior*,1993,15:1-43.

③ Rousseau D M.Psychological and implied contracts in organizations[J].*Employee Responsibilities and Rights Journal*,1989(2):121-139.

④ Robinson S L.Trust and breach of the psychological contract[J].*Administrative Science Quarterly*,1996,41:574-599.

⑤ 朱晓妹 . 基于心理契约的薪酬模式研究 [M]. 北京：知识产权出版社，2008：13.

⑥ Xanthi-Evangelia A,Panagiotis T.Psychological contract breach and organizational commitment in the greek banking sector:The mediation effect of Job satisfaction[J].*Procedia-Social and Behavioral Sciences*,2014(148):354– 361.

⑦ Raja U,Johns G,Ntalianis F.The impact of personality on psychological contracts[J].*Academy of Management Journal*.2004,47(3):350-367.

⑧ 陈加洲 . 员工心理契约的作用模式与管理对策 [M]. 北京：人民出版社，2007：8.

⑨ 余高雅 . 新生代员工心理契约与离职倾向关系的实证研究 [J]. 江西社会科学，2015（8）：178-202.

⑩ Zagenczyk T,Cruz K,Woodard A,et al.The moderating effect of machiavellianism on the psychological contract breach-organizational identification/disidentification relationships[J].*Journal of Business and Psychology*,2013:28(3),287-299.

到组织心理契约被违背时其工作行为会出现十分消极的表现。[1][2] 如出现退出行为和忽视行为，且对忠诚行为呈显著的负向影响。[3] 也会导致组织公民行为的减少（Hui 等，2004[4]；齐琳，刘泽文，2012[5]；陈明，于桂兰，2013[6]；于桂兰等，2013[7]；李洪英，于桂兰，2016[8]）。在心理契约违背影响效应的行为类结果变量中，组织公民行为是研究者们关注的重点，组织公民行为是指员工个体作出的有助于组织绩效提升的个人行为，是一种典型的正向行为。多项研究表明心理契约违背会对员工的组织公民行为产生显著负向影响。另外，角色内绩效与负向行为如心理撤出行为、离职行为、偏差行为也较受学者关注，但研究者并未得出一致性结论。

同时，心理契约的违背还可能降低员工的工作绩效（Turnley&Feldman,1999[9]；刘燕，2014[10]），增加员工的离职行为（Karagonlar 等，2016[11]；张高旗等，2019[12]；Robinson&Rousseau,1994[13]；Lo&Aryee,2003[14]），及使员工出现工作越轨行为和反生产行为等 (Griep&Vantilborgh,2018[15])。Jenssen&Ryan(2010) 对心理契约违背与员工反生产行为间的关系进行了探索，反生产行为包括滥用行为、生产偏差

① 李原，郭德俊.组织中的心理契约 [J].心理科学进展，2002（1）：108-113.

② 朱嘉蔚，朱晓妹，孔令卫.心理契约多元关系路径及其影响效应研究——基于扎根理论的个案分析 [J].江西社会科学，2019（3）：215-224+256.

③ 刘燕.心理契约违背对员工行为选择策略的影响机制研究 [D].博士学位论文，长春：吉林大学,2014.

④ Hui C,Lee C,Rousseau D M.Psychological contract and organizational citizenship behavior in China:Investigating generalizability and instrumentality[J].*Journal of Applied Psychology*,2004,89(2):311-321.

⑤ 齐琳，刘泽文.心理契约破坏对员工态度与行为的影响 [J].心理科学进展，2012（8）：1296-1304.

⑥ 陈明，于桂兰.破坏型领导：何时危害性更大——关系取向及工具性对破坏型领导与强制性公民行为的调节作用 [J].南开管理评论，2013（4）：13-23.

⑦ 于桂兰，陈明，于楠.心理契约与组织公民行为的关系——元分析回顾及样本选择与测量方法的调节作用 [J].吉林大学社会科学学报，2013（2）：115-123.

⑧ 李洪英，于桂兰.基于 SSG 组织关系调节的心理契约履行与员工绩效 [J].统计与决策，2016（23）：95-97.

⑨ Turnley W H,Feldman D C.The impact of psychological contract violations on exit,voice,loyalty,and neglect[J].*Human Resource Management Review*,1999(9):367-386.

⑩ 刘燕.心理契约违背对员工行为选择策略的影响机制研究 [D].博士学位论文，长春：吉林大学，2014.

⑪ Karagonlar G,Eisenberger R,Aselage J.Reciprocation wary employees discount psychological contract fulfillment[J].*Journal of Organizational Behavior*,2016,37(1):23-40.

⑫ 张高旗，徐云飞，赵曙明.心理契约违背、劳资冲突与员工离职意向关系的实证研究：整合型组织文化的调节作用 [J].商业经济与管理，2019（9）：29-43.

⑬ Robinson S L,Rousseau D M.Violating the psychological contract:Not the exception but the norm[J].*Journal of Organizational Behavior*,1994,15(3):245-259.

⑭ Lo S,Aryee S.Psychological contract breach in a Chinese context:An integrative approach[J].*Journal of Management Studies*,2003,40(4):1005–1020.

⑮ Griep Y,Vantilborgh T.Reciprocal effects of psychological contract breach on counterproductive and organizational citizenship behaviors:The role of time[J].*Journal of Vocational Behavior*,2018:104:141-153.

行为、怠工行为、偷盗行为和退出行为等五方面。其中，心理契约的交易责任与关系责任对滥用行为、生产偏差行为会产生积极影响，但对怠工行为和偷盗行为无显著影响。[①] 此外，大量研究表明心理契约违背会使员工减少角色内行为（Robinson,1996;[②] Restubog 等，2006[③]）以及创新性行为 (Robinson,1996[④]；Ng 等,2010[⑤])。

综上，大量研究表明，当员工感知到组织心理契约违背发生后，会产生一系列的消极态度与行为。这些消极的态度包括工作满意度、组织承诺、组织信任感的降低，离职意向则会增强。而消极的员工行为可以概括为离职、退缩行为、降低工作绩效、出现反社会行为等。总之，已有研究表明，心理契约违背与不良的员工工作态度与工作行为存在高度正相关。

②对组织的影响

员工在组织中生存与发展，心理契约违背在对员工造成一定影响的同时，也会对组织的健康发展产生一定影响。这些影响主要表现为对组织文化氛围、组织绩效与组织声誉的影响。

Ⅰ组织文化氛围

组织文化氛围是组织管理中体现的传统、习惯及行为方式等精神格调。郑子林（2014）认为心理契约违背会对组织文化氛围产生消极影响。员工对组织心理契约违背的感知会使员工对组织倡导的文化产生怀疑，会在组织中寻求具有相同感受的"志同道合"者形成非正式组织，将心理契约违背的感知和愤怒通过非正式的沟通渠道向组织中的各个环节散布，在组织中培养与组织文化价值观相悖的行为准则和行为方式。[⑥] 李永斌（2017）在研究中肯定并支持了这一观点。[⑦]

Ⅱ组织绩效

组织绩效是指一定时期内整个组织所取得的绩效。心理契约对员工的工作

---

① Jensen J M,Opland R A,Ryan A M.Psychological contracts and counterproductive work behaviors:Employee responses to transactional and relational breach[J].*Journal of Business and Psychology*,2010,25(4):555-568.

② Robinson S L.Trust and breach of the psychological contract[J].*Administrative Science Quarterly*,1996,41:574–599.

③ Restubog S L D,Bordia P,Tang R L.Effects of psychological contract breach on performance of IT employees:The mediating role of affective commitment[J].*Journal of Occupational and Organizational Psychology*,2006,79(2):299–306.

④ Robinson S L.Trust and breach of the psychological contract[J].*Administrative Science Quarterly*,1996,41:574–599.

⑤ Ng T W H,Feldman D C,Lam S S K.Psychological contract breaches,organizational commitment and innovation-related behaviors:A latent growth modeling approach[J].*Journal of Applied Psychology*,2010.95(4),744–751.

⑥ 郑子林 . 知识型员工心理契约违背的影响及预防措施探析 [J]. 管理世界，2014（4）：1-4.

⑦ 李永斌 . 知识型员工管理 [M]. 石家庄：河北科学技术出版社，2017：63.

绩效有显著影响，也同时通过对员工绩效和员工关系的作用对组织绩效产生重要影响。朱晓妹和王重鸣（2006）的研究指出员工心理契约履行对一些主要组织效果变量有很好的预测作用。① 关于心理契约与组织绩效，有研究者通过对员工的访谈和问卷调查发现，交易型和关系型心理契约分别会对团队绩效和组织绩效产生正向影响，交易型心理契约对组织绩效的作用最大，且团队绩效在心理契约与组织绩效间起中介作用。② Cassar 等（2013）的研究表明心理契约违背会导致组织中员工流动率增高。由于招聘和培训新员工会导致组织效率下降和成本增加。如果条件没有改善，员工可能会表现出反社会行为或减少回报。随后，组织的生产力就会被削弱，组织绩效也会随之降低。③ 郑子林（2014）指出心理契约违背发生时，如果员工表现出呼吁行为或忠诚行为，表明员工想要维护与组织间的关系。但如果员工采取退出行为或忽略行为则会对组织绩效产生极大的消极影响。④

Ⅲ组织声誉

郑子林（2014）认为心理契约的违背会使优秀的员工离开组织队伍，而很可能进入竞争对手的组织，不仅会造成人力资源的损失，还会直接影响组织后续招聘人才的质量，这些消息在业内的传播也会使组织的声誉受损。若员工对组织的不满导致非理性行为的出现，如罢工闹事等过激行为则很大程度会给组织带来极坏的社会负面影响。⑤

综上，目前关于心理契约违背对于组织相关影响的研究还非常有限，主要体现在对组织文化氛围和组织绩效的影响，但不可否认的是已有研究均表明心理契约违背与组织文化氛围和组织绩效有一定相关性，且心理契约违背会对组织文化氛围和组织绩效产生一定的消极影响。

4. 心理契约的影响因素

员工与组织间的心理契约是在社会大环境之下，在雇佣情境之下通过员工与组织相互作用形成的。因此，员工个人因素、组织因素与社会环境等因素都会对员工与组织间的心理契约产生一定影响。

（1）员工因素

研究表明，对心理契约造成影响的员工个人因素包括员工的人口统计学特征、人格特质与个人经历等。

---

① 朱晓妹，王重鸣. 员工心理契约及其组织效果研究 [J]. 管理工程学报，2006（3）：123-125.

② 吕部. 心理契约对组织绩效影响的实证研究 [J]. 山西财经大学学报，2011（3）：88-97.

③ Cassar V,Buttigieg S C,Briner R B.Causal explanations of psychological contract breach characteristics[J]. *Psychologist-manager Journal*,2013(16):85-106.

④ 郑子林. 知识型员工心理契约违背的影响及预防措施探析 [J]. 管理世界，2014（4）：1-4.

⑤ 郑子林. 知识型员工心理契约违背的影响及预防措施探析 [J]. 管理世界，2014（4）：1-4.

①人口统计学特征

Ⅰ性别因素

国外学者有关性别因素对心理契约影响的研究结论存在一定矛盾。然而Freese&Schalk(1996)，Yue(2021)的研究表明员工的性别与其对心理契约履行和违背的感知存在一定的相关性。[①②]Herriot 等（1997）的研究发现，女性员工对薪酬和晋升的期望较少，更希望有灵活的福利。[③]我国学者张楚筠（2011）的研究表明，女性员工对于"组织责任"重要程度的评价要高于男性员工，且女性员工感知的心理契约违背程度要高于男性。[④]张士菊（2013）的研究支持了这一观点，认为女性员工感知到组织发展责任、交易责任和关系责任破裂的程度均高于男性。相比之下，男性员工更重视组织的交易责任和发展责任，女性员工更重视组织的关系责任。[⑤]朱晓妹（2013）的研究也发现性别因素对创新型人才的心理契约具有显著影响。[⑥]然而，有研究表明性别因素对心理契约不存在显著影响，如 Smithson&Lewis(2000)[⑦]、Gakovic&Tetrick(2003)[⑧]和 Duff 等 (2006)[⑨]的研究则发现男性与女性在心理契约履行程度的感知方面并无差异。

Ⅱ年龄因素

研究者总体认为年龄因素对心理契约违背的感知存在一定影响。如 Bal 等的（2011）研究指出，若感知到心理契约破裂，相较于年轻员工，年长的员工更可能对工作不满意。[⑩]Adams 等（2014）的研究支持了这一观点，认为年轻员工（18—35 岁）比年长员工（35 岁及以上）更重视法定契约，对心理契约违背的感知比年长的工人少。[⑪]与之结论相反，Bal&Smit(2012) 的研究表明年长的员工更容易察觉到心理契约违背，但对心理契约违背的反应不如年轻员工那么

① Freese C,Schalk R.Implications of differences in psychological contracts for human resource management[J].*European Journal of Work and Organizational Psychology*,1996,5(4):501-509.

② Yueyuan Cheng.The effect of psychological contract combined with stress and health on employees' management behavior[J].*Fontiers in Psychology*,2021,9(10):1-10.

③ Herriot P,Manning W E G,Kid J M.The content of the psychological contract[J].*British Journal of Management*,1997,8:151-162.

④ 张楚筠. 公务员心理契约研究 [M]. 上海：上海交通大学出版社，2011：144-145.

⑤ 张士菊. 国有企业与民营企业员工心理契约比较研究 [M]. 北京：中国经济出版社，2013：164.

⑥ 朱晓妹. 创新型人才激励机制研究——基于心理契约的视角 [M]. 北京：中国经济出版社，2013：104.

⑦ Smithson J,Lewis S.Is Job Insecurity changing the psychological contract[J].*Young Peoples Expectations of Work Personnel Review*,2000,29(6):680-702.

⑧ Gakovic A,Tetrick L E.Psychological contract breach as a source of strain for employees[J].*Journal of Business and Psychology*,2003(18):235-246.

⑨ Duff A,Monk E A.Attitudes of new appointees to accounting and finance departments in the higher ucation sector[J].*The British Accounting Review*,2006,(38).

⑩ Bal P M,Kooi D.The relations between work centrality,psychological contracts and job attitudes:The influence of age[J].*European Journal of Work and Organizational Psychology*,2011(20):497-523.

⑪ Adams S,Quagrainie F,Klobodu E K M.Psychological contract formation:The influence of demographic factors.International[J].*Area Studies Review*,2014(17):279-294.

强烈。[①] 张士菊（2012）的研究表明处于职业生涯不同阶段的员工其心理契约存在差异，如 18—25 岁（职业初期）和 26—35 岁（职业成长期）年龄组的员工更重视组织的发展责任，26—35 岁年龄组的员工更重视组织交易责任，18—25岁年龄组最重视组织关系责任。[②] 我国学者朱晓妹（2013）和周莉（2014）的研究均表明年龄因素对员工的心理契约具有显著影响。[③④]

Ⅲ学历水平

张术霞等（2011）认为，高学历员工对组织心理契约履行和违背更为敏感，且一旦感知到契约违背会比低学历员工更易产生离职倾向。[⑤] 与其观点一致，马丽（2017）也认为高学历员工比低学历员工在心理契约整体及各维度上与离职倾向的关系均更加密切。[⑥] 张士菊，张光进（2012）的研究发现，员工学历越低，对于组织发展责任和交易责任的履行程度的感知程度越低，具体表现为初中学历的员工最低，大学专科和本科及以上学历的员工不存在显著差异。[⑦] 朱晓妹（2013）的研究也发现学历水平对创新型人才的心理契约履行与违背的感知具有显著影响。[⑧] 而我国学者余琛（2003）认为不同学历水平员工在心理契约履行和违背的感知上并无显著差异。[⑨]

Ⅳ工作年限

Robinson 等（1994）的研究认为不同工作年限的员工对心理契约履行和违背的感知有显著差异。表现为新招聘员工在工作过程中对员工心理契约责任的认知程度逐渐减弱，而对组织心理契约责任的认知程度则随工作年限的增加而逐渐增强。[⑩] 从具体的维度看，有研究发现随着员工工作年限的增加交易责任的要求会逐渐减弱，但关系责任并未随任职年限延长而加强。[⑪] 也有研究发现员工与组织的心理契约在最初阶段是交易责任占主导地位，随着时间推移，交

---

① Bal P M,Smit P.The older the better:Age-related differences in emotion regulation after psychological contract breach[J].*Career Development International*,2012,17(1):6-24.

② 周莉.心理契约对员工离职意向的影响研究 [J].学术论坛，2014（6）：140-144.

③ 朱晓妹.创新型人才激励机制研究——基于心理契约的视角 [M].北京：中国经济出版社,2013：104.

④ 张士菊，张光进.不同群体员工的心理契约差异及其对管理的启示 [J].理论月刊，2012（3）：156-159.

⑤ 张术霞，范琳洁，王冰.我国企业知识型员工激励因素的实证研究 [J].科学与科学技术管理，2011（5）：144-149.

⑥ 马丽.中国情境下心理契约与离职倾向关系的元分析 [J].经济管理，2017（10）：82-94.

⑦ 张士菊，张光进.不同群体员工的心理契约差异及其对管理的启示 [J].理论月刊，2012（3）：156-159.

⑧ 朱晓妹.创新型人才激励机制研究——基于心理契约的视角 [M].北京：中国经济出版社，2013：104.

⑨ 余琛.员工心理契约与持股计划研究 [D].博士学位论文，杭州：浙江大学，2003.

⑩ Robinson S,Kraatz M.Rousseau D.Changing obligations and the psychological contract:A longitudinal study[J].*Academy of Management Journal*,1994,37:137-152.

⑪ Millward L J,Hopkins I J.Psychological contracts,organizational and job Commitment[J].*Journal of Applied Social Psychology*,1998,1:1530-1556.

易责任逐渐转变为关系责任，特别是在员工工作 6 个月之后。[①] 朱晓妹（2013），Yue（2021）的研究也肯定了工作年限对心理契约的影响。[②③] 但与以上结论相悖，余琛（2003）和张楚筠 (2011) 的研究均认为工作年限对员工与组织的心理契约并不具有显著影响。[④⑤]

②人格特质

关于人格特质对心理契约的影响，Raja 等 (2004) 的研究发现神经质、平等意识与心理契约中的交易责任呈正相关，责任心与关系责任呈正相关。高神经质、低责任心和高外控的员工更易感知到心理契约违背。神经质的人往往对他人缺乏信任，因此对契约违背的感知更为敏感。[⑥]Ho 等 (2004) 的研究同样认为神经质人格的员工会产生更多负面情绪，而宜人型特质的员工负面情绪较少，但他们对他人的信任都同样会减少。[⑦]Coyle-Shapiro&Neuman(2004) 通过跟踪调查探索交换理念和报偿理念这两种人格特质对心理契约的影响，发现报偿理念与员工对组织应担负责任的认知及尽责程度呈正相关，而交换理念则与之呈负相关。[⑧] 人格特质不仅影响员工对心理契约违背的感知与反应，且影响员工对契约违背程度的认知。与以上研究者的结论不同，研究者 Schouten（2002）的研究并未发现大五人格模型会对心理契约产生显著影响。[⑨] 台湾学者方学贤等（2018）的研究也认为人格特质对员工心理契约不具有显著的影响。[⑩]

③个人经历

心理契约可以反映出个体的雇佣经历，不同的人会形成不同的心理契约，对契约违背的反应也不尽相同。[⑪]Robinson&Morrison(2000) 和 Lo&Aryee(2003) 的研究认为过往组织心理契约违背是造成员工心理契约违背的主要原因，因为

---

① Lee G J,Faller N.Transactional and relational aspects of the psychological contracts of temporary workers[J]. *South African Journal of Psychology*, 2005,35(4):831-847.

② Yueyuan Cheng.The effect of psychological contract combined with stress and health on employees' management behavior[J].*Fontiers in Psychology*,2021,9(10):1-10.

③ 朱晓妹 . 创新型人才激励机制研究——基于心理契约的视角 [M]. 北京：中国经济出版社，2013：104.

④ 张楚筠 . 公务员心理契约研究 [M]. 上海：上海交通大学出版社，2011：144-145.

⑤ 余琛 . 员工心理契约与持股计划研究 [D]. 博士学位论文 . 杭州：浙江大学，2003.

⑥ Raja U.Johns G,Ntalianis F.The impact of personality on psychological contracts[J].*Academy of Management Journal*,2004,47(3):350-367.

⑦ Ho T,Weingart L R,Rousseau D M.Responses to broken promises:Does personality matter[J]. *Journal of Vocational Behavior*,2004,65:276-293.

⑧ Coyle-Shapiro J A M,Neuman J H.The psychological contract and individual differences:The role of exchange and creditor ideologies[J].*Journal of Vocational Behavior*,2004,64:150-154.

⑨ Schouten R.Personality,the psychological contract and organizational commitment[J].*Gedragen Organisatie*,2002,14(6):503-511.

⑩ 方学贤，赖凤仪 . 心理契约之前因后果之质性分析与量化研究 [J]. 劳资关系论丛，2018（1）：51-71.

⑪ Roehling M V.The origins and early development of the psychological contract construct[J]. *Journal of management History*,1997,3(2):204-217.

过往经历会降低员工进入下一组织的初始信任水平。[①②] 王庆燕和石金涛（2007）的研究发现员工进入组织时间的长短和先前的工作经验对心理契约的违背有显著的影响。[③] Guillermo&Rousseau(2004) 认为个人社会网络、社会交往对象和个人在组织非正式群体中的地位等会影响个人的认知和信念，进而影响个人心理契约。[④] Ho&Levesque（2005）指出当对组织心理契约履行程度进行评估时，员工的参照对象通常是与其有直接联系的合作者。当对工作方面的承诺履行程度进行评估时，员工的参照对象主要是能够替代自己的同事及与自己有多重关系的人。[⑤] 由此可见，员工个人的经历对其心理契约履行与违背的感知具有一定影响。

④雇佣类型

已有研究表明，在对心理契约问题的感知中兼职员工和全职员工存在较大差别。[⑥] Van&Ang(1998) 对新加坡员工的研究发现兼职员工心理契约中的组织期望少于全职员工。[⑦] 也就是说相较于兼职员工，全职员工会感受到组织承担更多的心理契约责任。在对于心理契约履行程度的感知中，Freese&Schalk(1996) 的研究发现，相比全职员工兼职员工感知到的组织心理契约履行程度更低。[⑧] Coyle-Shapiro&Kessler(2002) 的研究支持了这一结论。[⑨] 从具体维度看，研究者认为兼职员工感知到的组织责任更多是交易性的，而全职员工感知到的更多是关系性责任。[⑩] 但也有研究认为全职与兼职员工在心理契约的维度等方面

① Robinson S L,Morrison E W.The development of psychological contract breach and violation:A longitudinal study[J].*Journal of Organizational Behavior*,2000,21:525-546.

② Lo S,Aryee S.PCB in a Chinese context:An integrative approach[J].*Journal of Management Studies*,2003,40,1005-1020.

③ 王庆燕，石金涛.有效员工社会化的影响因素实证研究 [J].管理科学，2006（6）：24-32.

④ Guillermo E.D,Rousseau,D.M.Social interaction patterns shaping employee psychological contracts[J].*Academy of Management Best Conference Paper*,2004,OBN1-N7.

⑤ Ho V T,Levesque L L.With a little help from my friends(and substitutes):Social referents and in psychological contract fulfillment[J].*Organization Science*,2005,16(3):275-290.

⑥ De M K P,Bergrnann T J,Lester S W.An investigation of the relational component of the psycho-logicalcontract across time,generation and employment status[J].*Journal of Managerial Issues*,2001,13(1):102-118.

⑦ Freese C,Schalk R.Implications of differences in psychological contracts for human resource management[J].*European Journal of Work and Organizational Psychology*,1996,5(4):501-509.

⑧ Van D L,Ang S.Organizational citizenship behavior of contingent workers in singapore[J].*Academy of Management Journal*,1998,41(6):692-703.

⑨ Coyle-Shapiro J A M,Kessler L.Exploring reciprocity through the lens of the psychological contract employee and employer perspectives[J].*European Journal of Work and Organizational Psychol-ogy*,2002,11(1): 69-86.

⑩ Rousseau D M.Psychological contracts in organizations:Understanding written and unwritten agreements[J].*Thousand Oaks*,CA:Sage,1995.

均无显著差异。[①②] 此外，还要研究发现兼职员工感知到的心理契约内容范围更窄（即更少），但更容易实现。相反，全职员工的交换范围更广，但实现起来难度也更大。[③]

综上，员工在过往雇佣经历中体验到的心理契约履行和违背的情况对于员工当下在组织中对心理契约履行和违背的感知有重要影响。一般表现为过往经历的心理契约履行程度高则会增加个体对组织的信任，反之则会增强对心理契约违背的感知。与此同时，员工过往的社交群体特征、社交对象及所处社会环境也会对其心理契约履行与违背的感知造成一定影响。但对于性别因素、学历水平、工作年限、雇佣类型以及人格特质等因素是否对员工与组织间的心理契约有显著影响的问题，由于研究的社会文化背景不同、研究对象的群体特征不同与研究视角不同等，已有研究并未形成一致性结论，需在本研究中进一步探讨。

（2）组织因素

①组织规模

已有研究表明，组织规模对于员工与组织的心理契约会产生一定影响。组织规模通常是指组织人员数量的多少。一般认为，组织规模越大组织构成也往往越复杂，人员间的相互影响也越繁杂。表现为大规模的组织机构管理制度往往较为完善，可以实现心理契约的有效管理，但小规模组织往往因为缺少系统的人力资源管理而更容易出现心理契约破裂。而且心理契约关系的出现与发展源于人际互动，组织规模的大或小必然会在不同程度上对员工与组织间的心理契约产生一定影响。[④]

②组织沟通

有效沟通对于员工与组织间良好心理契约关系的构建和良性运行有着重要影响。Herriot&Pemberton(1997) 和 Stiles 等人 (1997) 强调雇佣双方在有关工作和个人问题如工作压力、"工作—生活"平衡和职业发展等方面持续沟通具有重要意义。[⑤⑥] 因为有效沟通使组织和员工对心理契约内容更加明晰，减少了双方

①　McDonald D J,Makin P J.The psychological contract,organizational commitment and job satisfaction of temporary staff[J].*Leadership Organization Development Journal*,2000,21(2):84-91.

②　Herriot P,Manning W E G,Kid J M.The content of the psychological contract[J].*British Journal of Management*,1997,8:151-162,

③　De J J,Schalk R,De C N.Balanced versus unbalanced psychological contracts in temporary and permanent employment:Associations with employee attitudes[J].*Management and Organization Review*,2009,5(3),329-351.

④　Nadin S,Cassell C.New deal for old?Exploring the psychological contract in a small firm environment[J].*International Small Business Journal*,2007,25(4):417-443.

⑤　Herriot P,Pemberton C.Facilitating new deals[J].*Human Resource Management Journal*,1997,7(1):45-56.

⑥　Stiles P,Gratton L,Truss C,et al.Performance management and the psychological contract[J]. *Human Resource Management Journal*,1997,7(1):57-66.

对契约破裂的感知。[①] Turnley&Feldman(1999) 强调关于心理契约的期待和愿景的正式沟通是非常重要的。[②] 也有研究者认为，基于信任基础之上的组织与员工间的高质量沟通是增强组织凝聚力的重要条件，有助于心理契约的履行。[③] 当出现心理契约违背的感知后，为重构员工与组织间的关系，有效沟通起着非常重要的作用。若能做到友好沟通则一般可对双方关系的发展产生积极影响，但若沟通不畅则可能对双方产生不利影响。如果员工认为不被组织尊重则会导致生产效率的下降。此外，若员工使用消极语言来表达他们的担忧，则可能会对员工与组织间的关系产生负面影响。相反，如果员工能积极有效地表达他们的看法，则他们的关系可能会朝向有利的方向发展。[④]

综上，已有研究表明，员工与组织间的有效沟通有助于双方良好心理契约关系的建立，是心理契约的重要影响因素，能够促进良好的组织文化氛围的形成。反之，不良的沟通则会导致双方更多心理契约违背的发生，造成心理契约关系的破裂。与此同时，相关研究也表明有效沟通是重构组织与员工间心理契约关系的重要途径。

③人力资源管理实践

人力资源管理实践对心理契约关系的构建具有非常重要的作用。[⑤]Rousseau &Greller(1994) 指出，组织的人力资源管理实践包括招聘、绩效评估、薪酬、员工手册和福利待遇等，均向员工传递着有关雇佣双方权利与义务的基本信息，对心理契约的履行会产生重要影响。[⑥]Rousseau(1995) 将影响心理契约形成的因素分为外在环境因素与内在因素。[⑦] 其中，外在环境因素涉及如组织中同事提供的心理契约形成的相关信息。组织信息包括招聘录用时组织中相关人员的允诺，进入组织后组织代理人给出的政策性文件（员工手册、薪酬体系、绩效考评体系等有关人力资源管理的文件），组织的社会形象，员工与高层管理者、直接主管和同事在人际互动中的观察和了解等。从信息来源形式看，既包括书面文件

① Guest D E,Conway N.Communicating the psychological contract:An employer perspective[J]. *Human Resource Management Journal*,2002,12(2):22-38.

② Turnley W H,Feldman D C.A discrepancy model of psychological contract violations[J].*Human ResourceManagement Review*,1999,9:367-386.

③ Hermida R,Luchman J.The moderating role of locus of causality in the relationship between source of information and psychological contract breach perceptions[J].*Journal of Business and Psychology*,2013:28(2),221-232.

④ Cassar V,Buttigieg S,Briner R B.Causal explanations of psychological contract breach characteristics[J].*Psychologist-manager Journal*,2013(10):85-106.

⑤ Guest D E,Conway N.Communicating the psychological contract:An employer perspective[J]. *Human Resource Management Journal*,2002,12(2):22-38.

⑥ Rousseau D M,Greller M M.Human resource practices:Administrative contract makers[J]. *Human Resource Management Journal*,1994,33(3):385-401.

⑦ Rousseau D M.Psychological contract in organizations:Understanding written and unwritten agreements[M].*London:Sage*,1995

与口头沟通，也包括直接表达和间接理解。由于心理契约从本质上来说是一种主观感知，不同员工对信息的理解是不同的，即便对那些明文规定的政策性文件不同员工的理解也可能存在差异。

Kickul 等 (2003) 研究了员工利用工作环境中的社会信息表达雇佣双方交换关系的内在含义的途径，提出心理环境维度对心理契约影响的特定维度模型（见图 1-5），并通过对员工的任务特征、工作特征、工作团队和社会环境、领导行为、组织和子系统特征及他们对心理契约认知的实证研究发现，任务特征与工作负荷和明确程度有关，而工作特性与心理契约中的工作多样性、工作重要性和灵活性等密切相关。工作团队与社会环境维度与社会交往中的契约内容与工作环境密切相关，领导行为与反馈的契约内容有关。组织和子系统特征与心理契约中的报偿、利益、安全、提升、发展机会、公平和人际交往等有关。[1]

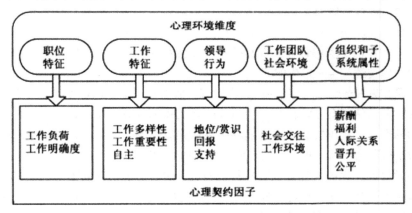

图 1-5　工作环境对心理契约的影响图 [2]

资料来源：Kickul,J.Matthew,A.L.The Meaning Behind the Message:Climate Perceptions and the Psychological Contract[J].*Mid-American Journal of Business*,2003,18(2):23-32.

④组织变革因素

Turnley&Feldman（1998）研究发现当组织正经历重组、并购和整合时，通常会出现心理契约违背。[3]Inskon（2001）和 Edwards（2003）也强调在组织变

---

①　Kickul J.Matthew A L.The meaning behind the message:Climate perceptions and the psychological contract[J].*Mid-American Journal of Business*,2003,18(2):23-32.

②　Kickul J.Matthew A L.The meaning behind the message:Climate perceptions and the psychological contract[J].*Mid-American Journal of Business*,2003,18(2):23-32.

③　Turnley W H,Feldman D C.Psychological contract violations during corporate[J].*Restructuring. Human Resource Management*,1998,37(1):71-83.

革时关注员工心理契约感知的必要性。[1][2]Rousseau（2001）认为在组织变革过程中员工通常需调整他们的心理预期。若将心理契约看作是个心智模型，随着时间的流逝，个人的心理契约会从一系列的信仰（有时是支离破碎的）转化成更详细地、由一系列相互关联的信仰组成的组织架构。[3] 心理契约的变化预示着人们必须去处理有差异的信息，以便使人们对心理契约的认知努力适应变化的需要。这也解释了为什么在组织变革中鼓励员工的参与，因为通过员工的积极参与和建言献策可以给予员工机会参与和组织进行新的工作条件的协商。协商、信息的收集和讨论可促进更深层次的认知过程。[4]

综上，已有研究表明，当组织发生变革时员工的心理契约也很容易发生变化。组织变革对于员工与组织间心理契约的平衡会产生较大影响，可见，心理契约的违背离不开其在组织中的生存环境。

（3）社会环境因素

社会环境包括社会文化、社会规范、社会道德和法律等要素，为生活于其中的人们提供了理解责任和权利的基本社会背景，这些因素均会对员工与组织间的心理契约产生一定影响。[5][6]

研究者 Sparrow(1998) 在研究中发现民族文化对员工理解和加工与心理契约内容相关的信息有重要影响。[7]Thomas 等 (2003) 也认为应考虑民族文化对心理契约的影响，提出文化差异对雇佣关系认知有显著影响，个人文化层面的认知和激励机制会影响心理契约的形成及对心理契约违背的感知。[8] 有研究者针对美国多元民族文化的研究发现心理契约的定义需要考虑不同肤色人种的特点，提出雇主提供多元文化环境应成为心理契约的重要内容。[9]Thomas 等（2000）从心理契约知觉特性角度分析了集体主义和个人主义这一文化维度对心理契约的

① Inkson K,Heising A,Rousseau D M.The interim manager:Prototype of the 21st-century worker[J].*HumanRelations*,2001,54:259-284.

② Edwards J C,Rust K G,McKinley W,et al.Business ideologies and perceived breach of contract during downsizing:The role of the ideology of employee self-reliance[J].*Journal of Organizational Behavior*,2003,24(1): 1-23.

③ Rousseau D M.Schema,promise and mutuality:The building blocks of the psychological contract[J].*Journal of Occupational and Organizational Psychology*,2001,74:511-541.

④ 张楚筠. 公务员心理契约研究 [M]. 上海：上海交通大学出版社，2011：44.

⑤ Morishima M.Renegotiating psychological contracts:Japanese style[J].*Journal of Organizational Behavior*,1996,3:139-158.

⑥ Rousseau D M,Schalk R.*Psychological contracts in employment:Cross-national perspectives* [M].Thousand Oaks,CA:Sage.2000.

⑦ Sparrow P R.Reappraising psychological contracting:Lesson for the field of human resource developmentfrom cross-cultural and occupational psychology research[J].*International Studies of Management and Organization*,1998,28(1):30-63.

⑧ Thomas D C,Au K,Ravlin E C.Cultural variation and the psychological contract[J].*Journal of Organizational Behavior*,2003,24(5):451-471.

⑨ Buttner E,Lowe K,Billings-Harris L.The impact of diversity promise fulfillment on professionals of color outcomes in the USA[J].*Journal of Business Ethics*,2010,91(4):501-518.

影响，指出集体主义者的心理契约更倾向于关系导向，而个人主义者的心理契约则更倾向于交易导向。①Kickul 等（2004）的研究发现香港和美国员工对心理契约违背的感知存在显著差异。美国员工对于违背内在责任（如控制、支持、挑战性工作）有更强烈的不良反应。相比之下，香港员工外在责任（如安全、薪水）的破坏反应更消极。美国员工对内在责任和外在责任违背的认知度均低于香港员工。在内在责任违背的情况下，美国员工的工作满意度、情感承诺、规范承诺都显著低于香港员工。研究者将这一差别归因于儒家文化与资本主义文化的差异。② 马丽（2017）从我国南北方文化差异角度研究发现无论是从心理契约整体还是心理契约的各维度来看均显示，相较北方员工南方员工的心理契约各维度与离职倾向间关系更为紧密。这也给人力资源跨文化管理实践带来了启示，即雇主在对待员工时应关注来自不同地域员工间的文化差异，这样在用人策略的选择上才能有的放矢。③

　　研究表明，社会环境因素会对员工与组织间的心理契约产生诸多影响。具体表现为在不同社会文化背景之下、不同国家的经济环境当中、不同的社会市场经济发展水平之下员工与组织间的心理契约均是不同的。社会制度如家庭与教育系统会影响劳动力的总体特征和个人特征（教育水平、技能和社会地位），进而对员工与组织间的心理契约关系产生一定影响。因此，在东西方文化背景之下，在不同国家的社会制度背景之下，在我国南北方不同员工的差异之下，员工与组织间心理契约关系均会显示出不同的特点。这也反映出了社会环境因素对员工与组织间关系会在一定程度上产生一定的影响作用。

　　（三）"教师—学校（幼儿园）"心理契约的相关研究

　　在上一部分，研究者主要针对组织行为学和管理学视角下的"员工—组织"心理契约的研究现状进行了整理分析。此部分主要对教育管理学视角下的"'教师—学校（幼儿园）'心理契约"相关研究进行综述，通过相关检索发现教师与学校（幼儿园）心理契约的研究既包括高校教师与学校组织间心理契约的研究，也包括中小学教师及幼儿园教师与学校（幼儿园）间心理契约问题的研究。其中，关于教师与幼儿园间心理契约的研究相对较匮乏。关于教师与学校（幼儿园）间心理契约的研究中，思辨性的理论研究居多，实证性的研究相对较少。"教师—学校（幼儿园）"心理契约的研究中，实证研究主要涉及"教师—学校（幼儿园）"心理契约问卷的编制，即心理契约的维度、内容的探索，也包

① Thomas D C,Au K.Culture variation in the psychological contract[J].*Academy of Management Proceedings*,2000:1-7.

② Kickul J,Lester S W,Belgio E.Attitudinal and behavioral outcomes of psychological contract breach:A cross cultural comparison of the United States and Hong Kong Chinese[J].*International Journal of Cross Cultural Management*,2004,4(2):229-252.

③ 马丽. 中国情境下心理契约与离职倾向关系的元分析 [J]. 经济管理，2017（10）：82-94.

括心理契约的形成、履行及违背等现实状况的探析，以及心理契约与教师工作满意度、职业倦怠、离职倾向、组织承诺、组织公民行为等与教师工作态度与行为相关性的研究，同时还包括基于心理契约理论视角的教师管理与激励等问题的探究。总体来看，已有研究多从单向视角探讨教师责任，较少从双向视角对教师与组织间的心理契约问题进行研究。下面将结合实际情况针对教师与学校（幼儿园）间心理契约的研究现状进行具体分析：

1. 心理契约的内容

进行心理契约问卷的编制、探究心理契约的主要内容是"教师—学校（幼儿园）"心理契约研究的重点。表 1-2 列举了相关研究中较有代表性的"教师—学校"心理契约问卷的主要内容：

表 1-2 "教师—学校"心理契约的主要内容汇总表

研究者	具体内容（部分列举）	研究方法	研究对象	研究角度
王海威（2009）	学校责任：提供良好的薪酬福利；提供稳定的工作保障；公平公正地对待教师；提供良好的教学条件，应该全面尊重教师等 教师责任：遵守学校各项规章制度；为人师表，遵守职业道德；完成教学工作；提高科研能力；发展自己学科建设能力等	问卷调查法	大学教师	教师角度
张立迎（2010）	学校责任：尊重教师的权利和尊严；提供相应的福利待遇；公平、公正地对待教师；合理安排工作任务等 教师责任：认真完成教学任务；遵守学校的各项规章制度；不断学习、提高工作水平；按要求完成学校布置的工作等	问卷调查法	普通高等学校专任教师	教师角度
韩明等（2010）	学校责任：提供进修、培训的机会；提供有竞争力的工资待遇；提供晋升、发展的空间；提供相应的福利待遇(社保、医疗等)等 教师责任：与周围同事保持良好的合作关系；在工作需要时，可以加班加点；自觉地帮助学校作额外的工作等	问卷调查法	普通高等学校专任教师	教师角度
田宝军（2011）	教师责任：按时完成学校安排的教育教学工作；真心实意的热爱关心学生；不因个人原因影响教学工作等 学校责任：提供良好的工作条件和充足的资源；提供与贡献对等的有竞争力的工资；提供相应的福利待遇(假期、医疗保险、养老保险等)等	问卷调查法	中学教师	教师角度

续表

研究者	具体内容（部分列举）	研究方法	研究对象	研究角度
郝永敬（2013）	学校责任：良好的信息沟通；积极倾听基层员工意见；尊重员工意见；公平对待员工；奖惩制度合理；完善的福利待遇制度等	问卷调查法	地方高校教师	教师角度
林澜（2013）	学校责任：学校为教师提供明确、具体的物质激励和保障；学校提高管理水平；为教师工作提供良好的制度环境等 教师责任：教师应遵守学校基本的制度和行为规范；教师应给予学生必要的专业指导并维持良好的师生关系等	问卷调查法	高校教师	教师角度
陈怡洁（2019）	教师责任：我愿意继续目前担任的职务工作；我愿意继续在目前服务的学校工作；我会为了本校的发展全力以赴；我会努力完成本校交办的工作，并力求完美等	问卷调查法	中学教师	教师角度

2. 心理契约的结构维度

通过对已有研究中"教师—学校（幼儿园）"间心理契约结构维度的划分，不难发现，已有研究中教师与组织间心理契约关系内容可以划分为二维、三维、四维甚至五维结构。

有研究者在研究中采用了心理契约的二维划分方式。如刘耀中（2006）在研究中将高校教师与学校间心理契约关系的维度划分为交易责任与关系责任。教师责任中的交易责任即教师要遵守学校的规章制度，完成基本工作职责。关系责任指教师要为学校创造良好的人际环境，付出更多的努力。学校责任中的交易责任指学校要为教师提供经济利益和物质条件，使教师拥有基本的工作条件和生活保障。关系责任指学校要尊重关怀教师，为教师的发展提供空间。[①] 张立迎（2010）基于陈加洲"现实责任"和"发展责任"的二维划分方式，在研究中通过对黑龙江省19所普通高校1045名专任教师进行调查，发现普通高校教师与学校组织心理契约的学校责任和教师责任均包括现实责任和发展责任两个维度。其中，学校责任中的现实责任包括提供相应的福利待遇、提供良好的工资报酬等；发展责任包括提供进修和培训的机会、提供广阔的个人发展空间等。教师责任的现实责任包括认真完成教学任务、遵守各项规章制度等；发展责任包括不断学习、提高工作水平及为学校的发展提出建设性意见等。[②]

此外，也有研究者在对教师与组织间心理契约关系的研究中采用了三维划

---

① 刘耀中.基于人力资源管理的大学教师心理契约结构研究[J].西北师大学报，2006（6）：22-24.

② 张立迎.普通高等学校教师心理契约形成、履行、破裂的实证研究[D].博士学位论文，长春：吉林大学，2010.

分方式。如韩明（2010）等通过对高校教师心理契约的研究发现，教师与学校责任均包含交易责任、发展责任和关系责任三个维度。其中教师责任的交易责任包括与周围同事保持良好的合作关系、为学校与院系的发展出谋划策等；发展责任包括做好科研工作、不断改善已有知识与技能结构等；关系责任包括和学校分享科研成果、维护学校良好形象等。学校责任中的交易责任包括提供进修、培训的机会，提供有竞争力的工资待遇等；发展责任包括工作的自主性、合理的工作量等；关系责任包括维护融洽的同事关系、保障长期稳定的工作等。[①]郝永敬（2013）在后来的研究中采用了相同的三维划分方式。[②]邹循豪（2011）通过对高校体育教师心理契约问卷的编制，发现学校责任量表部分包括经济与环境责任（良好的工作环境，完备的科研条件等）、成长责任（重视自身的成长与发展等）和人文责任（与上下级关系相处融洽等）三个维度。成长责任相当于前述维度中的发展责任，人文责任则相当于关系责任。[③]田宝军（2011）对中学教师心理契约的调查得到教师责任包括岗位责任（遵守学校规章制度、维护学校利益等）、人际责任（教师与同事、与领导要保持良好的人际关系等）和发展责任（为学校发展献计献策等），学校责任包括经济责任（为教师提供相应的工作环境、工作条件等）、人际责任（尊重教师劳动、关心教师生活等）和发展责任（学校为教师提供学习培训的机会等）的三维划分方式。[④]王海威（2009）在关于大学教师心理契约的研究中提出了规范责任、发展责任和人际责任三个维度。其中，教师责任的规范责任包括遵守学校各项规章制度、为人师表与遵守职业道德等，相当于前述的岗位责任；发展责任包括发展自己学科建设能力等；人际责任包括处理好与学生的关系、处理好与上级领导部门的关系等。学校责任中的规范责任包括提供良好的薪酬福利，提供稳定的工作保障等，相当于前述的经济责任；发展责任包括为教师进修创造条件，给教师提供更多晋升机会等；人际责任包括协调教师之间的关系，促进教师之间的团结等。[⑤]同时，曾越（2018）和金芳等（2020）针对幼儿园教师心理契约问题的

① 韩明，董学安，范丹，何先友.高校教师心理契约问卷的编制 [J].心理发展与教育，2010（3）：315-321.

② 郝永敬.地方高校专任教师心理契约对工作绩效的影响 [D].博士学位论文，石家庄：河北工业大学，2013.

③ 邹循豪.高校体育教师心理契约与工作状态关系 [D].博士学位论文，福州：福建师范大学，2011.

④ 田宝军.教师心理契约与学校人本管理 [M].保定：河北大学出版社，2011：83-85.

⑤ 王海威.大学教师心理契约的结构及其动态变化 [D].博士学位论文，大连：大连理工大学，2009.

研究也使用了同样的三维划分方式。[①②③]

此外，还有研究者参考已有研究中关于心理契约维度的划分方式，将教师与学校间心理契约的维度划分为四维甚至五维结构。邹循豪（2011）通过对高校体育教师心理契约问卷的编制，发现教师责任量表包括四个维度，分别是课外责任（指导学生课外活动等），岗位责任（认真上好每一堂课等），归属责任（希望受到学校领导重视等）和社会责任（对社会成员提供体育指导与帮助等）。这一维度划分方式体现出了研究者对高校体育教师心理契约相关问题研究的独特性。[④]台湾学者陈怡洁（2019）在研究中发现初中教师担负的心理契约责任包括四个维度，分别是教育专业维护（如建立良好的亲师沟通管道）、学校改革参与（如提供促进本校进步的建议）、学校期望配合（如为了本校发展我乐意参与社区互动）和学校发展投入（如为了本校的发展全力以赴等）。[⑤]林澜（2013）则在对于高校教师心理契约相关问题的研究中将心理契约内容划分为五个维度，这些学校责任维度包括生存保障责任（学校为教师提供明确、具体的物质激励和保障等）、制度支持责任（学校提高管理水平，为教师提供良好的制度环境等）、资源支持责任（学校为教师工作提供具体的物质支持等）、沟通参与责任（学校为教师提供畅通的沟通渠道等）和成长发展责任（学校为教师的专业发展提供广阔的平台和充足的机会等），教师责任的五个维度包括敬业守规责任（教师应遵守学校基本的制度和行为规范等）、关心学生责任（教师应给予学生专业的指导并维持良好的师生关系等）、科研投入责任（教师应致力于学术研究等）、认同支持责任（教师应该在心理和行动上认同支持学校的目标和发展等）及活动参与责任（教师应参与学校组织的各项活动等）。与心理契约二维和三维的划分方式相比，四维与五维的划分方式维度涵盖范围更广，内容也更丰富，体现出了随着心理契约问题研究的不断深入，研究者对教师心理契约问题进行了更细致和深层次的探讨。[⑥]

从"教师—学校（幼儿园）"心理契约的维度划分看，目前三维划分方式是应用范围最为广泛的，且基于"交易责任（规范责任）""发展责任（成长责任）"

① 曾越，秦金亮.幼儿教师心理契约的结构及影响因素——以浙江省为例[J].教育学术月刊，2018（01）：62-69.
② 金芳，姚芳玉，张珊珊，李盛男.变革型领导对幼儿园教师组织承诺的影响——心理契约的中介作用[J].中国特殊教育，2020（7）：82-89.
③ 金芳，但菲，陈玲.心理授权对幼儿园教师组织公民行为的影响：心理契约的中介作用[J].学前教育研究，2020（5）：14-24.
④ 邹循豪.高校体育教师心理契约与工作状态关系[D].博士学位论文，福州：福建师范大学，2011.
⑤ 陈怡洁."国民中学"校长文化领导、教师心理契约、教师社群互动与学校效能关系之研究[J].学校行政双月刊，2019（5）：53-89.
⑥ 林澜，伍晓奕.高校教师心理契约的结构探索[J].福州大学学报（哲学社会科学版），2011（5）：39-56.

和"关系责任（人际责任／人文责任）"的三维划分方式是目前教师与学校（幼儿园）心理契约内容研究中最常用的维度划分方式。可见，这三方面的责任维度可以较全面地概括教师与学校（幼儿园）作为心理契约主体在组织中的基本职责。

3. 心理契约的履行与违背

在已有的关于教师与学校（幼儿园）间心理契约履行与违背的相关研究中，王海威（2009）的研究发现，在大学组织中发展责任的履行程度最低。在学校责任履行程度与教师期望的预期差方面，发展责任维度的预期差值最大。说明在教师心中对学校责任履行情况评价最低的是发展责任。且通过具体分析发现，40.1% 的教师心理契约处于平衡状态，19.5% 处于不平衡状态，40.4% 处于过渡状态，这一群体的教师所占比例最大。[①] 田宝军（2011）通过对中学教师心理契约的研究发现，学校心理契约总体上为中等履行程度，大部分考察项目低于"履行"水平，有些已达"违背"程度。从心理契约的三个维度来看，履行程度由高到低依次是环境责任、经济责任和人文责任，且不同维度间呈现出了显著差异。其中，人文责任和经济责任分值明显偏低，尤其以人文责任履行程度最低。[②] 陈怡洁（2019）的研究结论与之相近，发现中学教师心理契约为中高履行程度，且心理契约履行程度越高，教师社群互动和学校效能表现越好。[③] 吴淑玲，靳国芬（2013）的研究发现小学组织心理契约的履行为中等程度，且教师心理契约在教师期待与学校实践方面存在显著差异。[④] 李恺，万芳坤（2019）基于对 224 名乡村教师的问卷调查发现当前乡村教师心理契约总体履行程度较高，但存在结构失衡的问题。其中，教师责任履行程度高于学校责任。[⑤] 在教师与幼儿园组织间心理契约履行与违背的研究方面，金芳等（2020）的研究得到幼儿园心理契约履行程度总体较高的结论。[⑥] 但台湾学者林俊莹等（2014）则得到了相反结论，认为幼儿园心理契约违背程度较高。[⑦] 此之，对于心理契约违背的修正理论研究也是心理契约违背研究的一个热点问题（金艾裙，2011[⑧]；

---

① 王海威. 大学教师心理契约的结构及其动态变化 [D]. 博士学位论文，大连：大连理工大学，2009.

② 田宝军. 教师心理契约与学校人本管理 [M]. 保定：河北大学出版社，2011：83-85.

③ 陈怡洁. "国民中学"校长文化领导、教师心理契约、教师社群互动与学校效能关系之研究 [J]. 学校行政双月刊，2019（5）：53-89.

④ 吴淑玲，靳国芬. "国小"教师对学校心理契约的期望与实践知觉之探讨 [J]. 学校行政双月刊，2013（11）：58-82.

⑤ 李恺，万芳坤. 乡村振兴背景下乡村教师工作满意度研究——基于心理契约的视角 [J]. 华中农业大学学报（社会科学版），2019（4）：123-176.

⑥ 金芳，但菲，陈玲. 心理授权对幼儿园教师组织公民行为的影响：心理契约的中介作用 [J]. 学前教育研究，2020（5）：14-24.

⑦ 林俊莹，谢宛伶，谢亚恒. 台湾地区学前阶段教师心理契约违犯对工作行为的影响 [J]. 教育研究与发展期刊，2014（3）：53-86.

⑧ 金艾裙. 高校教师心理契约的违背及其规避 [J]. 江苏高教，2011（3）：96-97.

江忠华，2015[①]；高山等,2017[②]）。

综上，目前我国关于教师与学校（幼儿园）心理契约履行与违背问题的研究仍较匮乏，尤其缺乏针对教师与幼儿园间心理契约履行和违背现实状况的调查研究。且已有研究揭示出教师与学校间心理契约的履行在不同教师群体中表现出不同特征。总体看，教师与高校、中小学的学校间心理契约的履行程度为中等或中等以上水平。关于教师与幼儿园间心理契约履行和违背的研究较匮乏，且已有研究得出了相互矛盾的结论。因此，本研究将进一步针对教师与幼儿园间心理契约履行与违背的问题进行系统的研究与验证。

4. 心理契约的影响因素与效应

关于教师与学校心理契约影响因素的研究中，台湾学者 Hui-Chin Chu 和 Chi-Jung Fu（2006）采用问卷调查法通过对 S 大学 95 名教师的调查，发现学校领导风格与风气对大学教师对学校心理契约履行程度有一定影响，即校长的领导风格影响教师对学校的承诺水平，且教师对学校风气的感知也会影响教师是否乐于奉献、工作投入程度、工作行为和工作满意度等。[③] 梅红，宋晓平（2012）对大学二级学院心理契约相关问题的研究结果显示，关系型领导行为正向影响教师的沟通满意感和沟通开放性，沟通满意感负向影响教师对学校心理契约违背的感知，关系型领导行为负向影响教师对组织心理契约违背的感知。[④] 邹循豪（2011）通过对高校体育教师心理契约的研究发现，性别和婚姻状况不会对心理契约履行产生显著影响，职务、月薪和任教课程会显著影响教师心理契约履行。[⑤] 秦梦群，简玮成（2017）研究发现男性中学教师对学校心理契约履行的感知程度略高于女性，但不同年龄、工作年限与是否兼职教师对学校心理契约履行情况的感知不存在显著差异。[⑥] 张立迎（2010）关于高校教师心理契约的研究发现不同学历教师对学校心理契约履行程度的感知存在显著差异，具体表现为博士学历教师认为学校心理契约履行程度高于大专学历教师，且不同学历教师在教师心理契约履行情况的感知上也存在显著差异。具有博士、硕士学历教师的得分高于大专学历教师。说明高学历的教师更关注学校心理契约履行情况，低学历教师对学校心理契约履行情况的关注度则不高。同时，她还发现已婚和

① 江忠华．高校教师心理契约违背及其规避机制研究 [J]．江苏高教，2015（5）：81-83.

② 高山，黄建元，徐颖．基于修正激励理论的高校教师心理契约违背规避研究 [J]．江苏高教，2017（6）：69-72.

③ Hui-chin C,Chi-jung F.The influences of leadership style and climate to faculty psychological contracts:Acase of S university in Taiwan[C].Proceedings of AHRD 2006 International Conference,2006.

④ 梅红，宋晓平．领导行为、组织沟通有效性与教师心理契约违背的关系——基于高等院校二级学院背景的实证研究 [J]．西安交通大学学报（社会科学版），2012（2）：84-90.

⑤ 邹循豪．高校体育教师心理契约与工作状态关系 [D]．博士学位论文，福州：福建师范大学，2011.

⑥ 秦梦群，简玮成．"国民中学"教师心理契约、情绪劳务与组织公民行为之关联性研究 [J]．教育与心理研究，2017（1）：1-30.

未婚教师在对学校心理契约履行情况的感知上存在显著差异，表现为已婚教师得分均高于未婚教师。主要由于已婚教师承担更多社会角色，生活负担和工作负担更重，相较之下，未婚教师对学校心理契约履行情况更为敏感。[①] 然而我国学者田宝军（2011）的研究表明学历因素对教师对学校心理契约履行和违背情况的感知不存在显著影响。[②]

在教师与学校心理契约违背效应的相关研究中，康勇军，屈正良（2011）通过对 402 名高职院校教师的研究显示教师心理契约履行与职业倦怠呈显著负相关，且工作满意度在心理契约履行与职业倦怠间起部分中介作用。[③] 林澜（2013）的研究认为若教师感知到学校履行了心理契约，将表现出更多组织公民行为作为对学校兑现承诺、履行责任的回报。[④] 秦梦群，简玮成（2017）的研究发现学校心理契约的履行会对中学教师情绪劳动产生显著的正向影响，对组织公民行为产生显著正向中度直接影响，教师心理契约透过情绪劳动对组织公民行为产生显著正向中度的中介影响效果。[⑤] 郝永敬（2013）通过对省属地方高校专任教师的调查发现，地方高校专任教师心理契约履行程度对于其环境绩效既有直接影响，也存在由组织承诺和主管忠诚中介的间接影响。[⑥] 靳宏，杨峰（2014）根据高校教师心理契约的内在特征及高校教师群体对职业道德标准的高层次要求，着重剖析了心理契约违背对职业道德的影响力，阐述了高校教师心理契约违背导致职业道德缺失的表现，揭示健康平衡的心理契约对教师职业道德建设的价值真谛，指出高校管理者应如何充分发挥心理契约对教师职业道德的影响。[⑦] Abela 等（2021）对加纳公立和私立小学教师心理契约违背影响效应的研究发现，教师心理契约的违背与情感承诺和规范承诺有直接的负向关系，而与持续承诺无显著的直接关系。心理契约的违背通过工作嵌入性和"领导—成员"交换与情感承诺和规范承诺间接相关，仅通过工作嵌入性与继续承诺间接相关。[⑧]

① 张立迎. 普通高等学校教师心理契约形成、履行、破裂的实证研究 [D]. 博士学位论文，长春：吉林大学，2010.

② 田宝军. 教师心理契约与学校人本管理 [M]. 保定：河北大学出版社，2011：80.

③ 康勇军，屈正良. 高职院校教师心理契约与职业倦怠的关系：工作满意度的中介作用 [J]. 中国临床心理学杂志，2011（2）：234-236.

④ 林澜. 心理契约及其对员工组织公民行为的影响——基于中国高校组织情境的研究 [M]. 厦门：厦门大学出版社，2013：115.

⑤ 秦梦群，简玮成. 国民中学教师心理契约、情绪劳务与组织公民行为之关联性研究 [J]. 教育与心理研究，2011（1）：1-30.

⑥ 郝永敬. 地方高校专任教师心理契约对工作绩效的影响 [D]. 博士学位论文，石家庄：河北工业大学，2013.

⑦ 靳宏，杨峰. 论高校教师心理契约对职业道德建构之影响 [J]. 首都师范大学学报（社会科学版），2014（4）：152-156.

⑧ Amoah V, Serwaa A F, Maxwell A.Psychological contract breach and teachers' organizational commitment:mediating roles of job embeddedness and leader member exchange[J].*Journal of Educational Administration*.2021,59(5):634-649.

在幼儿园教师心理契约的研究方面，金芳等（2020）主要探讨了变革型领导、心理契约履行和幼儿园教师组织承诺的关系及内在作用机制，得到变革型领导与心理契约履行情况显著正相关，心理契约的履行与组织承诺显著正相关，心理契约在变革型领导对幼儿园教师组织承诺的影响中起部分中介作用的结论。此外，她还探讨了幼儿园教师组织公民行为、心理授权及心理契约履行的现状和关系，发现幼儿园教师对学校心理契约履行情况的感知在幼儿园等级、教师学历、教龄和月薪上存在显著差异；教师组织公民行为、心理授权与心理契约的履行两两显著正相关；心理契约履行在心理授权对组织公民行为的影响中起完全中介作用。[①]台湾学者林俊莹等（2014）通过针对心理契约违背对幼儿园教师工作行为影响的研究发现，幼儿园教师普遍认为园所并未提供良好的经济与心理层面上的条件，在工作上负向情绪比较严重，留职意愿较低。[②]

综上，相较于企业员工与组织心理契约的研究及高校"教师—学校"心理契约的研究，"教师—幼儿园"心理契约的研究比较薄弱，且已有研究多从教师角度出发，通过问卷调查对教师与幼儿园心理契约的维度和内容进行分析，并基于心理契约理论视角提出幼儿园的管理对策。除一系列实证研究外，也有一些基于心理契约问题的思辨性理论研究，主要基于理论视角对教师心理契约相关问题进行分析，尤其体现在基于心理契约理论视角进行教师的管理和激励问题的探讨（金艾裙，2013[③]；孙武斌等，2011[④]；侯燕，2017[⑤]；陈杰，2020[⑥]），这些研究缺少实证研究的补充，结论多为研究者主观理解和推测。总体看，目前对于教师与学校（幼儿园）间心理契约履行与违背问题的研究相对较薄弱。因此，本研究基于教师与幼儿园的双重视角，采用混合研究方法，无疑对师园间心理契约理论的丰富和完善有一定作用，能较全面和深入的了解教师与幼儿园间的心理契约。

（四）已有研究的评价及启示

西方研究者对于心理契约问题的关注始于 20 世纪 60 年代。我国心理契约的研究是于 2001 年前后展开的，以陈加洲、李原等学者为代表。近年来，虽然学者们对心理契约问题的关注度愈来愈高，研究主题更加丰富，大量的心理契约研究也使人们对心理契约问题有了更加深入的了解，如心理契约的内容与结

① 金芳，但菲，陈玲. 心理授权对幼儿园教师组织公民行为的影响：心理契约的中介作用 [J]. 学前教育研究，2020（5）：14-24.
② 林俊莹，谢宛伶，谢亚恒. 台湾地区学前阶段教师心理契约违犯对工作行为的影响 [J]. 教育研究与发展期刊，2014（3）：53-86.
③ 金艾裙. 基于心理契约的中学教师动态管理 [J]. 中国教育学刊，2013（12）：64-66+67.
④ 孙武斌，于兆良. 聘任制改革下高校青年教师心理契约的动态演化 [J]. 黑龙江高教研究，2011（10）：79-82.
⑤ 侯燕. 心理契约：大学青年教师职业获得感生成路向探论 [J]. 江苏高教，2017（9）：64-67.
⑥ 陈杰. 心理契约理论在高校外籍教师引进中的应用 [J]. 江苏高教，2020（11）：43-46.

构，心理契约与相关因素的关系，心理契约的违背对员工工作态度、工作行为和组织效果的影响等。在关于心理契约问题 60 余年的研究中，研究者对心理契约研究对象的范围不断拓展，研究方法也从最初单纯的量化研究与质性研究逐渐寻求不同研究范式的整合。研究内容从最初聚焦于心理契约内容的搜集和结构的建构，逐渐拓展为心理契约的动态变化、心理契约影响机制的构建等内容的探讨。不可否认的是，心理契约的研究愈加丰富且逐渐走向成熟。即便如此，通过对心理契约已有研究的分析不难发现，相关研究针对不同群体的心理契约问题从不同方面进行了系统和深入的探讨。但总体而言仍存在一些局限与不足，主要表现为：

1. "教师—幼儿园"心理契约问题的研究尚待深入

已有心理契约问题的相关研究最初主要着眼于考察企业员工与其所在组织间的心理契约，后逐渐扩展到知识员工、护士等特定群体。研究对象大多集中在 MBA 学生、管理学本科生、兼职雇员、新雇员、新兵、护士和企业员工等，近些年关于教师与学校间心理契约问题的研究引起研究者的关注，但总体看，对于心理契约问题研究的研究对象的类别及所在组织、行业类别尚且存在一定的局限性，无法对心理契约问题进行准确、客观、全面的揭示。具体表现在对教师群体与学校组织间心理契约的研究相对较薄弱，已有的教师相关的心理契约方面的研究多集中于对高校教师群体的研究，其次是少量针对中小学教师群体的研究，对于幼儿园教师群体心理契约的研究整体数量非常少，且研究视角较为单一，研究深度尚且有限，尤其表现为缺乏对教师与幼儿园组织间心理契约违背及效应和影响因素等问题的深入探讨。

2. 基于双边视角的心理契约问题研究尚待丰富

心理契约就其概念本源而言，包括狭义的"Rousseau 学派"和广义的"古典学派"，古典学派强调契约的双边关系，认为想要对心理契约问题进行全面、系统地研究，研究对象一定要涉及员工和组织两个不同主体层次，只有基于双边关系的研究才能真正反映出心理契约研究的价值。基于社会交换理论提及的心理契约问题的研究，代表的是员工与组织双方对彼此心理契约内容的认知，是一种双方交互关系的体现。但通过文献的整理和综述不难发现，已有的关于心理契约问题的研究大多立足于员工视角，多数研究者考虑到研究的便利性及工作量等问题，只探讨了单边的心理契约责任认知，只针对组织或员工单边视角的心理契约问题进行研究，尤其表现在以员工视角的心理契约研究为主，不能对员工与组织间心理契约关系的现实样态进行全方位和具体、深入的揭示。这对涉及完整双边雇佣关系的心理契约的研究来说是一个缺口，也无法真正反映心理契约问题的全貌，有待于研究者进一步开展针对双边视角的研究。

3. 量化和质性研究方法相结合的范式尚待探索

从对已有研究的分析不难看出，绝大多数对于心理契约问题的研究都倾向于采用单纯的量化研究取向，即便有质性研究的涉及，也只是在问卷编制过程中作为一种辅助工具或采用简单的访谈法作为量化研究的补充，质性研究往往完全悬置于量化研究之外而独立存在，还有少数的研究采用了单纯的质性研究取向。量化研究虽然能采用横向的方式大范围了解相关研究的现实状况，但它仍存在许多显而易见的弊端，如只能对假设予以验证；研究结果只代表抽样总体的平均情况；很难了解当事人潜藏于心的更具体的想法；研究往往难以获取动态细节等。[①] 由于心理契约是内隐于人们心中的对于雇佣双方相互责任的认知，是比较深层次的一种知觉，单纯靠问卷调查的量化方式很难挖掘被研究者内心深处最真实和具体的想法，以及影响其想法产生和变化发展的具体因素。而质性研究恰恰能通过对样本的深入调查，在一定程度上弥补量化研究的不足，使研究结论更加具体和深入。因此，需在量化研究的基础上进一步引入质性方法对心理契约问题进行更加深入的探讨，方能使研究结论更加全面。

综上，虽然心理契约已是当前国际人力资源管理和组织行为学研究领域的热点问题，也积累了不少研究成果，但不难发现，对于这样一个涉及员工与组织双边责任、权利和义务的复杂问题，研究中还有很多问题尚未得到有效解决，需进行更加广泛和深入的研究。结合已有研究的现实状况，本研究选取了目前研究中的"薄弱点"，即幼儿园教师与幼儿园间的心理契约问题进行研究，且重点关注雇佣双方心理契约违背的现状、效应及其影响因素。为克服单边视角研究的局限性，采用教师与幼儿园组织的双向视角进行研究，更加全方位地对师园间的心理契约问题进行全面揭示。在研究范式上，将量化与质性研究根据研究问题与研究内容进行有机结合，尽可能使研究结论做到既广泛又深入，既能揭示特殊性、又能保证普适性，使研究结论客观真实，又具有一定的理论和现实意义。

二、理论基础

心理契约是一个涉及社会学、经济学、管理学与心理学等多学科的术语，不同领域的理论为我们理解心理契约问题提供了丰富的理论资源。在多种理论中寻求借鉴时，我们需要始终以本研究的研究需求为根据点。"教师—幼儿园"心理契约研究得以开展的基本前提是"教师—幼儿园"之间确有心理契约的存在，研究得以深入的根本保证是研究者对心理契约本质的正确认识和深刻理解。基于上述研究需要，本研究最终选取了与心理契约问题最紧密相关、最能为心理契约问题的研究提供理论依据的不完全契约理论、社会交换理论和社会系统

---

① 李晓风，余双好. 质性研究方法 [M]. 武汉：武汉大学出版社，2006.

理论作为研究的理论基础。本研究将结合理论的具体内容阐释这三个主要理论对本研究的启示与价值。

（一）不完全契约理论

奥利弗·哈特和霍尔姆斯特伦由于在契约理论方面的卓越贡献被授予2016年度诺贝尔经济学奖，引发了学术界对于契约理论的广泛关注。不完全契约理论为本研究的立论之基，该理论以其对契约缔结双方关系的深刻洞察和精准分析为本研究确立"教师—幼儿园"心理契约的存在提供了基本凭借。

1. 不完全契约理论概述

契约理论经历了古典契约理论、新古典契约理论和现代契约理论三个主要的发展阶段。在将信息不对称理论引入新古典经济学之前，学者们往往假定契约本身是完全的。在新古典经济学的完全理性和完全信息假设条件之下，新古典契约理论能够对交易中的所有问题进行全面界定。完全契约指缔约双方能预见契约存续期间的所有情况，愿意遵守契约条款，且当缔约双方对于契约条款产生争议时，第三方（如法院）能够强制执行。基于此，完全契约的缔结需满足如下条件：首先，契约双方可以预见契约中一切可能发生的事件且能准确描述这些事件并做出决策；其次，契约当事人对于契约中每一件可能发生的事件均能精准地做出决策；最后，契约当事人必须自愿遵守契约条款。包括两种可能：一是当事人均无或不会同时出现修改契约的意愿，因此重新谈判契约条款的局面无法形成，旧的契约得以维持续存；二是双方能够自由地判断契约条款的合理性，并且，这种契约在达成后会对双方产生强制作用，即双方必须严格遵守契约内容。[①]

不完全契约理论是基于完全契约理论产生和发展起来的。完全契约理论的存在是假定在现实生活中作为契约缔结的双方均能做到完全理性、信息交换能够畅通无阻，且契约当事人能够预见一切可能发生的情况。但实际上，由于人的有限理性、所处环境的复杂性、信息的不对称性、语言的模糊性、契约当事人无法证实或观察一切可能发生的状况等，导致契约条款本身一定是不完全的。因此，完全契约在现实生活中是不存在的。引用哈特对不完全契约理论的描述："在一个不确定的世界里，要在签订契约时预测所有可能发生的状况几乎是不可能的；即使能预测到，要准确描述每种可能的状况也很困难；即使描述了，由于信息本身的不对称，对于实际的状况当事人也可能就实际情况如何而争论不休；即使当事人间的信息是对称的，法院作为第三方也很难证实；即使法院能够证实，执行成本也往往较高。"[②] 由此可见，契约本身一定是不完全的。新制度经济学家将契约不完全的原因总结为四个方面：a. 有限理性。在完全契约模

---

① 袁庆明. 新制度经济学 [M]. 上海：复旦大学出版社，2012：157-158.

② [美] 哈特. 企业、合同与财务结构 [M]. 费方域，译. 上海：上海三联书店，1998：28-29.

型中，假设个人能做到完全理性。但实际上，尽管人的行为选择是理性的，但这种理性的选择往往是有限的；b.交易费用。哈特强调交易费用的存在是契约不完全的重要动因，因为重新协商的过程往往会产生各种成本，这就减弱了契约双方协商的积极性；c.信息不对称。信息的不对称性是导致契约不完全的重要原因。即当事人一方持有而另一方不知道的，尤其是无法验证的信息。由于信息的不对称性，当事人只能通过设计较好的契约减少信息的非对称性，但要完全消除这种信息的非对称性是不可能的。反之，有些契约当事人还会利用信息的不对称性逃避可能遇到的风险；d.语言的模糊性。任何契约语言本身都是不完全和不精确的。语言只能大致对事件和发生的状况进行大致描述，无法做到精确描述。换言之，语言的有限的描述功能会影响契约的准确度——这一弊病是无法克服的，即便运用更加丰富的词汇和语言也无济于事，因为越丰富的语言可能会带来更多风险。基于此，由于语言的模糊性，契约中增加更为详细的条款可能会导致契约履行中的更多争议。可见，语言的模糊性是造成契约不完全性的重要动因。①

基于上述原因，契约的不完全性在于契约本身并不能明确预估和解决所有可能出现的情况。在这里对不完全契约理论可做如下总结：第一，由于有限理性的存在，想在契约中将所有事项悉数写明是不可能的，只能根据已知信息拟定相对最优的契约条款；第二，为了减少契约修订成本、延长契约的生命力，契约应具有一定的可调整性和可变通性，以此适应更广泛的签约者之需求。反之，刚性契约会因为违背签约人的初衷而被摒弃。但必须承认的是，灵活性虽然增加了契约的普适性，但也会因为刚性不足而引发一些问题。第三，契约本身是具有可供"钻营投机"的缺口。契约的灵活性意味着其具有可修改、可调适的空间，这也为"钻空子""敲竹杠"等机会主义行为提供了可乘之机。第四，契约在签订时是最优的。一般而言，契约双方在契约形成之初会最大限度考虑契约存续期间一切可能发生的情况，会提前制定一系列措施来防范机会主义事件的发生。正是由于契约本身的不完全性，研究者提出了不完全契约理论，这一理论也被称为GHM模型，因为这一理论是由格罗斯曼和哈特（Grossman&Hart）、哈特和莫尔（Hart&Moore）等人共同创立的，国内学者一般称之为"不完全合约理论"或"不完全契约理论"。

上述可见，法定契约本身具有不完全性，无法完全覆盖、辖制人们之间的契约关系——这也是心理契约得以存在的契机。法定契约鞭长莫及之处，即是心理契约发挥功能之处。基于此，不完全契约理论对法定契约本质特点及契约人身份的精准洞见，为我们确立"教师—幼儿园"间心理契约之所在和所能提

---

① [美]哈特.企业、合同与财务结构[M].费方域，译.上海：上海三联书店，1998：158-159.

供了支撑与依据。不完全契约理论以契约关系中有限理性的人为基点诠释了法定契约内容的片面性、以契约变动的交易成本和契约者信息差为理由诠释法定契约的相对稳定性、以契约表达的模糊性诠释了法定契约客观存在的局限性，上述影响因素均是法定契约无法克服的固有缺陷，这就使得心理契约有了生长和发展的土壤。

2. 不完全契约理论对本研究的启示

回归本研究的议题，不完全契约理论促使我们重新审视"教师—幼儿园"之间缔结的成文性的法定契约，以此为据确定"教师—幼儿园"之间的心理契约何以能在，又何以应在。

（1）契约人之个体视角：教师与幼儿园管理者是有限理性的个体

在契约缔结过程中，尽管人们总是试图通过足够"理性"达到效用最大化，但由于个体知识结构和认知能力等因素的限制导致人们无法做到对信息的有效获取和处理，人们只能在一定程度上做到"有限理性"，正如西蒙提及："愿望是合理的，但只能有限实现"。正是由于人的理性是有限的，使得契约本身一定是不完全的。从教师与幼儿园间的契约关系来看，第一，教师及作为幼儿园组织人格化代表的幼儿园管理者在契约缔结过程中都以"个人利益最大化"为自身追求的主要目标。在教育职业化、市场化的当下，这种逐利心态本身也无可厚非。但不得不承认的是，对自身利益的追求会影响双方对契约中责任的主观认知和理性认识。例如教师总会认为自身利益实现和保障不足、而幼儿园组织则会认为自身投入过多等等。在双方缺少共同利益捆绑、共同愿景追求的前提下，个体理性与集体理性就可能发生难以调节的冲突，并且由于己方基于自身利益而产生的心理期待的落空，也容易使得契约双方产生较强烈的心理落差，如此，法定契约就可能因缺失双方支持而失去效用——甚至无法真正缔结起契约关系。契约缔结过程中，员工与组织双方都可能会通过夸大自身优势，以欺骗的方式签订契约，达成不平衡的契约关系。在履约过程中，员工可能会根据所得报酬减少付出，而组织也可能会以低于契约规定的报酬水平支付劳动报酬，为自身争取更多权益。在此情况之下，心理契约的构建就显得尤为重要，通过心理契约可以在一定程度上规定员工与组织双方的责任，进而对双方的行为予以约束。在一定程度上弥补了现实状态下法定契约本身的不完全性。正是由于法定契约不可能十全十美（因为有限理性的存在），承诺也不可能不折不扣地遵守（由于机会主义思想）。因此，在教师与幼儿园组织间拟定完全的契约是不现实的，法定契约本身必然是不完全的。

第二，教师及幼儿园组织的认知及能力具有一定局限性。毫无疑问，人之所以为"人"而不是"神"，就是因为"人"是永恒生长、发展的生物体——这种生长与发展是不会停止的，否则将会是生命的静止凋零。生长、发展之所以可能，是由于人的生命中具有可供提升和探索的空间，即人永远是不完满的，"人无完人"就说明了这个道理。"全知全能"式的人在现实中是不存在的，教师与幼儿园组织管理者亦如是——即使幼儿园组织代表的是集体理性与意志，这种理性也会被领导者个人意志、组织利益、组织博弈、认知局限等减损。总之，教师及幼儿园组织天然具有认知和能力上的不足，例如涉世未深的年轻教师认知具有一定的原始性和初级性，而工龄较长的老教师和幼儿园管理者认知则具有一定的经验性和僵化性，这就会局限教师和组织对于契约内容、自身责任、教育情境等的理性研判和决策行为，致使其在无意中产生逾越契约要求的行为。

（2）契约双方之关系视角：相对平等的师园关系中存在信息差

从教师与幼儿园这组契约关系中双方的身份来看，教师作为员工具有选择进入或离开组织的权力、维护自身合法权益的权力、对组织决策与行为提出异议的权力等，而幼儿园组织则具有选择或解聘员工的权力、划定责任和分配任务的权力等。可见，同时拥有选择权、决定权的双方在契约关系中具有平等地位，教师不是被幼儿园随意召唤派遣的个体，幼儿园也不是绝对的领导者与教师行动的命令者和支配者。但这种平等只能是相对的平等，之所以为"相对"，是由于幼儿园作为用人单位，在拟定法定契约方面具有正当性和合理性，这就为其在法定契约中渗透单方利益造就了便利。并且，幼儿园作为教育组织，负有教育、管理、约束教师言行的权利与责任，这就增加了幼儿园的话语优势。总之，这种相对的平等造就了"教师—幼儿园"关系中的信息不对称问题。

在法定契约缔结过程中，信息通常是不对称的，虽然这种不对称可以通过沟通或契约的不断完善来减少，但也为契约当事人逃避风险提供了可乘之机。现实中，由于信息的不对称性，这种完备的契约是不存在的。在幼儿园组织情境之中，法定契约多是由幼儿园单方面进行拟定，教师并无权限参与其中——即使参与，最终的决策权也归幼儿园方所有。在拟定契约过程中，幼儿园多从自身需要出发，契约内容也多为幼儿园对教师提出的要求，而缺少了教师基于自身需要对于幼儿园组织提出的要求。这种信息的不对称的掣肘使得法定契约往往很难做到完备。并且，由于教师与幼儿园组织间的关系属于幼儿园组织内部关系，教育管理部门无力或较少干涉，这就意味着"教师—幼儿园"间的法定契约往往缺少第三方的保障，完全契约就成为空想。在幼儿园组织情境下，幼儿园提供给教师的雇佣合同绝大多数情况下也只是对幼儿园教师担负的责任予以规定，对于幼儿园担负的责任往往"一笔带过"，通常规定的较宽泛和笼统，在民办幼儿园尤为明显。在这种情况下，明明应该是对双方责任的规定变成了约束教师行为的霸权条款，"契约"本身失去了其原本应发挥的对于双方的约束作用。不完备的法定契约会削弱教师对其的认可度与服从性。即使教师迫于压力缔结或暂时性地执行了契约内容，这种非自愿形成的契约关系也有破裂的风险。在此情况下，基于幼儿园与教师双方责任之下构建的心理契约关系就显得尤为重要。因为心理契约是师园双方对于彼此担负责任的一种主观感知，这种责任的认知内容更为广泛、范围也更广，可以在一定程度上弥补法定契约本身的不足。

（3）法定契约之本质视角：抽象化、固定化的师园契约滞后于实践需求

威廉姆森等认为雇佣关系是一种不同于市场交换的治理结构，这种雇佣关系相关的契约往往只规定一个大致范围。因为在现实的雇佣关系中，法定契约有限的篇幅与容量无力也不可能承载"教师—幼儿园"双方关系中的全部内容，不可能做到面面俱到和包罗万象。并且，法定契约想要永葆生命力，就必须尽可能多地增强其适用性，从而不至于因不符合现实需要而被悬置于雇佣关系之外，故而法定契约的内容必然具有抽象性、概括性和普遍性的特征。在有限理性的条件下，行为主体在主观上追求的理性只能在有限程度上达成，契约缔结过程中，缔约双方不可能预见所有可能发生的情形，也就无法将万全之策写入契约条款之中。基于此，在幼儿园组织情境下，教师与幼儿园组织间签订的法定契约和劳动合同本身无法涵盖双方的全部责任，呈现的往往只是与双方利益最密切相关、最显而易见、最容易呈现也最基本的责任。不完全契约理论的第一个规范模型是西蒙建立的，他主要基于不完全契约理论对员工与组织间的雇佣关系进行了讨论，认为在雇佣关系情境下，多数法定契约都只是空泛地规定了员工的责任，许多工作相关的细节都被组织隐藏起来。简言之，员工与组织间签订的雇佣合同本身是一种极不完全的法定契约。[①]

对于原本就高度抽象的法定契约，语言的模糊性也使法定契约的有效缔结困难重重。日本模糊工程学学者寺野寿郎宣称"语言在本质上是模糊的"。模糊性是语言的自然属性之一，正是由于语言本身的模糊性，以文字为依托的法定契约本身很难对契约双方的意愿做到完全客观地呈现。人类语言之所以是模糊的，首先，由于语言是一种符号系统，系统中的每个符号都是用来代替事物的。语言符号是有限的，而客观世界是无限的，用有限的符号表达无限事物，模糊性就在所难免。其次，语言模糊性的另一个原因是客观事物本身的模糊性。语言是反映客观世界的，而客观世界中许多客体本身没有精确界线，反映这些客体的词语含义的外延也必然是模糊的。例如法定契约中对教师提出"不得迟到、早退"的要求，那么"早退"的程度为何，早退5分钟和1小时是否有实质差别等等，这些内容的模糊都增加了教师履行契约的不确定性。语言的模糊性还源于人们对客观对象认识的局限性。人类自身认知能力的限制，使人们无

---

① 张卫东.新制度经济学 [M]. 大连：东北财经大学出版社，2010：114.

法精确判断事物。最后，语言的模糊性源于人们对词语理解的差异性及语境变化。正是由于语言本身的模糊性，法定契约中的条款往往无法精确反映契约双方的意愿，常常由于双方的理解偏差而导致契约条款本身存在一定的不完备性。语言的模糊性使得契约缔结过程中，人们对任何复杂情况的描述必然是模棱两可的。

结合幼儿园现实，"十年树木，百年树人"，教育成果本身就不是短期内能衡量清楚的事物。尤其对于工作琐碎的、兼负保育与教育责任于一身的幼儿园教师而言，其工作绩效具有不可完全测度性。工作绩效在组织中也往往是团队合作的成果，往往不是员工个人创造的，组织要根据每位员工的贡献对工资待遇和奖励绩效等进行具体规定也是不现实的。基于此，员工会在工作中出现怠工、偷懒等机会主义行为，带来的负面效应则会由团队中的其他成员承担，法定契约的不完全性在这时会更加突出。幼儿园教师工作的特殊性体现在，幼儿园班级中通常包括主班教师、配班教师和保育员等两位以上教师，工作需要通过教师间的相互合作来完成。且与中小学教师不同，幼儿园教师的工作业绩往往通过幼儿获得的成长进步来体现，而幼儿的成长进步与中小学生通过分数提高和技能获得来体现不同，幼儿园教师的工作成就与工作绩效主要体现在幼儿良好品质的形成与发展。而这些成就的呈现具有较强的内隐性与滞后性，且难以通过量化标准加以评定。[①] 基于此，在幼儿园组织情境下，在教师与幼儿园间签订的法定契约中对每一位教师的工作职责进行细致规定，且通过对教师工作业绩的评定来进行工资待遇的区别发放是不现实的。这就导致幼儿园教师在实际工作中会存在职业倦怠感，认为自身的努力不会被领导看见，没有获得应有的回馈。在此情况下，心理契约就会发挥其在雇佣关系中的作用。

那么，能否通过不断地增补、更新"教师—幼儿园"之间的法定契约来增强其效力？答案是否定的。原因之一是频繁变动的法定契约不仅会丧失其权威性，还会因内容的不断改变而在契约双方关系中引发认知和实践的混乱，更遑论如何贯彻执行乃至巩固。原因之二是法定契约的调整需要成本。即使法定契约无法做到尽善尽美，但必须承认的是，法定契约是经过反复讨论、实践检验和修正的产物。也就是说，法定契约一经确定或签署，其功效的发挥必然呈现出明显的惯性色彩。于教育组织而言，调整或重订法定契约需要投入一定精力和时间，并且修订后的法定契约不一定能取得预期效果。基于此，投入成本高和收益不确定的因素使得幼儿园对于修订法定契约兴致索然。例如对一些集团化办园，幼儿园组织惯于沿用组织既有制度，而不会也无权对法定契约的内容进行商榷。再如对于部分业务能力较弱的园长，相较于费尽心思地修订契约，

---

① 金芳.心理契约视角下幼儿园教师的管理 [J].教育科学研究，2021（6）：93-96.

沿用其他幼儿园既有契约显然是更为稳妥的选择。由此，相对稳定的法定契约由于无法根据现实需要而适时调整与及时变更，进而使法定契约本身出现实滞后性的特征。

综上，由于教师与幼儿园管理者及组织本身都是有限理性的、师园关系中存在信息不平等、师园间的法定契约具有抽象性和稳定性，使得师园间的法定契约具有不完全性，无法满足幼儿园教育实践的需要。从某种角度上看，不完全契约理论为员工与组织双方心理契约关系的构建奠定了基础。由于契约本身的不完全性，某种程度上为心理契约的执行留有余地。同时，由于法定契约的不完全性，使得心理契约的自我保护机制成为必要补充。且尽管关于契约的重要信息对于双方是可观察的，但对第三方而言（如法庭）是不可证实的。当双方由于纠纷而诉诸法庭的时候，很难进行强制执行。[①] 而心理契约能在一定程度上弥补法定契约的不足、涵盖更多双方的责任。并且心理契约的责任内容随双方责任的变化可随时做出调整，能够弥补法定契约信息不对称和语言模糊性等缺陷，能够随着双方关系的深入进行补充、完善与变动。换言之，心理契约能够为教育实践留下灵活裁量的自由空间，对于契约双方雇佣关系的构建和维系具有非常重要的价值。

如此，为了维护教师与幼儿园间良性的交互关系、保障学前教育功能恰如其分地实现，灵活可变的、贴近实践的与不成文的心理契约就成为教育实践中的"能在"与"应在"。法定契约本身的不完全性使心理契约在员工与组织雇佣关系构建过程中显得尤为重要。

（二）社会交换理论

社会交换理论（social exchange theory）是最为经典的社会学理论，是组织行为领域中最具影响力的概念框架之一。社会交换理论为本研究提供了分析框架，该理论以其对人际交互的细致诠释为本研究确立"教师—幼儿园"心理契约的分析要素提供了主要参照。

1.社会交换理论概述

一般而言，涉及"员工—组织"关系的研究通常都被置于社会交换理论的理论框架之下进行讨论。社会交换的思想自古有之，"投我以桃，报之以李"（《诗经·大雅·抑》）即是对交换关系的阐述。20世纪初，社会交换开始成为系统的理论。在组织行为学领域，关于员工个体与组织间关系的研究已具备一定基础且积累了较为丰富的经验。在社会学研究中，社会交换理论属于理性选择理论的范畴。理性选择的过程，即是在资源匮乏的社会环境下通过权衡手段与目标间关系进行选择的过程。社会交换理论兴起于20世纪60年代，主要用来

---

① Tirole J.Incomplete Contracts：Where do we stand[J].*Econometrica*,1999,67(4):741-781.

解释社会交换过程中人们的行为模式。美国社会学家乔治·霍曼斯于 1961 年出版的《社会行为：它的基本形式》和彼得·布劳于 1964 年出版的《社会生活中的交换与权力》标志着社会交换理论在西方的兴起。[①] 下面将分别针对霍曼斯和布劳的社会交换理论的具体内容进行阐述。

（1）霍曼斯的社会交换理论

社会中人之关系的形成并非自然而然发生的，而是受某些目标或因素所驱动。社会交换理论是研究人的社会活动和关系的理论，一般认为霍曼斯是社会交换理论的创始人，他复兴了古典经济学关于理性人的假设。[②] 同时，霍曼斯以华生和斯金纳等人的行为主义心理学关于个体行为的原理为基础指出，社会交换理论认为人类社会行为之所以可以持续发展，主要依赖于行为间的强化。具体而言，社会交换指人际关系中的社会心理与行为的交换。[③] 霍曼斯认为社会行为是"至少在两是个人之间发生的、或多或少要获得报酬或付出成本、有形或无形的交换活动"，[④] 并总结人与人的互动交往过程是得失的动态平衡过程。在霍曼斯的论著中，社会交换理论的观点通过彼此紧密相连的演绎系统清晰地阐述出来[⑤]，如表 1-3 所示。

表 1-3　霍曼斯社会交换理论的五个命题汇总表

命题名称	具体内容
成功命题	个体行为如果经常受到奖励，那么他以后就会重复这种行为，而且在所有受到奖励的行为当中，他总是选择受奖励频率最高的。
刺激命题	如果某种刺激的出现总会伴随着对个体某种行为的奖励，那么目前类似的刺激就会引发个体相同或相似的行为。
价值命题	某人行动的结果对他越有价值，则他越有可能采取该行动。
"剥夺—满足"命题	某人在近期越是经常得到某一特定报酬，该报酬的任何追加单位对他来说越没有价值。
"攻击—赞同"命题	a. 当某人的行动没有得到所期望报酬或得到他所想不到的惩罚，他将被激怒并越有可能采取攻击行为，这一行为的结果对他来说就越有价值。 b. 当某人的行动获得期望的报酬，尤其是报酬比预期大或没有受到料想中的惩罚，那么他就会高兴并越有可能采取赞同行为，该行为的结果对他而言就变得越有价值。

霍曼斯社会交换理论的前三个命题，即成功命题、刺激命题和价值命题实质上是对人类理性的阐述，表现为当面临选择时，人们往往会选择他所认识到

---

　① 吴增基，吴鹏森，苏振芳.现代社会学 [M].上海：上海人民出版社，2009：46.

　② [美]鲁思·华莱士，[英]艾莉森·沃尔夫.当代社会学理论：对古典理论的扩展（第六版）[M].刘少杰等，译.北京：中国人民大学出版社，2008：271.

　③ Homans G C.Social behavior as exchange[J].*American Journal of Sociology*,1958,63(6):597-606.

　④ Homans G C.*Social behavior:its elementary forms*[M].New York:Harcourt,Brace&World,1961.

　⑤ Homans G C.*Social behavior:its elementary forms*[M].New York:Harcout,Brace&World.1961.

的能获得最大收益的行动。交换理论家指出，人们通过将所有可选择行动可能获得的报酬进行物化，然后根据物化可能性增大对行动价值的估计，并基于估计结果作出选择。对于攻击与赞同命题，指的是若期望落空，人们往往会产生生气的感受并产生攻击行为；若人的期望得到满足或得到额外满足，人们会产生开心的感受。正如霍斯曼提出的"分配公正"的规则，指出人们真正关注的是付出与回报间的平衡。霍曼斯指出利己和趋利避害是人类行为的两个基本原则，每个人都想在交换中做到利益最大化，使交换本身变成一种相对的得与失。一般而言，个体在行动中的投资与回报基本是平衡的。社会交换理论十分关注交往中的心理动机，认为在经济交往过程中一定会伴随人的社会行为，这些活动本质上均是交换关系，只有当交换相对平衡时，稳定的关系才可能存在和得以维系。[①] 霍曼斯提出的社会交换理论综合了行为主义心理学和古典经济学的基本理念，对社会交换的形式进行了研究，这些研究对于社会交换相关理论内涵的形成起到了奠基作用。霍曼斯提出的社会交换理论具有以外显行为为主要研究对象的经验论意义与实证主义色彩，霍曼斯不断从心理分析的角度对外显的社会交换行为进行系统阐释。

（2）布劳的社会交换理论

心理契约双方在产生契约缔结意愿之后，心理契约如何能够达成？这就需要我们去分析心理契约形成需要的条件。霍曼斯从个体层面出发解释了个体的行为，而布劳则从人际层次出发解释了宏观结构。布劳的社会交换理论很多方面都是基于霍曼斯的交换理论进行深化与拓展的。布劳的社会交换理论详细地剖析了社会互动中的每个参与者过去和预期报酬如何影响他们现在的选择和行为及可能正在出现的社会关系。[②] 与霍曼斯不同，布劳在研究社会交换时关注的不是心理基础，而是交换行为间的关系；不是停留在人与人之间的交换行为，而是通过从宏观视角切入社会交换这一议题，如对群体交换的分析，对社会权力、制度与演化等宏观社会结构的剖析。基于此，霍曼斯的交换理论通常被称为人际交换理论，而布劳的交换理论则被称为社会交换结构理论。布劳认为社会结构指人们在社会交换中结成的各种社会关系，包括参与交换的人与人、人与群体和群体间的关系。由于社会交换的目的、内容与形式不同，社会交换呈现不同类型、不同社会关系且形成了不同社会结构。交流产生信任和感激，若交换双方都对他们所得感到满意，则更可能继续这种关系并进行额外交换。然而，若不能达成这种交换的平衡，双方的关系则可能会破裂。[③]

---

① Homans G C.Social behavior as exchange[J].*American Journal of Sociology*,1958,63(6):597-606.

② [美] 彼得·M.布劳.社会生活中的交换与权力 [M].李国武，译.北京：商务印书馆，2008：9.

③ Blau P M.*Exchange and power in social life*[M].New York:John Wiley&Sons,1964.64.

　　布劳将内部与外部交换称为社会交换（狭义的）与经济交换，他强调社会交换的非功利性与模糊性。经济交换中，人们对自己的投入与付出都要进行精确计算，交换过程中也要针对各种细节进行谈判并签订责任明确的合同等。而在社会交换中，虽然人们也要求获得某些报酬，但这些报酬多大程度上获得都不靠明确的合同加以保证。尽管参与社会交换的双方也要对自己交换中的投入与所得进行衡量，但这种衡量呈现一定的模糊性，甚至要把报酬与提供报酬的人的动机联系起来。若对方提供的报酬是恭维，当发现赞扬的背后有其他动机时，对方提供的报酬将因所隐藏的动机而被否定。可见，相较于经济交换，社会交换往往更复杂。①布劳认为，在错综复杂的交换行为中，内部与外部报酬往往交织在一起。长期在一起工作的同事很可能形成较深的私人感情，双方在交换中获得的很大程度上是内部报酬。但同事间也有外部报酬关系，因处于一个利益群体中，不可能不发生各种经济关系，相互间不可能没有利益往来，所以内部与外部报酬往往很难明确区分。②布劳指出社会交换与经济交换的本质区别在于：社会交换会带来未做具体规定的义务、没有明确契约、无法保障交换人付出的成本一定可以得到回报。但经济交换通常会明确规定交换数量，可通过法定契约保障双方权利。社会交换理论有力地解释了商品经济社会中人与人互惠互利的社会交往行为。③

　　2. 社会交换理论对本研究的启示

　　交换理论家将社会互动定义为对包括食物、庇护所、社会赞同或同情心等在内的有形或无形的物品或服务所进行的交换过程。④社会交换理论将人与人之间的交往视为权衡得失的理性行为，其基本观点是：行动者是理性的；行动者为满足自身需求同其他行动者发生交互行为；行动者既包括自然人、社会群体也包括社会组织；社会交换的内容包括满足交换行动者需求的一切物质与行为，即所谓的"报酬"。⑤社会交换理论融合了多种理论——人类学中对"互换"行为的发现及其对经济与社会交换的划分、功利主义经济学"市场经济"的原则及行为主义心理学关于环境对行为影响的研究，前述理论共同构成了社会交换理论的思想基础。⑥社会交换理论有两个基本条件：一是个体倾向于积极参与到其能获得最大社会报酬的活动中；二是双方在一定时期内的交换应以平等的方式进行，否则一方就可能产生终止交换的行为。基于社会交换理论的具体内涵，

---

　　①　刘少杰. 西方社会学理论 [M]. 北京：中央广播电视大学出版社，2010：145.

　　②　刘少杰. 现代西方社会学理论 [M]. 长春：吉林大学出版社，1998：205.

　　③　Blau P M.*Exchange and power in social life*[M].New York:John Wiley & Sons,1964.

　　④　[美] 鲁思·华莱士，[英] 艾莉森·沃尔夫. 当代社会学理论：对古典理论的扩展（第六版）[M]. 刘少杰等，译. 北京：中国人民大学社，2008：271.

　　⑤　[美] 乔纳森·特纳. 社会学理论的结构（上）[M]. 邱泽奇等，译. 北京：华夏出版社，2001：283-295.

　　⑥　朱晓妹. 基于心理契约的薪酬模式研究 [M]. 北京：知识产权出版社，2008：42.

结合本研究的研究需要，社会交换理论对"教师—幼儿园"心理契约研究的启示体现在：

（1）社会交换理论为心理契约的缔结提供了内在动因与外部环境

根据霍曼斯的社会交换理论，可以有效解释教师与幼儿园间的心理契约关系。霍曼斯的前三个命题，即刺激命题、价值命题和成功命题解释了在心理契约关系构建过程中，师园双方选择履行心理契约还是违背心理契约的心路历程及出发点。有研究者发现，即便当员工与组织双方知晓彼此的心理契约内容时，也可能出于双方的价值判断，即自身的收益而选择故意不履行心理契约，因为相较之下不履行契约获得的收益更加丰厚。这就解释了在师园心理契约缔结和发展过程中，双方存在故意不履行契约的情况，主要是受契约双方利益的驱使。攻击与赞同命题解释了当教师和幼儿园感受到双方违背心理契约时的感受，根据研究者的相关研究，当员工与组织双方感知到心理契约被违背时，员工往往会产生消极的工作态度与行为，而组织也会出现组织文化氛围破坏及组织绩效降低等。这一命题在一定程度上解释了心理契约违背产生的结果，即本研究所提及的影响效应。当员工与组织双方感知到自身付出与获得的收益出现不平衡时，往往会产生消极的情绪和行为，进而出现心理契约违背的感知。社会交换理论十分关注双方交往中的心理动机，从这一角度来看，教师与幼儿园组织间稳定且良性的雇佣关系的构建，需要保证双方心理契约关系的平衡。

布劳认为在错综复杂的交换行为中，内部与外部报酬往往交织在一起。长期在一起工作的同事很可能形成较深的私人感情，双方在交换中获得的很大程度上是内部报酬。但同事间也有外部报酬关系，因处于一个利益群体中，不可能不发生各种经济关系，相互间不可能没有利益往来，所以内部与外部报酬往往很难明确区分。[①] 布劳指出社会交换与经济交换的本质区别在于：社会交换会带来未做具体规定的义务、没有明确契约、无法保障交换人付出的成本一定可以得到回报。但是，经济交换通常会明确规定交换数量，可通过法定契约保障双方权利。社会交换理论有力地解释了商品经济社会中人与人互惠互利的社会交往行为。[②] 布劳关于经济交换和社会交换以及内部交换和外部交换的阐述，从某种程度上阐明了教师与幼儿园组织间心理契约关系本身的复杂性，这种复杂性体现在雇佣关系情境之下，师园双方的心理契约关系既包含幼儿园提供给教师的薪资报酬和教师提供给幼儿园职业上的奉献等，也包括幼儿园为教师营造良好的组织氛围和教师为幼儿园良好环境的构建做出的贡献等，主要体现了双方良好雇佣关系的维系。

布劳还提出，提高对交换对方的吸引力是促成交换的重要举措。人们总是

---

① 刘少杰.现代西方社会学理论[M].长春：吉林大学出版社，1998：205.

② Blau P M.*Exchange and power in social life*[M].New York:John Wiley & Sons,1964.

基于一定吸引力开展某项活动。布劳将外部交换中的吸引称为外部吸引，将内部交换中的吸引称为内部吸引。无论外部吸引还是内部吸引，其实质都是向对方展示：对方在交换中能以较小成本获得较大收益。但需要注意的是，当吸引力过强时往往适得其反。布劳认为，若一个人的吸引力过强则可能使别人失去同他建立交换关系的欲望。因为强烈的吸引力会给对方造成压力，对方会感到建立交换关系虽然能够获得较高报酬，但同时也要付出较大代价，如失去自主地位等消极后果。一般而言，人们不会以自主地位的丧失为代价进行交换。因此，吸引力较强的人若想与他人建立交换关系，就要使对方感到：虽可从他这里获得报酬，但不必付出很大代价，如能形成交换关系，对方将以平等的身份获取报酬。这表明，在师园心理契约关系构建的过程中，双方的交换关系要保持某种平衡，过多的付出有可能会导致双方心理契约关系的失衡。在布劳看来，由于社会交换本身的复杂性，接受帮助者对别人的帮助并不一定立即作出回报，经过一段时间，尤其在接受帮助获得较高而确定的报酬后，再作出回报将对交换关系的巩固起到显著的积极作用。因为帮助与回报的时间距离不仅可使交换双方在心理上延长相互吸引，且有利于进一步深度交换的实现。布劳的这一观点解释了在师园间心理契约关系的构建与维系既需要师园双方的彼此付出，也需要外部环境给予一定的支持与帮助。

（2）教师与幼儿园组织间心理契约关系的维系应遵循互惠的原则

互惠原则是社会交换遵循的基本原则，具体而言，任何交换关系都依赖于互惠规范。社会交换各方间的依存关系建立了相互义务，需对各自的收益进行回报。近些年，互惠规范已作为理解雇佣关系的解释机制被提出，也成为人们理解员工与组织间心理契约关系的依据和遵循的主要原则。Sparrowe 等认为互惠来自交换的三个方面，首先是交换资源的等同性，即员工认为自己对组织的付出与组织的回报的是对等的，即在雇佣关系中，组织以为员工提供薪资福利、工作保障和培训来对员工的付出进行回馈。而员工则需要付出时间、知识和自身努力。无论是组织的付出还是员工的回报均无法量化，但通过对双方的付出进行价值衡量，可认为双方的付出是对等的，在这个层面上就形成了互惠关系。第二个方面是回报的即时性，反映了双方付出和回报的时间间隔。不能及时回报则表明这种互惠关系可能在未来的某天实现，甚至是无限期的，而高度即时性则指几乎即时的互惠。第三个方面是利益关注点在关系双方中的转移，交换双方在关系中的卷入从无约束的自我利益，经双方利益最终到关注对方利益。这也是作为员工在组织中逐渐建立组织情感承诺，与组织产生情感联结的原因，即不断在考虑双方利益的过程中使双方的心理契约关系处于相对平衡的状态。

基于社会交换理论的互惠原则，教师与幼儿园间的交换关系就能够被理解。在幼儿园组织情境之下，幼儿园为员工提供物质的、情感的和社会资源，以满足教师需要；教师则为幼儿园提供体力、精力和智力方面的支持，以帮助幼儿园实现发展目标。心理契约的研究从主客双向视角探讨了员工责任与组织责任的关系问题。当教师投入大量时间与精力为幼儿园发展做出贡献时，幼儿园也应为教师提供相应报酬作为回报，这样双方才能形成一种较稳定的交换关系。若教师与幼儿园某一方或双方在付出后未得到或得到低于期望的收益，则会对双方的信念和期望产生动摇。当教师全身心投入工作中且幼儿园能做到公平地回馈教师时，社会交换理论中的互惠原则会指引教师与幼儿园双方积极地投入和反馈，进而形成一种良性的互动，与之相对，若双方均不能做出积极贡献或只有一方投入而另一方不能给予相应回报，则双方平衡的关系就会遭到破坏。

研究者基于社会交换理论提出了心理契约的概念，认为组织与员工之间存在一种互惠的交换关系，双方均需有所付出也会获得一定回报。社会交换有四个基本要素：一是目标，即主体的预期；二是支付，即主体向交换对象提供行动或报酬；三是回报，即接受支付对象对主体的酬谢；四是交换，即预期目标与回报的等值化水平。[①] 巴纳德最早运用社会交换理论对雇佣关系进行研究，提出组织是一个协作系统，员工的贡献是对组织的回报。[②] 他提出组织与员工的关系是组织对员工的投入与员工回报间的社会交换关系。当员工与组织双方均感知到自己获得的收入多于付出时，双方的关系才可得到稳定地维系与发展。基于此，组织的管理人员必须了解员工对职业的期待与需求，尽可能满足员工之所需。社会交换虽不像经济交换有明确、具体的规定，但组织与员工对对方应负担的责任和需履行的义务都有自己的感知，人们在内心中会以社会规范和价值观为基础进行衡量和对比。社会交换理论也为我们对组织和员工双方在感知到对方心理契约违背时的态度与行为反应的理解提供了一般方法。当主体发现自身实际获得的与付出有差距时，会感知到心理契约关系遭到了破坏。这种差异造成了雇佣关系的不平衡，会产生被欺骗感，并会重新采取行动来平衡雇佣关系。作为员工常采取的方法就是减少自身的付出。另一方面，员工有时也会感到组织实际提供的多于所承诺的——如更大幅度的待遇提升、更优厚的福利待遇及更多晋升机会等。此种情况下，员工会感到交换中的不平衡，员工会尝试通过提高对组织的贡献作为回馈。一般而言，感知到心理契约责任未完成的可能性往往大于超额完成的可能性。因此，心理契约违背对员工激励的影响也受到了更多关注。

（三）社会系统理论

社会系统理论是在古典学派和行为学派出现后，特别是第二次世界大战后出现的当代西方管理理论。社会系统理论强调员工与组织在组织情境下，基于

---

① 朱力，肖萍，翟进 . 社会学原理 [M]. 北京：社会科学文献出版社，2003.
② Barnard D C.*The functions of the executive*[M].Cambridge:Harvard University Press,1938.

共同目标的相互协作与沟通互动，为心理契约关系的缔结与改进提供了理论依据。

1. 社会系统理论概述

美国学者切斯特·巴纳德（Chester I.Barnard）在 1938 年出版的《经理人员的职能》一书标志着社会系统理论的创立，这一理论是将社会学和系统论的思想应用于管理学而形成的。巴纳德指出："组织的存在取决于协作系统平衡的维持。这种平衡开始是组织内部各要素间的比例，但最终和基本的是协作系统同整个外界环境的平衡。"[①]巴纳德认为社会各级组织是一个协作系统，主要由相互协作的各个人组成，即形成一个正式组织。对正式组织的考察可以达成三个目标：（1）在经常变动的环境中，通过对一个组织内部物质的、生物的与社会的各种因素的复杂性质的平衡来保证组织的健康生存；（2）检验必须适应的各种外部力量；（3）对管理和控制正式组织的各级经理人员的职能进行具体分析。[②]与正式组织相对的是非正式组织，在组织管理中也同样起着重要作用。非正式组织与正式组织是相互创造条件且互相支持。组织中的管理者在协作系统中作为相互联系的中心，协调组织中的各种关系，使组织能够维持并有序运转。社会系统理论强调社会环境在组织管理中的重要作用，同行为科学的研究方法有着较深的渊源。[③]在西方管理学理论中，巴纳德是首位从人与人相互合作的角度解释组织关系的人，他将组织看作一个社会系统，在此情况下，组织情境之下人与人和人与组织的关系是一个社会系统，组织中的社会关系不是人的机械组合，而是人行为的有机结合。[④]从教师与幼儿园间心理契约关系构建的视角来看，教师与幼儿园同处于社会系统之下，构成了幼儿园组织的一个有机整体。

巴纳德将组织定义为"两个或两个以上的人有意识地加以协调的活动或效力的系统"。组织由人组成，人的活动是相互协调的系统。一个系统要作为整体来对待，因为系统中的每一个组成部分都是以一定方式同其他的每一个组成部分相关联。[⑤]巴纳德认为，组织作为一个协作系统，其所处环境对组织施加多重约束与限制，如组织所处的社会环境。组织中的员工具备双重人格，在具备作为个体的人格的同时也具备组织人格。作为组织管理者需要建立和维持信息相互联系的系统，促使员工个体能够对组织做出贡献，要具体阐明并确定组织目标。组织平衡包括组织内部平衡、组织与周围环境平衡和组织本身的动态平衡。巴纳德强调组织本身是一个内外协作、动态平衡的社会系统。巴纳德的社会系

---

① 邹治平，刘艳红. 社会系统理论的创始人——切斯特·巴纳德 [M]. 石家庄：河北大学出版社，2005：69.

② 朱江. 巴纳德和社会系统理论 [J]. 管理现代化，1992（4）：46-47.

③ 周世德主编. 当代西方管理学简明教程 [M]. 天津：天津人民出版社，2001：41.

④ 周世德主编. 当代西方管理学简明教程 [M]. 天津：天津人民出版社，2001：43.

⑤ 朱江. 巴纳德和社会系统理论 [J]. 管理现代化，1992（4）：46-47.

统理论认为组织系统中最关键的因素是人，组织管理的任务就是协调人与组织的关系。该理论的核心思想是：第一，组织不是集团而是一个系统，是社会协作系统的一部分。一个协作系统是由个人组成的，但个人只有在一定社会关系系统之下通过与他人的协作才能发挥作用。组织的协作系统由物理系统（物质条件、人的系统、社会系统和组织系统）中的四个系统组成。① 第二，组织作为一个协作系统包括三个基本要素：人们都愿意做出贡献；为实现共同的组织目标；能够互相进行信息交流。第三，组织是由两个或两个以上人组成的协作系统，巴纳德认为应该通过"维持"的方式，通过"诱因"或"威慑"来维持。第四，管理者在组织中扮演的角色是对组织成员的活动进行协调，使组织系统能够有效运转，促进组织目标的实现。巴纳德认为，管理者在组织中的职能包括提供信息沟通和交流的体系、促成必要的个人努力及提出和制定组织目标。

2. 社会系统理论对本研究的启示

巴纳德的社会系统理论对于"教师—幼儿园"心理契约关系的构建具有一定的指导意义。首先，幼儿园不是一个具有简单科层性质的组织机构，简单通过编制一套规章制度、遵循一定的管理原则是无法使幼儿园组织效能达到最大化的。其次，幼儿园组织是一个开放系统，与外界的环境间有着相对复杂的交互作用。作为幼儿园组织，与其所处社会环境不断进行着资源交换。师园间良好心理契约关系的构建既要保证幼儿园与社会环境整体上是一个内外协作、动态平衡的社会组织系统，在寻求与外界环境交互作用的过程中，更要强调幼儿园内部各要素的有机整合。可通过组织的支持发挥每一位教师的主动性与积极性，实现教师间、师幼间及教师与幼儿园管理者间的沟通与合作，使教师能够完成幼儿园的本职工作职责、促进幼儿的健康成长，同时助力幼儿园组织目标的达成。综上，巴纳德的社会系统理论为教师与幼儿园间心理契约关系的构建奠定了基础并提供了依据，作为纽带维系着教师与幼儿园间的关系。

（1）协作的意愿——师园间心理契约关系构建的基础

在社会系统理论中所提及的协作意愿，常常意味着自我克制，放弃对个体行动的控制权与个体行动的非个人化。想把人们的行动协调起来，必须要有使个体行动对非个人组织行为系统做出贡献的意愿，且在这个系统中个人放弃了对自己行动的控制权。② 组织中的员工之间和员工与组织协作的意愿是组织形成协作系统的前提，这也使"独立、分散"的个体凝聚成一个"有着共同目标并为之统一行动"的组织成为可能。组织中员工协作的意愿决定了员工对组织目标做出贡献意愿的强弱。员工个体加入组织就意味着需要舍弃自身的一部分权

---

① 尹少华. 管理学原理 [M]. 北京：中国农业大学出版社，2010：39.
② [美] 切斯特·巴纳德. 经理人员的职能（珍藏版）[M]. 王永贵，译. 北京：机械工业出版社，2013：64-65.

益来遵守组织规则以实现组织目标。根据理性人的观点，员工做出牺牲主要是因为加入组织可以满足其某种诉求与需要。基于此，组织对员工需要的满足程度决定了员工所持有的协作意愿的强弱。从组织实践来看，为了获得协作意愿，需要通过提供金钱和权力等客观刺激，另一方面是通过说服改变员工自身的主观态度，如培养员工的协作精神、号召员工忠诚、发挥集体主义精神及相信组织目标等。[①]

作为幼儿园教师，其加入幼儿园组织需要做到对幼儿园保持忠诚并形成组织承诺，教师之间要做到相互协作并具有一定的团队精神。作为教师和幼儿园管理者双方都要有为组织服务和为组织做出积极贡献的意识，并付诸实践。巴纳德在组织系统理论中提及，作为员工个体其加入组织必须要有"协作的意愿"，"协作的意愿"是员工个人对待组织的态度，一旦员工愿意为组织做出贡献，其行为就属于组织的行为。[②]幼儿园组织的生存与发展正是在这种交互过程中实现的。教师与幼儿园间良好心理契约关系构建的标志是教师能够完成自身的本职工作职责，为幼儿园组织目标的实现、管理效能的提升和组织绩效的实现做出积极贡献。幼儿园作为育人的组织机构，衡量组织绩效水平的高低主要以幼儿园育人目标的实现、幼儿的发展进步情况等为准则。这些组织目标的实现离不开幼儿园组织内部教师间的相互协作及教师与幼儿园组织管理者间的互相合作。心理契约指向的是教师与幼儿园组织间良好关系的构建，教师间及教师与幼儿园间的协作意愿是师园间良好心理契约关系构建的基础。

（2）共同的目标——师园间心理契约关系构建的前提

巴纳德的社会交换理论强调管理者要通过满足员工需要来使员工有更强的协作意愿，如提供给员工物质、金钱、权力和地位等。因此，共同的目标是员工产生与组织进行协作意愿的前提，没有共同的目标协作则无从谈起。员工与组织管理者之间只有有了共同目标，相互间的合作才具有价值并存在一定可能性。组织目标对于员工来说是外在和客观的，对员工个人需要的满足是间接的。组织目标的实现与员工个人需要满足间的相关性影响了员工协作意愿的强弱。巴纳德认为作为管理者的工作是不断通过各种方法强化组织目标，增强员工对组织目标的认同感。组织中的员工均具有组织人格与个人人格的双重人格。组织人格是指员工为了实现组织目标而做出理性行动的一面，个人人格指员工为实现个人目标而做出理性行动的一面。对于员工而言，组织的目标是外在的、非个人的与客观的，而个人目标是内在的、个人的与主观的。在组织情境之下，员工之所以对组织做出贡献，是因为他觉得组织目标的实现刚好有助于自身目

---

① 　朱江. 巴纳德和社会系统理论 [J]. 管理现代化，1992（4）：46-47.

② 　邹治平，刘艳红. 社会系统理论的创始人——切斯特·巴纳德 [M]. 石家庄：河北大学出版社，2005：78.

标的实现。同时，员工对组织共同目标的理解，包括协作性理解和个人性理解两个方面。前者是指员工脱离个人立场站在组织立场客观理解组织目标，后者是指员工站在个人立场主观理解组织目标。这两种理解往往会产生冲突。基于此，组织中管理者的任务之一就是克服组织目标和个人目标的背离，克服对共同目标理解的矛盾。只有当员工相信组织目标与自身目标一致时，这个目标才能成为组织协作系统的基础。作为组织管理者的职能之一就是向员工传递共同目标的确存在的信念。[①]

在幼儿园组织情境之下，教师与幼儿园间良好心理契约关系的构建，实则是师园间良性雇佣关系构建的基础。师园间心理契约关系构建的前提是共同的目标，因为只有双方在共同价值观念的驱使下才能形成共同的奋斗目标，并形成共同的努力方向。虽然教师与幼儿园双方为了满足对方需要需履行其心理契约，现实中，无论是教师完成本职工作、实现自身专业发展还是与组织成员建立良好的心理契约关系，包括幼儿园提供给教师生存、发展和组织成员间良好关系建立的条件与组织环境，作为教师与幼儿园双方心理契约的履行很大程度上是为了实现共同的目标——幼儿园组织的健康发展和组织绩效的实现。基于此，在幼儿园组织情境之下，教师与幼儿园间共同目标的存在是双方心理契约关系构建的前提，也是心理契约关系得以有效维系的基础，更是最大程度上避免心理契约违背的重要条件。

（3）信息的交流——师园间心理契约关系构建的纽带

协作的意愿与共同的目标是员工与组织间良好关系构建的重要因素，而真正使两者间关系得以有效构建的是彼此间信息的交流与互动，即员工与组织间的有效沟通。员工与组织双方形成共同目标的前提是这一目标是为员工与组织所共知的，而形成员工与组织所共知的组织目标的前提是以某种方式进行有效沟通与交流。沟通与交流的具体方式是语言，这里的语言既包括口头语言也包括书面语言。除了语言，人们所观察到的动作或出现的行动也是进行沟通交流的具体方式。另外，除具体的沟通方式外，"以心传心"也是一种重要的沟通方式，这种方式之所以重要，主要由于语言本身的局限性，无法百分之百传递人们想要表达的信息，再者是人们运用语言这一工具的能力差异，很多时候受到能力所限，人们无法确切表达自身的真实需要与诉求，而使得低效沟通的出现。沟通与交流的有效性是许多组织面临的一个极为重要的问题。在组织的相关理论中，沟通与交流占据着核心地位。此外，组织内部专业化的产生和维持也都是沟通与交流的要求。[②]

---

① 朱江.巴纳德和社会系统理论[J].管理现代化，1992（4）：46-47.
② [美]切斯特·巴纳德.经理人员的职能（珍藏版）[M].王永贵，译.北京：机械工业出版社，2013：68-69.

　　在教师与幼儿园心理契约关系构建过程中，双方信息的沟通与互动非常重要，因为这既是教师与幼儿园提出自身需求的途径，也是了解对方需要的重要通道。巴纳德的组织概念强调员工因为有协作意愿而形成协作系统，进而实现共同目标，在此过程中，员工与组织管理者间信息的交流显得尤为重要。信息交流的过程将组织员工个体、孤立的和静态的组织要素等串联起来。巴纳德主张建立起一个信息流通体系，具体而言，信息交流的通道要做到广为人知，员工要明确自身岗位职责及权利和义务等；员工要拥有正式的信息交流管道，确保与组织建立起正式关系；组织要建立起有效的信息交流通道，确保组织信息能够快速、有效且以最小信息损耗达到信息交流的目的。作为幼儿园教师，在幼儿园组织情境之下无时无刻不在进行着信息的交流互动，这里的信息交流包括教师与幼儿园管理者间的交流、幼儿园教师间的交流、教师与幼儿家长间的交流，通过信息交流可以促进教师之间、亲师之间、教师与组织间的情感沟通，进而达成共同的发展目标，提升彼此协作的意愿。同时，信息交流的过程既是契约双方明晰彼此需求、构建心理契约关系的前提，也是契约关系得以有效维系的桥梁与纽带。

　　综上，不完全契约理论、社会交换理论和社会系统理论三个理论为本研究对"教师—幼儿园"心理契约研究的开展提供了理论依据和理论支撑。正是由于法定契约的不完全，才使心理契约的存在尤为重要，尤其在教师与幼儿园之间雇佣关系建立的过程中，由于教师和园长双方的有限理性、信息的不对称性、语言的模糊性和周围环境的复杂性等，使心理契约作为沟通和连接员工与组织间关系的桥梁，作为师园双方对彼此担负责任的主观知觉，既可能为法定契约的进一步完善提供思路，也可能成为教师在组织中生存与发展的一种自我保护的机制与途径。在不完全契约理论的基础上，本研究中的社会交换理论与社会系统理论为进一步对心理契约违背效应和影响因素的分析提供了依据。社会交换理论强调无论人与人之间的交换，还是人与组织的交换都是基于互惠原则基础之上的一种交换关系，教师与幼儿园间的关系是组织对员工的投入和员工回报间构成的一种社会交换，通常表现为员工为组织奉献自己的时间和精力，为组织的持续运行与发展做出贡献，相应地组织为员工提供丰富的物质资源、工作条件和相应的福利待遇，以及员工专业发展的机会。基于此，员工与组织间的交换关系就得以建立。而社会系统理论强调教师与幼儿园间的雇佣关系是在幼儿园组织情境下，双方基于共同目标，在共同协作意愿基础之上，通过沟通和互动形成的一种雇佣关系。在这里，共同的目标、协作的意愿和沟通互动等因素既是师园心理契约建立的前提条件，也是双方心理契约关系得以维系和持续发展的内在动力。基于此，在教师与幼儿园间心理契约关系构建和维系的过程中，不完全契约理论、社会交换理论和社会系统理论不仅能够帮助本研究确定"教师—幼儿园"心理契约存在的必然性，也能够为本研究深入、细致地分析心理契约的形成、维系提供分析要素，还为师园心理契约关系的构建提供了依据，本研究中的三个理论相互支撑、互为补充，共同为本研究的开展提供了丰富又坚实的理论资源。

第二章　研究设计

在对心理契约相关研究进行整理和系统的分析后，结合本研究的核心问题，研究者需要解决的就是如何进行"教师—幼儿园"心理契约问题的具体研究。虽然已有研究已针对员工与组织间的心理契约问题进行了研究并形成了相关结论，但针对"'教师—幼儿园'的心理契约"问题的研究尚且有限。本研究具体应包括哪些研究内容？如何结合本研究的研究问题进行系统探究？需要运用哪些研究方法？具体通过哪些步骤进行研究？如何进行数据的收集、整理和分析？本章将以本研究的研究问题为出发点进行研究内容的确立，构建研究思路与框架，探索适切研究问题的研究方法，对本研究的研究设计进行具体阐述。

一、研究内容

本研究围绕"'教师—幼儿园'心理契约"的核心议题，基于相关研究问题，确立了四方面的研究内容。包括师园心理契约结构模型的构建、师园心理契约违背的现状、师园心理契约违背产生的效应和心理契约违背的影响因素四部分内容，这些研究内容具体包括：

（一）"教师—幼儿园"心理契约结构模型的构建

以相关理论作为教师与幼儿园间雇佣关系分析的理论基础，在总结、参考已有的关于"员工—组织"心理契约问卷的基础上，基于教师与幼儿园的双向视角进行"教师—幼儿园"心理契约结构模型的构建。幼儿园教师群体是幼儿园办园质量的保障，也是幼儿园工作得以有序和有效开展的关键，是幼儿园核心竞争力的根本依托。与企业员工和其他学段的教师不同，幼儿园教师由于工作本身的复杂性、服务群体的特殊性、工作效果的隐藏性使得幼儿园教师对于幼儿园的要求、期望和动机更为复杂和多样。幼儿园也对教师提出了有别于其他员工和教师群体的工作职责要求。基于此，本研究通过开放问卷调查与访谈法，从教师与幼儿园双向视角进行心理契约相关责任的收集和整理，开发和编制本土化的《"教师—幼儿园"心理契约问卷》，总结教师与幼儿园心理契约的主要内容，并通过探析"教师—幼儿园"心理契约的结论维度，构建"教师—幼儿园"心理契约的结构模型。

（二）"教师—幼儿园"心理契约违背的现实状况

基于本研究开发的"教师—幼儿园"心理契约问卷和构建的心理契约结构模型，此部分内容主要是对我国"教师—幼儿园"心理契约违背的现状进行测度。根据已有研究对员工与组织心理契约违背状况的测量方法，首先对教师与幼儿园双方对彼此心理契约履行现状进行测量，并进行心理契约重要程度的测量，通过代数差得出"教师—幼儿园"心理契约违背的总体水平。并基于幼儿园教师的人口学变量和幼儿园的组织特征变量进行"教师—幼儿园"心理契约违背状况的差异研究。分析不同人口学特征下的幼儿园教师和不同组织特征下的幼儿园对彼此心理契约违背状况感知的差异。

（三）"教师—幼儿园"心理契约违背的效应

此部分主要基于"教师—幼儿园"心理契约违背现状，剖析心理契约违背对教师工作态度与行为及幼儿园组织管理与发展的影响。对于幼儿园心理契约违背效应的研究，首先，对国内外已有研究中关于幼儿园心理契约违背效应的指标进行搜集整理。然后通过访谈调查法对幼儿园心理契约违背的关键事件进行收集整理和编码分析，提取幼儿园心理契约违背效应中可能涉及的具体指标，并结合相关理论和已有研究指标间的相互关系和影响作用，建立心理契约违背效应的结构方程模型，对"教师—幼儿园"心理契约违背效应的指标间的关系和中介效应等进行系统分析。探究当教师感知到幼儿园出现心理契约违背时，其自身工作态度和行为的变化。此外，对于幼儿园心理契约违背对幼儿园的影响，以及对幼儿园教师心理契约违背对幼儿园管理和教师工作的影响的研究则主要通过访谈法进行，基于扎根理论的研究思路，通过对访谈资料的编码分析总结幼儿园教师心理契约违背产生的效应。

（四）"教师—幼儿园"心理契约违背的影响因素

员工与组织间的心理契约关系是在较复杂的生态环境中建立起来的，关系的建立和改善会受多重因素影响。参考已有研究，结合对访谈资料的编码分析，幼儿园教师自身因素、幼儿园因素及社会环境等因素均会对教师与幼儿园间的心理契约关系产生一定影响。多重因素的聚集、累加效应才是真正的影响因素。本研究将在此部分通过对幼儿园教师和园长的深度访谈收集教师与幼儿园心理契约履行和违背的关键事件，并采用扎根理论的思路对访谈资料进行编码分析，进一步提取和探究出影响"教师—幼儿园"心理契约违背的因素。

二、研究思路与研究框架

本研究关注的核心问题是"'教师—幼儿园'心理契约违背"的问题，探究"教师—幼儿园"心理契约违背的效应和影响因素。在文献综述部分已经针对

"员工—组织"心理契约相关文献进行了整理和分析，并通过相关理论的梳理为本研究核心概念的界定和相关理论假设的建立奠定了基础。在此基础上将对本研究的研究思路进行阐述并建构整体的研究框架。

通过对已有的关于"员工—组织"心理契约文献的梳理，结合当前关于心理契约问题的研究，本研究的研究思路如下：首先，根据心理契约的相关概念界定，收集整理"员工—组织"心理契约的量表，根据心理契约量表常用的编制思路，基于教师和幼儿园的双向视角，通过开放问卷调查和深度访谈建构"教师—幼儿园"心理契约内容构念，形成心理契约结构维度和模型，在此基础上进行"教师—幼儿园"心理契约内容结构特征的阐释，最终形成"教师—幼儿园"心理契约的问卷；其次，根据编制的"教师—幼儿园"心理契约问卷，对"教师—幼儿园"间心理契约违背的现状进行调查研究；再次，对"教师—幼儿园"心理契约违背的效应进行研究，包括对教师工作态度与行为的影响，也包括对幼儿园组织管理与发展的影响；第四，对于"教师—幼儿园"心理契约违背影响因素的研究，主要结合教师与幼儿园心理契约违背的关键事件，基于对教师和园长的访谈资料的扎根理论分析实现，可以从幼儿园教师、幼儿园组织和社会环境等方面进行影响因素的分析；最后，根据"教师—幼儿园"间心理契约违背的现状及影响因素提出构建师园间良好心理契约关系的策略。

本研究将针对具体研究问题和研究内容，结合上述研究思路，形成如下的研究框架（见图 2-1）。

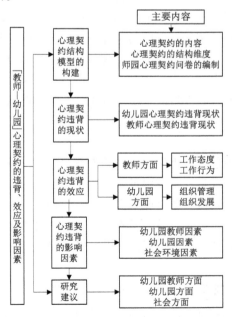

图 2-1　"教师—幼儿园"心理契约研究框架图

三、研究方法

基于以上研究内容及本研究的研究需要，心理契约作为分析教师与幼儿园间关系的理论框架，心理契约的履行与违背是发生在错综复杂的社会系统中，受多重因素影响，亦会产生复杂的效应。心理契约研究本身的复杂性决定了单纯的质性或量化的研究无法展示教师与幼儿园间心理契约问题的全貌，而混合研究方法则克服了单一取向的研究设计方式的弊端。混合研究中的质性研究能够实现对研究对象观点的深度探寻，由于心理契约是教师与幼儿园对双方应担负责任的一种主观知觉，是隐藏于被研究者内心深处的感受，这种知觉的探寻需要研究者与被研究者深入交流才能实现；相比质性研究，量化研究则能实现对更大规模人群的考察，确保研究结论不是某个组织或员工个人的"一面之词"，保证了研究结论的客观性与普适性。因此，对于"教师—幼儿园"心理契约问题的研究，单纯采用量化的研究方法会使研究结论存在表浅化的可能，而单纯的质性研究又可能使研究结论缺乏普适性。因此，采用混合研究的范式能够在一定程度上满足本研究的研究需要，更加客观、深入地探究"教师—幼儿园"心理契约问题。

质性研究与量化研究是社会科学研究领域较为常见的两种研究范式，在很长一段时间被研究者独立运用，处于二元割裂局面。20 世纪 70 年代后期，伴随着质性和量化研究范式的不断丰富和发展进步，混合研究方法作为一种独特的研究取向出现在社会和行为科学的应用领域中。被研究者们称为第三次方法论"运动""第三种研究范式"和"社会科学天幕上的新星"。[①] 混合研究是社会科学、行为科学和健康科学领域的一种研究取向，研究者同时收集量化（封闭的）数据和质性（开放的）数据，对两种数据进行整合，并在整合两种数据的基础上进行诠释，以达到更好地理解研究问题的目的。[②] 基于混合研究方法的特点，根据本研究的研究目的、结合具体研究问题选取适合本研究的混合研究方法并进行运用。

（一）混合研究方法的选取

混合方法是一种包含了哲学假设和调查方法的研究设计。作为一种研究设计方法，它关注单个或系列研究中量化和质性数据的收集、分析与整合。它的核心前提是：比起单独使用量化或质性方法，综合使用这两种研究方法，能够更好地解答研究问题。一般认为适合使用混合方法的研究困境具有以下特征：数据资源不足；研究结果有待解释；探索性发现需一般化；要用第二种方法增

---

① ［美］约翰·克雷斯维尔，薇姬·L.查克.混合方法研究：设计与实施 [M].游宇，陈福平，译.重庆：重庆大学出版社，2017：1.

② ［美］克雷斯威尔.混合方法研究导论 [M].李敏谊，译.上海：上海人民出版社，2015：15.

强第一种方法；需采用某种理论立场；根据整体研究目标，研究最适于采用多阶段或多项目的形式。[①]混合方法研究是这样一种研究，在这种研究中一个研究者或研究团队将质的和量的研究的要素相结合（使用质和量的观点、数据收集分析和推断技巧），从而达到理解和进一步证实的目的。它区别于单纯的质和量的研究的核心在于研究中是否运用一种或一种以上质和量的方法的研究设计。通过这种混合的设计可以发挥量化研究和质性研究各自的优势，通过相互补充达到扬长避短的目的。混合研究的目的是"为了更好地理解研究问题而获取关于同一问题不同而又相辅相成的数据"，从而提高研究的信效度。混合研究的特征表现为：（1）基于研究问题广泛而严谨地收集与分析质和量的数据；（2）有机结合质和量的数据，从而有序地将一种数据建立在另一种数据基础之上或将一种数据嵌入到另一种数据之内；（3）基于研究目的与问题，确定侧重哪一种形式的数据；（4）在单一研究或一个研究的多个阶段使用混合研究程序；（5）基于特定的哲学观和理论视角设计研究程序。在混合方法的研究范式中，一致性平行设计、解释性时序设计、探索性时序设计和嵌入式设计是四种基本的研究设计方式。有研究者指出，适当的混合方法研究设计应包含四个关键决策，即各部分间的交互程度、优先次序、各部分的时序及进行混合的程序。[②]研究者在混合方法研究设计中需明确量化与质性研究的重要程度、先后关系及结果处理方法，才能确保最后形成的研究设计的逻辑与质量。结合本研究的实际，对于"教师—幼儿园"心理契约问题的研究主要采用了混合方法中的探索性时序设计方式。

根据本研究的研究问题与研究目的，采用混合研究设计方式应尽量使数据间能够做到互为补充，实现对"教师—幼儿园"心理契约问题的深度探寻。其中，在《"教师—幼儿园"心理契约问卷》的编制及结构维度的探究中，主要借鉴探索性时序设计。首先，由于心理契约的内容和构念是未知的，通过质性研究收集教师与幼儿园心理契约内容，为问卷开发提供可选择的构念，基于形成的问卷采用量化研究方法验证师园心理契约的结构，了解目前师园心理契约违背的现实状况。其次，在幼儿园心理契约违背对教师工作态度与行为的影响方面，同样采用探索性时序设计方式。依托上一阶段开发的调查工具，采用量化研究方法探索幼儿园心理契约违背的效应，在此部分，由于效应部分的具体指标尚不能确定，对于幼儿园心理契约违背问题的研究会首先通过质性方法，采用扎根理论的思路对效应的访谈资料进行编码分析，构建问卷的指标体系，得

---

　　① ［美］约翰·克雷斯维尔，薇姬·L.查克.混合方法研究：设计与实施（第二版）[M].游宇，陈福平，译.重庆：重庆大学出版社，2017：45.
　　② ［美］约翰·克雷斯维尔，薇姬·L.查克.混合方法研究：设计与实施（第二版）[M].游宇，陈福平，译.重庆：重庆大学出版社，2017：45.

到效应可能包含的指标要素，进而根据提取的要素选取适宜的量表进行量化分析，即采用问卷调查的方式通过对更多样本的调查进行质性研究结论的验证，寻求心理契约效应的最终结论，力求增加研究结论的普适性，将研究结论推广至更广泛的群体中。对于幼儿园心理契约违背对幼儿园组织的影响及幼儿园教师心理契约违背效应的研究主要采用质性研究方法，通过对访谈资料进行编码分析达成研究目的。最后，通过质性研究方法，对"教师—幼儿园"心理契约违背的影响因素进行探究，总结影响师园心理契约违背的因素。本研究将通过质性研究与量化研究范式的综合运用，对"教师—幼儿园"心理契约违背相关问题的研究进行更为立体的审视。具体研究设计思路图见图 2-2。

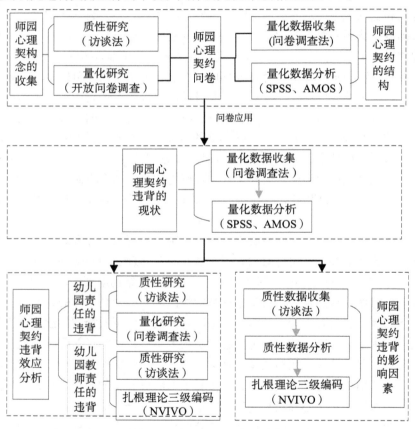

图 2-2 "教师—幼儿园"心理契约研究设计思路图

（二）混合研究方法的运用

混合研究方法主要由质性研究和量化研究两部分构成。目前，国外学术界一般认可的质性研究指在自然环境下，使用实地体验开放式访谈、参与式和非参与式观察、文献分析、个案调查等方法对社会现象进行深入细致和长期的研究。[①] 质性研究中，研究者以从资料中提取主题为初衷进行开放式或呈现性资料收集。量化研究指研究者运用后实证主义知识观来建构知识（如因果联想、具体变量假设和问题的减化、测量和观察的运用以及理论检测），使用诸如实验调查等研究策略及用事先确定的工具收集统计数据。[②] 下面将结合本研究实际，针对"教师—幼儿园"心理契约研究中的质性和量化资料的收集方法和资料的分析方法进行具体阐释。

1. 质性研究

本研究选取了质性研究方法中的访谈法进行质性研究资料的收集，并采用扎根理论的三级编码技术作为资料分析的方法，将不同研究方法中所得到的研究结果相互验证、互为补充，从多角度对研究问题展开深入探究。[③]

（1）资料收集方法

访谈法是最常用也是最重要的质性资料的收集方法。访谈是研究者"寻访""访问"被研究者并与其进行"交谈"和"询问"的一种活动。访谈是一种研究性交谈，是研究者通过口头谈话的方式从被研究者那里收集（或"建构"）第一手资料的研究方法。[④] 访谈可面对面进行，也可通过电话访谈的形式达成研究目的，还可以以电子化的方式，如通过网络的社交媒介手段进行。根据研究者对访谈结构的控制程度，可将访谈分为"结构型""无结构型"与"半结构型"。[⑤] 心理契约作为教师与幼儿园间一种非语言与非文本的存在，需要研究者与研究对象在心与心的深入交流中探究与发现，在研究对象传递出的信息中深度挖掘。由于结构化访谈封闭性程度较高，谈话双方会拘泥于事先设计好的访谈问题，不利于更多有效信息的挖掘，也会错过很多"意外收获"。相较之下，半结构化访谈形式更为灵活，便于交谈双方对问题更为多元和深入的探讨，进而发现更多问题。

基于此，为深入了解教师与幼儿园如何看待彼此在雇佣关系中应承担的责任，本研究采取半结构化的深度访谈，以了解教师对幼儿园心理契约内容的认知，以及幼儿园对教师在工作中应尽职责的期待。采用半结构化访谈主要出于以下两方面考虑：首先，它保证了研究者与被访对象间的谈话能够紧紧围绕研究主题来开展，这对研究数据资料的收集至关重要；其次，它保证了参与者答案的灵活性，扩大了数据收集的范围，使研究者可能形成新的思路，对研究的进一步完善有一定的积极意义。

---

① 陈向明主编. 在行动中学做质的研究 [M]. 北京：教育科学出版社，2003：172.

② [美] 约翰·W. 克雷斯威尔. 研究设计与写作指导——定性、定量与混合研究的路径（第2版）[M]. 崔延强，译. 重庆：重庆大学出版社，2007：15.

③ 陈向明. 质的研究方法与社会科学研究 [M]. 北京：教育科学出版社，2000：171-226.

④ 陈向明. 质的研究方法与社会科学研究 [M]. 北京：教育科学出版社，2000：165.

⑤ [美] 拉里·克里斯滕森，伯克·约翰逊，莉萨·特纳. 研究方法设计与分析（第11版）[M]. 赵迎春译. 北京：商务印书馆，2018：51.

本研究的深度访谈主要在三个部分进行应用，在"教师—幼儿园"心理契约问卷编制过程中，用来收集"教师—幼儿园"心理契约问卷的内容构念，为问卷内容的最终形成奠定基础。研究中，深度访谈所获取的内隐于被研究者内心的无意识信息与开放问卷调查获取的被研究者自身所认知的信息可相互补充、互为验证，为研究者建构"教师—幼儿园"心理契约内容的结构框架提供更加全面、客观的信息。此外，在师园心理契约违背效应和影响因素部分也将采用深度访谈的方法进行具体探究。具体而言，首先，在遵循研究伦理的前提下，通过深度访谈大量搜集教师与幼儿园双方心理契约违背的典型事件，这些事件主要是关于幼儿园在什么方面未能达到教师对他的预期以及教师在什么方面未达到幼儿园对他的预期，通过深度访谈可以在"教师—幼儿园"心理契约问卷的编制过程中收集心理契约的具体内容，为"教师—幼儿园"心理契约问卷的编制提供可参考维度。探究心理契约违背的效应，并进一步探寻隐藏在心理契约违背背后的深层原因。

（2）资料分析方法

质性研究资料的处理是指研究者根据研究目的对所获得的原始资料进行系统化和条理化的过程，然后用逐步浓缩和集中的方式将资料反映出来，其最终目的是对资料进行意义解释。[①] 资料整理和分析的过程中，研究者要确保客观性。本研究对质性研究数据的处理主要借助分析工具 NVIVO 软件对资料进行归类与编码。NVIVO 是符合扎根理论分析思路的质性数据辅助分析软件，可以对质性资料文件进行有效管理。本研究中研究者主要通过 NVIVO 软件对收集到的质性研究资料进行编码，在本研究中，质性研究资料主要指访谈资料。资料的整理和分析按照如下步骤进行：第一，将访谈资料进行转录并整理成文稿。主要转录的内容为访谈中的录音，转录过程要做到逐字逐句，力求信息的真实和数据完整性，整理的数据除了访谈内容外，还包括受访对象的人口学的背景信息资料。第二，对研究资料进行编码与分类。在对访谈资料进行转录后，研究者还要对访谈资料的文本内容进行反复阅读，从众多的访谈资料中提取出与本研究问题相关的内容，对与研究问题高度相关的内容进行标注、编码和命名，进而形成具体类别。第三，从关键内容中寻找类属关系。结合本研究的核心问题，对标注的与研究问题密切相关的内容进行整理分析。在此过程中，需要研究者再次详细阅读原始资料，并以备忘录的形式再次对访谈资料中的内容进行挑选并记录。当所有关键编码间的类属关系建立起来后，需要对之前的类属关系进行部分调整并进行总结性分析，概括出概念核心类属。第四，根据总结出的核心类属统领研究脉络，形成研究结论。

---

① 陈向明.质的研究方法与社会科学研究 [M].北京：教育科学出版社，2000：269-270.

2. 量化研究

（1）数据收集方法

问卷调查法是量化研究中较为常见的数据资料搜集方法。问卷调查法围绕研究主题与研究内容事先设计好一系列研究问题，以书面形式征询被调查者的意见，通过问卷的回收、整理与统计分析获得相关研究成果的一种方法。问卷调查能够高效、快速、大范围地获得大量研究资料。本研究的问卷调查拟在两个阶段开展：一方面在《"教师—幼儿园"心理契约问卷》编制前采用开放式问卷调查法对教师和幼儿园心理契约的内容进行收集，此阶段收集的信息将对深度访谈所获信息进行补充，在此基础上进行封闭式调查问卷的编制。此外，研究将采用封闭式问卷作为心理契约违背现状及影响效应等信息的收集工具，数据资料的具体收集思路与方法如下：

①开放式问卷调查

开放式问卷指只提出问题，不提供任何可能答案，由调查对象自由作答的问卷。开放问卷中提出的问题对于每一个调查对象都一样，但调查对象可根据自身情况，针对问题进行自由作答。本研究中，由于心理契约问题的内隐性，通过开放式问卷调查对师园心理契约包含的内容进行信息收集，作为后续心理契约问卷编制的主要依据，也作为对深度访谈获取数据资料的补充。由于访谈耗时且费力，有限时间内研究者可访谈到的对象数量很有限，而开放问卷调查刚好可以在一定范围内扩大调查对象的范围，进而提高调查效率。而且访谈一般是面对面的交谈或电话访谈，被访者考虑到自身的隐私问题，回答时会有所顾虑。访谈者的提问技巧、所选被试等相关因素都会对访谈结果造成一定影响。因此，开放式问卷可弥补访谈法在资料收集过程中的不足，使两者的优势得到充分发挥，实现研究方法的互补，使收集到的信息更加全面。

②封闭式问卷调查

封闭式问卷是指对提出的问题规定了答案，调查对象只能从已给出的答案中进行选择的问卷。本研究采用封闭式问卷作为"教师—幼儿园"心理契约一手资料的收集方法。考虑到不同类型群体组织间的差异及东西方文化差异，本研究所使用的《"教师—幼儿园"心理契约问卷》为自编问卷，借鉴国内外较成熟和权威的问卷，尽量借鉴经过跨文化研究验证的，特别是被证实在中国文化背景下具有较高信度和效度的问卷。通过自行开发、设计与编制问卷，确保问卷对相关变量测量的有效性和可靠性，提高测量工具的适宜性。《"教师—幼儿园"心理契约问卷》包括"教师版"和"园长版"两个分量表，每个量表中又均包含"幼儿园责任"和"教师责任"两部分内容，主要用于对教师与幼儿园心理契约履行与违背等的现实状况的测量，测量内容包括教师与幼儿园双方心理契约履行和违背的情况等。

封闭式问卷除了用于对心理契约相关内容的调查外，还用于对幼儿园教师工作态度与行为的测量。幼儿园心理契约违背对教师工作态度与行为影响，主要通过对心理契约违背效应的访谈资料进行编码分析提取影响结果的主要要素。问卷调查则主要用于对质性研究结论进行验证和补充。根据已有研究结论，教师工作态度与行为的测量将选取先前研究中较有代表性的指标。其中，工作态度的测量选取了组织情感承诺、工作满意度、离职倾向和组织信任四个指标。工作行为的测量选取了工作绩效一个指标。其中，组织情感承诺的测量采用的是 Meyer 编制的（Affective Commitment Scale，ACS）量表，工作绩效的测量采用的是 Motowidlo 等编制的量表，工作满意度采用的是 Larwood 等编制的量表，组织信任的测量采用的是 Robinson 等编制的信任量表，离职倾向的测量采用的是 Farh 等编制的量表。以上量表均在中国本土化情境下进行修订并被运用，均被证实具有较好的信度和效度。研究者在征得教师和园长知情同意的基础上，通过线上和线下发放相结合的方式进行了问卷数据的收集。

（2）数据分析方法

首先，对于回收的问卷，根据研究工具筛选标准进行筛选。问卷星在线填答的问卷主要将作答时间过短的问卷进行剔除。现场发放的纸质版问卷在进行回收后对问卷进行逐一筛查。首先，对问卷的完整性进行审查，分析是否存在数据缺失；其次，对被试填写问卷的严谨性进行估量，剔除随意填答、中间值或规律性填答的情况；对于少量信息缺失状况，利用 SPSS 系统的缺失值 (missing value) 处理功能补充完整。随后，将有效问卷逐一编号，并录入数据，转换反向计分题目。建立数据库，认真检查以确保数据录入的准确性。在数据录入与筛选后，使用 SPSS26.0 和 AMOS24.0 软件对量化的数据进行分析处理，具体包括：首先，使用探索性因素分析与验证性因素分析方法对"教师—幼儿园"心理契约问卷的信效度进行检验，确定"教师—幼儿园"心理契约内容的具体结构，保证研究工具的有效性。其次，使用描述性统计分析和方差分析对问卷的调查结果进行初步统计，了解"教师—幼儿园"心理契约违背的基本情况，以及心理契约违背在不同人口学特征下的教师及不同组织特征下的幼儿园间的差异情况。再次，使用相关分析了解幼儿园心理契约违背与幼儿园教师工作态度与行为的相关关系。最后，使用中介分析探讨组织信任、工作满意度和组织承诺对教师离职意向和工作绩效的中介作用。通过以上的数据分析方法对"教师—幼儿园"心理契约违背的现实状况和效应的问题进行系统研究，最终得出相关结论。

四、研究对象

本研究主要针对教师与幼儿园间的心理契约相关问题进行探讨，研究对象包括幼儿园教师和幼儿园组织代理人（园长／副园长）。幼儿园教师主要指向的是幼儿园专任教师，不包括保育员群体，因为保育员在幼儿园涉及的工作任务相对较单一、与幼儿园产生的关联性较弱且相对有限，不能全面考察"教师—幼儿园"间的心理契约问题，因此本研究中涉及的幼儿园教师主要指在编及非在编的专任教师群体。对于幼儿园组织代理人的选取，由于我国幼儿园实行园长负责制，本研究中的组织代理人主要指对幼儿园事务及教师进行管理的幼儿园管理人员，具体包括主管园长或分管园所事务的业务副园长。

（一）访谈对象的选取

本研究的访谈调查主要在三个部分开展，首先是在"教师—幼儿园"心理契约问卷编制过程中，通过对教师与幼儿园园长／副园长的访谈进行师园心理契约内容构念的收集。第二部分是在对心理契约违背效应研究部分，在幼儿园心理契约违背对教师工作态度与行为的影响主要通过访谈法来确认量化部分效应指标的选取。在教师心理契约违背对幼儿园管理效能的影响中，主要通过深度访谈来进行资料的收集。第三部分是在"教师—幼儿园"心理契约违背的影响因素部分，通过访谈调查对"教师—幼儿园"心理契约违背的影响因素进行收集、整理和分析。

在"教师—幼儿园"心理契约问卷编制过程中，首先通过对教师和园长（副园长）的深度访谈来进行师园心理契约构念的收集。在具体抽样过程中，访谈对象的选取主要采用判断抽样方式的非随机抽样方式。判断抽样也称立意抽样，指研究者根据自己的知识经验、主观判断选取可以代表总体的个体作为样本。判断抽样主要基于研究者对总体的了解和经验，样本代表性取决于研究者对总体的了解程度和判断能力。判断抽样的优点是可以充分发挥研究者的主观能动性，有针对性地选取样本。[①] 在本研究对于访谈对象的选取过程中，兼顾公办与民办幼儿园的办园性质，结合不同年龄、不同学历、不同工龄教师与不同任职年限园长的具体情况，本研究在访谈研究对象的选取过程中尽量抽取来自不同经济发展水平、不同等级幼儿园的园长与教师。最终选取 40 位园长与40 位幼儿园教师进行了半结构化的深度访谈，以对"教师—幼儿园"心理契约问卷的构念内容进行收集。在"教师—幼儿园"心理契约违背的效应和影响因素部分，同样针对选取的 40 位园长和 40 位幼儿园教师进行第二次访谈，以达成研究目的。在具体选择访谈对象的过程中，研究者主要通过之前建立良好合作关系的幼儿园园长、本人在本硕阶段结识的老师、本硕阶段的同学及任教时期的学生，寻找愿意接受调查的研究对象。在访谈前会与受访对象进行细致和

---

① 邬春芹等编著,社会调查方法 [M].福建：东南大学出版社，2012：54.

具体的沟通交流，阐明研究者的研究目的和研究内容，获得受访园长和教师的知情同意。访谈过程中会继续采用"滚雪球"的抽样方式扩大受访对象的范围，选取能够达成本研究研究目的的受访对象。[①] 如会在对某一位园长/教师进行访谈结束后追问："您身边是否还有正在经历师园关系破裂的园长或幼儿园教师？"通过如此追问，可以不断寻找到研究需要的受访对象，研究样本也会像雪球一样越滚越大，直到信息达到饱和为止。本研究共对 40 位园长和 40 位幼儿园教师进行了访谈调查，受访对象的具体信息详见具体章节。

（二）问卷调查对象的确定

本研究的问卷调查包括在问卷编制阶段的开放问卷调查，也包括问卷编制过程中的预试过程，还包括对心理契约违背现状和违背效应部分的问卷调查。问卷调查的对象既包括幼儿园园长（副园长），也包括幼儿园教师群体。与访谈对象选取规则一致，此部分对于问卷调查对象的选取和确定同样采用了判断抽样的方式，综合考虑了公办与民办幼儿园的办园性质，所抽取的幼儿园既包括城市公立和民办幼儿园，也包括村镇公立和民办幼儿园，综合考虑不同年龄、不同学历、不同职称与不同教龄的幼儿园教师与不同任职年限园长的具体情况，尽量抽取来自不同经济发展水平、不同等级幼儿园的园长与教师。在问卷发放过程中，根据收集问卷的基本情况，适当进行问卷的增补，保证问卷整体的代表性。最终，本研究从北京、天津、广东、江苏、浙江、山东、湖南、湖北、吉林、黑龙江、内蒙古、新疆、贵州等覆盖我国东部、中部和西部不同地域的幼儿园进行抽样，通过分层抽样保证东部、中部与西部调查数据的平衡性，问卷调查对象的数量和具体人口学信息详见具体章节。

五、研究的信度与效度

信度和效度是评价研究质量的指标，信度（Reliability）指研究结果的可靠性与一致性，即该研究结果在相同或类似条件下重复或再现的程度。效度（Validity）指研究结果的真实性，即研究工具能够准确、真实地反映现实世界特征和属性的程度。[②] 研究的信度和效度是进行科学研究必须要考虑的现实问题。

（一）研究信度

1. 质性研究信度

质性研究有一个普遍的不足即为操作不易重复性，且受研究者个人影响直接导致质性研究的信度常常较低。研究过程中，为保证研究的信度，依据质的

---

① 陈向明. 质的研究方法与社会科学研究 [M]. 北京：教育科学出版社，2000：109.

② ［美］劳伦斯·纽曼. 社会研究方法：定性和定量的取向（第五版）[M]. 郝大海，译. 北京：中国人民大学出版社，2007：228.

研究编码信度与效度的要求[①]，在对访谈资料的编码分析阶段，研究者对一名有过 NVIVO 软件使用及编码经验的教育学专业的博士研究生针对编码要求进行了培训，依据质的研究编码信度检验的要求，最佳方法就是请两名以上的编码者各自为同一份 5—10 页的札记编码，再来看这些结果。基本的计算公式是信度＝同意数量 /（同意数量＋分歧数量）[②]。采用 NVIVO12.0 软件针对转录的文本与研究者本人的节点内容进行比较分析，最终确定编码者信度为"同意数量 /（同意数量＋分歧数量）"[③]，并确保两位编码者的编码一致性信度，以保证对于访谈资料的分析做到客观和科学，具体的信度检验结果见具体章节。

2. 量化研究信度

在量化研究部分，主要使用克隆巴赫系数（Cronbach'α）检验研究工具的内部一致性信度，Cronbach'α > 0.70 表明量表的可靠性较高。[④] 在本研究中，主要是对于自编的《"教师—幼儿园"心理契约量表》及与幼儿园教师工作态度与行为相关的《工作满意度量表》《组织信任量表》《组织情感承诺量表》《离职意向量表》和《工作绩效量表》的信度，即克隆巴赫系数进行检验，以保证在本研究量化部分研究的信度。此外，在《"教师—幼儿园"心理契约量表》编制过程中，还采用了折半信度的检验，即将一项评估工具分成两半（两组）题项测量结果的变异程度。折半信度的相关性愈高，表示评估工具的内部一致性愈高。信度检验详细过程和结果见具体章节。

（二）研究效度

研究的效度指结论能被明确解释的程度（内在效度）和结论的普遍性（外在效度）。[⑤] 如果将评价方视为"我"，研究者是"他"，研究对象是"它"，那么信度强调的是"他"对"它"的真实反映度，而效度则是"我"对"他"研究结果的信赖程度。在本研究中，研究效度在质性研究和量化研究阶段均需进行具体考量。

1. 质性研究的效度

质性研究的效度指结果表述的可接受性与可信赖性。在质性研究中，研究效度包括描述性效度、解释性效度、理论效度与评价效度等。描述性效度指对可观察到的现象或事物进行描述的准确程度；解释性效度指研究者了解、理解和再现被研究者意义的"确切"程度；理论效度指研究所依据的理论以及从研

① 徐建平，张厚粲.质性研究中编码者信度的多种方法考察 [J].心理科学，2005（6）：152-154.
② Miles M B,Huberman A M.*Qualitative data analysis:An expanded sourcebook(2nd ed.)*[M].Thousand Oaks,CA:Sage,1994:74.
③ Miles M B,Huberman A M.*Qualitative data analysis:An expanded sourcebook (2nd ed.)*[M].Thousand Oaks, CA:Sage,1994:74.
④ Hair J F,Anderson R E,Tatham R L,et al.Factor analysis. Multivariate data analysis[J]. NJ:*Prentice-Hall*,1998,3:98-99
⑤ 袁振国主编,教育研究方法 [M].北京：高等教育出版社，2000：8.

究结果中建立起来的理论是否真实地反映了所研究的现象；评价效度是指研究者对研究结果所做的价值判断是否确切。①

首先，为了保证研究的描述性效度，研究者尽可能收集较丰富的原始资料。为保证研究对象准确描述心理契约相关问题，在访谈过程中采用非结构的访谈方式，尽可能多的请受访对象表达自己的观点，对于不够详尽的部分研究者会进行追问，且研究者在第一次访谈结束半年后进行了第二次访谈，避免研究对象遗漏想表达的内容。其次，为了保证研究的解释性效度，研究者会在48小时内进行访谈资料的转录整理工作，以确保能够及时记录下访谈的真实过程，形成访谈资料库，防止时间过久导致信息模糊。第三，为了确保理论效度，访谈提纲的编制严格依据心理契约相关研究的访谈提纲，根据幼儿园组织情境和幼儿园教师的职业特点，进行本土化的心理契约访谈提纲的编制。且在访谈过程中，为了使访谈得到的内容能够达到研究目的，对访谈提纲的编制采取预访谈的形式，在访谈过程中不断对访谈提纲进行修改完善。使最终从研究结果中建立起的理论能够真实反映研究现象。最后，为了确保评价效度，研究者应在研究中将自身的观念悬置于研究之外，保证对于资料的分析和价值判断客观真实。

2. 量化研究的效度

在量化研究中，效度指正确性程度，即指一项测试在何种程度上测试出了它意图测试的东西，主要从理论构思的合理性、自变量与因变量间关系的合理程度、数据分析与方法的有效性、研究结论的代表性等方面来衡量。即研究的构思效度、内部效度、统计结论效度和外部效度四个方面。为确保本研究中量化研究部分的效度，在研究中要做到：

首先，在心理契约问卷编制和结构模型的建构过程中，以已有成熟问卷编制过程为依据，严格遵守问卷编制的流程。在进行心理契约现状的调查过程中，全面考虑不同教师和园所的差异，进行心理契约履行与违背现状的全面测量。在效应的测量过程中，采用元分析的思路，结合已有研究中构建的理论框架，并通过扎根理论编码分析进行本研究理论框架的建构，确保所获结论的正确性。其次，样本选取过程中要具有代表性。为提高样本代表性，本研究采用判断抽样的方式进行大样本调查，保证测量对象覆盖不同区域、来自不同类型幼儿园、具有不同年龄、不同工作年限和不同收入等。数据分析前剔除不符合要求的样本。除此之外，采用前人验证过的有效的测量工具进行测量。第三，统计方法的选取要符合研究目的。根据已有研究和本研究的研究目的，提出合理的研究假设，数据统计过程中严格遵照测量学要求，保证所得数据符合测量学标准。

---

① 陈向明. 质的研究方法与社会科学研究 [M]. 北京：教育科学出版社，2000：406.

六、研究伦理

研究伦理是科学研究中必须予以重视的一个重要问题。遵守伦理规范可有效提高研究质量。[①]本研究的调查对象主要为幼儿园园长与幼儿园教师，心理契约是隐含在被研究者内心深处的一种主观知觉，如何在兼顾被研究者内心感受的前提下达成研究目的是研究者需要思考的问题。本研究对于研究伦理的考量主要遵循知情同意原则、尊重研究对象的意愿、尊重研究对象的个人隐私和保密原则、公正合理原则和公平回报原则。

知情同意原则。本研究在问卷调查和访谈调查过程中，均会提前向被研究者清晰地告知研究目的，保证被研究者的知情同意。本研究在问卷发放前会向园长和教师清晰表述本研究的研究目的和问卷作答要求，由他们自愿选择是否进行问卷作答。并且在访谈过程中也会充分尊重园长和幼儿园教师的个人意愿，他们可以自愿参与研究，自愿选择是否可以录音，在访谈过程中如若研究本身带给被研究者不适感，也可以随时提出退出此访谈。在问卷调查和访谈调查的时间和地点的选择上，也会充分尊重园长和幼儿园教师的个人意愿。

第二，尊重个人隐私和保密原则。在研究开始之前，研究者会向幼儿园教师与园长许诺对他们的个人隐私予以保证。具体而言，问卷调查采用匿名的方式作答，并且会在问卷指导语中对问卷的保密性进行详细和具体的说明。在质性研究过程中，研究者也将主动向各位园长和幼儿园教师针对研究的保密性予以允诺，告知研究对象此项研究不会暴露他们的个人信息，在后续研究结果的呈现中涉及的人名、地名等信息均会进行匿名化处理。

第三，对资料的分析秉承客观公正的原则。研究者在对所收集的资料尤其是质性研究的访谈资料进行分析时，需尽量将自身悬置于研究之外，做到价值中立，避免研究者自身的主观臆断，要做到对原始资料的客观呈现，呈现研究对象的真实观点和想法，不进行加工和演绎，也不做高推论性的描述和解释，对于资料的分析尽量做到客观和公正。

第四，公平回报原则。研究中，研究对象花费了许多时间与精力参与研究者的研究工作，他们为研究者提供所需信息，甚至涉及其个人隐私。因此，研究者对被研究者所提供的帮助应表示感谢，不应让对方产生"被剥夺感"和单向付出的感受。基于此，本研究对接受访谈的教师和园长给予一定的礼品作为回报，表达研究者对研究参与者的感激。同时，研究过程中，研究者和研究对象建立了良好的关系，主动做他们的听众，访谈过程中，聆听他们诉说自己对于工作的感受，为其适当提出合理的建议，尽量为其排忧解难。

[①]　陈向明.质的研究方法与社会科学研究[M].北京：教育科学出版社，2000：426.

第三章 "教师—幼儿园"心理契约结构模型建构研究

心理契约的测量在心理契约问题的研究中十分重要。在过去的几十年中，国内外关于员工与组织间心理契约问题的研究产生了大量研究成果。研究者最初通过访谈法对心理契约的问题进行研究，经过不断发展，心理契约的测量开始转向定量评价。问卷调查法是心理契约问题研究中最常用的方法。[①] 大量研究表明，问卷调查的方式可有效对心理契约问题进行全面测量。考虑到现有的心理契约问卷主要针对企业员工群体，关于教师与学校组织间的问卷也主要集中于高校教师群体，作为幼儿园教师，其工作对象、所处环境与工作性质等均有其特殊性，因此，由于现有问卷本身的局限性，本研究将开发本土化、可推广且具有情境性特点的用于评价师园间关系的心理契约问卷。本研究将严格按照研究问卷的编制程序进行师园心理契约问卷的编制，并进行师园间心理契约结构模型的建构。

一、师园心理契约结构维度的理论构想

已有研究对于心理契约结构维度的探索经历了较为漫长的过程。本研究通过对已有心理契约问卷维度划分方式进行分析，基于 ERG 需要理论，根据师园间雇佣关系特点对师园心理契约可能的维度划分进行初步构想。

（一）已有研究对心理契约结构维度的划分

文献综述部分，已基于国内外文献，对企业员工及教师群体的心理契约问卷维度划分方式进行了详细梳理与阐述。总体看，已有研究中心理契约问卷维度的划分包括从一维到多维的多种方式，尚无定论。但总体看，目前在研究中使用较多、被广泛认可的仍是二维和三维的划分方式。二维划分方式最早由研

---

① Conway N,Briner R B.*Understanding psychological contract at work:A critical evaluation of theory and research*[M].London Oxford University Press,2005.

究者 MacNeil[1] 提出,后经 Robinson 等[2],Rousseau[3] 和 Robinson&Morrison[4] 等人验证,曾一度成为心理契约维度划分的主要方式。他们将心理契约内容划分为交易责任和关系责任两个维度。在"组织责任"中,交易责任主要指组织为员工提供明确、具体的经济基础和物质条件,包括薪水、福利与良好的工作条件等。在"员工责任"方面,交易责任主要指向员工承担相应的工作任务与遵守行为规范等。总体看,交易责任强调当前利益的交换,内容更为明确、具体,关系责任则相较之下较模糊。[5]Kickul&Lester 将心理契约的结构维度划分为内在责任和外在责任[6],我国学者陈加洲将其划分为现实责任和发展责任。[7] 总体看,在工作方面,组织的责任是满足员工的事业发展需要,使员工能从工作中获得成就感。为此,组织要为员工提供事业发展的机会,而员工则需遵守组织的规章制度和规范,并以完成组织布置的工作任务作为回报。在人的方面,组织的责任是与员工建立良好关系、为员工提供帮助等。为此,组织要通过营造和谐的组织氛围、创设良好的人文环境,使员工对组织产生归属感。而员工则需要保持对组织的忠诚,为良好组织氛围的营造做出贡献。

由于员工与组织间的心理契约关系较为复杂,包含的责任内容也较为广泛,传统的二维结构划分方式虽合理,但较笼统,为了实现对心理契约责任内容更为详细的解构,许多研究者在后续研究中提出了心理契约的三维结构划分方式。Rousseau 在对美国注册护士心理契约的研究中提出了交易责任、关系责任和团队成员责任三个维度。团队成员责任是从二维结构的"关系责任"维度分离出来的,强调员工与组织间重视人际支持与关怀,强调良好的人际环境。[8]Shapiro&Kessler 通过对英国 703 名管理者和 6953 名员工的心理契约责任进行因子分析得到交易责任、培训责任和关系责任三个因素。[9] 我国学者李原

---

① Macneil I R,Relational contract:What we do and not know[J].*Wisconsin Law Review*,1985(28):483-525.

② Robinson S L,Kraatz M S,Rousseau D M.Changing obligations and the psychological contract:A longitudinal study[J].*Academy of Management Journal*,1994,37(1):137-152.

③ Rousseau D M.Psychological contracts in organizations:Understanding written and unwritten agreements[M].*Thousand Oaks:Sage Publications*,1995.

④ Robinson S L,Morrison E W.Psychological contracts and OCB:The effect of unfulfilled obligations on civic virtue behavior[J].*Journal of Organizational Behavior*,1995(3):289-298.

⑤ Rousseau D M.*Psychological contracts in organizations:Understanding written and unwritten agreements*[M].*Thousand Oaks:Sage Publications*,1995.

⑥ Kickul J,Lester S W.Broken promises:Equity sensitivity as a moderator between psychological contract breach and employee attitudes and behavior[J].*Journal of Business and Psychology*,2001,16(2):191-217.

⑦ 陈加洲.员工心理契约的作用模式与管理对策 [M].北京:人民出版社,2007:56-57.

⑧ Rousseau D M.Perceived legitimacy unilateral contract changes:It takes a good reason to change s psychological contract[J].*Symposium At the SIOP Meetings,San Diago*,1996,4.

⑨ Shapiro J C,Kessler L.Consequences of the psychological contract for the employment relationship:A large scale survey[J].*Journal of Management Studies*,2000,17:903-930.

在对企业员工心理契约问题的研究中提出规范型责任、人际型责任和发展型责任三个维度。[①]王海威在关于大学教师心理契约的研究中支持了这一划分方式。[②]彭川宇在对知识型员工心理契约的研究中提出了交易责任、关系责任和发展责任三个维度。[③]基于以上的三维结构划分方式，田宝军在对中学教师心理契约的研究中得到的教师责任包括岗位责任、人际责任和发展责任三个维度，学校责任包括经济责任、人文责任和环境责任的三维划分方式。[④]对以上心理契约的三维结构划分方式进行分析可以发现，相较于二维结构，三维结构的划分更为细致和具体，且在中国社会的文化情境下，重点强调了关系责任和人际责任，更具有本土化色彩。后续研究者的一系列研究也验证了心理契约三维结构的划分确实更为理想。除此之外，还有研究者进行了心理契约四维、五维、六维甚至七维的划分，提出了更为多元和丰富的心理契约的维度划分方式。

通过对已有研究中员工与组织间心理契约结构维度的划分方式进行分析可发现，二维划分方式总体较为笼统，不能对心理契约内容进行全面阐释。多维划分方式虽能从多角度对心理契约内容进行解构，但很多研究的维度划分缺少理论依据，存在维度间内容的交叉重叠和逻辑混乱。基于已有研究，研究者认为心理契约的三维划分方式更为清晰和合理，既能对心理契约内容进行维度的合理分解，又最大程度避免了维度划分中的混乱，因此，本研究对师园心理契约维度的划分也倾向于采用三维结构的划分方式。

（二）心理契约"三维结构"的理论假设

雇佣关系是员工用忠诚和努力工作换取组织诱因的过程。这些诱因的形式包括工资、福利、工作环境和社会情感回报等，员工得到组织提供的薪酬福利而采取相应的行动对组织进行回馈。在雇佣关系情境下，人们总是出于一定目的而进入某个组织，有些人是为了生存，有些人是为了提升知识技能，也有人是为了自身的职业发展。组织需要通过提供给员工工作机会以满足员工的心理诉求和职业愿景，通过员工努力工作达成一定的组织目标、获得组织绩效进而实现组织的发展。员工为了获取相应报酬，需对组织作出积极贡献，员工与组织间的交换关系也因此建立了起来。

责任是社会交换的基本要素，心理契约关系的构建源于双方对自身需要满足的需求，以自身需要与对方需要进行交换，寻求交换中关系的平衡。人们在社会关系中的行为动机在于满足各自需求，基于动机推动的人的行为都是由特

① 李原.企业员工的心理契约概念、理论及实证研究[M].上海：复旦大学出版社，2006：60-61.

② 王海威.大学教师心理契约的结构及其动态变化[D].博士学位论文，大连：大连理工大学，2009.

③ 彭川宇.知识型员工心理契约与其态度行为关系研究[D].博士学位论文，成都：西南交通大学，2008.

④ 田宝军.教师心理契约与学校人本管理[M].保定：河北大学出版社，2011：70-75.

定交换活动支配。社会交换的内容包括满足交换行动者需求的一切物质与行为，即所谓的"报酬"。[①] 在幼儿园组织情境下，教师与幼儿园均是为了满足自身需要而建立起相互交换的关系，心理契约则在这种关系的维系过程中起到了纽带作用。受社会环境、文化传统与职业特征等因素影响，我国教师既有着作为人类共有的心理需求，又有其特殊之处。我们认为对于师园心理契约问题的研究，三维结构模型更为适切。主要由于：首先，当在员工所处的组织情境之下更强调人际配合时，二维结构中的"关系责任"维度会进一步分离出发展责任这一维度，尤其是在中国社会的组织情境之下，更强调在组织中的人际关系和归属尊重，这与西方国家的组织特征存在明显不同；其次，中国的文化传统十分强调良好人际关系的构建，所以在员工与组织的心理契约内容中常常会更强调关系责任维度；第三，幼儿园工作中专任教师工作的完成多以团队协作为主，每个班级有多名教师共同完成幼儿园的保育和教育工作任务，这与其他学段教师的工作性质和其他职业员工的工作均有所区别。因此，教师本身对于良好组织氛围和人际关系环境的需要更为强烈。基于此，在我国，教师与学校（幼儿园）组织间的心理契约关系，单纯以"交易责任"和"关系责任"的二维结构划分较为牵强，基于双方需要的三维结构划分更为合理。

对于人类需要的分析与解构，最著名的莫过于美国著名心理学家亚伯拉罕·马斯洛（Abraham Maslow）提出的需要层次理论，马斯洛将人类需要从低到高分为五个层次，分别为生理需要、安全需要、爱与归属需要、尊重需要与自我实现需要。马斯洛将人类需要安置在不同层级上，认为底层需要得以满足才会产生更高层次的需要。与此观点不同，美国耶鲁大学的克雷顿·奥尔德弗（Clayton Alderfer）认为人类的需要可能是并行存在的，他在马斯洛的需要层次理论基础上和大量实证研究基础上进行了更接近组织实践经验的研究，在《人类需要新理论的经验测试》一文中提出了一种新的人本主义需要理论，即"ERG需要理论"，这一理论也被称为马斯洛需要层次理论的修正理论。奥尔德弗认为，人类共同存在生存需要、相互关系需要和成长发展需要这三种核心需要。这一理论也被广泛应用于组织行为学和管理心理学的相关研究之中。[②]

---

① [美]乔纳森·特纳. 社会学理论的结构（上）[M]. 邱泽奇等，译. 北京：华夏出版社，2001：283-295.

② [美]詹姆斯·吉布森. 组织行为学：行为、结构及过程[M]. 杨忠等译. 南京：南京大学出版社，2009.

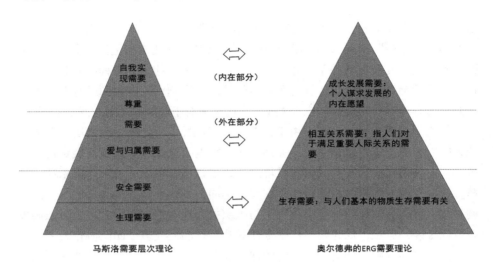

图 3-1　奥尔德弗的 ERG 需要理论图

如图 3-1 所示，"ERG"需要理论中人们最基本的需要是与基本的物质生存需要有关的需要，即生存需要，包括马斯洛需要层次理论中的生理需要与安全需要。其次是人们对于满足重要人际关系的需要，在组织情境之下，主要通过员工个体与他人交往与互动得到满足，即相互关系需要。这种需要与马斯洛需要层次理论中的爱与归属的需要和尊重需要中的外在部分相对应，即获得他人的尊重。"ERG"需要理论中第三个层次的需要是成长发展需要，表示个人谋求发展的内在愿望，它包括马斯洛提及的自尊需要的内在部分，即获得自我的认可以及自我实现的需要。

"ERG"需要理论认为人的生存需要、相互关系需要和成长发展需要这三种需要不是与生俱来的。马斯洛需要层次理论认为人的这五种需要是人类本能的东西。奥尔德弗修正了马斯洛的观点，认为人类的生存需要是先天的，而相互关系需要和成长发展需要是在后来的经历和发展中习得的。与马斯洛的观点不同，奥尔德弗认为人的这三种需要不是严格按照由低到高的次序发展起来的，而通常表现为人的某种需要满足的越差则人们对这种需要的渴望越强烈。例如，当生存需要和成长发展需要都获得了充分满足，而相互关系需要未得到满足时，人们就渴望与人交往并获得理解，奥尔德弗称之为"满足—上升"趋势。若较高层次需要未被满足，人们就会倾向于追求较低层次的需要。例如，员工不能在组织中形成较好的人际关系，就会更加关注较低层次的物质资料的获得，这一点与马斯洛需要层次理论的观点差别较大，奥尔德弗称之为"受挫—回归"的发展趋势。基于此，人们可能会同时拥有多种需要，若较高层次需要的满足受限，则人们会倾向于追求较低层次的需要。"ERG"需要理论对人在工作情境下的需要进行了详细阐述，在心理契约关系的交换过程中，师园双方都渴望不断满足自身需要，进而激发更多贡献行为。结合"ERG"需要理论提出的生存需要、成长发展需要和相互关系需要，参考已有研究中对心理契约相关责任的命名方式，研究者将尝试对师园心理契约关系中教师与幼儿园双方责任内容进行具体维度的命名。

幼儿园责任方面，将满足教师生存方面需要的责任命名为"生存责任"，指向的是满足教师基本生活需要的薪资待遇、工作条件、工作资源及工作中安全保障的责任；将满足教师在工作中成长发展需要的责任命名为"发展责任"，指向的是幼儿园促进教师职务晋升、协助职业生涯规划与个体发展进步等方面的责任；将满足教师人际交往方面需要的责任命名为"关系责任"，指向的是幼儿园营造良好的人际氛围、创设良好的组织人文环境的责任。从管理的视角看，幼儿园提供什么条件吸引和留住优秀的幼儿园教师是进行组织有效管理和激励的关键。"待遇留人，事业留人，情感留人"是管理领域提出的重要观点，通过经济条件和物质条件吸引员工，为员工提供事业发展的空间和机会，为员工创设良好的组织氛围，与组织建立积极的情感链接。这三方面指向的就是"教师—幼儿园"心理契约"幼儿园责任"中的生存责任、发展责任和关系责任三个维度。

从社会交换的互惠规范看，组织作为交换主体，同样也被进行了拟人化处理，幼儿园在与教师进行交换的过程中，同样渴望教师能满足幼儿园的需要。且大量已有的心理契约相关研究也表明，在心理契约关系中，组织责任与员工责任具有类似的结构维度。如在组织责任中存在生存维度，在员工责任中也要包含类似维度。总体看，在教师与幼儿园的交换关系中，幼儿园需要教师为幼儿园的良性运营遵守相关规章制度、规范自身行为习惯并认真完成一系列工作任务，在这里，参考学者李原[①]的观点，将这类责任命名为"规范责任"。在"发展责任"方面，幼儿园需要教师不断学习、努力提升自身专业知识和技能，以为幼儿园的发展做出更多积极贡献。在"关系责任"方面，幼儿园需要教师间互帮互助，共同构建良好的幼儿园组织氛围。总体看，幼儿园除要求教师做好本职工作外，也期望教师积极从事角色外工作，在越来越强调合作意识、团队精神的当代组织中，人际协调常常是员工的主要责任。

综上，无论是源于理论视角，还是基于已有研究和实践状况，心理契约三维结构的划分方式对于解释"教师—幼儿园"间的心理契约问题均更为适宜。对于师园间心理契约内容的"生存责任（规范责任）""发展责任"与"关系责任"的命名方式具有一定合理性。当然，对于师园间心理契约结构维度划分的

---

① 李原.企业员工的心理契约概念、理论及实证研究 [M].上海：复旦大学出版社，2006：60-61.

这一三维结构的理论构想是否合理，尚需通过接下来的实证研究进行进一步检验。

二、师园心理契约问卷的编制

基于心理契约概念的界定，结合 ERG 需要理论的基本观点，本研究将在幼儿园组织情境之下，根据幼儿园教师的职业特征进行"教师—幼儿园"心理契约问卷的编制。结合问卷编制程序，根据已有研究中心理契约问卷的编制流程，本研究将通过开放式问卷调查和深度访谈的方法对师园心理契约内容条目进行收集，形成教师与幼儿园内容条目的集合。深入了解在我国社会文化宏观背景下，基于幼儿园组织情境和幼儿园教师的工作性质，基于个人需求与园所需要，围绕关键性事件的师园间心理契约内容的具体状况，编制"教师—幼儿园"心理契约的本土化测量工具。通过对师园心理契约问题广泛而深入地调研，提取"教师—幼儿园"双方心理契约内容，形成"教师—幼儿园"心理契约问卷。

（一）构念说明

Hinkin 指出："发展量表的第一个关键步骤是得到用来测量构念的项目指标。"[1] 构念即是用可观察到的行为态度维度代表看不见的事物，一般而言，越抽象的构念往往越难测量。[2] 本研究中师园心理契约的构念就是用一组行为态度维度代表心理契约这一看不见摸不着的事物。范围抽样理论认为，完全测量出感兴趣的构念内容是不现实的，只要保证从潜在题目中抽取的题目足以代表研究构念即可。因此，本研究问卷项目即心理契约责任条目不可能在研究中完全得以穷尽，只要尽量选取具有代表性的条目，能够代表师园间心理契约的基本内容即可。

确立研究构念的边界后，就可在此基础上对其进行操作化。Hinkin 提出量表开发需经历"条目生成—量表编制—量表验证"三个步骤，在量表开发过程中，"条目生成"的过程是最重要也是最困难的。[3] 问卷测量题项的开发主要有归纳法和演绎法两种方法。演绎法要求研究者对所研究现象充分了解，在综合已有文献的基础上对所研究构念进行概念界定，并在通过发展或改编现有题项来实现构念操作化，即"自上而下"进行量表的开发。当测量的对象或现象没有精确的定义或理论支持时，研究者无从了解操作相关概念所需的关键指标及内部结构，即研究构念的概念基础没有容易辨识的维度来产生题目，这种情况下就更适合运用归纳法，研究者可以通过质性研究方法了解测量内容，继而产

---

① Hinkin T R.A brief tutorial on the development of measures for use in survey questionnaires[J]. *Organizational Research Methods*,1998,1:104-121.

② Nunnally J C.*Psychometric theory*[M].New York M Grwa-w,1978.

③ Hinkin T R.A brief tutorial on the development of measures for use in survey questionnaires[J]. *Organizational Research Methods*,1998,1:104-121.

生相关指标，即"自下而上"的进行量表的开发。[①] 由于师园心理契约的构念比较抽象，且心理契约内容的生成源于教师与幼儿园双方的主观理解，但目前尚没有适宜的构念维度来代表"教师—幼儿园"心理契约的问题，更难以针对相关问题进行详细解释与具体说明。基于此，本研究选取了归纳法作为师园心理契约构念收集与问卷开发的主要方法。

（二）产生测量项目

问卷是一份预先精心设计好的问题表格，主要用于测量人们的行为和态度等。[②]Tsui 指出在进行研究设计、选取研究现象、选择研究方法及进行测量的过程中，情境化的过程是非常重要的。情境化包括研究问题的情境化、理论的情境化、测量工具的情境化及方法论的情境化。[③]Farh 等提出测量工具开发的四种常见思路：一是直接翻译 (Translation Approach)，即强调文化的共通性，将国外成熟量表直接翻译并运用；二是对量表进行修改 (Adaptation Approach)，即根据研究内容和实际需要通过增删项目指标将已有量表修改至符合本土化情境的状态。若相关研究尚没有适宜量表或已有量表无法满足研究需要，则需基于本土化情境进行新量表开发，确保量表更符合本国国情；三是去情境化取向 (De-contextualization Approach)，即在本国的文化和社会背景下开发适于不同文化背景的量表；四是情境化取向 (Contextualization Approach)，即基于本国国情和社会文化背景开发适用于本国文化情境的量表。[④]

目前，关于员工与组织间心理契约问题的研究，基于不同文化和社会背景的研究者已开发了一系列针对不同组织群体的信效度较可靠的成熟量表。由于心理契约概念源于西方，目前国内多数实证研究采用国外已有成熟量表进行测量（或将国外量表进行修改后使用）。尽管这些量表已被多次使用且被验证其科学合理性，但由于人们对于量表中问题条目的理解与其所在的社会背景与文化情境密切相关。考虑到中国社会的文化背景、交往观念、管理理念与思维方式等都与西方存在较大差异，国外已有量表在本研究运用中还存在一些不合理性。除社会文化差异外，幼儿园教师职业的特殊性及研究对象群体间的差异也使得我国研究者基于中国情境编制的员工与组织间的一系列心理契约量表难以被直接运用，如以企业员工与组织，或高校及中小学教师与学校为对象发展测量项目而形成的心理契约量表。正由于不同类型组织与员工群体会形成不同的心理

---

① Hinkin T R.A brief tutorial on the development of measures for use in survey questionnaires[J]. *Organizational Research* Methods,1998,1:104-121.

② 风笑天. 社会调查中的问卷设计 [M]. 天津：天津人民出版社，2002：21.

③ Tsui A S.Contextualization in Chinese management research[J].*Management and Organization Review*,2006,2(1):1-13.

④ Farh J L,Cannnella A A,Lee C.Appproaches to scale development in Chinese management research[J].*Management and Organization Review*,2006,2(3):301-318.

契约责任内容，对于不同研究对象心理契约问题的差异化研究显得尤为重要，这也凸显了不同主体下心理契约问题研究的独特价值所在，更体现出本研究针对教师与幼儿园间心理契约问题研究的内在价值。

基于此，本研究主要聚焦于教师与幼儿园间心理契约问题的研究，幼儿园教师作为教师群体的重要组成部分具有其独特的人格特点、劳动价值取向与自身需求，其他组织群体的心理契约问卷难以直接用于幼儿园教师心理契约问题的研究。因此，本研究将进行"教师—幼儿园"心理契约问卷的编制。问卷编制的第一步就是生成一个大的题项库，作为问卷的最终候选题项。[①] 本研究通过对幼儿园教师与组织机构代理人（园长/副园长）的深度访谈与开放问卷调查，全面收集师园心理契约责任条目的内容集合。通过编码分析，进行责任条目的归类与合并。通过对心理契约责任条目进行分析整理，形成师园心理契约责任内容的指标，通过专家咨询与评价进一步完善具体指标。测量项目的产生过程如下：

1. 搜集整理相关问卷

已有的关于心理契约相关研究的成熟问卷可以为研究者进行《"教师—幼儿园"心理契约问卷》的编制提供依据，既能在心理契约具体责任条目的表述上进行借鉴，也能使研究者更加清晰问卷的编制流程，保证问卷编制过程的科学和严谨。笔者通过在学术搜索引擎大量检索并查阅国内外心理契约相关文献，搜集心理契约问卷，发现在雇佣关系条件下，学者们对于心理契约问题的测量都是根据已有的心理契约成熟量表或根据实际情况对已有量表进行修改并应用。其中，Robinson&Morrison[②] 编制的五级量表是研究中最为常用的量表，研究者Hartmann&Brian[③]、Restubog 等[④]、David 等[⑤] 和 Hekman 等[⑥] 对于心理契约问题的研究均是在此量表基础上改编并应用的。除此之外，Millward&Hopkins[⑦] 开发的

① ［美］罗伯特·F. 德威利斯 . 量表编制理论与应用 [M]. 魏勇刚，龙长权，宋武，译 . 重庆：重庆大学出版社，2004：70.

② Robinson S L,Morrison E W.The development of psychological contract breach and violation:A longitudinal study[J].*Journal of Organizational Behavior*,2000,21:525-546.

③ Hartmann N N,Brian N R.Psychological contract breach's antecedents and outcomes in salespeople:The roles of psychological climate,job attitudes,and turnover intention[J].*Industrial Marketing Management*,2015,51:158-170.

④ Restubog S L D.If you wrong us,shall we not revenge?Moderating roles of self-control and perceived aggressive work culture in predicting responses to psychological contract breach[J].*Journal of Management*,2015,41(4):1132-1154.

⑤ David H.But you promised!Managing consumers' psychological contracts[J].*Business Horizons*,2016,59(4):363-368.

⑥ Hartmann N N,Brian N R.Psychological contract breach's antecedents and outcomes in salespeople:The roles of psychological climate,job attitudes,and turnover intention[J].*Industrial Marketing Management*,2015,51:158-170.

⑦ Millward L J,Hopkins L J.Psychological contracts organizational and job commitment[J].*Journal of Applied Social Psychology*,1998,28(16):1530-1556.

七级量表应用范围也较为广泛,如研究者 Grimme&Oddy[1] 和 Shih 等[2] 对于心理契约问题的研究就参考了此量表。此外,Lee 等开发的量表在心理契约问题的研究中也被证实拥有较好的信效度且被广泛应用。[3]

基于此,本研究收集整理并参考的国外的心理契约问卷,主要包括:Rousseau 编制的《心理契约调查问卷》,Lee 等编制的《员工心理契约调查问卷》,Millward&Hopkins 编制的《心理契约调查问卷》。除此之外,还参考了在我国被研究者广泛应用的李原编制的《员工心理契约调查问卷》[4] 及学者陈加洲编制的《员工心理契约调查问卷》[5],同时,还包括专门针对教师与学校组织间心理契约问题的调查问卷,这些问卷既包括中小学教师与学校间心理契约的调查问卷,也包括针对高校教师心理契约问题的调查问卷,且以高校教师心理契约的调查问卷居多。具体看,这些问卷包括田宝军编制的《教师心理契约调查问卷》[6],张立迎编制的《普通高校教师心理契约调查问卷》[7],林澜编制的《中国高校教师心理契约调查问卷》[8] 等。通过收集、整理已有心理契约问卷中关于心理契约责任条目的表述方式和具体内容,对已有问卷的责任内容进行详细分析,形成心理契约责任条目的集合,可作为后续编码时对具体节点命名方式的参考,同时,结合相关问卷详细分析问卷编制的方法和流程,为本研究心理契约问卷的编制奠定基础并提供借鉴。

2.测量项目的搜集

(1)深度访谈

为获取更为丰富的信息,与研究对象建立联系,取得研究对象的信任,进行个体化和个性化的深入交流是非常重要的。通过访谈能够使研究者与受访者通过交流实现对研究问题的深度探寻,以获取"教师—幼儿园"心理契约的具体内容。

①访谈对象的选取

基于此,本研究采用判断抽样方式,在判断抽样中,研究者抽取样本的原

① Grimmer M,Oddy M.Violation of the psychological contract:The mediating effect of relational versus transactional beliefs[J].*Australian Journal of Management:University of New South Wales*,2007,32(1):153-174.

② Shih H A,Chiang Y H,Hsu C.High performance work system and HCN performance[J].*Journal of Business Research*,2013,66(4):540-546.

③ Lee C,Tinsley C H,Chen G Z.Psychological normative contracts of work group member in the US andHong Kong[J].*Psychological Contract in Employment:Cross National Perspective*,Sage,2000.

④ 李原.企业员工的心理契约概念、理论及实证研究 [M].上海:复旦大学出版社,2006.

⑤ 陈加洲.员工心理契约的作用模式与管理对策 [M].北京:人民出版社,2007:8.

⑥ 田宝军.教师心理契约与学校人本管理 [M].保定:河北大学出版社,2011:80.

⑦ 张立迎.普通高等学校教师心理契约形成、履行、破裂的实证研究 [D].博士学位论文,长春:吉林大学,2010.

⑧ 林澜.心理契约及其对员工组织公民行为的影响——基于中国高校组织情境的研究 [M].厦门:厦门大学出版社,2013:115.

则包括：一是依据研究者对总体社会研究方法了解程度，直接选择自己需要的调查对象且被选择的调查对象具有"典型定义"；二是根据研究目的或对样本的特殊要求选择调查对象；三是可以根据调查目的选择"极端型"样本、"平均型"样本等。[①] 为更加全面的收集师园心理契约内容，本研究在受访对象的选取上，尽量选取各种类型和不同身份背景的教师和园长，本研究在研究对象选择过程中兼顾了公办与民办幼儿园的办园性质，结合不同年龄、不同学历背景、不同教龄、不同职称与来自不同性质幼儿园教师的基本情况，园长的选取综合考虑了不同任职年限和来自不同性质幼儿园园长的具体情况，研究者在 2021 年的 9 月至 12 月四个月的时间里分别对 40 位园长与 40 位幼儿园教师进行了半结构化的深度访谈，访谈对象的基本情况见表 3-1 和表 3-2。与量化研究一致，质性研究中充足的样本量是研究效度的保证。[②] 样本量不足会影响研究效果，资料饱和则是质性研究中样本量适宜的标志。本研究之所以选取 40 位园长和 40 位教师作为访谈对象，主要由于：首先，研究者对已有研究中心理契约问卷编制中访谈对象选取情况进行详细的统计分析，发现访谈对象数量在 8—38 位不等；其次，有研究者建议在访谈对象的选取过程中，样本量应在 5—35 之间。[③] 综合以上情况，研究者在访谈之初分别选取了 30 位教师与 30 位园长作为访谈对象，并进行了实时编码，后又分别追加 5 位教师和园长，发现当受访对象的数量在 35 位左右时，编码数据基本达到饱和状态。为确保研究数据的充分性和资料收集的丰富性，研究者后又分别选取了 5 位教师与 5 位园长进行访谈资料的收集，以确保收集到的构念能最大程度充分代表师园心理契约的整体状况。受访园长与教师基本情况见表 3-1 和表 3-2。

表 3-1　受访园长基本情况表（N=40）

	变量	人数（人）	百分比
年龄	35 岁及以下	13	32.5%
	36-45 岁	17	42.5%
	45 岁及以上	10	25.0%
职务	园长	21	52.5%
	副园长	19	47.5%
任园长年限	5 年及以内	13	32.5%
	6-10 年	16	40.0%
	10 年以上	11	27.5%

① 仇立平著. 社会研究方法 [M]. 重庆：重庆大学出版社，2015：170.

② Curtis S,Gesler W,Smith G,et al.Approaches to sampling and case selection in qualitative research:Examples in the geography of health[J].*Social Science and Medicine*,2000,50(7-8),1001–1014.

③ Sim J,Saunders B,Waterfield J,et al.Can sample size in qualitative research be determined a priori[J].*International Journal of Social Research Methodology*,2018,21(5),619–634.

续表

	变量	人数（人）	百分比
学历	硕士及以上	7	17.5%
	本科	25	62.5%
	专科及以下	8	20.0%
所学专业	学前教育	29	72.5%
	非学前教育	11	27.5%
办园性质	公立	27	65.9%
	民办	13	34.1%

表 3-2 受访教师基本情况表（N=40）

	变量	人数（人）	百分比（%）
年龄	30 岁及以下	16	40.0%
	31—40 岁	14	35.0%
	40 岁及以上	10	25.0%
教龄	5 年及以内	17	42.5%
	6—10 年	13	32.5%
	10 年以上	10	25.0%
学历	硕士及以上	10	25.0%
	本科	19	47.5%
	专科及以下	11	27.5%
职称	三级 / 未评	17	42.5%
	二级	14	35.0%
	一级 / 高级	9	22.5%
所学专业	学前教育	35	87.5%
	非学前教育	5	12.5%
办园性质	公立	30	75.0%
	民办	10	25.0%
劳动关系类型	在编	21	52.5%
	非在编	19	47.5%

②访谈的过程

结合本研究的研究目的，研究者进行了访谈提纲的编制，并分别选取 5 位幼儿园教师和 5 位园长进行了预调研，结合访谈效果、有效信息的获取情况及访谈目的的达成情况，在此过程中对访谈提纲进行了反复修改，最终形成的访谈提纲见附录 A。本研究主要针对幼儿园组织情境下，"幼儿园应对教师担负什么责任？"及"教师应对幼儿园担负什么责任？"的一系列问题进行提问，如在对幼儿园教师的访谈中，会提出"您能否列举在工作中幼儿园组织履行或违背其责任的一些令您印象深刻的具体事件？""您认为作为幼儿园教师自身存在哪些方面责任的履行或违背？"等，对幼儿园（园长/副园长）的提问包括"您能否列举在工作中教师履行或违背其相关责任的一些令您印象深刻的具体事件？""您认为作为幼儿园对教师存在哪些相关责任的履行或违背？"等。访谈的目的包括：第一，了解教师与幼儿园（园长/副园长）在雇佣关系情境下对彼此应担负责任的认识和理解；第二，通过双方列举彼此心理契约履行或违背的关键事件，研究者可在具体事件中帮助受访者提取师园双方心理契约的具体内容，克服研究对象无法准确提炼和抽象出心理契约内容的弊端，使研究者能够深入挖掘研究对象无法直接准确给出的信息，使师园心理契约内容的收集更加丰富和详尽，为研究者有效提供可深层次加工和提炼师园心理契约内容的更为全面的信息。

受新冠疫情影响，访谈难以完全采取线下方式进行，研究者借助全国园长培训中心平台采取线下面对面访谈结合线上访谈的方式。其中，10位园长和8位教师采用面对面访谈，22位园长和27位教师采用微信视频（语音）方式进行访谈，8位园长和5位教师采取电话访谈。访谈开始前研究者会向受访者发放知情同意书，受访者均确保自愿接受访谈，并可拒绝回答任何不愿作答的问题，也可选择在访谈的任何阶段中止并退出。研究人员承诺对受访者提供的信息完全保密，收集到的相关数据会在后续研究中和论文呈现案例时进行匿名化处理。访谈过程中研究者尽量与受访者保持轻松的谈话氛围，主要以倾听为主，让受访者在自然情境中讲述其对师园心理契约内容的理解及对双方关系的感受，根据受访者的回答，研究者适时进行进一步追问与补充提问，以获取更为丰富的信息。访谈时长依据具体情况而定，通常达到理论饱和点结束，即受访者已不再有继续表达的欲望且研究者已确保获取所需信息。本研究中，每位受访者的访谈时间在60—125分钟不等。经受访者允许，访谈选择采用录音或电脑记录的形式对访谈过程进行全面、细致地记录，访谈结束后由研究者本人亲自对访谈笔记进行归纳整理，为确保研究资料能完整、充分呈现，整理工作尽量在访谈结束后的24小时内完成，整理好的访谈资料内容研究者会返回给受访者审阅，确保访谈资料的文字内容能真实表达受访者原本的意思。且对于访谈过程中存在的受访者表述不清和有歧义的内容，以及研究者非常感兴趣且需深入挖掘的话题点，研究者还会通过询问相关受访者进行进一步补充说明。

③访谈资料的分析

在此部分，对于幼儿园教师及园长访谈收集到的访谈资料主要包括两部分内容：第一部分资料是受访者基本信息，便于后期对访谈资料进行具体编码和分类整理；第二部分资料是进行转录后的访谈文本资料。对这些资料进行整理和编号,访谈资料对象用拼音首字母"JS"或"YZ"代表教师或者园长,编号方式为"访谈对象类别+访谈时间+受访者姓名的拼音首字母",例如"JS-210925-JC"代表的是 2021 年 9 月 25 日对教师 JC 的访谈。

在此部分,在对教师和园长的访谈全部结束和进一步校对和补充后,研究者将访谈记录最终转化为近 45 万字的文本内容,其中,教师访谈部分共计227664 字,园长访谈部分共计 223206 字。本研究采用扎根理论的三级编码方式,借助 NVIVO12.0 软件对访谈对象提到的特征词进行提取和归纳。扎根理论是一种自下而上建立理论的方法,即在系统收集资料的基础上,寻找反映社会现象的核心概念,然后通过在这些概念之间建立起联系而形成理论。[①] 此部分主要是通过对教师和园长的访谈资料的整理提取教师和幼儿园心理契约的内容,进行具体责任内容条目的收集和整理。

对访谈资料进行编码的过程主要由研究者本人经过两个月时间完成,同时,依据质的研究编码信度检验的要求,最佳方法就是请两名以上的编码者各自为同一份 5—10 页的札记编码,再来看这些结果。基本的计算公式是信度=同意数量 /(同意数量 + 分歧数量)[②]。基于此,研究者对一名有过 NVIVO 软件使用及编码经验的教育学专业的博士研究生针对编码的要求进行了培训,选取教师访谈文本中的"幼儿园责任部分"节点进行编码,采用 NVIVO12.0 软件针对转录的访谈文本与研究者本人编码的节点内容进行比较分析,生成的编码在两位编码者之间进行讨论和一致性检查,最终确定编码者信度为 85.3%,超过了70%,介于 80%—90% 之间,表明本次编码具有较好的信度。[③]

(2)开放问卷调查

尽管深度访谈能够有效挖掘研究对象内心深处最真实的想法,但访谈法在短时间内能收集到的信息毕竟是有限的,为了更高效和全面地收集教师与幼儿园心理契约中双方应担负责任的内容,本研究在进行访谈的同时对幼儿园教师和幼儿园园长(副园长)进行了开放问卷调查。在开放问卷中,研究者引导教师与幼儿园组织代理人(园长 / 副园长)思考并列举出在幼儿园组织情境下,他们认为教师与幼儿园应对彼此担负责任的具体内容。如:在教师版的开放问卷中,针对幼儿园责任的问题为"无论是基于您与幼儿园的书面或口头协议,还是基于惯常要求,您认为幼儿园应当对您承担哪些责任?请列举出 8 项,并根据重要性程度排列。"针对教师责任的问题为"无论是基于您与幼儿园的书面或口头协议,还是基于惯常要求,您认为您应当对幼儿园承担哪些责任?请列

---

① 陈向明 . 质的研究方法与社会科学研究 [M]. 北京:教育科学出版社,2000:137.

② Miles M B,Huberman A M.*Qualitative data analysis:An expanded sourcebook(2nd ed.)*[M].Thousand Oaks,CA:Sage,1994:74.

③ (美)罗伯特·F. 德威利斯 . 量表编制理论与应用 [M]. 魏勇刚,龙长权,宋武,译 . 重庆:重庆大学出版社,2004:106.

举出 8 项，并根据重要性程度排列。"园长版的开放问卷与之问法相似，详见附录 B。在已有研究的心理契约问卷编制过程中，开放问卷调查的责任条目数量在 5—6 项居多，为在最大范围内收集心理契约的相关责任构念，研究者分别尝试采用 6 项、8 项和 10 项的开放问卷题项进行了预调查，发现当责任条目数量为 8 项时，能最大程度上收集到心理契约责任内容的相关构念。当责任条目在 10 项时，作答者会因为题项过多而产生畏难情绪，会出现作答不认真和放弃作答的情况，影响问卷的收集效果。

基于开放问卷，以纸质文本现场发放结合问卷星在线填答的形式从 2021 年 9 月初开始，由研究者事先联系好的老师、同学、学生和朋友等作为媒介，并借助全国园长培训中心的平台向教师和幼儿园（园长 / 副园长）进行开放问卷的发放。纸质问卷部分由研究者将设计并校对好的问卷进行打印，在园长培训中心培训课前进行发放。在线问卷则借助问卷星网站平台进行发放。研究者会在问卷发放前具体说明本次研究的目的，为保证问卷填写质量，研究者提前将问卷作答说明和问卷指导语告知负责问卷发放的相关人员，并将问卷链接发送给负责人员，由负责人员及研究者本人组织研究对象参与问卷填写。负责人员在问卷发放前将作答要求告知研究对象，研究对象在充分了解问卷填答要求后进行问卷填写。现场发放的问卷由研究者与相关负责人员共同发放，在线填答部分研究对象填答结束后直接提交，数据上传至网络平台。问卷采用不记名方式作答，研究对象完成全部问卷大约需要 15—20 分钟。

截至 2021 年 12 月，经过两个多月的开放问卷收集，最终收到来自我国不同省市、不同性质幼儿园的教师及园长（副园长）填写的开放问卷共 467 份，其中，教师版问卷共计 234 份，园长版问卷共计 233 份，剔除作答不认真的问卷后，教师版问卷共收集到 218 份，园长版收集到 220 份。在此过程中，研究者大量收集并统计了已有研究中，心理契约问卷编制过程中收集的开放问卷数量，发现开放问卷发放量在 29—181 份之间不等。为使开放问卷收集到的信息足够达到饱和，研究者在问卷发放过程中对收集到的问卷内容进行多次实时编码，发现当问卷收集达到 200 份时基本达到饱和状态，即不会再有新节点出现，表明本研究收集到的 218 份教师问卷和 220 份园长问卷可最大程度上收集到师园心理契约内容。同时，从受访对象构成看，兼顾了公办与民办幼儿园的办园性质，结合不同年龄、不同学历、不同教龄教师与不同任职经验园长的具体情况。确保最大范围内收集到师园心理契约内容的构念。开放问卷调查对象的基本情况见表 3-3 和表 3-4。

表 3-3 开放问卷调查园长基本情况表 (*N*=220)

	变量	人数（人）	百分比
年龄	35 岁及以下	71	32.3%
	36—45 岁	94	42.7%
	45 岁及以上	55	25.0%
职务	园长	131	59.4%
	副园长	89	40.6%
任园长年限	5 年及以内	84	38.2%
	6—10 年	71	32.3%
	10 年以上	65	29.5%
学历	硕士及以上	12	5.4%
	本科	174	79.1%
	专科及以下	34	15.5%
所学专业	学前教育	181	82.3%
	非学前教育	39	17.7%
办园性质	公立	152	69.1%
	民办	68	30.9%

表 3-4 开放问卷调查幼儿园教师基本情况表 (*N*=218)

	变量	人数（人）	百分比（%）
年龄	30 岁及以下	94	43.2%
	31—40 岁	69	31.8%
	40 岁及以上	55	25.0%
教龄	5 年及以内	96	44.0%
	6—10 年	61	28.0%
	10 年以上	61	28.0%
学历	硕士及以上	17	7.7%
	本科	143	65.5%
	专科及以下	58	26.8%
职称	三级 / 未评	100	45.9%
	二级	61	27.7%
	一级 / 高级	57	26.4%
所学专业	学前教育	35	15.9%
	非学前教育	183	84.1%
办园性质	公立	149	68.2%
	民办	69	31.8%

续表

	变量	人数（人）	百分比（%）
劳动关系类型	在编	86	39.5%
	非在编	132	60.5%

研究者对收集到的纸质问卷进行了转录，并将线上填答的问卷进行了导出，与纸质问卷进行合并。对每一份问卷作答者的基本信息和作答情况进行了整理，形成原始资料。其中，教师版问卷共形成 26781 字的原始资料，园长版问卷共形成 30646 字的原始资料，开放问卷部分形成的资料共计 57427 字。通过对开放问卷心理契约内容进行编码，研究将资料中有些表述过于笼统和模糊不清的责任条目进行了初步筛选，归入"暂时不予分析"的节点类目中，如：教师责任中的"做好本职工作""完成各种工作""承担相应责任""配合领导使幼儿园发展得越来越好""对幼儿园承担社会推动责任""集体责任""忠诚""开心工作，享受工作""正能量""基本的入岗条件""卫生""社会影响""担当""监督责任""顾全大局""主人翁意识""能量""执行""奉献""坚持""尊重理解""为园争光""钻研业务""正确引导""善良"等等，共计 93 个参考点，这些内容由于作答者表述过于宽泛，无法进行归类合并。幼儿园责任中的"健康保障""职业幸福感""维护教师权益""保护教师的合法权利""其他应承担的责任""精神保障""尊重理解教师""帮助""维护""教育""活动""管理""保护""监督""激励""公平诚信""促进教师全面发展""基本保障""教师队伍建设""解决问题"等，共计 98 个参考点，也同样暂不予分析。此外，被初步筛选和忽略的责任内容还包括一些表述存在明显歧义和含糊不清及完全脱离问卷主题的内容，如教师责任中的"家长对幼儿园的信任""文化传承"等，幼儿园责任中的"专业影响力""传播优秀文化"，这些内容由于含糊不清且脱离问卷主题，无法在对问卷进行具体分析过程中予以使用，暂时不对这些内容进行分析。

对开放问卷获得的信息内容进行编码的过程主要由研究者本人用近一个月的时间完成，依据质的研究编码信度与效度的要求[①]，研究者对一名有过 NVIVO 软件使用及编码经验的教育学专业的博士研究生针对编码要求进行了培训，选取园长版开放问卷中的"教师责任部分"节点进行整理编码，采用 NVIVO12.0 软件针对转录的文本与研究者本人的节点内容进行比较分析，最终确定编码者信度为 88.3%［同意数量/(同意数量+分歧数量)[②]］，此次编码检验信度介于 80%—90%，信度较好。具体的编码结果和参考点数量及参考点示例见表 3-5 和 3-6。

---

① 徐建平，张厚粲. 质性研究中编码者信度的多种方法考察 [J]. 心理科学，2005（6）：152-154.

② Miles M B,Huberman A M.Qualitative data analysis:An expanded sourcebook (2nd ed.)[M]. Thousand Oaks, CA:Sage,1994:74.

表 3-5 教师责任开放问卷编码示例表

序号	节点名称	教师部分参考点	参考点示例	园长部分参考点	参考点示例
1	做好对幼儿的保教工作	345	做好幼儿的保教工作；教育幼儿，保护幼儿安全等	490	注重保教结合，做好保教工作；对幼儿承担保教责任
2	做好与家长的沟通协作	67	与幼儿家长的沟通协作；能够及时与家长沟通；做好家园共育等	131	有效地与家长进行沟通交流；做好家园沟通，促进家园共育等
3	关心、爱护和尊重幼儿	90	关心和关爱幼儿；尊重且爱护幼儿；尊重幼儿，不体罚幼儿等	62	热爱幼儿，尊重幼儿；关心爱护幼儿；尊重幼儿，平等对待幼儿等
4	主动提升专业知识技能	44	提升自身专业能力；提升专业素养和工作能力；重视自身专业成长等	66	不断学习，努力提升自身教育水平；努力提升专业技术能力等
5	遵守规章、制度和规范	78	遵守幼儿的工作制度；遵守规章制度；遵守幼儿园的各项制度和规范等	88	遵守幼儿园的规章制度和条例；遵守幼儿园的规章制度和工作规程等
6	参加园所的进修和培训	49	积极参与园所组织的培训；积极参与园内的学习和培训；积极参与教研活动，提升自身能力等	49	参加业务学习和园所教研活动；积极参加各种学习和培训；积极参加教研、科研活动等
7	自觉维护幼儿园的形象	53	维护幼儿园的声誉；维护幼儿园的基本形象；共同打造良好的园所形象等	47	维护幼儿园的名誉；维护幼儿园的名声；以大局为重，时刻维护幼儿园形象等
8	与同事积极地沟通协作	16	同事间互帮互助；团结同事，积极合作和学习等	49	与同事建立良好的合作关系；与同事友好相处，积极合作等
9	保质保量完成工作任务	45	保质保量完成工作；尽职尽责完成工作任务；认真完成工作等	25	保质保量完成园所的各项工作；教育教学工作的完成保质保量等
10	为幼儿园发展建言献策	14	建言献策；为幼儿园发展提出合理化建议等	36	为园所的建设提出建议；为园所发展出谋划策等

续表

序号	节点名称	教师部分参考点	参考点示例	园长部分参考点	参考点示例
11	爱护园所的环境（设施）	31	幼儿园环境的保护；以园为家，爱护幼儿园环境等	21	爱护幼儿园的公共财产和设施；共同维护幼儿园的环境等
12	规范自身的行为和习惯	25	规范行为习惯；谨言慎行，以身作则等	24	言行举止为人师表；衣着得体，语言规范，举止文明等
13	接受合理的工作的变动	32	积极主动配合组织的工作安排；接受合理的工作变动等	18	服从幼儿园的工作安排和变动；服从幼儿园的管理和工作变化等
14	进行幼儿园环境的创设	17	园所环境创设；为幼儿创设安全舒适的环境等	29	创设幼儿园的环境；为幼儿创设安全、丰富的精神和物质环境等
15	不对外透露园所的隐私	10	不对外透露幼儿园的创意；保护幼儿园的机密等	5	对幼儿园的内部信息保密；对幼儿园的理念和制度保密等
16	若辞职会提前告知园所	1	辞职前会告知幼儿园	1	辞职前做好交接，告知幼儿园
17	合理利用幼儿园的资源	4	合理利用幼儿园的资源；不浪费幼儿园的资源等	5	不浪费资源，合理利用；对资源的利用要合理等
18	不因私事影响工作开展	3	以园所利益为主；不因私事影响幼儿园工作等	3	不因私事影响工作，如照顾自家孩子，忽视其他幼儿等
19	勇于在工作中进行创新	2	勇于创新；在工作中努力创新等	5	努力创新；勇于创新等
20	保证在园所长期的工作	1	在幼儿园长期工作	3	做在园所进行长期工作的准备等
合计		927		1157	

表 3-6 幼儿园责任开放问卷编码示例表

序号	节点名称	教师部分参考点	参考点示例	园长部分参考点	参考点示例
1	提供有效的进修和培训	189	为教师提供学习平台，定期培训；提供学习、培训和教研机会等	146	提供各类教研和培训进修活动；为教师提供培训和提升的机会等
2	保障教师的福利待遇	155	保障福利待遇；为教师提供合理的福利待遇等	87	保障教师应有的福利待遇；教师的福利保障等
3	提供舒适的工作环境	146	良好的工作环境和工作条件，有归属感；为教师提供舒适的工作环境等	147	为教师提供舒适的工作环境；保障工作环境舒适等
4	提供合理的工资待遇	105	保障教师的薪资；提供教师合理的薪资待遇	74	按劳取酬，薪资合理；同工同酬，按劳取酬等
5	制定合理的规章制度	71	规章制度合理；提供合理的制度保障等	31	园所制度合情合理；制度健全等
6	教师休息时间的保障	76	保证教师节假日的正常休息；减少节假日的加班等	15	合理安排教师在园所的工作和休息时间；合理安排工作量，保证教师的休息等
7	关心教师的身心健康	54	保障教师的身心健康；加强教师的身体体检和心理辅导等	62	呵护教师的身心健康；关爱教师的身心健康等
8	教师工作中的安全保障	65	保证教师在园所中的人身安全；教师的人身安全责任等	45	保障教师在职期间的人身安全；保证教师的安全等
9	进行师德师风的建设	6	师德师风建设；加强教师队伍师风建设等	60	师德责任；师德师风引领等
10	提供教师晋升的空间	23	为教师提供发展的空间；提供晋升的平台等	34	提供教师个人提升的空间；提供晋升的机会等
11	营造合作的工作氛围	20	重视团队建设，鼓励教师的合作；帮助教师建立团结互助的良好的合作氛围等	37	营造团队团结合作的工作氛围；营造温馨友爱和合作的工作氛围等
12	解决教师生活中的困难	26	帮助教职工解决生活中遇到的困难；关心教师生活并提供帮助等	39	关心教师生活的困难并进行帮扶；帮助生活有困难的教师解决困难等

续表

序号	节点名称	教师部分参考点	参考点示例	园长部分参考点	参考点示例
13	对教师的工作进行指导	16	对于教师教学和科研工作的指导；为教师提供工作上的指导等	42	对于教师错误的工作方式要指出并进行纠正；指导教师教育教学工作的开展等
14	晋升和奖惩的公平公正	43	职称晋升公平合理，奖励和惩罚一视同仁等	4	职称晋升公平合理，根据教师的工作业绩进行奖励等
15	协助职业生涯的规划	8	制定人才培养计划，协助教师进行职业规划；引导教师进行职业规划等	26	做好教师的职业生涯规划；教师的职业规划和个人发展的引领等
16	保证沟通渠道的畅通	4	保证教师与幼儿园的有效沟通；保障师园间沟通渠道的畅通等	6	为教师与幼儿园间搭建沟通的平台；保证师园间畅通的沟通等
17	协助教师的家长工作	12	家园共育的协调；对于教师与家长的冲突出面进行协调等	20	协助教师家长工作的开展；对于教师家园沟通的指导等
18	提供充足的工作资源	17	物质资料、设备和场地的支持；提供有利的资源保障等	21	提供丰富的设备资源等；提供教师工作的设备和资源等
19	丰富教师的业余文化	7	丰富教师的业余文化生活；组织丰富多彩的业余文化生活等	16	为教师提供丰富的业余活动；为教师提供丰富的团体活动等
20	采纳教师合理化的建议	10	为教师提供开放的空间发表对幼儿园的意见，并合理采纳；关注教师话语权，采纳教师的建议等	15	听取教师的合理意见；营造民主和谐的氛围，采纳教师的意见等
21	承担幼儿的事故责任	12	幼儿发生意外事故，园所适当担责；幼儿事故责任划分明确，园所适当担责等	8	幼儿在幼儿园的事故，园所应酌情担责；幼儿的事故园所要适当负责等
22	提供展示能力的平台	4	提供教师展示的平台；为教师搭建展示自己的平台等	12	为教师提供发挥自己能力的空间；提供各种平台，发挥教师所长等
23	给予教师的工作自主权	7	尊重教师的工作思路与想法，提供教师工作自主权等	3	支持教师在工作中的思路和想法，给教师充足的自主权等

序号	节点名称	教师部分参考点	参考点示例	园长部分参考点	参考点示例
24	保护教师的个人隐私	16	教师隐私的保护；不对外透露教师个人的隐私等	4	保护教师的个人隐私；不向家长和社会透露教师的隐私等
25	公平处理亲师间的矛盾	8	对于教师与家长出现冲突和矛盾时，幼儿园要第一时间站出来并公平处理等	4	对于亲师之间的矛盾，幼儿园要站在中立视角公平处理等
26	化解教师之间的矛盾	4	对于教师之间的矛盾，幼儿园本着公平公正的态度予以化解等	5	幼儿园协助化解教师之间的冲突和矛盾等
27	信息的及时公开与反馈	2	幼儿园对各项信息要及时公开，并适当进行反馈等	2	对于评奖评优等信息要及时公开等
合计		1106		965	

3. 项目的归类与合并

通过对幼儿园教师和园长（副园长）的深度访谈和开放问卷调查，收集整理得到师园双方心理契约内容，既包括"幼儿园的责任"，也包括"幼儿园教师的责任"。通过对深度访谈与开放问卷的内容进行详细编码，整理出师园心理契约的具体内容，并整理成相关条目。其中，通过对教师开放问卷收集到的内容进行整理得到教师责任共计1129个参考点，形成22个节点，幼儿园责任共计1018个参考点，形成24个节点。通过对教师的访谈调查整理得到教师责任共计294个参考点，形成16个节点，得到幼儿园责任共计482个参考点，形成24个节点。通过对园长的开放问卷调查整理得到教师责任共计1213个参考点，形成23个节点，幼儿园责任共计1146个参考点，形成26个节点。通过对园长的访谈调查整理得到教师责任共计333个参考点，形成18个节点，得到园长责任共计417个参考点，形成28个节点。共得到幼儿园教师的责任条目2969个参考点，幼儿园责任条目3063个参考点，共形成6032个参考点。

由于收集到的教师和幼儿园心理契约内容条目中许多表述重复或意思相近，或具有包含关系，需进行进一步整理，主要是进行心理契约内容筛选、删除或合并等。为提高具体条目逻辑的合理性和表述的准确性，由研究者与6名教育学方向的博士研究生及2名企业管理方向的硕士研究生组成9人小组，对语句进行反复斟酌，思考具体条目的内涵和逻辑关系，进行访谈资料和开放问卷心理契约内容的归纳整理。在对心理契约内容进行具体合并时，需遵循如下原则：第一，问题表述尽量保持本意；第二，保留意思和表达明确的条目；第三，将意思相同或相近的题目进行适当的合并；第四，文字表述的修改需经反复斟酌和讨论通过。例如：在教师责任部分，将爱护幼儿园公物、保护幼儿园财产和维护幼儿园基础设施等条目统一归纳为——爱护幼儿园的环境（包括基础设施等）；在幼儿园责任部分，将提供学习平台、教师进修机会、教师技能培训、提供外出培训机会等条目统一归为——提供有效的进修和培训等。通过对收集到的心理契约内容条目分析、整理并进行讨论，总结并获取达成一致的表述结果。最终筛选并整理得到教师责任和幼儿园责任共 47 项，总计 5248 个参考点。其中包括"幼儿园教师责任"20 项和"幼儿园责任"27 项，具体节点和参考点见表 3-7 和表 3-8。

表 3-7　教师责任汇总表

序号	节点名称	教师部分参考点			园长部分参考点			合计
		访谈	开放问卷	合计	访谈	开放问卷	合计	
1	做好对幼儿的保教工作	31	345	376	26	490	516	892
2	做好与家长的沟通协作	22	67	89	29	131	160	249
3	关心、爱护和尊重幼儿	27	90	117	32	62	94	211
4	主动提升专业知识技能	21	44	65	36	66	102	167
5	遵守规章、制度和规范	0	78	78	0	88	88	166
6	参加园所的进修和培训	19	49	68	23	49	72	140
7	自觉维护幼儿园的形象	14	53	67	19	47	66	133
8	与同事积极地沟通协作	23	16	39	23	49	72	111
9	保质保量完成工作任务	13	45	58	23	25	48	106
10	为幼儿园发展建言献策	19	14	33	24	36	60	93
11	爱护园所的环境（设施）	13	31	44	17	21	38	82
12	规范自身的行为和习惯	13	25	38	17	24	41	79
13	接受合理的工作的变动	15	32	47	12	18	30	77
14	进行幼儿园环境的创设	3	17	20	4	29	33	53
15	不对外透露园所的隐私	12	10	22	16	5	21	43
16	若辞职会提前告知园所	15	1	16	16	1	17	33
17	合理利用幼儿园的资源	3	4	7	7	5	12	19
18	不因私事影响工作开展	1	3	4	2	3	5	9
19	勇于在工作中进行创新	1	2	3	1	5	6	9
20	保证在园所长期的工作	1	1	2	1	3	4	6
	参考点合计	266	927	1193	328	1157	1485	2678

表 3-8 幼儿园责任汇总表

序号	节点名称	教师部分参考点			园长部分参考点			合计
		访谈	开放问卷	合计	访谈	开放问卷	合计	
1	提供有效的进修和培训	38	189	227	52	146	198	425
2	保障教师的福利和待遇	39	155	194	33	87	120	314
3	提供舒适的工作环境	6	146	152	6	147	153	305
4	提供合理的工资待遇	62	105	167	47	74	121	288
5	制定合理的规章制度	60	71	131	34	31	65	196
6	教师休息时间的保障	66	76	142	33	15	48	190
7	关心教师的身心健康	11	54	65	17	62	79	144
8	教师工作中的安全保障	6	65	71	6	45	51	122
9	进行师德师风的建设	13	6	19	19	60	79	98
10	提供教师晋升的空间	15	23	38	18	34	52	90
11	营造合作的工作氛围	18	20	38	14	37	51	89
12	解决教师生活中的困难	14	26	40	6	39	45	85
13	对教师的工作进行指导	6	16	22	7	42	49	71
14	晋升和奖惩的公平公正	12	43	55	11	4	15	70
15	协助职业生涯的规划	11	8	19	23	26	49	68
16	保证沟通渠道的畅通	38	4	42	19	6	25	67
17	协助教师的家长工作	16	12	28	16	20	36	64
18	提供充足的工作资源	14	17	31	6	21	27	58
19	丰富教师的业余文化	8	7	15	15	16	31	46
20	采纳教师合理化的建议	15	10	25	3	15	18	43
21	承担幼儿的事故责任	6	12	18	6	8	14	32
22	提供展示能力的平台	8	4	12	7	12	19	31
23	给予教师的工作自主权	9	7	16	9	3	12	28
24	保护教师的个人隐私	2	16	18	2	4	6	24
25	公平处理亲师间的矛盾	5	8	13	4	4	8	21
26	化解教师之间的矛盾	3	4	7	3	4	7	14
27	信息的及时公开与反馈	2	2	4	2	4	6	10
	参考点合计	503	1106	1609	419	965	1384	2993

以上关于心理契约内容的总结,既包括幼儿园教师应担负的责任,也包括幼儿园应担负的责任,且这两方面的责任内容均通过开放问卷和深度访谈从教师和幼儿园(园长/副园长)两个角度进行收集。通过对以上心理契约内容的初步总结和分析发现:首先,教师与幼儿园双方对幼儿园组织情境下,"幼儿园应担负责任"和"教师应担负责任"内容的认知基本一致,即通过对教师和幼

儿园（园长 / 副园长）开放问卷和访谈内容进行编码形成的相关责任的节点内容基本一致。说明双方在针对彼此应担负心理契约内容进行思考的过程中自动过滤掉了无依据、不合理和"不必要"的内容，在一定程度上达成了一致。其中，"幼儿园责任"中的进修培训、工资与福利待遇和工作环境改善等方面最多被提及。"教师责任"中，教师的工作职责、专业发展和遵守规章制度等最多被提及。其次，从教师与幼儿园双方担负责任的参考点数量上看，表现为主体对对方应担负责任认知内容形成的参考点数量要显著多于自身担负责任的参考点数量，即双方均认为对方应担负的责任要多于自身担负的责任。说明在幼儿园组织情境下，教师与幼儿园双方都希望自己付出的少而获得的多，这也体现出了组织与员工间的利益冲突，从某种意义上看，这与组织利润最大化和个人收益最大化目标是一致的。虽然从根本上看，在幼儿园组织情境下，幼儿园与教师的利益是一致的，但不可否认的是在一致性的利益之下潜藏的利益冲突与矛盾始终存在且难以完全消除，双方始终会在关系情境中将自身的付出视为成本，而将对方的付出视为自身收益。

（三）内容效度评价

为提高问卷的有效性和确保题目的代表性，研究者还邀请相关专家对形成的测量项目的内容效度 (Content Validity) 进行了评价。内容效度指测量项目在多大程度上反映或代表研究者所需测量的构念。[1] 内容效度属于主观指标，实际工作中只能由专家根据自身经验判断问卷表达内容的完整性。内容效度涉及题项取样的充分性，表示一个特定的题项集合 (item set) 对一个内容范畴 (content domain) 的反映程度。[2] 一个有较高内容效度的问卷应具备两个条件，一是问卷内容有定义好的范围；二是问卷题目相对所界定的内容应有较好的代表性。评价过程主要由专家就具体构念的测量是否符合他 / 她对此构念的认识进行主观判断，主要针对测量项目是否能够代表研究所要测量的具体内容或行为，是否具有适切性，测量内容是否涵盖了所研究对象的理论边界等进行评估。主要针对归并后的心理契约中的"教师责任"和"幼儿园责任"进行评定，专家评价表详见附录C。内容效度评价环节，研究者邀请了 3 位教育学教授、3 位管理学教授、3 位心理学教授、3 位硕士学历且具有 10 年及以上任职经验的园长和3 位硕士学历且具有 10 年以上幼儿园工作经验的专任教师组成了 15 人的专家团队。对各测量项目的适切性、代表性、表述的准确性和可读性等进行评定，并修改他 / 她们认为表述不清和容易引发歧义的项目。专家咨询法是征询专家和学者意见并进行分析研究的方法。是一种以专家作为索取信息的对象，依靠

---

① Haynes S N,Richard D C,Kubany E S.Content validity in psychological assessment:A functional approach to concepts and methods[J].*Psychological Assessment*,1995,7(3):238-247.

② [美] 罗伯特·F. 德威利斯 . 量表编制理论与应用 [M]. 魏勇刚，龙长权，宋武，译 . 重庆：重庆大学出版社，2004：3.

专家的知识经验，请专家对所研究问题作出判断、评价和预测，由征询人员进行整理并得出结论或由专家集体作出决定的方法。通过专家咨询法对问卷内容效度的评价采用的是个别征求意见的方法，这种方法可以确保预测人员充分了解专家的判断，有针对性，也比较有深度，可以有效地对问卷的具体内容的适宜程度进行判断。

由于教师与幼儿园间心理契约内容的形成是通过对教师和园长的访谈和开放问卷自下而上形成的，通过专家咨询对于问卷内容效度进行评价，可以确保形成的问卷内容具有一定合理性。研究者将专家评价表通过现场或邮件的方式发送给15位参与专家咨询的专家学者，请各位专家针对具体的问卷内容进行评价，并提出相应的修改意见。本研究共选择了15位专家对问卷内容进行评定，在具体评定过程中，未有学者认为应将某条目进行删除，因此全部条目均予以保留。各位专家针对问卷的具体内容条目提出了修改意见，具体而言，对问卷进行修改的具体内容包括：（1）内容条目之间的逻辑关系。专家A指出"幼儿园责任"中的"为教师提供开展工作所需的材料和资源"，其中"资源"包含"材料"，因此需将此条目修改为"为教师提供开展工作的资源保障"。专家G指出，应将"教师责任"中的"爱护幼儿园的环境和基础设施"修改为"爱护幼儿园的环境（包括基础设施）"，因为幼儿园的环境包括基础设施。（2）内容条目表述过于笼统。专家B指出，将"幼儿园责任"中"给予教师工作中一定的自主权"修改为"给予教师工作的自主权（如环境创设，活动开展等）"。专家F将"对教师工作开展进行指导"修改为"对教师工作开展进行适时适当的指导"，进一步明确对于教师工作的指导既要适时也要适当，不能干预过当。（3）内容表述和具体措辞不够准确。专家C针对个别条目的措辞，将"幼儿园责任"中的"保护教师个人的隐私和形象"修改为"保护教师的个人隐私，维护教师的良好形象"等。专家E认为"帮助教师进行职业生涯的规划"的表述不够准确，提出将其修改为"协助教师进行职业生涯规划"，幼儿园对于教师职业生涯的规划应是"协助"而不是"帮助"。（4）内容条目表述不够精练。专家D指出，"教师责任"中的"积极参与幼儿园组织的集体活动（包括学习、培训和教研等）"表述过于啰唆，不够精练，因此建议将其修改为"积极参与幼儿园组织的进修和培训活动"等。除此之外，还有专家提出问卷条目具体内容的先后逻辑顺序的问题，笔者也针对专家提出的相应建议有针对性地进行了逐一调整。最终形成了包含27项责任内容的"幼儿园责任"预试问卷和包含20项责任内容的"教师责任"预试问卷。

三、师园心理契约问卷的预试与修订

（一）预试数据收集

1. 选择抽样方法

在进行问卷预试过程中，选取研究对象的性质应与正式问卷抽取研究对象的性质相同，本研究在预试样本选择上采用判断抽样（Judgment Sampling）的非随机抽样方式。受新冠疫情影响，心理契约预试问卷的发放采用线上方式开展，研究者于 2022 年 6 月开始以同学、老师和朋友等为联络人，采用问卷星线上填答的形式，请他 / 她们将问卷的二维码发送给他 / 她们所熟识的幼儿园专任教师和园长。在判断抽样过程中，本研究综合考虑了公办与民办幼儿园的办园性质，所抽取的幼儿园既包括城市公立和民办幼儿园，同时也包括村镇公立和民办幼儿园，综合考虑不同年龄、不同学历、不同职称、不同教龄的幼儿园教师与不同级别幼儿园的具体情况，尽量保证样本的选取具有一定代表性。

2. 确定样本量

因素分析的可靠性除会受样本抽样方式影响，还受样本总量影响。一般而言，题项越多，样本数量也应越多。预试对象人数应以问卷中包含最多题项的分量表题项数的 3—5 倍为原则。[1] 且预试样本数量与量表题项数量的比例为 5：1，若能达到 10：1，结果会更稳定。[2] 本研究中师园心理契约预试问卷幼儿园责任量表包含题项 27 项，故样本数以 270 份以上为宜，教师责任量表包含题项 20 项，故样本数以 200 份以上为宜。此外，考虑到因素分析过程中的探索性因素分析和验证性因素分析不能使用同一批样本。因此，幼儿园责任量表的探索性因素分析和验证性因素分析总体上至少需要 540 份样本，理想的样本数量为 540 份以上为宜，教师责任部分问卷总体上需要 400 份以上。

3. 问卷回收与整理

受新冠疫情影响，本研究师园心理契约预试问卷的发放主要通过问卷星线上发放，参与者需将所有题目全部作答完毕方可提交问卷，且系统会进行题项缺失报错提醒。因此，在整理问卷过程中只需剔除作答时间过短的问卷即可。由于师园心理契约预试问卷针对的是幼儿园教师和幼儿园组织代理人（园长 / 副院长）两个群体，本研究问卷也针对这两个群体共同发放。发放截至 2022 年 7 月 3 日，教师部分共回收预试问卷 580 份，剔除 24 份无效问卷，有效问卷为 556 份，样本的有效率为 95.86%，样本的人口统计特征分布如表 3-9 和表 3-10 所示。园长部分共回收预试问卷 565 份，剔除 15 份无效问卷，有效问卷为 550 份，样本的有效率为 97.35%。

---

① 吴明隆. SPSS 统计应用实务：问卷分析与应用统计 [M]. 北京：科学出版社，2003.
② 吴明隆. 问卷统计分析实务：SPSS 操作与应用 [M]. 重庆：重庆大学出版社，2010：207.

表 3-9　幼儿园教师的基本信息表（N=556）

样本特征		数量（人）	百分比（%）
所在园所性质	公　立	343	61.7%
	民　办	213	38.2%
年　龄	41 岁及以上	27	13.4%
	31—40 岁	167	30%
	26—30 岁	306	55%
	25 岁及以下	19	1.6%
从事幼儿园专任教师工作年限	16 年及以上	45	8.1%
	11—15 年	151	27.2%
	6—10 年	261	46.9%
	5 年及以下	99	17.8%
最高学历	硕士及以上	22	3.9%
	本　科	327	58.8%
	专　科	168	30.2%
	专科以下	39	7.1%
专业背景	学前教育	394	70.9%
	教育学（非学前）	53	9.5%
	非教育学专业	109	19.6%
职　称	幼教中学高级	14	2.6%
	幼教高级	66	11.8%
	幼教一级	110	19.7%
	幼教二级及以下	366	65.9%
幼儿园班级数量	10 个以内	165	29.7%
	10—20 个	223	40.1%
	21 个及以上	168	30.2%
雇佣关系类型	在编	201	36.2%
	非在编	355	63.8%

表 3-10　园长的基本信息表（N=550）

样本特征		数量（人）	百分比（%）
职　务	园　长	389	70.7%
	副园长	161	29.3%
所在园所性质	公　立	346	62.9%
	民　办	204	37.1%

续表

样本特征		数量（人）	百分比（%）
从事园长职务年限	16 年及以上	107	19.4%
	11—15 年	101	18.4%
	6—10 年	150	27.4%
	5 年及以下	192	34.8%
幼儿园班级数量	5 个及以下	21	3.8%
	6—10 个	323	58.7%
	11 个及以上	206	37.5%
园所级别	省市级示范园	137	24.9%
	一级园	115	20.9%
	二级园	109	19.8%
	三级或未定级	189	34.4%
建园年限	5 年及以下	104	18.9%
	6-10 年	129	23.4%
	11—15 年	79	14.4%
	16—20 年	77	13.9%
	21 年及以上	161	29.4%

根据吴明隆的相关建议，本研究将通过对预试问卷进行项目分析、探索性因素分析和信度分析等步骤，进而形成正式问卷。[①]

（二）项目分析

在量表编制过程中，进行项目分析 (Item Analysis) 的主要目的在于检验编制的量表或测验个别题项的适切或可靠程度。[②] 本研究主要采用了临界比值法、题总相关和同质性检验三种方法对师园心理契约问卷进行分析，进而对正式测试的题项进行筛选或修改。

1. 临界比值法

临界比值法 (Critical Ratio, 简称 CR) 是项目分析中最常用的判别方法，又称极端值法。主要是将预试样本根据总分分为高分组 (前 27% 的受试者) 与低分组 (后 27% 的受试者)，求出高分组和低分组在各题项上的平均数差异的显著性，所得的值称为临界比。具有鉴别度的题项的高低两组平均数差异应该有显著性。本研究关于师园心理契约教师责任与幼儿园责任内容的研究，在"幼儿园责任"部分以"责任总分"为排序依据，对 556 份教师问卷分别进行升序和降序排序以确定前 27% 和后 27% 的分值。升序排列后，前 27% 的受试者数量为 556×27%=150.12，取数据的四舍五入值为临界点观察值，第 150 位参与

---

① 吴明隆 .SPSS 统计应用实务：问卷分析与应用统计 [M]. 北京：科学出版社，2003.
② 吴明隆 . 问卷统计分析实务：SPSS 操作与应用 [M]. 重庆：重庆大学出版社，2010：158.

者的得分为88。同理，降序排列后，第150位参与者的得分为124。因此，试测结果高分组与低分组的临界值分别为124和88，表示量表总分在124分以上为高分组，88分以下为低分组。为了解高分组和低分组在对幼儿园责任认知方面的差异，对高分组和低分组进行独立样本t检验。检验结果中，"方差Levene检验"用于检验两组方差是否同质，若p值达到0.05的显著水平，表示两组方差不相等，检验结果主要看"不假设方差相等"中的数值，t值小于3.00，p值大于0.05，表示该题项的鉴别度较差，应考虑删除。[①] 根据该标准，在师园心理契约的幼儿园责任分量表中，题项Q17和Q23的显著性大于0.05，需删除。

同样，在"教师责任"部分以"责任总分"为排序依据，对550份园长问卷分别进行升序和降序排序。升序排列后，前27%的的受试者数量为550×27%=148.5，第149位参与者的得分为84。同理，降序排列后，第149位参与者的得分为96。因此，试测结果高分组与低分组的临界值分别为96和84，表示量表总分在96分以上为高分组，60分以下为低分组。对高分组和低分组进行独立样本t检验，结果显示，在教师责任分量表中，题项q7、q10、q17、q19和q20的显著性大于0.05，需删除。

2. 题总相关

除临界比值法外，也可采用题总相关检验法，即通过对各个题项与量表总分的相关性进行分析，相关系数越高，表示题项与整体量表的同质性越高。若相关系数不显著或系数小于0.4，代表条目与量表构念间关系不紧密，可删除。本研究的题总相关结果显示，幼儿园责任量表所有条目与量表总分的相关系数均大于0.4，达到极其显著水平。教师责任分量表题项q7、q17和q20需删除。

3. 同质性检验

同质性检验通常可通过信度检验、共同性与因素负荷量分析实现。其中，信度可作为同质性检验的指标之一。信度检验即检验条目删除后，整体量表的信度系数（Cronbach's α）的变化情况。若条目删除后，量表的信度系数比未删除前提高，表示该条目与其他条目同质性不高，应删除。经检验，本研究的幼儿园责任分量表原始量表的信度系数为0.958。同质性检验结果显示，项目Q3和Q7在条目删除后信度系数大于未删除前的量表整体信度系数，因此需删除。同样，教师责任分量表原始量表的信度系数为0.961，所有条目在删除后信度系数均大于未删除前的量表整体信度系数，因此无项目需删除。

共同性指题项可解释共同特质或属性的变量，共同性数值越高表示能测量到的心理契约责任的担负程度越高，反之，表示担负责任的程度越低。一般而言，共同性值若低于0.20，表示题项与共同因素间的关系不密切，可删除。检

[①]　吴明隆. 问卷统计分析实务：SPSS操作与应用[M]. 重庆：重庆大学出版社，2010：178.

验发现，本研究中幼儿园责任量表 Q3、Q7 和 Q24 的共同性值低于 0.20，需删除。教师责任量表题项 q7、q10、q17、q19 和 q20 的共同性值均低于 0.20，因此均需删除。

因素负荷量表示题项与责任条目的相关程度，因素负荷量越高，表示题项与相关责任条目的关系越密切，反之，表示题项与相关责任条目的关系越小。若题项的因素负荷量小于 0.45，可考虑删除。[①] 根据这一标准，本研究中幼儿园责任量表的 Q3、Q7 和 Q24 题项和教师责任量表的 q7、q10、q17、q19 和 q20 题项因素负荷值均小于 0.45，均需删除。

通过临界比值、题总相关和同质性检验，对项目分析各统计指标整理如下（见表 3-11 和表 3-12），综合各项判别指标，幼儿园责任量表共删除了 Q3、Q7、Q17、Q23、Q24 共 5 道题目，剩余 22 道题目。教师责任量表共删除 q7、q10、q17、q19 和 q20 共 5 道题目，剩余 15 道题目。

表 3-11　幼儿园责任量表项目分析结果表（N=556）

题项	极端组比较		题项与总分相关		同质性检验			备注
	决断值	显著性	题项与总分相关	修正后题项与总分相关	题项删除后的 α 值	共同性	因素负荷量	
Q1	19.112***	0.000	0.610***	0.573***	0.957	0.359	0.599	保留
Q2	20.679***	0.000	0.668***	0.635***	0.956	0.440	0.663	保留
Q3	13.459***	0.000	0.469***	0.418***	*0.959*	*0.177*	*0.421*	删除
Q4	25.763***	0.000	0.767***	0.747***	0.955	0.595	0.771	保留
Q5	25.093***	0.000	0.767***	0.745***	0.955	0.592	0.770	保留
Q6	24.252***	0.000	0.760***	0.739***	0.955	0.581	0.762	保留
Q7	14.670***	0.000	0.449***	*0.395*	*0.959*	*0.151*	*0.389*	删除
Q8	25.047***	0.000	0.723***	0.697***	0.956	0.524	0.724	保留
Q9	24.228***	0.000	0.772***	0.749***	0.955	0.604	0.777	保留
Q10	25.338***	0.000	0.795***	0.774***	0.955	0.638	0.799	保留
Q11	27.839***	0.000	0.801***	0.781***	0.955	0.648	0.805	保留
Q12	26.887***	0.000	0.802***	0.783***	0.957	0.647	0.804	保留
Q13	12.308***	0.000	0.548***	0.508***	0.955	0.298	0.546	保留
Q14	28.187***	0.000	0.802***	0.782***	0.955	0.679	0.824	保留
Q15	17.114***	0.000	0.548***	0.507***	0.957	0.277	0.527	保留
Q16	26.524***	0.000	0.830***	0.813***	0.955	0.725	0.852	保留

[①]　吴明隆. 问卷统计分析实务：SPSS 操作与应用 [M]. 重庆：重庆大学出版社，2010：190.

续表

题项	极端组比较		题项与总分相关		同质性检验			备注
	决断值	显著性	题项与总分相关	修正后题项与总分相关	题项删除后的 α 值	共同性	因素负荷量	
Q17	12.761***	*0.172*	0.509***	0.460***	0.958	0.215	0.464	删除
Q18	14.264***	0.000	0.613***	0.580***	0.957	0.387	0.622	保留
Q19	29.950***	0.000	0.839***	0.822***	0.955	0.737	0.858	保留
Q20	28.975***	0.000	0.841***	0.825***	0.955	0.746	0.864	保留
Q21	28.358***	0.000	0.833***	0.817***	0.955	0.737	0.859	保留
Q22	32.021***	0.000	0.859***	0.845***	0.954	0.776	0.881	保留
Q23	14.057***	*0.014*	0.498***	0.451***	0.958	0.207	0.455	删除
Q24	15.199***	0.004	0.492***	0.444***	0.958	*0.192*	*0.438*	删除
Q25	24.979***	0.000	0.807***	0.788***	0.955	0.694	0.833	保留
Q26	24.874***	0.000	0.790***	0.770***	0.955	0.664	0.815	保留
Q27	22.549***	0.000	0.775***	0.752***	0.955	0.640	0.800	保留
判断标准	≥ 3.00	≤ 0.05	≥ 4.00	≥ 4.00	≤ 0.958	≥ 2.00	≥ 0.45	

注：画线斜体表示该指标未达标，"***"表示在 0.001 的显著水平上显著。

表 3-12 教师责任量表项目分析结果表（N=550）

题项	极端组比较		题项与总分相关		同质性检验			备注
	决断值	显著性	题项与总分相关	修正后题项与总分相关	题项删除后的 α 值	共同性	因素负荷量	
q1	41.742***	0.000	0.897***	0.880***	0.956	0.823	0.899	保留
q2	34.741***	0.000	0.884***	0.865***	0.957	0.824	0.886	保留
q3	39.979***	0.000	0.901***	0.885***	0.956	0.830	0.901	保留
q4	38.690***	0.000	0.889***	0.871***	0.957	0.823	0.890	保留
q5	44.934***	0.000	0.906***	0.891***	0.956	0.852	0.908	保留
q6	40.850***	0.000	0.902***	0.886***	0.956	0.830	0.905	保留
q7	*0.566*	*0.338*	*0.059*	*0.084*	0.954	*0.007*	*0.092*	删除
q8	22.792***	0.000	0.817***	0.790***	0.958	0.649	0.815	保留
q9	22.159***	0.000	0.811***	0.784***	0.958	0.629	0.808	保留
q10	*1.498*	*0.429*	*0.073*	*0.048*	0.964	*0.001*	*0.050*	删除

续表

题项	极端组比较		题项与总分相关		同质性检验			备注
	决断值	显著性	题项与总分相关	修正后题项与总分相关	题项删除后的 α 值	共同性	因素负荷量	
q11	25.091***	0.000	0.821***	0.797***	0.958	0.685	0.820	保留
q12	41.087***	0.000	0.904***	0.889***	0.956	0.841	0.907	保留
q13	40.279***	0.000	0.906***	0.891***	0.956	0.854	0.909	保留
q14	39.342***	0.000	0.920***	0.906***	0.956	0.861	0.922	保留
q15	41.807***	0.000	0.917***	0.903***	0.956	0.851	0.919	保留
q16	39.882***	0.000	0.911***	0.896***	0.956	0.860	0.914	保留
q17	0.359***	*0.751*	*0.031*	*0.007*	0.964	*0.000*	*0.003*	删除
q18	41.385***	0.000	0.902***	0.996***	0.956	0.837	0.904	保留
q19	*0.261*	0.000	*0.005*	*0.020*	0.964	*0.000*	*0.021*	删除
q20	*1.324*	0.000	*0.061*	*0.036*	0.964	*0.001*	*0.038*	删除
判断标准	≥ 3.00	≤ 0.05	≥ 4.00	≥ 4.00	≤ 0.958	≥ 2.00	≥ 0.45	

注：画线斜体表示该指标未达标，"***"表示在 0.001 的显著水平上显著。

（三）探索性因素分析与因素命名

本研究通过探索性因素分析进一步对师园心理契约量表的结构进行考察。从探索性因素分析的样本量来看，被试样本量最好是量表题项的 5 倍，若能达到 10 倍，结果会更稳定。[①] 项目分析后，幼儿园责任量表题项共计 22 项，教师责任量表题项共计 15 项，研究分别选取幼儿园责任问卷中的 278 份和教师责任问卷中的 275 份作为探索性因素分析问卷，符合相关要求。

常用的探索性因素分析方法包括 KMO 检验和 Bartlett 球型检验与反映像相关矩阵检验。KMO 值反映了量表变量间的相关程度，若 KMO 值小于 0.5，表示变量不适宜进行因素分析；KMO 值大于 0.8，表示题项变量间的关系良好，适合进行因素分析；KMO 值大于 0.9 表示题项变量间的关系极佳，非常适合进行因素分析。[②] 此外，Bartlett 球型检验 χ^2 值达到 0.05 显著水平，表示题项变量间存在共同因素，适合进行因素分析。本研究中师园心理契约问卷中的幼儿园责任量表的 KMO 值为 0.941，教师责任量表的 KMO 值为 0.949，大于 0.6，意味着数据可用于因子分析研究。Bartlett 球形度检验 p=0.000(p<0.05)，说明适

① 吴明隆. 问卷统计分析实务：SPSS 操作与应用 [M]. 重庆：重庆大学出版社，2010：207.
② 吴明隆. 问卷统计分析实务：SPSS 操作与应用 [M]. 重庆：重庆大学出版社，2010：207.

合进行因子分析。反映像相关矩阵（Measure of Sample Adequacy，简称 MSA）值越接近 1，表示越适合进行因素分析，MSA 值大于 0.80 表示题项与其他变量间有共同因素存在，若小于 0.50，则不适合进行因素分析。统计结果显示，幼儿园责任量表和教师责任量表的 MSA 值均大于 0.80，表明题项适合进行因素分析。

在确定因素项目时，根据吴明隆的建议，本研究保留共同因素的原则如下：（1）kaiser 准则，选取特征值大于 1 的因素；（2）特征值图形的陡坡检验（screetest），又称碎石图，根据最初抽取因素所能解释的变异量高低绘制而成。一般以第一个拐点判断，处于陡坡图底端的因素认为不重要，可舍弃。由碎石图可知，第 4 个因素后，坡线趋于平坦，表示此量表提取 3—5 个因素较为合理（见图 3-2 和图 3-3)。根据特征值大于 1 的标准，设定提取 3 个因子，使用最大方差法进行因子提取。因素分析过程中删除题项的标准如下：（1）在所有因素上的负荷量都低于 0.4 的项目；（2）结构复杂的项目（即同时在几个共同因素上的负荷均大于 0.4 的项目）。根据以上标准，对幼儿园责任量表项目进行筛选，在剔除 1 个项目后变异累计贡献率结果趋于稳定。最终提取出 3 个特征根大于 1 的因子，剩余 21 个项目，删除了因素载荷过小的题项 Q14，剩余的 21 个项目的最低载荷值为 0.628，最高载荷值为 0.833，且所有题项的共同度介于 0.487—0.881 之间，说明这 21 条责任是其各自对应维度的有效指标，表明问卷具有较好的结构效度。21 个题项共萃取三个共同因素，因子结构较为清晰，三个维度共能解释全量表 77.53% 的变异量。一般来说，若提取后保留的因素能够联合解释变异量的 60%，表示所提取的因素相当理想。[①] 因此，幼儿园责任量表提取的三个因素相当理想（见表 3-13）。筛选出幼儿园责任量表 21 道正式题项后，根据理论模型构想和题项载荷量对量表各维度进行命名。维度一包括 Q1、Q2、Q4、Q5、Q6 和 Q8，命名为"生存责任"；维度二包括 Q9、Q10、Q11、Q12 和 Q13，命名为"发展责任"；维度三包括 Q14、Q16、Q18、Q19、Q20、Q21、Q22、Q23、Q24 和 Q25，命名为"关系责任"。

---

① 吴明隆.问卷统计分析实务：SPSS 操作与应用 [M].重庆：重庆大学出版社，2010：232.

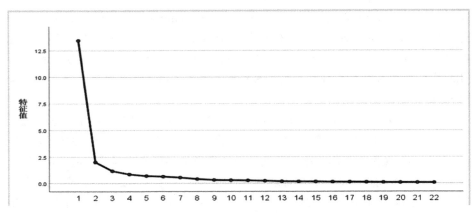

图 3-2　幼儿园责任量表碎石图

表 3-13　幼儿园责任探索性因子分析结果（N=278）

题项	成分			共同度
	1	2	3	
Q1	0.799			0.703
Q2	0.773			0.731
Q4	0.669			0.791
Q5	0.747			0.819
Q6	0.674			0.745
Q8	0.682			0.737
Q9		0.769		0.814
Q10		0.797		0.881
Q11		0.781		0.869
Q12		0.793		0.860
Q13		0.797		0.693
Q14			0.650	0.687
Q16			0.801	0.791
Q18			0.628	0.487
Q19			0.833	0.855
Q20			0.802	0.837
Q21			0.808	0.843
Q22			0.795	0.844
Q23			0.805	0.774

续表

题项	成分			共同度
	1	2	3	
Q24			0.814	0.759
Q25			0.833	0.762
特征值	7.192	4.652	4.437	
旋转后的方差贡献率%	34.246	22.154	21.130	
累积方差贡献率%	34.246	56.400	77.530	

按照同样的原则，对教师责任量表项目进行筛选，最终提取 3 个特征根大于 1 的因子，剩余 15 个项目的最低载荷值为 0.673，最高载荷值为 0.866，且所有题项的共同度介于 0.487—0.881 之间，说明这 15 条责任条目是其各自对应维度的有效指标，表明问卷具有较好的结构效度。15 个题项共萃取三个共同因素，因子结构较为清晰，三个维度共能解释全量表 90.83% 的变异量。可见，教师责任量表提取的三个因素相当理想（见表 3-14）。教师责任量表的 15 道正式题项被筛选出来后，根据探索性因子分析结果对量表各因素进行命名。维度一包括 q1、q2、q3、q4、q5 和 q6，命名为"规范责任"；维度二包括 q8、q9 和 q11，命名为"发展责任"；维度三包括 q12、q13、q14、q15、q16 和 q18，命名为"关系责任"。

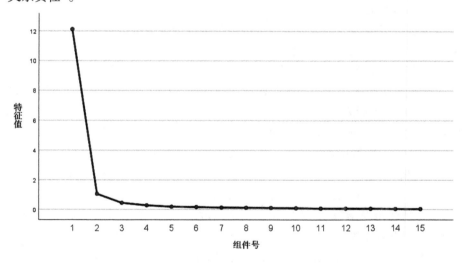

图 3-3 幼儿园教师责任量表碎石图

表 3-14　教师责任探索性因子分析结果表（N=275）

题项	成分			共同度
	1	2	3	
q1	0.839			0.703
q2	0.854			0.731
q3	0.815			0.791
q4	0.866			0.819
q5	0.738			0.745
q6	0.820			0.737
q8		0.673		0.814
q9		0.767		0.881
q11		0.734		0.869
q12			0.736	0.687
q13			0.663	0.791
q14			0.745	0.487
q15			0.788	0.855
q16			0.780	0.837
q18			0.791	0.843
特征值	5.627	4.883	3.114	
旋转后的方差贡献率 %	37.513	32.556	20.763	
累积方差贡献率 %	37.513	70.069	90.833	

（四）验证性因素分析

为进一步验证师园心理契约问卷模型的科学合理性，本研究运用 AMOS26.0 统计软件，对探索性因素分析后的另一半数据，包括 278 份幼儿园责任量表和 275 份教师责任量表进行验证性因素分析。

验证性因素分析中，可通过 X^2/df、$RMSEA$、CFI、IFI、GFI、TLI、$PGFI$ 和 $PNFI$ 几项指标来对模型的拟合优度进行衡量。本研究重点关注以下几项指数：①卡方检验 (chi-square)，可通过卡方与自由度的比值对模型进行检验，若 $X^2/df \leqslant 3$ 表示模型拟合度较好，$X^2/df \leqslant 5$ 表示模型可以接受，$X^2/df \leqslant 10$ 表示整体模型非常差；②"近似误差均方根"($RMSEA$)，若 $RMSEA < 0.05$ 表示模型拟合度非常好，$RMSEA < 0.08$ 表示适配良好，$RMSEA < 0.10$ 表示模型尚可接受；③ CFI(比较拟合指数)、IFI(增益拟合指数)、GFI(拟合优度指数)、TLI(非标准拟合指数)的变化范围在 0—1 之间，越接近 1 说明模型拟合度越好；④ $PGFI$(简效良性拟合指数)、$PNFI$(简效规范拟合指数)均大于 0.5，表示模型拟合度良好。①

根据理论构想，提出师园心理契约"幼儿园责任"和"教师责任"的三维

---

① 吴明隆.问卷统计分析实务——SPSS 操作与应用 [M]. 重庆：重庆大学出版社，2010.

结构模型。与此同时,还提出了两个竞争模型进行对比。在二因素竞争模型中,把关系责任与发展责任维度合并,与生存责任(规范责任)维度并列构成二维结构。这种维度的划分方式与心理契约"交易—关系"二维划分方式一致。在单因素竞争模型中,将三种成分构成一个维度。这种假设模型的提出基于早期心理契约研究中的单因素模型的划分,研究者希望通过单因素模型的拟合情况对这种可能进行验证。幼儿园责任和教师责任量表的验证性因素分析的拟合指数情况见表 3-15 和表 3-16,验证性因子分析路径图见图 3-4 和图 3-5。

表 3-15 幼儿园责任量表验证性因素分析的拟合指数表(N=278)

模型	χ^2/df	CFI	GFI	IFI	TLI	PGFI	PNFI	RMSEA
一阶单因素模型	16.776	0.730	0.438	0.730	0.699	0.358	0.646	0.199
一阶二因素模型	9.935	0.848	0.626	0.848	0.830	0.509	0.746	0.150
二阶三因素模型	2.479	0.975	0.907	0.975	0.972	0.730	0.849	0.061
判断标准	< 5	> 0.9	> 0.9	> 0.9	> 0.9	> 0.5	> 0.5	< 0.08

表 3-16 教师责任量表验证性因素分析的拟合指数表(N=275)

模型	χ^2/df	CFI	GFI	IFI	TLI	PGFI	PNFI	RMSEA
一阶单因素模型	33.110	0.664	0.318	0.664	0.608	0.238	0.564	0.343
一阶二因素模型	9.20	0.900	0.727	0.900	0.882	0.539	0.755	0.181
二阶三因素模型	2.170	0.988	0.914	0.988	0.986	0.678	0.829	0.065
判断标准	< 5	> 0.9	> 0.9	> 0.9	> 0.9	> 0.5	> 0.5	< 0.08

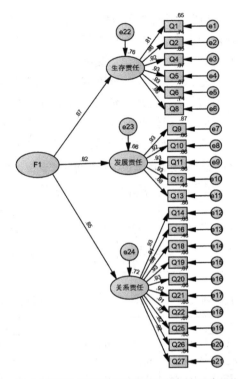

图 3-4 幼儿园责任量表结构模型的验证性因素分析路径图

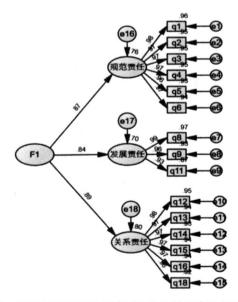

图 3-5 教师责任量表结构模型的验证性因素分析路径图

四、师园心理契约问卷的信效度检验

(一)信度检验

根据因素分析结果，本研究将进一步进行量表的信度分析。所谓信度，指量表所测结果的稳定性(stability)与一致性(consistency)。本研究采用信度检验中较为常用的克隆巴赫 α 系数和折半信度检验方法。

克隆巴赫 α 系数(简称"α 系数")是内部一致性信度的一种，α 系数越高表明量表的内部一致性越好。一般而言，总量表的 α 系数最好大于 0.80，子量表的 α 系数最好大于 0.70，若子量表的 α 系数在 0.60 以下或总量表的 α 系数在 0.80 以下，则需进行量表的修订。[①]若某一量表包含数个子量表，还需进一步对子量表进行检验，确保子量表的 α 系数低于总量表。检验发现，幼儿园责任量表和教师责任量表的总量表和各子量表的 α 系数均高于 0.80，各子量表的 α 系数均低于总量表，说明量表的信度较为理想(见表 3-17 和 3-18)。

折半信度是检验评估工具内部一致性信度常用的方法之一，通常将一项评估工具两半(两组)题项测量结果的变异程度。折半信度测量通常可将题项按其序号分为奇数组与偶数组，计算奇偶组间的相关性。折半信度的相关性愈高，表示评估工具的内部一致性愈高。若折半系数大于 0.7，说明量表信度较好；折半系数介于 0.6—0.7，说明信度可接受；折半系数小于 0.6，说明信度不佳。如表 3-17 和 3-18 所示，本研究得出的心理契约幼儿园责任量表折半信度系数为 0.968，生存责任、发展责任和关系责任分量表的折半信度系数依次为 0.910、0.795 和 0.962，表明该量表信度较高。教师责任总量表的折半信度系数为 0.958，规范责任、发展责任和关系责任分量表的折半信度系数依次为 0.930、0.805 和 0.914。

表 3-17 幼儿园责任量表信度分析结果表(N=556)

量表名称	Cronbach α	折半信度
生存责任量表	0.929	0.910
发展责任量表	0.942	0.795
关系责任量表	0.962	0.962
幼儿园责任总量表	0.968	0.968

表 3-18 教师责任量表信度分析结果表(N=550)

量表名称	Cronbach α	折半信度
规范责任量表	0.948	0.930
发展责任量表	0.887	0.805
关系责任量表	0.938	0.914

---

① 吴明隆.问卷统计分析实务——SPSS 操作与应用[M].重庆：重庆大学出版社，2010：238-244.

教师责任总量表	0.973	0.958

（二）效度检验

1. 收敛效度

收敛效度指在测量相同构念的题项时会落在同一维度，且各题项结果间高度相关。验证性因素分析的结果表明，幼儿园责任量表和教师责任量表各题项的因子负荷值均在 0.60 以上，高于 0.50 的标准。利用验证性因素分析结果对幼儿园责任三个维度的平均方差抽取量（AVE）进行计算，结果表明，生存责任的 AVE 值为 0.79，发展责任为 0.78，关系责任为 0.81。教师责任的 AVE 值，生存责任为 0.89，发展责任为 0.84，关系责任为 0.89，均高于 0.50 的标准。组合信度（CR）值，生存责任为 0.96，发展责任为 0.94，关系责任为 0.98。教师责任量表的组合信度（CR）值，生存责任为 0.98，发展责任为 0.94，关系责任为 0.98，均高于 0.60 的标准，表明幼儿园责任和教师责任量表各维度的测量题项收敛效度均较为理想。

2. 区分效度

区分效度主要用来评价测量数据的单维度性及不同测量项目的差异。指在一项测验中，若可以在统计上证明那些理应与预设的建构不相关的指标确实同此建构不相关，那么这项测验便具有区分效度。区分效度主要通过比较 AVE 平方根与变量间的相关系数，若 AVE 平方根大于变量间的相关系数，则说明不同潜变量间具有明显的区分效度。通过计算幼儿园责任三个因素间的相关系数发现，其相关系数取值在 0.53—0.80 之间，教师责任相关系数取值在 0.53—0.89 之间，均达到 0.001 水平上的显著。幼儿园责任量表 AVE 平方根三个维度取值分别为 0.89、0.88 和 0.90，教师责任量表 AVE 平方根三个维度取值分别为 0.94、0.92 和 0.94，相关系数取值均低于 AVE 平方根，各因素间存在相关性，既具有共同属性，又具有各自的独立性。表明心理契约的幼儿园责任量表和教师责任量表各维度既有一定关联，又具有较好的区分度（见表 3-19 和表 3-20）。

表 3-19　幼儿园责任量表的相关矩阵表（N=556）

	生存责任	发展责任	关系责任
生存责任			
发展责任	0.80[***]		
关系责任	0.53[***]	0.70[***]	
AVE 平方根	0.89	0.88	0.90

表 3-20　教师责任量表的相关矩阵表（N=550）

	规范责任	发展责任	关系责任
规范责任			
发展责任	0.89***		
关系责任	0.53***	0.57***	
AVE 平方根	0.94	0.92	0.94

五、师园心理契约问卷内容及结构维度的总结

通过对问卷进行探索性因素分析、验证性因素分析与信效度检验，"'教师—幼儿园'心理契约问卷"中的"幼儿园责任量表"和"教师责任量表"各项指标都达到了统计学要求，最终形成了"教师—幼儿园"心理契约问卷。本研究对"教师—幼儿园"心理契约内容和结构维度的探索和分析表明，幼儿园责任量表的内容包括生存责任、发展责任和关系责任三个维度，其中生存责任包括 6 个题项，发展责任包括 5 个题项，关系责任包括 10 个题项，共计 21 个题项。在教师责任量表中，规范责任包括 6 个题项，发展责任包括 3 个题项，关系责任包括 6 个题项，共计 15 个题项，不难看出，关系责任在"教师—幼儿园"心理契约内容中占据了非常重要的位置。下面将对"教师—幼儿园"心理契约问卷的幼儿园责任量表和教师责任量表的内容和结构维度划分情况进行具体总结（见图 3-6）。

图 3-6　"教师—幼儿园"心理契约的三维结构内容图

（一）师园心理契约三维结构内容的确定

根据先前的理论假设，结合因素分析结果，本研究最终将"教师—幼儿园"心理契约问卷的幼儿园责任量表三个维度命名为"生存责任""发展责任"和"关系责任"。将教师责任量表三个维度命名为"规范责任""发展责任"和"关系责任"。本研究最终形成了"教师—幼儿园"心理契约的"幼儿园责任量表"和"教师责任量表"。这些基于不同维度划分的师园心理契约的具体内容包括：

1."幼儿园责任"的内容和维度

在"教师—幼儿园"心理契约中，幼儿园的"生存责任"指向的是基于物质性的短期交换，根据社会交换理论，主要以幼儿园为教师提供满足基本生存

需要的物质资源、薪酬待遇和安全保障等为基础，使教师通过在幼儿园工作获得基本的生存保障。这一维度可划分为三个二级维度，包括基本的工作条件（如提供舒适的工作环境和充足的工作资源等）、薪资待遇保障（如基本薪酬保障和福利待遇保障等）和健康安全保障（如保障教师休息时间和工作中的安全等）。

幼儿园的"发展责任"指向的是基于发展性的长期交换，交换媒介为幼儿园提供的与教师成长发展相关的一系列资源。徐淑英认为，在社会交换关系中，组织对员工的激励已超出了短期货币报酬，旨在帮助员工进一步拓展其职业生涯相关的各种投入。基于此，形成了本研究中幼儿园对教师担负的"发展责任"，即幼儿园通过为教师提供事业发展空间，使教师充分发挥自身潜能，进而从工作中获得成就感。这一维度可进一步划分为两个二级维度，包括培训指导（如提供进修培训机会和对教师的工作进行指导等）和职业规划（如提供展示能力的平台、晋升空间和进行职业生涯规划等）。

幼儿园的"关系责任"建立在共同利益基础之上，强调的是幼儿园对教师的情感关注与情感回馈，员工体验到高于物质性投资和发展性投资带来的自尊和归属感。基于此，幼儿园担负的心理契约的"关系责任"以幼儿园为教师提供良好的人际环境和关怀为基础，使教师在工作中能在和谐的人际氛围之下，受到组织的认可、尊重和关怀。幼儿园担负的心理契约的发展责任主要指向的是基于发展性的长期交换关系，交换媒介为幼儿园提供的与教师职业生涯发展和个人成长相关的一系列资源。这一维度可划分为三个二级维度，包括关心尊重（如工作自主权、关心教师的身心健康和组织丰富的业余文化生活等）、沟通协调（如解决教师间的矛盾、采纳教师合理建议、畅通沟通渠道和信息的公开与反馈等）和公平公正（如在任务分配、职称晋升和奖惩等问题上公平公正及公平处理亲师关系等）。

2. "幼儿园教师责任"的内容和维度

幼儿园教师担负的心理契约的"规范责任"与幼儿园的"生存责任"相对，也是指向基于物质性的短期交换，主要指为保证幼儿园的良性运转与健康生存，教师通过在幼儿园中留任和完成本职工作作为回报，表现为遵守基本规章制度并完成基本的工作要求等，这一维度可划分为两个二级维度，包括尊重幼儿（如关爱和尊重幼儿等），遵制守规（如遵守园所的规章制度、规范自身行为习惯等）和爱岗敬业（做好幼儿的保育教育工作、保质保量完成工作任务等）。

幼儿园教师担负的"发展责任"与幼儿园的"发展责任"相对，主要指教师通过提升自身专业能力助力幼儿园总体绩效的提升，徐淑英认为在这种关系下的员工愿意主动学习特定的技能，即员工的主动性工作行为和自我成长。基于此，形成了本研究中幼儿园教师责任中的"发展责任"，"发展责任"主要指向为教师自我发展和促进幼儿园发展。它包括两个二级维度，包括教师的学习进步（如主动提升专业知识技能、参加各种业务进修和培训等）和建言献策（如为园所发展建言献策等）。

幼儿园教师的"关系责任"与幼儿园的"关系责任"相对，是建立在共同利益基础上。教师对于幼儿园的忠诚与奉献也多来自幼儿园的情感性投资。"教师责任"中的"关系责任"主要指教师尊重幼儿园、自觉为园所良好人际环境创设做出贡献和保护园所环境等，包括两个二级维度，包括关心尊重（如保护园所隐私、形象、辞职前告知幼儿园、爱护园所环境和合理利用资源等）和团结同事（如与同事保持良好的合作关系等）。

（二）师园心理契约内容结构的特征阐释

从东西方不同文化背景来看，心理契约三维结构划分方式与西方经典的二维结构划分有一定差异。在心理契约传统的二维结构划分中，通常将三维结构中的发展责任与关系责任合并为一个维度，而在心理契约的本土化研究中，需将这两个维度单独区分，尤其强调关系责任将其提取并作为一个独立维度。究其原因，心理契约作为员工与组织间雇佣关系的载体，其构建受员工个体性因素、组织性因素和社会性因素等不同因素影响。基于东西方不同的文化背景，在西方社会，交换关系极少存在于亲情和友情之外的情境之下，这主要由于中西方文化背景之下"关系"存在着不同的文化根基：与"关系"有关的现象基于儒家文化阐述的"伦"，包括诸如君臣、父子、夫妇等重要的人际关系。与西方根植于宗教思想基础之上的、强调人人平等的"relationship"相比，中国社会的"关系"更强调彼此的共性关系，如血缘、地缘等。梁漱溟在《中国文化要义》一书中指出：中国文化既不是个人本位，也非群体本位，而是把重点放在人际关系上，是伦理本位或关系本位。[1]西方以个人主义文化为主流，在这种文化价值观导向之下，形成了心理契约中的生存责任与规范责任维度，而集体主义价值观为提升依赖性和满足相关动机的一致性而影响个体形成更多关系责任。中国文化非常看重人与人或人与团队间的关系，人际关系作为衔接社会关系的链条，成为维系社会运行的重要纽带。中西方文化属于不同的文化体系与不同文化背景之下，人们的行为动机也不尽相同，影响着心理契约内容的形成与结构维度的划分。中国人自古以来讲求"以和为贵"，重视和谐人际关系的构建，希望别人接受自己并获得别人的奖赏和称赞，为避免人际冲突宁可做出妥协与让步。这种群体文化观念投射在组织行为中，形成了心理契约中的关系责任维度且发挥着非常重要的作用。这种类亲情交换关系的挖掘揭示了中国员工与所在组织实现更强情感链接与心理融合的文化基因，这是在西方文化背景

---

① 梁漱溟.中国文化要义[M].北京：商务印书馆，2021：73.

下从交换的视角难以达成的。① 在中国社会的幼儿园组织情境之下，教师是社会人，而不是经济人。本研究中师园心理契约中的关系责任指向的是教师作为"社会人"与幼儿园组织建立起来的相互关系。

在幼儿园组织情境下，幼儿园教师队伍的构成与其工作性质的特殊性使得这一群体对于和谐关系的需要更为强烈。幼儿园教师队伍中以女性居多，女性敏感细腻，相较于自身收入与个人发展，更关注自己在工作中的真实体验和感受，如是否获得领导和同事的尊重，是否身处于和谐的人际关系和组织氛围之下。对于和谐人际关系的要求更为强烈，且对于组织文化和组织环境的依赖性更强。因此，在师园心理契约中幼儿园责任和教师责任的内容和维度划分上，也更突显出了关系责任维度，关系责任的内容条目相对较多，强调在幼儿园组织情境下和谐关系的构建。再者，从幼儿园教师工作形式上看，比起高校教师和中小学教师，幼儿园教师的工作常常需要教师之间相互合作完成，主配班和保育员教师需要相互协作共同完成保教任务，工作成绩也常以团体的成绩来衡量。和谐的人际关系和良好的组织氛围为幼儿园教师的工作创设了条件并奠定了基础。基于此，幼儿园教师对于和谐关系和被尊重的需求也更为明显。

从师园心理契约与企业员工与组织间心理契约内容结构的比较来看，本研究选取了最早对企业员工与组织间心理契约问题进行研究的陈加洲和李原的心理契约问卷进行对比分析，且这两位学者编制的心理契约问卷在关于企业员工与组织心理契约的相关研究中应用范围较为广泛。陈加洲在研究中将企业员工与组织心理契约的员工责任划分为现实责任与发展责任，其中，现实责任是员工担负的维持组织当前活动的责任。发展责任是员工维持组织长期发展的责任。② 企业组织心理契约内容包含现实责任和发展责任两个维度。其中，现实责任是组织维持员工当前正常工作生活所必需的责任。发展责任是组织为维持员工长期工作生活所必需的责任。在陈加洲的心理契约问卷中，现实责任相当于本研究的生存责任，发展责任相当于本研究的发展责任和关系责任两个维度的内容，陈加洲在研究中对心理契约维度的划分与西方常用的划分方式类似，没有将关系责任这一维度单独提取出来。从心理契约内容条目的数量看，与本研究相比，企业员工发展责任内容条目数量较少，说明作为幼儿园更关注教师在幼儿园中的自我发展与促进幼儿园发展所担负的责任，同时，与良好关系维系相关的责任幼儿园的关注度也更高，是幼儿园心理契约的主要内容。在李原编制的心理契约问卷中，组织心理契约包括规范型责任、人际型责任和发展型责任三个维度。其中，规范型责任相当于本研究中的生存责任，人际型责任相

---

① 朱苏丽，龙立荣．合私为公：员工—组织类亲情交换关系的形成和演化 [J]．南京大学学报（哲学·人文科学·社会科学），2017，54（2）：47-60.

② 陈加洲．员工心理契约的作用模式与管理对策 [M]．北京：人民出版社，2007：59-60.

当于本研究中的关系责任，发展型责任相当于本研究中的关系责任。员工的心理契约内容同样也包括规范型责任、人际型责任和发展型责任三个维度，其中，规范型责任相当于本研究中的规范责任，人际型责任相当于本研究中的关系责任，发展型责任相当于本研究中的发展责任。[①] 不难看出，李原对于心理契约内容结构的划分方式与本研究的三维结构的划分较为相似，但从心理契约不同维度责任条目的内容和数量来看，本研究中关系责任这一维度的内容显然更为丰富，这也印证了上述关于师园心理契约结构维度的论述，即在"教师—幼儿园"心理契约的责任内容中，教师与幼儿园双方均更关注关系责任这一维度，对于与组织内部各成员间以及教师与幼儿园间良好关系的维系更为关注。

综上，根据"教师—幼儿园"心理契约内容结构维度的划分不难看出，在师园心理契约关系构建过程中，相较于其他组织群体和其他教师群体，幼儿园教师群体对于和谐关系的需求显然更为强烈，从"教师—幼儿园"心理契约教师责任量表和幼儿园责任量表的维度构成上也能明显看出这一特点。

本章小结

本章主要采用了深度访谈和问卷调查的研究方法，通过建构"教师—幼儿园"心理契约的结构模型，进行师园心理契约测量工具的开发，并对师园心理契约内容和结构维度进行划分，为后续对师园心理契约违背现状的调查、心理契约违背效应和影响因素等问题的探究奠定基础，是本研究的逻辑起点。基于对已有心理契约文献进行梳理，通过对问卷进行理论分析，提出了师园心理契约"三维结构"的理论假设，确立了师园心理契约模型建构和维度命名的主要依据为"ERG需要理论"。问卷编制过程中，由于心理契约构念比较抽象，尚未有适宜构念代表师园心理契约内容，本研究选取了归纳法作为师园心理契约内容构念收集与问卷开发的方法。通过对已有心理契约问卷内容条目的搜集整理，对40位园长和40位教师进行深度访谈，基于对220位园长和218位幼儿园教师的开放问卷调查，进行师园心理契约内容的收集，并进行结构维度的分析，得到如下研究结论：

第一，总体来看，本研究最终形成的师园心理契约问卷包括三维度21项责任的"幼儿园责任量表"，以及三维度15项责任内容的"幼儿园教师责任量表"。其中，"幼儿园责任量表"包括"生存责任"（6个题项）、"发展责任"（5个题项）和"关系责任"（10个题项）三个维度。"幼儿园教师责任量表"包括"规范责任"（6个题项）、"发展责任"（3个题项）和"关系责任"（6个题项）三个维度。

---

① 李原.企业员工的心理契约概念、理论及实证研究[M].上海：复旦大学出版社，2006.

第二，从"幼儿园责任量表"看，幼儿园心理契约的"生存责任"主要指以幼儿园为教师提供满足基本生存需要的物质资源、薪酬待遇和安全保障等为基础，使教师通过在幼儿园工作获得基本生存保障；幼儿园的"发展责任"以幼儿园为教师提供事业发展空间为基础，使教师充分发挥自身优势与潜能；幼儿园的"关系责任"以幼儿园为教师提供良好人际环境和进行人文关怀为基础，使教师在工作中拥有和谐的人际关系。

第三，从"幼儿园教师责任量表"看，幼儿园教师心理契约的"规范责任"指为保证幼儿园的良性运转与健康生存，教师通过在幼儿园中留任和完成本职工作作为回报；幼儿园教师的"发展责任"指教师通过提升自身专业能力给予幼儿园长期、稳定的以幼儿园总体绩效提升为目的的长期回报；幼儿园教师的"关系责任"指教师尊重幼儿园、自觉为园所良好人际环境创设做出贡献和保护园所环境等。

第四，根据师园心理契约结构维度的划分不难看出，在师园心理契约关系构建过程中，相较于其他组织群体，如企业组织和其他学校组织群体，幼儿园教师和幼儿园组织对于和谐关系的需求显然更为强烈。

第四章 "教师—幼儿园"心理契约违背的现状

在对员工与组织间雇佣关系进行研究的过程中，许多研究者将心理契约作为理解员工与组织间雇佣关系的核心指标。人力资源作为组织的核心竞争力，员工与组织间的关系品质体现了雇佣关系的质量，更为组织的健康发展提供了动力与支持。心理契约问题的研究随着人们对雇佣关系的关注在近些年得到了高度重视。通过对已有的员工与组织间心理契约问题研究的整理分析不难发现，心理契约违背在组织情境之下时有发生。幼儿园作为组织机构的重要组成部分，加之组织本身的复杂性与特殊性，包括幼儿园教师流动频繁、组织机构稳定性差、教师职业倦怠严重、教师职业幸福感低等都指向了教师与幼儿园间雇佣关系的不稳定，这也使得对于师园间心理契约现实状况的研究具有一定的紧迫性和重要价值。基于此，对于师园心理契约违背现状的调查研究，一方面能够进一步确认师园间是否存在心理契约违背的现象？在确认心理契约违背确有发生的前提下，通过研究进一步深入了解心理契约违背的具体状况，对教师与幼儿园间雇佣关系的现状形成初步认识。本研究中关于心理契约违背概念的界定是基于 Morrison 和 Robinson 的定义，认为心理契约违背指员工与组织双方对彼此未能履行其在心理契约关系中应承担责任的认知评价。[①] 研究主要采用判断抽样的方法广泛选取了研究对象，并采用被研究者们普遍认可且广泛使用的相差法进行心理契约违背现状的研究，对于师园心理契约违背的现状进行调查研究，具体研究过程如下：

一、师园心理契约违背现状的研究对象

为了解教师与幼儿园心理契约违背的现状，研究者采用判断抽样的方法进行了教师与园长（副园长）的抽样，判断抽样方法的具体使用已经在第二章研究对象部分进行了具体阐述，在此不做赘述。从被调查教师的人口学特征看，

---

① Morrison E W,Robinson S L.When employees feel betrayed:A model of how psychological contract violation develops[J].*Academy of Management Review*,1997,22(1):226-256.

抽取的研究对象综合考虑了教师年龄、学历、专业、任专任教师年限及劳动关系类型等特征，也考虑了教师所在幼儿园的性质、级别、规模与所处地区等基本情况，所选取的园长（副园长）来自不同区域、不同性质、不同规模与不同级别的幼儿园，园长具有不同的任职年限。在征得被调研对象知情同意的基础上，研究者通过问卷星线上发放结合线下现场发放的方式进行问卷的发放。园长部分问卷的发放主要借助全国园长培训中心的平台，主要在培训课程开始前进行问卷的现场发放，研究者会在问卷发放前统一向园长（副园长）讲解本次调研的目的与完成本问卷需注意的具体事项，请园长（副园长）在规定时间内进行作答并及时回收问卷。教师问卷的发放则采用问卷星线上发放结合线下现场发放的方式，发放的原则与园长版问卷的发放一致。经过几轮的发放，本研究最终回收得到心理契约的幼儿园教师量表的有效问卷 1332 份，回收率为 91.36%，园长量表的有效问卷 550 份，回收率为 94.50%。被调研的教师的基本情况见表 4-1，园长（副园长）的基本情况见表 4-2。

表 4-1 幼儿园教师的基本情况表（N=1332）

样本特征	变量	人数（人）	百分比（%）
年　龄	25 岁及以下	230	17.3%
	26—30 岁	460	34.5%
	31—40 岁	252	18.9%
	41 岁及以上	390	29.3%
担任专任教师年限	5 年及以内	566	42.5%
	6 年及以上	766	57.5%
最后学历	硕士及以上	333	25.0%
	本科	633	47.5%
	专科及以下	366	27.5%
所学专业	学前教育	944	70.9%
	教育学（非学前）	147	12.1%
	非教育学	241	17.0%
园所性质	公立	999	75.0%
	民办	333	25.0%
劳动关系类型	在编	553	41.5%
	非在编	779	58.5%
园所班级数量	5 个及以下	776	58.2%
	6 个—11 个	353	26.5%
	12 个及以上	203	15.3%

表 4-2 园长的基本情况表（N=550）

样本特征	变量	数量（人）	百分比（%）
职 务	园 长	389	70.73%
	副园长	161	29.27%
所在园所性质	公 立	346	62.91%
	民 办	204	37.09%
从事园长职务年限	16 年及以上	107	19.40%
	11—15 年	101	18.41%
	6—10 年	150	27.36%
	5 年及以下	192	34.83%
园所班级数量	5 个及以下	121	22.00%
	6—11 个	223	40.55%
	12 个及以上	206	37.45%
园所级别	省市级示范园	137	24.91%
	一级园	115	20.91%
	二级园	109	19.82%
	三级或未定级	189	34.36%
园所建园年限	5 年及以下	104	18.91%
	6—10 年	129	23.38%
	11—15 年	79	14.43%
	16—20 年	77	13.93%
	21 年及以上	161	29.35%

二、师园心理契约违背现状的研究方法

已有研究对心理契约违背的测量主要采用以下三种方法：第一种方法是 Robinson[1]、Shapiro&Kessler[2] 等在对心理契约违背现状进行测量时采用的方法，即相差法。这种方法的测算是首先对员工和组织对对方应担负心理契约责任的重要性水平的感知程度进行测量，再对双方对彼此心理契约履行情况的感知程度进行测量，最后将两者得分相减，代数差即为心理契约违背水平；第二种方

---

① Robinson S L.Trust and breach of the psychological contract[J].*Administrative Science Quarterly*,1996,41:574-599.

② Shapiro J C,Kessler L.Consequences of the psychological contract for the employment relationship:A large scale survey[J].*Journal of Management Studies*,2000,17:903-930.

法是 Turnley&Feldman[①]、Lester 等[②]、Guest&Conway[③] 等学者采用的测量方法，这种方法主要是员工和组织代理人进行自我报告，报告他们对彼此心理契约实际履行和违背状况的评价；第三种方法是 Robinson&Morrison[④]，Suazo 等人[⑤] 采用的测量方法，并不直接测量员工与组织双方每项心理契约履行和违背水平，而是对双方感知到的心理契约履行的差误进行总体评估。

已有的关于心理契约违背问题的测量多采用第一种方法。如我国学者李原、陈加洲、田宝军和白艳莉等学者对于心理契约违背问题的研究均采用此方法。Kickball 的研究表明，对于心理契约违背问题的研究，这种多指标的差式累加评定方法比单指标评定、无参照评定和非累加评定更为有效。[⑥] 且这种测量方法不仅考虑了员工与组织双方对彼此心理契约履行情况的认知，还考虑了对心理契约违背程度的认知。本研究对于"教师—幼儿园"心理契约违背现状的研究，首先需通过利克特量表对教师与幼儿园应担负的心理契约责任内容的重要性水平进行交叉评估。其次，对教师与幼儿园对对方心理契约的实际履行状况进行评估。最后，计算以上两组数据的代数差即可得到"教师—幼儿园"心理契约违背的现实状况，结果主要包括大于 0、小于 0 和等于 0 三种情况，最大值是 4，最小值是 -4。心理契约实际履行情况与心理契约重要程度之差小于 0 意味着存在心理契约违背，因为人们认为自己比较重视的心理契约内容对方未能履行，表明双方感知到了对方心理契约违背，且得分越小表明心理契约违背越严重；代数差大于或等于 0 则表明不存在心理契约违背，因为心理契约履行程度超过了评估者自身感知到的心理契约内容本身的重要程度，表明相关主体对该项心理契约内容有较充分的履行。

心理契约违背现状部分的调查主要借助于笔者在第三章编制的"教师—幼儿园"心理契约问卷，问卷由"教师责任量表"和"幼儿园责任量表"两个分量表构成。该量表主要用于测量"教师—幼儿园"心理契约重要程度及心理契约的履行、违背情况。"幼儿园教师责任量表"包括规范责任、发展责任和关系责任三个维度，"幼儿园责任量表"包括生存责任、发展责任和关系责任三个维

① Turnley W H,Feldman D C.The impact of psychological contract violations on exit,voice,loyalty and neglect[J].*Human Resource Management Review*,1999,9:367-386.

② Lester S W.Not seeing eye to eye:Differences in supervisor and subordinate perception of and attributions for psychological contract breach[J].*Journal of Organizational Behavior*,2002,23:39-56.

③ Guest D E,Conway N.Communicating the psychological contract:An employer perspective[J].*Human Resource Management Journal*,2002,12:22-39.

④ Robinson S L,Morrison E W.The development of psychological contract breach and violation:A longitudinal study[J].*Journal of Organizational Behavior*,2000,21:525-546.

⑤ Suazo M M.The Mediating role of psychological contract violation on the relations between psychological contract breach and work-related attitudes and behaviors[J].*Journal of Managerial Psychology*,2009,24(2):136-160.

⑥ Kickball J,Lester S W,Fink l J.Promise breaking during radical organizational change:Do justice interventions make a difference[J].Journal of Organizational Behaviour,2002,23:469-488.

度，量表主要采用 Likert5 级评分法来测量教师与园长对心理契约重要程度及履行和违背的情况。根据本研究所选用的"相差法"，心理契约违背水平的测量需对师园心理契约重要程度和履行程度分别进行测量，通过代数差得出心理契约违背的现状。对师园心理契约重要程度的调查主要针对幼儿园心理契约和教师心理契约的内容，向教师和园长针对心理契约内容的重要程度进行提问，重要程度的得分由"1"到"5"，1 代表"完全不重要"，5 代表"非常重要"，履行程度的得分由"1"到"5"，1 代表"几乎未履行"，5 代表"完全履行"，分数越高说明被调查者感知到的心理契约重要程度和履行程度越高，具体调查问卷见附录 D。除此之外，结合本研究的研究目的，进行了幼儿园教师个人基本信息调查表和幼儿园组织信息调查表的编制。教师个人基本信息调查内容主要包括教师的年龄、担任专任教师年限、最后学历、所学专业、园所性质、劳动关系类型和幼儿园规模等。幼儿园组织信息调查表主要包括组织代理人从事园长职务年限、所在园所性质、所属区域、园所规模、级别和建园年限等基本信息。

三、师园心理契约违背现状的研究过程

根据已有研究采用的相差法，对于"教师—幼儿园"心理契约问题的研究需要先对心理契约内容的重要程度进行评定，再对心理契约履行状况进行评定，代数差即为心理契约违背状况。心理契约违背是一个比较复杂的研究问题，从广义上看，若员工与组织对彼此心理契约重要程度的感知与感知到的心理契约履行状况间出现偏差，即认为出现了心理契约违背。有研究者根据心理契约重要程度与履行情况间的一致性关系将心理契约总体履行程度分为三种类型：第一种是喜出望外者，指感知到的心理契约履行情况超出其感知到的心理契约重要程度；第二种是平和者，指感知到的契约责任履行情况与心理契约重要程度一致；第三种是亏欠者，即感知到的契约履行未达到其重要程度的标准。[①] 从心理契约测量的角度来分析，我们谈及的心理契约违背主要指向的是第三种情况，即亏欠者感知到的心理契约违背。从教师与幼儿园的角度对双方心理契约违背情况进行评定，可更加深入地了解师园双方对彼此心理契约违背情况的感知。也可以通过对心理契约违背情况的评定，测量出"喜出望外者""平和者"和"亏欠者"的比例，并进行排序，重点分析"亏欠者"群体在不同心理契约内容条目下的排序。

在此基础上，探究心理契约违背与人口学变量和幼儿园组织特征变量间的关系，有利于深入了解当前我国师园心理契约违背现状，为制定心理契约关系的调整策略提供一定参考。已有研究表明，不同人口学变量下的员工与不同类

---

① 陈加洲.员工心理契约的作用模式与管理对策 [M].北京：人民出版社，2007：64-65.

型组织对双方心理契约违背状况的感知存在一定差异。在幼儿园组织情境之下，不同人口学变量通常指不同年龄、任教年限、最后学历、专业、职称、劳动关系类型及所在幼儿园的性质、所属区域、级别和规模等。实证研究表明，不同人口学特征下的员工对组织心理契约违背的感知存在一定差异。但已有研究主要针对企业员工、中小学和高校教师群体，对于"教师—幼儿园"间心理契约违背问题的研究相对较少。基于此，本研究通过问卷调查对比不同人口学特征和不同组织特征下教师对幼儿园心理契约违背感知的情况，以期较全面地了解幼儿园心理契约违背的现状。研究假设如下：不同年龄、工龄、学历、专业背景、职称、不同性质幼儿园、不同规模幼儿园和不同雇佣关系类型的教师对幼儿园心理契约违背的感知存在一定差异。

已有研究表明，不同类型的组织对于员工与组织间的心理契约违背状况的感知存在一定差异。在这里，不同类型的幼儿园通常指不同性质、不同地区、不同级别和不同规模的幼儿园。基于此，本研究通过问卷调查法对比不同类型幼儿园对教师心理契约违背情况的感知，以期较全面地了解教师心理契约违背的现状。具体研究假设如下：不同性质、不同级别、不同规模和处在不同地区的幼儿园对教师心理契约违背的感知存在一定差异。

（一）幼儿园与教师心理契约总体违背状况

在此部分，基于编制的师园心理契约问卷，主要对幼儿园和教师心理契约的总体违背状况进行了调查研究。

1.幼儿园心理契约的总体违背状况

表4-3呈现了教师对幼儿园心理契约违背程度的感知，从得分上看，心理契约违背的均值为-0.89，处于-4—0区间，总体小于0，表明教师感知到的幼儿园心理契约总体处于违背水平。从各维度的平均值来看，生存责任违背最为严重，其次是发展责任。表4-4呈现了教师对幼儿园心理契约违背程度的感知，在相关责任中，幼儿园教师中的"亏欠者"群体感知到最多的幼儿园心理契约违背的内容包括保障教师的福利待遇，提供教师与贡献对等的工资待遇，在任务分配、职称晋升和奖惩等问题上公平公正，为教师提供充足的工作资源。其中，第一、第二和第四项属于生存责任维度，第三项属于关系责任维度。"亏欠者"群体感知到的幼儿园心理契约违背较少的内容包括保障教师在工作中的安全、帮助解决教师间的矛盾、为教师组织丰富的业余文化生活、对于幼儿在园的安全事故会适当担责。违背发生较少的主要以关系责任为主。总体看，教师中的"亏欠者"群体会感知到更多生存责任的违背，对关系责任违背的感知则较弱。

表 4-3 幼儿园心理契约的违背状况统计表

幼儿园心理契约违背	平均值	标准差	最小值	最大值
生存责任	-0.94	1.33	-4.0	3.50
发展责任	-0.88	1.27	-4.0	3.00
关系责任	-0.84	1.27	-4.0	2.90
总体责任	-0.89	1.15	-4.0	2.58

表 4-4 教师对幼儿园心理契约违背程度的感知统计表

序号	幼儿园心理契约违背	喜出望外者（%）	平和者（%）	亏欠者（%）	（亏欠者）比例序
1	福利待遇保障	0.8	30.7	68.5	1
2	工资待遇保障	6.7	27.1	66.2	2
3	公平对待教师	2.0	33.6	64.4	3
4	工作资源保障	0.5	45.3	64.2	4
5	提供晋升空间	0.8	35.2	64.0	5
6	听取采纳建议	2.1	34.9	63.0	6
7	工作环境保障	3.6	53.6	62.8	7
8	休息时间保障	6.1	31.6	62.3	8
9	提供培训进修	0.3	38.0	61.7	9
10	信息公开反馈	2.3	36.3	61.4	10
11	关心身心健康	0.5	38.6	60.9	11
12	协助职业规划	3.0	36.2	60.8	12
13	保障工作自主	1.8	37.6	60.6	13
14	提供展示平台	2.4	38.1	59.5	14
15	沟通渠道畅通	2.7	38.1	59.2	15
16	进行工作指导	0.5	40.4	59.1	16
17	承担事故责任	2.0	39.8	58.2	17
18	业余文化生活	7.1	35.7	57.2	18
19	化解教师矛盾	4.2	38.6	57.2	18
20	协助家长工作	9.4	38.9	51.7	20
21	个人安全保障	12.2	39.8	48.0	21
平均值		3.4	37.5	60.5	

2.幼儿园教师心理契约的总体违背状况

表 4-5 呈现了幼儿园对教师心理契约违背感知的整体状况。从均值来看，教师心理契约违背的均值为 -1.35，同样处于 -4—0 的区间，总体小于 0。可见，

幼儿园组织认为教师心理契约整体处于违背状态。从各维度的平均值来看，关系责任的违背最为严重，其次是发展责任。从表4-6呈现的心理契约的总体违背程度看，幼儿园管理者认为教师心理契约违背发生最多的内容依次是合理利用幼儿园的资源、与家长积极地沟通协作、做好幼儿的保育和教育工作和积极参与培训教研活动。其中，前三项属于规范责任维度，第四项属于发展责任维度。幼儿园管理者认为教师心理契约违背发生相对较少的内容依次是关心爱护且尊重幼儿、为园所的发展建言献策、不对外透露园所的隐私和辞职会提前告知幼儿园。在违背发生较少的心理契约的类型中，主要以关系责任为主。可见，幼儿园组织认为教师存在更多的规范责任的违背，关系责任的违背相对较少。

表4-5　幼儿园教师心理契约违背状况统计表

幼儿园教师心理契约违背	平均值	标准差	最小值	最大值
规范责任	-1.40	1.51	-4.0	1.83
发展责任	-1.26	1.43	-4.0	1.00
关系责任	-1.41	1.56	-4.0	1.67
心理契约责任	-1.35	0.23	-1.17	0.94

表4-6　幼儿园对教师心理契约违背程度的感知统计表

序号	幼儿园教师心理契约违背	喜出望外者（%）	平和者（%）	亏欠者（%）	（亏欠者）比例序
1	合理利用幼儿园的资源	3.0	40.9	56.1	1
2	与家长积极地沟通协作	2.2	42.7	55.1	2
3	做好幼儿的保、教工作	0.8	45.3	53.9	3
4	积极参与培训教研活动	2.2	44.5	53.3	4
5	遵守幼儿园的规章制度	0.7	46.4	52.9	5
6	与同事保持良好的合作	1.5	45.6	52.9	5
7	自觉维护幼儿园的形象	3.0	44.2	52.8	7
8	规范自身的行为和习惯	0.7	46.7	52.6	8
9	主动提升专业知识技能	1.1	46.7	52.2	9
10	保质保量完成园所任务	2.2	45.6	52.2	9
11	爱护园所的设施与环境	3.0	44.9	52.1	11
12	关心、爱护且尊重幼儿	0.8	47.1	52.1	11
13	为园所的发展建言献策	4.0	44.2	51.8	13
14	不对外透露园所的隐私	3.0	45.3	51.7	14
15	辞职会提前告知幼儿园	2.9	46.4	50.7	14
平均值		2.1	45.1	52.8	

（二）幼儿园与教师心理契约违背在各维度上的差异

基于幼儿园与教师心理契约违背的总体状况，进一步对幼儿园和教师心理契约违背在各维度上的差异进行了研究。

1. 幼儿园心理契约违背在各维度上的差异

从教师对幼儿园心理契约违背感知在各维度上差异的统计分析可知（见表4-7），在幼儿园的心理契约内容中，教师认为其生存责任的违背程度是较高的，其次是发展责任，关系责任的违背程度相对较弱。但从这三种责任违背程度的均值来看，这种差异并不显著。

表4-7 教师对幼儿园心理契约违背的感知在各维度上的差异统计表

所属维度	喜出望外者（%）	平和者（%）	亏欠者（%）
生存责任	5.0	38.0	62.0
发展责任	1.4	37.6	61.0
关系责任	3.4	37.2	59.4

2. 教师心理契约违背在各维度上的差异

从幼儿园对教师心理契约违背的感知在各维度上的差异的统计分析可知（见表4-8），在教师的心理契约责任中，幼儿园管理者认为规范责任的违背程度是最高的，其次是关系责任，发展责任的违背程度相对较弱。但从这三种责任违背程度的均值来看，这种差异并不显著。

表4-8 幼儿园对教师心理契约违背的感知在各维度上的差异统计表

所属维度	喜出望外者（%）	平和者（%）	亏欠者（%）
规范责任	1.2	45.6	53.1
发展责任	2.4	45.1	52.4
关系责任	2.7	44.6	52.7

（三）心理契约违背在教师人口学特征和组织特征上的差异

在对幼儿园和教师心理契约违背的总体状况及在各维度上的差异进行调查研究的基础上，进一步对心理契约违背在教师人口统计学特征和幼儿园组织特征上的差异进行了分析。

1. 不同人口学特征下的教师对幼儿园心理契约违背感知的差异分析

为进一步了解教师对幼儿园心理契约违背感知的差异性，本研究基于人口学特征进行了差异比较，包括教师的年龄、工龄、学历、专业背景、职称和雇佣关系类型及所在幼儿园的性质和规模等。研究结果如下：

（1）不同年龄的教师对幼儿园心理契约违背感知的差异分析

研究显示，处于不同年龄段的教师对幼儿园心理契约违背的感知存在一定差异（见表4-9）。具体而言，无论是从心理契约总体违背程度看，还是从心理契约不同维度违背的情况看，处在26—30岁这个年龄段的教师更易感受到幼儿园心理契约的违背，其次是处在31—40岁年龄段的教师，41岁及以上年龄段的教师对于幼儿园心理契约违背的感知最弱。

表 4-9　不同年龄的教师对幼儿园心理契约违背感知的差异统计表

变量名称	25 岁及以下 (A)		26—30 岁 (B)		31—40 岁 (C)		41 岁及以上 (D)		F	P
	M	SD	M	SD	M	SD	M	SD		
心理契约责任	-0.82	1.06	-1.09	1.11	-0.85	1.22	-0.55	1.16	10.086	< 0.01
生存责任	-0.81	1.21	-1.20	1.28	-0.89	1.37	-0.55	1.40	11.641	< 0.01
发展责任	-0.90	1.15	-1.01	1.23	-0.84	1.35	-0.65	1.32	3.681	< 0.05
关系责任	-0.77	1.21	-1.07	1.24	-0.82	1.36	-0.46	1.19	10.184	< 0.01

（2）不同学历的教师对幼儿园心理契约违背感知的差异分析

研究显示，不同学历的教师对幼儿园心理契约违背的感知具有显著差异（见表 4-10）。具体而言表现为专科及以下学历的教师更易感知到幼儿园心理契约的违背，在生存责任和关系责任维度都具有这一特点。随着学历的增高，教师对于幼儿园心理契约违背的感知呈下降趋势。

表 4-10　不同学历的教师对幼儿园心理契约违背感知的差异统计表

变量	专科及以下（A）		本科 （B）		硕士及以上 （C）		F	P
	M	SD	M	SD	M	SD		
心理契约责任	-1.00	1.11	-0.79	1.19	-0.64	1.16	4.577	< 0.01
生存责任	-1.08	1.31	-0.83	1.35	-0.47	1.16	5.945	< 0.01
发展责任	-0.95	1.22	-0.83	1.32	-0.63	1.20	1.596	> 0.05
关系责任	-0.97	1.24	-0.72	1.28	-0.84	1.54	4.746	< 0.01

（3）不同工龄的教师对幼儿园心理契约违背感知的差异分析

研究显示，具有不同工龄，即担任专任教师五年及以内的新手教师和六年以上的熟手教师对幼儿园心理契约违背的感知具有显著差异（见表 4-11）。具体而言，相较于熟手教师，担任专任教师五年及以内的教师更易感知到幼儿园心理契约的生存责任和关系责任的违背，但是在发展责任维度这种差异则不显著。

表 4-11　不同工龄的教师对幼儿园心理契约违背感知的差异统计表

变量	五年及以内（A）		六年及以上（B）		F	P
	M	SD	M	SD		
心理契约责任	-0.95	1.10	-0.79	1.22	4.798	< 0.05
生存责任	-1.01	1.24	-0.83	1.46	4.199	< 0.05

变量	五年及以内（A）		六年及以上（B）		F	P
	M	SD	M	SD		
发展责任	-0.94	1.21	-0.79	1.35	3.355	> 0.05
关系责任	-0.91	1.23	-0.75	1.33	3.908	< 0.05

（4）不同专业背景的教师对幼儿园心理契约违背感知的差异分析

研究显示，不同专业背景的教师对幼儿园心理契约违背的感知差异总体较显著（见表4-12）。具体而言，表现为学前教育专业出身的教师更易感知到幼儿园心理契约的违背，在生存责任、发展责任和关系责任维度均呈现这一特点。

表 4-12 不同专业背景的教师对幼儿园心理契约违背感知的差异统计表

变量	学前教育专业（A）		教育学专业（非学前）（B）		非教育学专业（C）		F	P
	M	SD	M	SD	M	SD		
心理契约责任	-0.98	1.16	-0.62	1.13	-0.62	1.01	9.443	< 0.01
生存责任	-1.06	1.34	-0.57	1.34	-0.69	1.08	11.203	< 0.01
发展责任	-0.96	1.28	-0.70	1.28	-0.60	1.13	5.103	< 0.01
关系责任	-0.93	1.30	-0.60	1.17	-0.56	1.11	7.082	< 0.01

（5）不同性质幼儿园的教师对幼儿园心理契约违背感知的差异分析

研究显示，处在不同性质幼儿园的教师对幼儿园生存责任违背的感知具有显著差异（见表4-13）。具体表现为，民办幼儿园的教师更易感知到幼儿园生存责任的违背。在心理契约的总体违背程度上看也呈现这一特点。

表 4-13 不同性质幼儿园的教师对幼儿园心理契约违背感知的差异统计表

变量	公立幼儿园（A）		民办幼儿园（B）		F	P
	M	SD	M	SD		
心理契约责任	-0.85	1.18	-1.03	1.04	4.085	< 0.05
生存责任	-0.89	1.35	-1.14	1.26	5.899	< 0.05
发展责任	-0.86	1.31	-0.98	1.09	1.447	> 0.05
关系责任	-0.81	1.30	-0.98	1.14	3.059	> 0.05

（6）不同规模幼儿园的教师对幼儿园心理契约违背感知的差异分析

研究显示，处在不同规模幼儿园的教师对幼儿园心理契约违背的感知的差异总体较显著（见表4-14）。具体表现为中等规模，即所处幼儿园班级数量在6—10个的教师会更易感知到幼儿园心理契约的违背，而班级数量在11个及以上的，即处在较大规模幼儿园的教师则不易感知到幼儿园心理契约的违背。

表 4-14　不同规模幼儿园的教师对幼儿园心理契约违背感知的差异统计表

变量	5 个班级及以下（A）		6-10 个班级（B）		11 个班级及以上（C）		F	P
	M	SD	M	SD	M	SD		
心理契约责任	-0.70	1.16	-1.14	1.10	0.08	0.88	22.751	< 0.01
生存责任	-0.77	1.33	-1.19	1.30	0.13	0.95	19.127	< 0.01
发展责任	-0.73	1.30	-1.09	1.21	0.12	1.02	13.570	< 0.01
关系责任	-0.62	1.24	-1.13	1.25	0.24	1.28	22.778	< 0.01

（7）不同雇佣关系类型的教师对幼儿园心理契约违背感知的差异分析

研究显示，不同雇佣关系类型的教师对幼儿园心理契约违背的感知差异总体较显著（见表 4-15）。具体表现为非在编教师会更易感知到幼儿园心理契约的违背，在生存责任和关系责任维度均表现出此特点。基于此，比起在编的教师，非在编的教师（包括民办幼儿园教师）更易感知到幼儿园心理契约的违背。

表 4-15　不同雇佣关系类型的教师对幼儿园心理契约违背感知的差异统计表

变量	在编（A）		非在编（B）		F	P
	M	SD	M	SD		
心理契约责任	-0.81	1.22	-0.98	1.07	4.290	< 0.05
生存责任	-0.84	1.40	-1.07	1.23	8.529	< 0.01
发展责任	-0.84	1.33	-0.94	1.19	4.149	> 0.05
关系责任	-0.77	1.32	-0.94	1.21	0.668	< 0.05

（8）不同职称的教师对幼儿园心理契约违背感知的差异分析

研究显示，不同职称的教师对幼儿园心理契约违背的感知总体较显著（见表 4-16）。具体而言，表现为低职称，包括未评职和幼教二级的教师会更易感知到幼儿园生存责任和关系责任的违背，这种感知随教师职称的提升而逐渐降低。总体而言，比起高职称的教师，低职称的教师更易感知到幼儿园心理契约的违背。

表 4-16　不同职称的教师对幼儿园心理契约违背感知的差异统计表

变量	幼教二级及以下（A）		幼教一级（B）		幼教高级（C）		幼教中学高级（D）		F	P
	M	SD	M	SD	M	SD	M	SD		
心理契约责任	-0.99	1.09	-0.80	1.17	-0.77	1.31	0.46	1.16	5.468	< 0.01
生存责任	-1.08	1.25	-0.81	1.30	-0.75	1.57	0.46	1.46	6.589	< 0.01
发展责任	-0.94	1.21	-0.86	1.31	-0.83	1.42	0.57	1.27	1.648	> 0.05
关系责任	-0.96	1.23	-0.73	1.26	-0.73	1.44	0.34	1.10	5.907	< 0.01

2. 不同组织特征下的幼儿园对教师心理契约违背感知的差异分析

为进一步了解幼儿园对教师心理契约违背的感知在幼儿园组织特征上的差异，本研究基于幼儿园的组织特征变量进行了差异比较，包括幼儿园的性质、所属地区、园所级别和园所规模。研究结果如下：

（1）不同性质的幼儿园对教师心理契约违背感知的差异分析

研究显示，不同性质的幼儿园对教师心理契约违背的感知在发展责任和关系责任维度的差异较显著（见表4-17）。具体而言，公立幼儿园的管理者认为教师心理契约关系责任的违背较严重，而民办幼儿园管理者认为教师心理契约发展责任违背更严重。

表4-17 不同性质的幼儿园对教师心理契约违背感知的差异统计表

变量	公立幼儿园		民办幼儿园		F	P
	M	SD	M	SD		
心理契约责任	-1.55	1.28	-1.22	1.41	3.888	=0.05
规范责任	-1.60	1.52	-1.24	1.50	3.726	> 0.05
发展责任	-1.34	1.40	-1.21	1.45	0.543	< 0.05
关系责任	-1.71	1.62	-1.20	1.49	7.009	< 0.01

（2）不同级别的幼儿园对教师心理契约违背感知的差异分析

研究显示，不同级别的幼儿园对教师心理契约违背的感知不存在显著差异（见表4-18）。即无论是一级园、二级园、三级园，抑或是未定级幼儿园和省市级示范园，幼儿园管理者对于教师心理契约违背程度的感知不存在显著差异。

表4-18 不同级别的幼儿园对教师心理契约违背感知的差异统计表

变量	三级或未定级		二级园		一级园		示范园		F	P
	M	SD	M	SD	M	SD	M	SD		
心理契约责任	-1.53	1.41	-1.40	1.23	-0.71	0.92	-1.27	1.36	1.771	> 0.05
规范责任	-1.61	1.58	-1.02	1.51	-0.81	1.18	-1.30	1.48	1.772	> 0.05
发展责任	-1.31	1.53	-1.38	1.57	-0.74	0.87	-1.24	1.43	0.622	> 0.05
关系责任	-1.63	1.72	-1.79	1.62	-0.58	0.90	-1.28	1.48	2.395	> 0.05

（3）不同规模的幼儿园对教师心理契约违背感知的差异分析

研究显示，不同规模的幼儿园对教师心理契约违背的感知不存在显著差异（见表4-19）。即无论是小规模、中等规模还是大规模的幼儿园对于教师心理契约违背的感知不存在显著的差异性。

表4-19　不同规模的幼儿园对教师心理契约违背感知的差异统计表

变量	5个班级及以下（A）		6—10个班级（B）		11个班级及以上（C）		F	P
	M	SD	M	SD	M	SD		
心理契约责任	-1.37	1.38	-1.31	1.35	-1.43	1.41	0.117	> 0.05
规范责任	-1.39	1.51	-1.34	1.54	-1.54	1.51	0.240	> 0.05
发展责任	-1.23	1.44	-1.31	1.44	-1.13	1.58	0.209	> 0.05
关系责任	-1.44	1.57	-1.28	1.55	-1.59	1.67	0.613	> 0.05

（4）不同地区的幼儿园对教师心理契约违背感知的差异分析

研究显示，处在不同地区的幼儿园对教师心理契约违背的感知不存在显著差异（见表4-20）。具体而言，处在城市和村镇幼儿园的管理者对于教师心理契约违背的感知不存在显著差异。

表4-20　不同地区的幼儿园对教师心理契约违背感知的差异统计表

变量	城市		村镇		F	P
	M	SD	M	SD		
心理契约责任	-1.41	1.39	-1.22	1.30	1.043	> 0.05
规范责任	-1.43	1.52	-1.39	1.51	0.479	> 0.05
发展责任	-1.35	1.48	-1.06	1.30	2.407	> 0.05
关系责任	-1.45	1.55	-1.32	1.59	0.351	> 0.05

四、师园心理契约违背现状的结果讨论

（一）教师心理契约"规范责任"与幼儿园"生存责任"违背较明显

研究显示，教师感知到的幼儿园心理契约总体违背程度的均值为 -0.89，数值介于 -4—0 区间，违背水平数值小于 0，说明教师感知到的幼儿园心理契约总体处于违背水平，在幼儿园心理契约的三个维度中，生存责任的违背最严重，其次是发展责任，关系责任的违背程度最弱。从具体内容看，教师中的"亏欠者"群体感知到最多的幼儿园心理契约违背的内容依次是保障教师的福利待遇，提供教师与贡献对等的工资待遇，在任务分配、职称晋升和奖惩等问题上公平公正和为教师提供充足的工作资源。从这些责任的具体维度上看，教师中的"亏欠者"群体会感知到更多生存责任的违背，尤其体现在与教师收入相关的幼儿园心理契约内容，指向的是教师的工资和福利待遇，表明教师对于幼儿园组织履行的薪资福利待遇等与收入相关的心理契约责任的满意度较低，对于幼儿园提供的工作条件满意度也较低，表明作为幼儿园应更关注自身心理契约和生存责任的履行。

从教师心理契约总体违背状况看，管理者感知到的教师心理契约总体违背程度均值为 -1.35，数值处于 -4—0 区间，小于 0，表明幼儿园认为教师担负的心理契约关系责任的违背最显著，其次是规范责任，发展责任的违背程度最低。幼儿园组织的"亏欠者"群体认为教师心理契约违背发生最多的责任内容依次是合理利用幼儿园的资源、与家长积极地沟通协作、做好幼儿的保育和教育工作和积极参与培训教研活动。其中第二项与第三项责任与教师本职工作完成有关，属于规范责任维度。从教师心理契约违背在各维度上的差异的分析结果可知，在教师担负的心理契约责任中，幼儿园管理者认为教师规范责任的违背程度是最高的，表明教师应通过提升自身的工作技能及完成本职工作的积极性等来满足幼儿园对教师工作的要求，进而为幼儿园的管理与发展提供支持。

（二）不同人口学特征下的教师对心理契约违背的感知存在显著差异

1. 26—30 岁年龄段的教师更易感知到幼儿园心理契约的违背

研究显示，不同年龄段的教师对于幼儿园心理契约违背的感知存在一定差异。总体看，年轻教师，尤其是处于 26—30 岁年龄段的教师对幼儿园心理契约违背的感知更为强烈。随着教师年龄的增长，对于幼儿园心理契约违背的感知在不同维度上的分值逐次降低。这表明：随着年龄增长，教师对于与自身生存发展相关的幼儿园心理契约违背的感知程度逐渐降低，因为随着年龄增长，教师对幼儿园提供的薪酬待遇和工作条件等基本已有了较稳定的感知，对于待遇极度不满意的教师可能已选择离职，选择在幼儿园留任的教师绝大多数已接受现实。因此，教师对于幼儿园生存责任违背的感知会随教师年龄增长呈现降低的发展趋势。从职业发展角度看，年轻教师会更易感知到幼儿园发展责任的违背，这也表明年龄与教师的进取精神和发展意识呈负相关，随着年龄增长，教师对于自身专业能力提升和专业知识与技能发展的积极性也相对有所降低，很多教师采用相对消极的态度面对自身的职业发展。此外，随着年龄增长，教师对于幼儿园关系责任违背的感知也呈下降趋势，表明年龄偏大的教师对于与同事之间的关系、幼儿园提供的人文关怀等的关注度也相对有所降低。

2. 新手教师更易感知到幼儿园生存责任和关系责任的违背

不同工龄的教师对于幼儿园心理契约违背感知的差异表现为，与工龄较长的教师相比，担任专任教师五年及以内的新手教师更易感知到幼儿园生存责任和关系责任的违背。主要由于初入职场的新手教师对于未来的工作和生活充满期待，更关注自身在幼儿园获得的薪资待遇和幼儿园提供的工作条件等，对于与同事的相互关系和幼儿园提供的人文关怀等也更为关注。随着教师在幼儿园中工作时间的增长，教师对于幼儿园生存责任和关系责任违背的感受程度逐渐降低。

3. 专科学历的教师更易感知到幼儿园生存责任和关系责任的违背

不同学历的教师对幼儿园心理契约违背的感知具有显著差异。具体表现为比起本科和研究生学历的教师，专科学历的教师更易感知到幼儿园生存责任和关系责任的违背。因为与高学历教师相比，专科学历的教师在幼儿园中所受的关注度和重视程度相对较低，薪资待遇与高学历教师相比也存在一些差距。因此，低学历的教师对自身的薪酬福利和与同事的关系及幼儿园提供的人文关怀等关注度更高，一旦幼儿园出现心理契约相关责任的违背教师也更易察觉。

4. 学前教育专业出身的教师更易感知到幼儿园心理契约的违背

不同专业背景的教师对幼儿园心理契约违背的感知差异总体较显著。表现为学前教育专业出身的教师更易感知到幼儿园心理契约的违背。学前教育专业出身的教师由于在学校里受过较长时间的学前教育方面的专业训练，自身对于幼儿园的工作抱有一定期待，期待能将自己在学校中的所学充分在工作中进行运用，充分发挥自身专业优势。因此，对于幼儿园工作本身的期待值相对较高，一旦幼儿园出现心理契约违背教师会更易察觉。

5. 民办幼儿园的教师更易感知到幼儿园生存责任的违背

处在不同性质幼儿园的教师对幼儿园生存责任违背的感知具有显著差异。表现为民办幼儿园的教师更易感知到幼儿园生存责任的违背。主要由于与公立幼儿园相比，民办幼儿园的办园体制之下，教师的收入主要与园所收益有关，与公立幼儿园相比教师收入的稳定性总体较差，因此，教师对于幼儿园的薪资待遇、工作条件和资源提供等与生存相关的心理契约责任违背的感知会更加强烈。

6. 处于中等规模幼儿园的教师更易感知到幼儿园心理契约的违背

处在不同规模幼儿园的教师对于幼儿园心理契约违背的感知存在显著差异。具体表现为处在中等规模幼儿园的教师更易感知到幼儿园心理契约的违背，而相较之下，大规模幼儿园的教师不易感知到幼儿园心理契约的违背。一般而言，大规模幼儿园管理体制的完善程度相对较高，且大部分大规模幼儿园生源相对较好，收益也较稳定，能够提供给教师良好的工资待遇和工作条件，能够提供给教师稳定、持续、丰富且优质的培训机会，对于教师在工作中的指导和职业生涯规划等也相对较完善。同时，幼儿园也更关注良好组织氛围的营造及对教师的人文关怀。基于此，处在大规模幼儿园的教师更不易感知到幼儿园心理契约的违背，相较之下，处在中等规模幼儿园的教师更易感知到幼儿园心理契约的违背。

7. 非在编教师会更易感知到幼儿园生存责任和关系责任的违背

不同雇佣关系类型的教师对幼儿园心理契约违背的感知差异总体较显著。表现为非在编教师更易感知到幼儿园生存责任和关系责任的违背。主要由于作为非在编教师,包括民办幼儿园教师的工资主要来源于幼儿园自身收益,相较之下,总体收入不如在编教师高。因此,对于幼儿园生存责任违背的感知会更为强烈。同时,作为非在编教师,与在编教师相比对于幼儿园组织的归属感相对较弱,也很难与幼儿园形成亲密的情感链接,在这样的情况下一旦出现幼儿园关系责任的违背,非在编教师会更易察觉。基于此,作为非在编教师更易感知到幼儿园生存责任和关系责任的违背。

8. 低职称教师会更易感知到幼儿园心理契约的违背

不同职称的教师对幼儿园心理契约违背的感知在生存责任和关系责任维度存在显著差异。具体表现为低职称教师会更易感知到幼儿园心理契约的违背,这种感知随教师职称的提升而逐渐降低。主要由于与高职称教师相比,低职称教师的薪资待遇相对较低,正是因为这样,这部分教师对于幼儿园良好工作条件和工作资源的需求相对较高,一旦幼儿园出现生存责任的违背教师会更易感知。也正是因为较低的薪资待遇,基于不完全契约理论,作为补偿性的需要低职称教师对于幼儿园的人文关怀和与同事间的关系等也更为关注,因此对于幼儿园关系责任违背的感知也更为强烈。

(三)不同性质幼儿园的管理者对心理契约违背的感知存在显著差异

研究显示,不同性质的幼儿园对教师心理契约违背的感知在关系责任维度的差异较显著。具体看,公立幼儿园的管理者认为幼儿园教师心理契约关系责任的违背较严重。主要由于作为民办园大多师资水平较弱,在师资数量紧缺的前提下,更难将关注度放在教师关系责任的履行上。相较之下,公立幼儿园则对于教师间的关系、教师对园所形象的维系等心理契约责任的违背较为敏感。研究也表明不同级别、不同规模和不同地区幼儿园对教师心理契约违背的感知不存在显著差异。

本章小结

本章主要采用研究者们普遍认同且在心理契约研究中被广泛应用的"相差法"对"教师—幼儿园"心理契约违背现状进行研究。在此过程中,采用本研究自编的师园心理契约问卷,采用判断抽样方式,通过对不同人口学特征下的1332 位幼儿园教师和 550 位不同组织特征下的园长进行问卷调查,系统探讨了教师与幼儿园心理契约违背的现实状况,考察不同人口学特征下的教师与不同组织特征下的幼儿园管理者对于彼此心理契约违背状况的感知,得出如下研究结论:

从幼儿园心理契约违背状况来看:第一,幼儿园心理契约违背程度的平均值为 -0.89,小于 0,表明教师认为幼儿园的心理契约总体处于违背水平。第二,从心理契约不同维度看，教师认为幼儿园生存责任的违背程度是较高的，关系责任的违背程度相对较低。第三，从不同人口学特征下幼儿园教师间的差异来看，处在 26—30 岁年龄段、学前教育专业出身、来自民办幼儿园和处于中等规模幼儿园的教师更易感受到幼儿园心理契约的违背，工龄较短的新手教师、非在编教师、低学历和低职称的教师更易感知到幼儿园心理契约生存责任和关系责任的违背。

从幼儿园教师心理契约违背状况看：第一，幼儿园管理者评定的教师心理契约违背程度的平均值为 -1.35，均值小于 0，表明幼儿园管理者认为教师心理契约违背的程度相对较高。第二，从心理契约不同维度来看，幼儿园管理者认为教师关系责任的违背程度最为显著，发展责任的违背程度相对较低。第三，从不同组织特征下的差异来看，不同性质幼儿园的管理者对教师心理契约违背的感知在关系责任维度的差异较显著，表现为公立幼儿园的管理者认为教师心理契约的关系责任违背较严重。第四，不同级别、不同规模和处于不同地区幼儿园的管理者对教师心理契约违背的感知不存在显著差异。

第五章 "教师—幼儿园"心理契约违背的效应

    雇佣关系的分析框架表明员工的精神世界是组织管理效能的综合产物,理解雇佣关系的品质有利于衡量组织管理的实践效果。社会交换理论提及,若期望落空人们会生气并产生攻击行为;若人的期望得到满足或得到额外满足,人们会产生开心的感受。此命题解释了当教师和幼儿园感受到彼此心理契约违背时的感受。根据已有研究结论,当员工与组织双方感知到彼此出现心理契约违背时,员工往往会产生消极的工作态度与行为,而组织也会出现组织文化氛围的破坏及组织绩效的降低等问题。这一命题在一定程度上解释了心理契约违背产生的影响效果。大量研究表明,良好心理契约关系的构建可使员工表现出积极的工作状态,而心理契约违背则会对员工和组织间良性关系的构建造成阻碍,导致人员流失和组织动荡。所谓效应,是客体对主体产生的作用及影响。效应是指作用产生的效果,作用是事物发展的起因,效应是作用导致的结果。本研究中心理契约违背的效应主要指向的是教师和幼儿园心理契约违背所产生的影响结果。基于幼儿园工作本身的特殊性,考虑到教师和幼儿园组织的生存发展现状,对"教师—幼儿园"心理契约违背效应的研究可多维度、多视角分析心理契约违背产生的结果。也可验证固有的针对其他组织群体,包括其他教师群体心理契约问题的研究结论是否同样适用于幼儿园教师群体,是否会得到意想不到的结论。

    基于此,本研究将从"教师—幼儿园"间的雇佣关系入手,为更加深入地解构和剖析师园心理契约违背的效应提供理论基础与实证依据。此部分,为了达成研究目的,研究者将把"教师—幼儿园"心理契约违背效应的问题解构成幼儿园心理契约违背的效应和教师心理契约违背的效应。由于心理契约问题是管理学与组织行为学领域重要的研究问题,本研究的研究目的主要是通过对心理契约问题的分析形成幼儿园管理、幼儿园教师激励及教师工作态度与行为的调整策略。在师园心理契约违背效应研究部分,主要倾向于探讨"教师—幼儿园"心理契约违背对教师工作态度与行为及对幼儿园管理与发展的影响,其他方面的效应指标暂不纳入本研究的研究范畴。本研究将采用混合研究方法对"教师—幼儿园"心理契约违背的效应问题进行深入分析和探讨。

一、幼儿园心理契约违背的效应

对于幼儿园心理契约违背效应的研究，基于本研究的研究目的，既要探讨幼儿园心理契约违背对教师工作态度与行为的影响，也需考察幼儿园心理契约违背对幼儿园自身管理与发展的影响。

（一）于他：幼儿园心理契约违背对教师的影响

由于组织心理契约违背效应相关问题目前已有大量研究且已形成大量成熟量表，为有针对性地探讨幼儿园心理契约违背的效应，本研究将采用混合研究范式来进行探讨，首先通过质性研究方法，采用两阶段的深度访谈进行幼儿园教师心理契约违背效应的质性剖析，主要对教师和园长关于幼儿园心理契约违背效应的访谈资料进行编码分析，其中，第一次访谈是在量表编制阶段对教师与幼儿园心理契约内容进行收集，并对心理契约违背效应进行分析，第二次访谈是在时隔10个月之后进行第二次回访，通过质性剖析深度探寻幼儿园心理契约违背的效应。在此基础上重点提取幼儿园心理契约违背对教师工作态度与行为产生影响的可能的指标体系，在已有指标体系基础上，通过问卷调查并建立结构方程模型来探讨幼儿园心理契约违背对教师工作态度与行为的影响效应。具体研究过程如下：

1. 幼儿园心理契约违背效应的质性剖析

之所以在此部分采用质性研究方法对幼儿园心理契约违背效应的指标体系进行剖析，主要由于与企业员工、护士群体和公务员群体相比，幼儿园教师群体在中国文化背景之下，无论是在工作环境、工作内容还是现实处境方面均有一定特殊性。因此，为深入了解幼儿园心理契约违背的效应，有必要基于幼儿园组织的真实情境，通过基于扎根理论的质性探寻提炼出心理契约违背效应的指标。按照格拉泽与施特劳斯（1967）的质性研究指导观点，需要采用转化质性资料的策略。[①] 广泛收集质性研究的原始资料并进行自上而下的分析，分析资料中隐藏的基本信息和呈现出的特殊规律，系统呈现本研究的研究结论。

在本研究中，对于幼儿园心理契约违背效应的质性数据的收集主要通过半结构化深度访谈的方式获取。研究者将在第三章师园心理契约问卷编制过程中针对40位幼儿园教师进行深度访谈的基础上进行回访，受访教师的基本情况见第三章表3-2，第二次访谈主要基于研究者自主开发的心理契约量表中的幼儿园心理契约内容，请教师回顾曾经经历过的幼儿园心理契约违背的关键事件，分

[①]　Glaser B G,Strauss A L.*The discovery of grounded theory:Strategies for qualititative research*[M].Chicago: Aldine,1967.

析事件产生的效应（访谈提纲见附录 A）。通过半结构化的深度访谈获取数据资料并对质性材料进行编码分析。对此部分访谈数据的处理与分析将秉承扎根理论的思想，在对文本进行转录后，采用 NVIVO12.0 软件对 40 位教师和 40 位园长/副园长的访谈资料再次进行分析。研究者首先对包含事件单元数较多的样本依次进行编码，编码过程如下：（1）梳理情节单元；（2）对事件单元进行开放性编码；（3）主轴性编码；（4）选择性编码；（5）生成理论及理论饱和的论证。主要遵照"开放性编码—主轴性编码—选择性编码"的流程，编码过程由研究者本人独立完成，对访谈资料进行自下而上的编码以获取心理契约违背效应的指标内容。为了对编码信度进行检验，另一位具有编码经验和 NVIVO 软件使用经验的博士研究生将对部分访谈资料内容进行编码。[①] 生成的编码在两位编码者之间进行一致性检查，最终确定编码者信度为 80.4%，超过了 70%，介于80%—90% 之间，表明本次编码具有较好的信度。[②]

（1）开放性编码

在扎根理论方法使用过程中的编码指通过对事件之间和事件与概念的不断比较，从而促成更多的范畴、特征的形成及对数据的概念化。[③] 开放性编码是编码的第一步，是对资料进行深度剖析的过程，通过事件单元的提取实现概念化过程。首先，研究者需对访谈资料进行反复阅读，对资料涉及的心理契约违背的关键事件进行深入分析，并对事件进行概念化。若受访者的表述能准确表达其自身观点，可直接将其作为原生代码使用。若有新的观点出现，则需建立新的概念单元。在这个过程中要注意整理概念之间的逻辑关系，实现概念范畴化。此部分的编码过程由两名研究者共同完成，通过讨论确定聚焦编码及初步确定可能的类属。本研究对 40 位教师和 40 位园长的访谈资料进行编码，在此基础上将初始资料进行概念化及范畴化。经反复比较及归纳提炼初始概念，对其进行同类合并后整理如下：

---

① 陈向明．质的研究方法与社会科学研究 [M].北京：教育科学出版社，2000：332.

② [美] 罗伯特·F.德威利斯．量表编制理论与应用 [M].魏勇刚，龙长权，宋武，译．重庆：重庆大学出版社，2004：106.

③ Lester S W,Turnley W H,Bloodgood J M,et al.Not seeing eye to eye:Differences in supervisor and subordinate perceptions of and attributions for psychological contract breach[J].*Journal of Organizational Behavior*,2002,23(1):39-55.

表 5-1 幼儿园心理契约违背效应的开放性编码示例表

范畴	初始概念	引文举例	参考点数量（个）
离职意向	常常想辞职	我刚来的时候每天都要加班，就像我现在还在加班，每一天都不会按时下班，有的时候周六周日也因为一个活动你要写方案。真的每一天都想要辞职，太累了。——JS-211214-HBB	70
	继续留任，前景不会好	为什么会想辞职呢？就是因为我觉得我在这里感觉提升不到，作为一个新教师，我培训的机会基本为零，感觉自己的发展空间会比较小，没有晋升机会。——JS-211216-LX	
	明年就辞职	我今年三月份怀孕三个月，胚胎停育自然流产，国家规定的是休 30 天，但是副园长找我谈话，说他们那时候就休 15 天，配合着保教主任和后勤主任跟我一起谈的话。后来我实在没办法，受了压力就提前上班了。这件事让我心里特别不舒服，挺失望的，所以我今年带完这届孩子，明年就打算辞职了，谁劝我都没用。——JS-210928-JZY	
任务绩效	难以达成工作标准	我们加班是常态，头一年做主班的时候，周六周日至少得加一个周六的班，每天加班至少是八九点钟，十二点是常事。尤其这两年疫情防控这方面工作也很多。我们主班副班都很疲惫，现在疫情防控工作抓得很紧，每天消毒四次，每周一次大扫除，说实话，这样的工作量根本不可能做到位，有时候也会舍弃一下备课啊什么的，没办法，确实没有精力认真准备。——JS-220615-JZY	55
		我们园有 4、5 位老教师，在领导眼里就永远是老师，他总是会从外面聘一些跟这个我们园没什么关系的过来当领导，感觉我们的日子一眼能看到头，就是永远都是老师，没有晋升空间。我觉得越来越没希望，也感觉对工作没有积极性，以前刚工作的时候感觉要把所有的事情都做到最好，现在就好像已经自我放弃了，对工作开始糊弄，我自己也很懊恼。——JS-210928-JMZ	

续表

范畴	初始概念	引文举例	参考点数量（个）
工作奉献	不想额外付出	以我现在的收入，有一些我觉得超出我接受范围或者不是我职责范围内的事情，我不会去做。他既然是我本职以外的工作，我为什么要去完成？那既然已经破例去做了这个事情，为什么不给我相应的报酬？如果他不能给我相应的报酬，又为什么要求我去做职责以外的工作呢？这两个是不对等的，我不能接受。——JS-210928-XWX	30
		我觉得幼儿园工作安排很不合理，很多人是特别闲，闲到每天在幼儿园里溜达。你像我平时带班就很忙，幼儿园公众号每天都安排我写工作记录，党建、教学、卫生保健都归我写，一篇稿好几遍的审，审完后再改。这个工作已经做了两年多了，我内心非常不想做，觉得很不公平，反正我这两周就去跟领导说，肯定不能做了。——JS-220701-JMZ	
人际促进	同事关系不融洽	我们园所氛围特别不好，老教师不怎么干活，因为老教师跟领导关系也比较好，领导布置任务也会都布置给新老师，老教师都是老油条，什么活都推，有荣誉都往上冲。反正我们关系都不怎么好，我也不会主动去帮他们忙。——JS-220710-WXW	3
工作满意度	对待遇不满	工资待遇真的很不公平，也不能和工作付出对等。像我们这边市里面的后备教师，他们的工资待遇就比我们县里的高三四万，就会觉得有一些心理落差吧。就觉得做的明明是同样的工作，在同样的单位，为什么工资就比别人少？很不平衡。——JS-210928-XWX	42
	对晋升前景不满	幼儿园有一个问题就是晋升空间不明确，一个老师从实习到配班到主班，再往上晋升就不知道有哪些途径，并且没有明确说晋升途径或达到哪些要求，反正老师们都对晋升前景很迷茫，不满意。——JS-210927-LQY	
	对领导不满	幼儿园的家长工作做得不到位，发生事情的时候没站在老师这边，永远是帮家长说话，家长无理取闹的时候幼儿园也是帮他的，就是不给老师撑腰，我是这样感觉的，所以我对我们领导说实话很有意见，很不满意。——JS-211001-ZYT	

续表

范畴	初始概念	引文举例	参考点数量（个）
情感承诺	不愿始终在这所幼儿园工作	在幼儿园，家长偏向孩子，幼儿园不信任老师，总是向着家长，家长有什么不满调监控一看，其实不是那回事，即使家长向你道歉，你内心还是会很失落，就觉得幼儿园都不相信你，真的经常会改变做幼师的想法，就觉得不想一辈子都在幼儿园，在这个行业。——JS-211002-MCQ	28
	没有归属感	之前的园长特别喜欢在私底下找人聊天，搞小团体，老师们为了迎合园长也会在背后说同事坏话什么的，有的老师明明没有做过那么多失职的事情，也被很多老师说成了失职。我觉得跟园风有很大关系，所以我在这所幼儿园也特别没有归属感。——JS-211007-LN	
组织信任	不相信幼儿园是公道的	园长没给我荣誉这件事，我其实在乎的不是荣誉，我就是希望能公平公正，让大家起码都知情，他可能觉得我刚入职，其他老师都是老教师了，给我可能说不过去，我都能理解，但只要明给我说，实事求是把这个事儿说了。我觉得我也能从心里相信领导，现在怎么让我相信她能做到公平公正？——JS-211007-ZT	29
	对幼儿园产生不信任感	我所在的是政府机关幼儿园，我们的职称晋升是要上级政府统筹运作，与隶属教育局的幼儿园不同。我入职五年多，依规定早该进职称了，和我同届的同学在幼儿园都比我早两年进一级，但我们却迟迟未落实，这会很影响我的工作动力，使我对工作前景没那么看好，会动摇。也会对幼儿园产生一种强烈的不信任感。——JS-211012-TYM	
	不相信幼儿园对承担责任的许诺	因为我们属于事业单位办园，按照整个学校规定，应是研究生学历入职两年就自动转为中级职称。当时我算是我们园第一个去的研究生，满两年之后，跟我一起入职学校其他单位的老师都很自然地就转为中级职称了，只有我没转，说实话心里是非常不舒服的，让我对幼儿园产生了强烈的不信任。——JS-210929-XYP	

（2）主轴性编码

主轴性编码是将已分解并概念化的数据重新组织起来的过程，在概念化的基础上在类属之间建立起联系。本研究中，结合访谈提纲及对心理契约违背关键事件的分析，在主轴性编码阶段，研究者在已形成的三级类属的基础上发展出更具概括性的次级类属；在次级类属的基础上发展出更具理论性的一级类属，最终形成了类属之间的层次关系。本研究通过对不同概念类属间关系的分析与归纳，将开放性编码得到的类属进行聚类，将开放性编码的不同概念类属建立逻辑关系，最终形成七个主要类属，分别为工作满意度、离职意向、组织承诺、组织信任、任务绩效、工作奉献和人际促进。主轴性编码的结果见表5-2。

表 5-2　幼儿园心理契约违背效应指标主轴性编码结果汇总表

关系内涵	对应类属	主要类属
幼儿园教师的工作满意度是指教师对他所从事工作的满意和认可程度。如对晋升前景、园所领导、从事岗位、薪酬福利及对幼儿园整体的满意度等。	工作满意度	工作满意度
幼儿园教师的离职意向指教师想永久离开幼儿园组织的一种想法。表现为常常有辞职的想法或认为在幼儿园留任不会有好的前景。	离职意向	离职意向
幼儿园教师对幼儿园的组织承诺是指随着教师对幼儿园的"单方面投入"的增加而产生一种心甘情愿地参与组织各项活动的感情，表现为一种与组织目标的一致性程度和归属感。	组织承诺	组织承诺
幼儿园教师对幼儿园的信任指教师认为幼儿园是公道、坦诚、诚挚可信、公平公正的，是教师对幼儿园一种全面的信任感。	组织信任	组织信任
幼儿园教师的任务绩效指教师通过直接的劳动或服务活动对幼儿园所作出的贡献，与工作内容、技术熟练程度、个人能力和工作完成情况相关。	任务绩效	工作绩效
幼儿园教师对于工作的奉献指表现在自律行为上的，包括努力工作、遵守规则和主动解决工作中出现的问题等。	工作奉献	
幼儿园教师对于人际的促进，也有人称之为关系绩效，指教师做出的有助于幼儿园目标实现的人际倾向行为。如帮助同事、协调人际关系与友好合作等。	人际促进	

（3）选择性编码

在选择性编码阶段，本研究将幼儿园心理契约违背效应的内容进行表征，进行类属的概括与升华。将已有类属进行归纳整理，选择类属，将各类属集中到与轴心类属有关的编码上。本研究围绕幼儿园心理契约违背的效应，将工作满意度、组织承诺、组织信任和离职意向归为心理契约违背的工作态度指标，将任务绩效、工作奉献和人际促进三个类属归为工作绩效，并将其总结为心理契约违背导致的工作行为指标。工作态度和工作行为指标聚集在一起最终成为幼儿园心理契约违背的效应指标。

表 5-3　幼儿园心理契约违背效应指标选择性编码结果汇总表

开放性编码	主轴性编码	选择性编码
工作满意度	工作满意度	工作态度
离职意向	离职意向	
组织承诺	组织承诺	
组织信任	组织信任	
任务绩效	工作绩效	工作行为
工作奉献		
人际促进		

2. 幼儿园心理契约违背效应指标的选取

（1）基于已有研究的心理契约违背效应指标的分析

基于已有研究中心理契约违背效应指标的梳理和提炼，可以帮助我们了解"员工—组织"心理契约违背效应的研究现状，为后续"教师—幼儿园"心理契约违背效应的量化指标体系的构建、研究假设的提出和理论框架的构建奠定基础并提供依据。对于文献的归纳整理，元分析方法（meta-analysis, 简称 MA）是最为系统的分析方法，这种方法可以实现对某研究领域内单个文献结论进行系统化分析，进而生成一组具有广泛适用性的研究结论，是一种广为推崇的文献分析工具。但该文献整理方法比较适用于复杂指标影响关系的分析，在本研究中，元分析的方法只起到指标择取的目的，暂不需要对指标体系内复杂关系进行分析。基于此，为达成本研究的研究目的，尽可能收集已有研究中较权威和具有代表性的典型文献。通过文献的梳理和归纳，探析心理契约违背发生后的组织反应模式。数据收集整理过程由研究者本人与一位具有一定相关研究经验的博士研究生共同完成，两位研究者独立在中英文电子数据库进行文献检索，中文数据库主要基于中国知网和读秀，英文数据库主要基于 web of science 数据库，数据跨越 1994 年—2023 年，两位研究者将通过对各自检索结果经过对比和增补后，形成完整的文献样本。

态度是个体对某一具体对象相对持久的情感、认知和行为意向。① 它是一种内在的心理状态与倾向。一般认为态度包括情感、认知和意向等。情感指个体对某一对象的情绪体验，如喜欢、鄙视和敬畏等；认知指个体对某一对象的知识、信息、理解和评价等；意向指个体对某一对象可能出现行为的准备状态。工作态度包括员工的情感、认知和意图，行为则是个体表现出的一些行为。在管理学领域，与工作相关的态度变量包括工作满意度、组织承诺和离职倾向等，工作行为变量包括工作绩效、缺勤和离职行为、组织公民行为和反生产的工作行为等。基于社会交换理论，心理契约违背的出现显示出员工与组织间雇佣关系的失衡。员工会通过自身的工作投入换取组织心理契约的履行。当组织未履行心理契约时，员工可能会通过减少工作投入重新建构其与组织间心理契约关系的平衡。换言之，员工会通过减少工作绩效、减少组织公民行为等方式与组织进行博弈。截至目前，心理契约违背所导致的负面结果已得到学术界的普遍认同，许多学者基于不同视角开展了相关探讨，并得出"心理契约违背导致消极态度与行为"的结论。

基于本研究的研究目的，此部分筛选的关于幼儿园心理契约违背目标文献应主要基于"员工与组织心理契约"问题的研究，不考虑顾客、教师与学生及

① 伊强编著. 组织行为学 [M]. 北京：知识产权出版社，2014：68.

166

军队、审计人员等其他群体心理契约问题的研究。在此基础上，文献筛选主要遵循如下原则：首先，主要选取量化的实证研究，不考虑思辨类、综述类和质性研究；其次，剔除重复发表的研究，如在学位论文基础上发表的期刊论文或专著，只择其一；第三，针对同一数据重复发表或同一数据多次使用的研究，只选择包含较多变量或发表在影响因子最高期刊上的文献。按照上述文献筛选原则，本研究通过中英文文献的检索共筛选出与"员工与组织心理契约违背的效应"相关的英文文献 45 篇，中文文献 53 篇，共计 98 篇。基于这些文献，最终提取出效应指标共计 21 项，其中 11 项为员工工作态度的指标，10 项为员工工作行为的指标。

通过对整理得到的幼儿园心理契约违背效应的员工工作态度和行为指标的分析不难看出，在以往关于心理契约违背效应相关研究的结果变量中，关注度最高的是离（留）职意愿指标，指向的是态度变量中的意图，其次是组织承诺，指向的是态度变量中的情感，排在第三位的是工作满意度，指向的是员工的认知，此外，组织信任、组织认同等指标的关注度也较高，其他涉及的态度变量包括组织犬儒主义、团队认同、知识共享意愿、组织支持感、组织忠诚、组织公平感和工作疏离感七项指标。其中，组织认同、组织支持感、组织犬儒主义、团队认同等指标与组织承诺指标的内容存在一定的相关性。在心理契约违背结果变量的行为变量中，研究者关注最多的是组织公民行为变量，其次是工作绩效变量，此外还包括退出—建言—忠诚—忽略（EVIN）、离职行为、创新行为、工作投入（嵌入）、心理撤出行为、反生产行为、知识分享行为、缄默（沉默）/呼吁行为和越轨行为九项指标，在这些行为指标中，组织公民行为和工作绩效、工作投入、创新行为、知识分享行为等属于正向指标，且组织公民行为与知识共享行为、缄默（沉默）/呼吁行为存在相关性，工作绩效与创新行为存在相关性，反生产行为和越轨行为同为反向的行为指标，组织公民行为与反生产行为、越轨行为等属于工作行为正向和反向的不同角度的代表性指标。基于此，在选取指标体系的过程中将对已有变量进行统筹分析，综合考虑相关指标的内涵和包含的具体内容，尽量保证选取的指标能最大程度上客观反映幼儿园教师的工作态度与行为的整体状况，不对教师的工作态度和行为指标进行重复考察。

（2）幼儿园心理契约违背效应指标的确定

通过文献梳理，本研究获得了心理契约违背效应的工作态度指标 12 项，分别是离（留）职意愿，组织承诺，工作满意度，组织信任，组织认同，组织犬儒主义，团队认同，知识共享意愿，组织支持感，组织忠诚，组织公平感和工作疏离感。获得了效应的工作行为指标共 11 项，分别是组织公民行为、工作绩效、退出—建言—忠诚—忽略（EVIN）、离职行为、创新行为、工作投入（嵌入）、心理撤出行为、反生产行为、知识分享行为、缄默（沉默）/呼吁行为、越轨行为。通过对幼儿园心理契约违背效应的深度访谈资料进行编码分析，最终确定了幼儿园心理契约违背的工作态度指标包括工作满意度、离职意向、组织信任和组织情感承诺四项指标，工作行为指标主要指工作绩效，包括任务绩效、工作促进和人际促进三个维度的指标。

3. 幼儿园心理契约违背效应的研究过程

在雇佣关系中，组织心理契约违背会在很大程度上影响员工工作态度与行为且动态影响着新的心理契约关系的形成。了解心理契约的内容与结构只是幼儿园实现有效管理的基础，只有进一步了解幼儿园心理契约违背产生的结果，才能真正认识管理过程中的问题及内部规律，进而为提高幼儿园管理效率提供理论与实践的支撑。通过对已有研究中组织心理契约违背效应指标的分析，结合扎根理论三级编码，总结出幼儿园心理契约违背可能会对幼儿园教师工作态度与行为产生一定影响，这些工作态度和行为的指标包括工作满意度、组织情感承诺、组织信任、工作绩效和离职意向。在此基础上，对幼儿园心理契约违背产生的效应提出研究假设。

（1）幼儿园心理契约违背对教师工作绩效的影响：工作满意度、组织情感承诺和组织信任的中介作用

① 研究假设

从 20 世纪 90 年代中期开始，研究者们认为员工的工作绩效是一个由多维度组成的结构。为实现组织目标，不但希望员工完成本职工作，还要从事其他活动。其中的一些活动可能与员工个人的工作任务并不直接相关，如人际关系上的帮助等。然而这些行为却对组织的整体发展起着非常重要的作用。研究者们对工作绩效的定义经历过一个变化过程。较早的研究认为绩效就是工作结果，如在绩效研究领域颇有影响的学者 Bernardin(1984) 认为绩效就是"在特定时间范围，在特定工作职能、活动或行为上生产出的结果记录"。[①]总的来说，目前学界普遍接受绩效即为工作行为的观点。

社会交换理论认为，当员工感知到组织高质量地履行其责任或义务，员工满意程度越高，他们就会以互惠行为回报组织且产生更高的工作绩效，员工会努力寻求与组织的交换关系处于相对平衡状态。[②]根据博弈论的相关理论，两方或多方间的冲突或相互作用常常被理解为是一场"博弈"，在这场"博弈"中，参加者都推行一种特定策略。博弈论理论认为在任何一场博弈中每个参加者都力求获得最大利益。当组织出现心理契约违背时交换关系则处于失衡状态，

---

① Bemnardin H,Betty R W.*Performance appraisal:Assessing human behavior work*[M]. Boston:Kent Publishers,1984.

② 郎润华，曾庆双，唐亮编著. 管理学基础（第 2 版）[M]. 重庆：重庆大学出版社，2021：290.

员工会通过调整自身行为以寻求双方新的平衡关系的出现，例如降低工作绩效等。[①]Morrison，Robinson（1997）讨论了组织心理契约违背对员工工作绩效的影响，认为若组织违背了心理契约，员工会主动降低其努力程度，进而降低工作绩效。[②]Turnley 等（1998）的研究发现若员工感知到组织出现了心理契约违背，他们会采用降低自身工作绩效的方式予以反抗，还据此提出了心理契约违背的食言模型。[③]

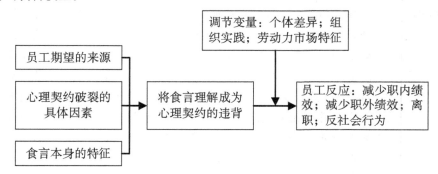

图 5-1 心理契约违背的食言模型图

总之，已有研究均表明组织心理契约违背很可能会降低员工的工作绩效[④]，并使员工的工作态度与行为等受到影响。据此，提出本研究的研究假设：

假设 1：幼儿园心理契约违背对教师的工作绩效具有负向预测作用。

工作满意度是个体有关其工作或职务的积极或消极的感情的程度和心理倾向。它是广义的工作态度的重要方面，反映组织成员对与工作有关的不同情感反应、认知评价和行为倾向。尽管情感是理解这一概念的主要方面，但不能忽视它与人们对工作绩效的归因密切相关。有关员工工作满意度的研究始于 20 世纪 20 年代美国西方电气公司进行的霍桑实验。实验表明，工人对工作具有强烈的情感，人际关系与工作态度对工作积极性和工作绩效比起经济和物理环境更为重要。[⑤]研究者 Hoppock(1935) 认为工作满意度是一种心理状态，指员工对工作满意的程度。[⑥]后来的研究者认为工作满意度指个人在组织内进行工作的过程中对工作本身及相关方面（包括工作环境、工作状态、工作方式、工作压力、

① Lester S W.Not seeing eye to eye:Differences in supervisor and subordinate perception of and attributions for psychological contract breach[J].*Journal of Organizational Behavior*,2002,23:39-56.

② Morrison E W,Robinson S L.When employees feel betrayed:A model of how psychological contract violation develops[J].*Academy of Management Review*,1997,22(1):226-256.

③ Turnley W H,Feldman D C.The impact of psychological contract violations on exit,voice,loyalty,and neglect[J].*Human Resource Management Review*,1999(9):367-386.

④ 刘燕 . 心理契约违背对员工行为选择策略的影响机制研究 [D]. 博士学位论文，长春：吉林大学，2014.

⑤ 李伟主编 . 组织行为学 [M]. 武汉：武汉大学出版社，2012：191.

⑥ Hoppock R.Job satisfaction[M].New York:Harper&Brother Publisher,1935:127-142.

挑战性和工作中的人际关系等）有良性感受的心理状态。[①] 当人们谈及员工的工作态度时最多指向的就是工作满意度。[②] 工作满意度是员工表现出来的对其所从事工作的情感反映、情绪体验和态度，源自员工对其所从事工作的总体评价。[③] 一般情况下个体的工作满意度越高，对工作越可能持有积极态度，对工作不满的人则可能会持消极态度。工作满意度是一个多维度的概念，是雇佣关系的晴雨表，组织行为学家认为从影响工作满意度的内容看，工作本身对于员工才能的施展、通过工作获得的薪资和福利待遇、工作环境和条件及组织环境中的人际关系是否和谐等均会对员工的工作满意度造成一定影响。[④] 而这些维度均是组织心理契约包含的内容。相关研究表明，组织心理契约违背对员工的工作满意度会产生一定消极影响。[⑤⑥] 同时，研究也表明员工的工作满意度影响着其自身的工作绩效。如 Chen 等的研究证明员工的工作满意度与工作绩效存在显著相关且工作满意度能够正向预测工作绩效。[⑦] 已有研究也证实员工的工作满意度和工作表现有着紧密联系。例如，工作满意度与生产率、组织公民行为呈正相关，而与缺勤率、流动率和偏常行为呈负相关。[⑧] 员工一旦对工作产生不满情绪，会出现不符合组织期待的各种行为表现，例如降低工作绩效等。[⑨⑩] 从现有的实证研究看，国内外学者均已在研究中验证了心理契约违背会降低员工工作满意度的结论，且员工工作满意度的降低会进一步对其工作绩效产生一定的消极影响，由此提出本研究的研究假设：

假设 2：工作满意度在幼儿园心理契约违背对教师工作绩效的影响间具有中介作用。

在教师工作态度相关指标中，组织承诺受到了重点关注，因为有一种观

---

① 朱颖俊. 组织行为与管理 [M]. 武汉：华中科技大学出版社，2017：162.

② [美] 斯蒂芬·P. 罗宾斯. 组织行为学（第 7 版）[M]. 孙建敏，李原，译. 北京：中国人民大学出版社,1997：144.

③ 朱颖俊. 组织行为与管理 [M]. 武汉：华中科技大学出版社，2017：170.

④ 张德，吴志明编著. 组织行为学 [M]. 沈阳：东北财经大学出版社，2002：102-103.

⑤ Johnson J L,O'Leary-Kelly A M.The effects of psychological contract breach and organizational cynicism:Not all social exchange violations are created equal[J].*Journal of Organizational Behavior*, 2003, 24(5):627–647.

⑥ Robinson S L,Wolfe M E.The development of psychological contract breach and violation:A longitudinal study[J].*Journal of Organizational Behavior*,2000,21(5):525-546.

⑦ Chen C C,Chiu S F.The mediating role of job involvement in the relationship between job characteristics and organizational Citizenship behavior[J].*The Journal of Social Psychology*,2009,149(4):474-494.

⑧ 朱颖俊. 组织行为与管理 [M]. 武汉：华中科技大学出版社，2017：162.

⑨ 彭川宇. 职业承诺对知识员工心理契约、工作满意度及离职倾向关系的研究 [J]. 科学学与科学技术管理，2008（12）：167-171.

⑩ 谭明，方翰青. 新生代女性农民工心理契约与工作满意度的相关研究 [J]. 现代远距离教育，2014（1）：16-22.

念认为，忠诚的教师更有可能产生积极的个人和组织层面的结果。[①] 组织承诺（Organizational Commitment，简称 OC）是组织行为学中的一个概念，组织承诺这一概念最早由学者 Becker 于上世纪 60 年代提出，他认为组织承诺是员工随着其对组织"单方面投入"增加而不得不继续留在组织的心理倾向，是随着"单方面投入"的增加而产生的全身心参与组织各项工作的情感。[②] 加拿大学者 Meyer Allen 将组织承诺定义为"体现员工和组织间关系的一种心理状态，隐含了员工对于是否继续留在该组织的决定"。在这个概念模型中，组织承诺包括情感承诺、持续承诺和规范承诺三个维度。[③] 员工与组织在长期稳定的交换关系中与组织形成除物质交换外的社会情感交换关系，即组织情感承诺，情感承诺指员工在感情上认同组织、投入组织和依恋组织的程度。人们总是带着某种情感参与工作，之所以愿意留在组织中并努力工作，主要是由于对组织有深厚的感情。但情感承诺具有较大波动性，因为情感承诺是依靠工作本身的特性、组织管理特点与组织内的人际关系、组织可靠性和公平性及个人在组织中的重要性等因素强化的，一旦这些因素发生变化员工的情感承诺水平就会降低。而在这里提及的组织管理特点、人际关系等指向的就是组织的心理契约。

Rousseau（1998）的研究表明，组织心理契约违背是影响员工组织承诺的重要因素。[④]Turnley 等 (1998) 的研究发现组织心理契约违背会降低员工的组织承诺。[⑤]Kickul（2001）的研究认为组织心理契约违背会降低员工的组织承诺，尤其是组织情感承诺。[⑥] 我国学者胡三嫚（2012）的研究支持了这一观点。[⑦] 根据社会认同理论，对组织有认同感和投入感的员工会更努力地工作，更可能表现出更高的工作绩效。然而，大多数组织都希望员工既对组织有高承诺，也表现出高绩效。[⑧] 陈加洲（2007）对企业员工心理契约问题的研究得出，员工对组织心理契约违背的感知对员工的组织承诺具有重要影响，且会通过组织承诺影

① Amoah V，Serwaa A F,Maxwell A.Psychological contract breach and teachers' organizational commitment:mediating roles of job embeddedness and leader-member exchange[J].*Journal of Educational Administration*.2021,59(5):634-649.

② Becker H S.Notes on the concept of commitment[J].*American Journal of Sociology*, 1960(66):32-40.

③ Meyer J P,Allen N J.Testing the side-bet theory of organizational commitment:Some methodological considerations [J].*Journal of Applied Psychology*,1984,69,372-378.

④ Rousseau D M,Tijoriwala S.Assessing psychological contracts:Issues,alternatives and measures[J].*Journal of Organizational Behavior*,1998(19):679-695.

⑤ Turnley W H,Feldman D C.Psychological contract violations during corporate[J].*Restructuring. Human Resource Management*,1998,37(1):71-83.

⑥ Kickul J,Matthew A.The meaning behind the message:Climate perceptions and the psychological contract[J].*Mid-American Journal of Business*,2003,18(2):23-32.

⑦ 胡三嫚.企业员工工作不安全感与组织承诺的关系研究——以心理契约破坏感为中介变量 [J].经济管理，2012（8）：105-113.

⑧ 吴继红，吴敏，陈维政.领导—成员关系认知差异对员工情感承诺与绩效关系的影响 [J].软科学，2012，7（7）：96-100.

响员工的工作绩效。[①] 张生太，杨蕊（2011）在研究心理契约违背、组织承诺与员工工作绩效的关系时发现组织承诺在心理契约违背与员工工作绩效间具有重要的中介作用，且心理契约三个维度违背对员工工作绩效的影响存在显著差异，表明心理契约违背对工作绩效的影响是通过组织承诺间接完成的。[②] 综合已有研究，幼儿园心理契约违背最可能导致幼儿园教师组织情感承诺的降低，而教师对幼儿园情感承诺程度的降低会进一步降低员工的工作绩效。由此提出本研究的研究假设：

假设3：组织情感承诺在幼儿园心理契约违背对教师工作绩效的影响间具有中介作用。

著名社会学家吉登斯（Giddens）认为，信任缩短了因时空造成的距离，排除了人的生存焦虑。[③] 心理学家赖兹曼 (L.Wrightsman) 指出信任是个体特有的对他人的诚意、善意及可信性的普遍可靠的信念。[④] 社会交换是建立在信任基础上的。[⑤] 心理契约违背可能会造成教师对幼儿园的不信任，使其产生消极的情绪或行为。现实中，师园间的情感联结是教师心理契约构建的根基，当契约双方充分信任时，对于良好关系得以维系的期盼比较迫切，即便出现心理契约的违背也因稳固的信任关系而不易导致双方关系的破裂。从组织行为的角度看，组织信任是组织文化的重要组成部分，是一种非常重要的社会资本，它会对组织中人的行为和组织产生重要影响。[⑥] 由于学科背景不同，对组织信任的理解还没有统一界定。研究者 Shaw（1997）认为组织信任是组织的一种重要文化特征，研究者关注组织信任这一指标的潜在假设就是组织信任是一种非常重要的文化氛围，从而去理解它对员工个体和组织发展的重要作用。[⑦]Blau（1964）在社会交换理论中强调了信任的作用，根据布劳的社会交换理论，社会交换的过程由于受互惠原则的影响，彼此间会产生感激、责任感及信任。交换程序随时间的发展，双方会以信任和承诺的方式表示出他们对交换关系的信赖性，会促使双方交换关系更为稳固，进而增强双方的信任。基于此，信任是社会交换的重要结果变量。[⑧] 在组织行为学领域，研究者对组织信任的研究大体包括两方面：一是组织中的人际信任，包括组织成员对主管、同事间的信任关系；二是组织中的

① 陈加洲. 员工心理契约的作用模式与管理对策 [M]. 北京：人民出版社，2007：149

② 张生太，杨蕊. 心理契约破裂、组织承诺与员工绩效 [J]. 科研管理，2011，32（12）：134-142.

③ Anthony G.*The consequences of modernity*[M].Stanford,CA:Stanford University Press,1990:97.

④ 转引自郑也夫.《信任论》[M]. 北京：中国广播电视出版社，2001：17.

⑤ 刘少杰. 国外社会学理论 [M]. 北京：高等教育出版社，2006：131-142.

⑥ Savage D.Trust as a productivity management tool[J].*Training and development Journal*,1982,3:54-57.

⑦ Shaw R B.*Trust in the balance:Building successful organizations on results,integrity and concern*[M].San Francisco:Jossye Bass,1997.

⑧ 白云涛编. 信任构建中的领导力科层与机制 [M]. 厦门：厦门大学出版社，2013：41.

系统信任，这是指组织中的非人际信任，即组织成员对组织整体的信任。本研究提及的信任指向的是第二种情况，即教师对幼儿园组织整体的信任。在社会结构中，信任是关系和契约的核心，直接影响着一方对另一方的行为。员工对组织的信任在心理契约违背的主观体验中扮演着重要角色，影响着员工对组织心理契约违背的确认、解释及由此引发的行动力。[①] 当员工认为组织存在心理契约的违背时，员工对组织的信任感就会下降，并对组织所做的承诺失去信心，员工对组织的投入也会因此而下降。

研究还表明，在员工和组织的心理契约关系中，组织心理契约违背会降低员工对组织的信任[②③]。具体表现为当员工感知到组织心理契约被违背时会降低自身对组织的信任。[④]Rousseau&McLean(1993) 的研究也指出，在雇佣关系条件下，当双方感知到彼此心理契约违背时，彼此间的信任就会遭到破坏。[⑤]Robinson(1996) 的研究也发现员工对组织的信任水平会影响组织心理契约违背后的态度，且信任水平对员工和组织间的心理契约关系的发展、维持等会产生重要作用。[⑥] 员工心理契约是建立在互惠原则基础上的，在交换过程中，如果员工对组织缺乏信任，那么他们对组织的依赖性就会降低，就不可能有较高的工作绩效。[⑦] 因为根据社会交换理论，当员工被组织吸引时，会通过为组织做出贡献以获得组织接受。而当组织提供了具有吸引力的报酬，员工个体的组织信任感和组织承诺水平均会提升，个人也会做出应有的贡献。反之，当组织存在心理契约违背时，员工会降低对组织信任水平，导致员工降低对组织的情感承诺，进而产生降低工作绩效的消极态度与行为。[⑧] 朱晓妹（2008）在研究中也发现，组织信任在组织心理契约违背与工作绩效中起到中介作用。[⑨] 基于已有研究，提出本研究的研究假设：

① 朱晓妹. 基于心理契约的薪酬模式研究 [M]. 北京：知识产权出版社，2008：87.

② Robinson S L.Trust and breach of the psychological contract[J].*Administrative Science Quarterly*,1996,41(4):574-599.

③ Cassar A V,Briner R B.The relationship between psychological contract breach and organizational commitment:Exchange imbalance as a moderator of the mediating role of violation[J].*Journal of Vocational Behavior*,2011,78(2):283-289.

④ Robinson S L,Morrison E W.Psychological contracts and OCB:The effect of unfulfilled obligations on civic virtue behavior[J].*Journal of Organizational Behavior*,1995(3):289-298.

⑤ Rousseau D M,Mclean P J.The contracts of individuals and organizations[J].*Research in Organizational Behavior*,1993,15:1-43.

⑥ Robinson S L.Trust and breach of the psychological contract[J].*Administrative Science Quarterly*,1996,41:574-599.

⑦ 宋利，古继宝. 员工组织承诺的培育：心理契约与信任视角 [J]. 科技管理研究，2005（7）：38-41.

⑧ Kickul J,Lester S W.Broken promises:Equity sensitivity as a moderator between psychological contract breach and employee attitudes and behavior[J].*Journal of Business and Psychology*,2001,16(2):191-217.

⑨ 朱晓妹. 基于心理契约的薪酬模式研究 [M]. 北京：知识产权出版社，2008：97.

假设4：组织信任在幼儿园心理契约违背对教师工作绩效的影响间具有中介作用

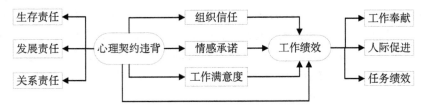

图5-2　组织信任、情感承诺和工作满意度在心理契约违背和工作绩效间的中介作用模型图

②研究对象与研究工具

Ⅰ研究对象

此部分幼儿园心理契约违背对教师工作绩效影响的中介作用的分析，问卷调查部分与第四章师园心理契约违背现状调查部分问卷同步发放，问卷调查对象具体情况见表4-1。

Ⅱ研究工具

a. 心理契约问卷幼儿园责任量表

本研究的师园心理契约问卷幼儿园责任量表主要采用了自主编制的心理契约问卷，具体同第四章现状调查部分工具。

b. 工作绩效量表

本研究对幼儿园教师工作绩效的测量采用由Motowidlo等编制的工作绩效问卷，由胥兴春等学者将其应用于教师群体，修编形成的《教师工作绩效问卷》。[①] 研究中采用Likert5点计分，由任务绩效、工作奉献和人际促进3个维度14个题项构成。"5"到"1"代表得分从高到低，每个维度得分越高，说明该维度的教师工作绩效完成的越好，该量表目前被广泛应用于相关研究中。研究者依据幼儿园教师的职业特征对题项中的语言表述做适当修改，通过征求专家和学者建议将其修改为适合幼儿园教师作答的陈述方式，以符合幼儿园教师的实际情况。本研究中工作绩效量表的三个维度的Cronbach's α 系数均较为理想，其中，任务绩效维度的Cronbach's α 系数为0.841，工作奉献维度为0.926，人际促进维度为0.883，表明量表具有较好的信度。

c. 组织信任量表

本研究中教师对幼儿园组织信任情况的量度采用Robinson&Rousseau（1904）编制的组织信任量表。原量表由7个项目组成，用来评定员工对组织的信任情

① 胥兴春. 教师工作价值观及其影响效应研究 [D]. 博士学位论文，重庆：西南大学，2007.

况。我国学者陈加洲（2007）[①]对此量表进行了翻译修订，剔除1个共同度较低的项目，最终保留6个题项，总分为6—30分，得分越高表明教师对幼儿园的信任程度越高。该量表目前被广泛应用于相关研究中。研究者依据幼儿园教师的职业特征对题项中的语言表述做适当修改，通过征求专家和学者建议将其修改为适合幼儿园教师作答的陈述方式，以符合幼儿园教师的实际情况。本研究中组织信任量表的Cronbach's α系数为0.935，总体较理想，表明量表具有较好的信度。

d. 组织情感承诺量表

本研究组织情感承诺量表采用的是目前被广泛应用的Meyer(1997)编制的量表，由研究者张家瑞结合中国实际改制而成[②]。量表由6个题项组成，总分为6—30分，得分越高表明教师对幼儿园的情感承诺程度越高。研究者依据幼儿园教师的职业特征对题项中的语言表述做适当修改，通过征求专家和学者建议将其修改为适合幼儿园教师作答的陈述方式，以符合幼儿园教师的实际情况。本研究中组织情感承诺量表的Cronbach's α系数为0.953，表明量表具有较好的信度。

e. 工作满意度量表

本研究中的工作满意度量表主要采用Larwood等(1998)开发的量表，分别从对工作本身、薪资待遇、领导、职务晋升和整体的满意度5个方面进行衡量。张楚筠在相关研究中进行了量表的翻译与修订，[③]量表由5个题项组成，总分为5—25分，得分越高表明教师的工作满意度越高。研究者依据幼儿园教师的职业特征对题项中的语言表述做适当修改，通过征求专家和学者建议，将其修改为适合幼儿园教师作答的陈述方式，以符合幼儿园教师的实际情况。本研究中工作满意度量表的Cronbach's α系数为0.949，较为理想，表明量表具有较好的信度。

③研究程序与数据处理

此部分问卷的发放采用问卷星线上发放结合线下发放的方式。在问卷收集阶段，研究者与各地建立良好关系的幼儿园园长取得联系，具体说明本次研究的目的后确定本次问卷的发放对象。为保证问卷填写质量，研究者提前将问卷作答说明和问卷指导语告知负责人员，并将问卷发给负责人员。由负责人员利用幼儿园集体培训和教研活动的契机和幼儿园教师工作群等进行问卷的发放。负责人员在问卷发放前将作答要求告知被试，被试在充分了解问卷填答要求后

① 陈加洲. 员工心理契约的作用模式与管理对策 [M]. 北京：人民出版社，2007.

② 张家瑞. 民营企业领导—员工"关系"对员工工作态度的影响研究 [D]. 博士学位论文，成都：西南财经大学，2011.

③ 张楚筠. 公务员心理契约研究 [M]. 上海：上海交通大学出版社，2011.

进行问卷的填写，线上发放的问卷数据最终上传至网络平台，线下填答的问卷由负责人员进行回收。问卷采用不记名的方式作答，被试完成全部问卷约需 25 分钟。研究者将回收的问卷进行筛选，剔除无效问卷。

在数据处理过程中，本研究主要采用 SPSS26.0 软件对数据进行相关分析。首先，通过描述性统计对各问卷的得分情况进行初步分析，然后通过相关分析了解幼儿园心理契约违背、组织信任、组织情感承诺、工作满意度与教师工作绩效变量间的关联程度。最后，通过 AMOS24.0 软件建构结构方程模型来对幼儿园心理契约违背的效应进行分析。结构方程模型是用来分析社会学、心理学与管理学等领域中广泛存在的不可直接观测变量或变量群之间的内在关系，其本质是通过建立、估计和检验因果关系以检验观测变量和潜变量、潜变量和潜变量之间关系的一种多元统计分析方法。

④问卷的信效度检验

Ⅰ问卷信度检验

本研究采用 Cronbach's α 系数对问卷整体和各项目内在一致信度进行测度，通过测量同因子下各变量间的一致性及量表整体一致性来衡量所得结果的内部一致性程度。此部分的 Cronbach 信度分析结果见表 5-4。

表 5-4　Cronbach 信度分析表

维度	题项	校正项总计相关性（CITC）	项已删除的 α 系数	Cronbach' α 系数
任务绩效	TP1	0.701	0.788	0.841
	TP2	0.673	0.800	
	TP3	0.639	0.815	
	TP4	0.690	0.793	
工作奉献	WD1	0.843	0.902	0.926
	WD2	0.807	0.909	
	WD3	0.831	0.904	
	WD4	0.774	0.915	
	WD5	0.777	0.915	
人际促进	IF1	0.724	0.856	0.883
	IF2	0.780	0.844	
	IF3	0.693	0.863	
	IF4	0.725	0.856	
	IF5	0.676	0.868	

维度	题项	校正项总计相关性 （CITC）	项已删除的 α 系数	Cronbach' α 系数
组织信任	OT1	0.775	0.928	0.935
	OT2	0.798	0.924	
	OT3	0.807	0.923	
	OT4	0.790	0.925	
	OT5	0.836	0.920	
	OT6	0.846	0.918	
工作满意度	JS1	0.842	0.939	0.948
	JS2	0.880	0.932	
	JS3	0.871	0.934	
	JS4	0.808	0.945	
	JS5	0.890	0.931	
组织情感承诺	EC1	0.839	0.946	0.953
	EC2	0.889	0.940	
	EC3	0.835	0.946	
	EC4	0.814	0.949	
	EC5	0.846	0.945	
	EC6	0.904	0.938	
生存责任违背	BSR1	0.818	0.929	0.940
	BSR2	0.821	0.929	
	BSR3	0.795	0.932	
	BSR4	0.817	0.929	
	BSR5	0.835	0.927	
	BSR6	0.834	0.927	
发展责任违背	BDR1	0.766	0.900	0.915
	BDR2	0.791	0.895	
	BDR3	0.788	0.895	
	BDR4	0.777	0.897	
	BDR5	0.792	0.894	

维度	题项	校正项总计相关性(CITC)	项已删除的α系数	Cronbach'α系数
关系责任违背	BR1	0.748	0.937	0.942
	BR2	0.787	0.935	
	BR3	0.711	0.939	
	BR4	0.688	0.940	
	BR5	0.878	0.931	
	BR6	0.731	0.938	
	BR7	0.724	0.938	
	BR8	0.821	0.933	
	BR9	0.762	0.936	
	BR10	0.793	0.935	

综上，在幼儿园心理契约不同维度中，生存责任违背量表的 α 系数为 0.940，发展责任违背量表的 α 系数为 0.915，关系责任违背量表的 α 系数为 0.942，均大于 0.8，分析项的 CITC 值均大于 0.4，说明分析项之间具有良好的相关关系。工作绩效量表中任务绩效量表的 α 系数为 0.841，工作奉献量表的 α 系数为 0.926，人际促进量表的 α 系数为 0.883，均大于 0.8，说明该维度数据信度较高，分析项的 CITC 值均大于 0.4，说明分析项间具有良好的相关关系。组织信任量表的 α 系数为 0.935，工作满意度的 α 系数为 0.948，组织情感承诺的 α 系数为 0.953，均大于 0.8，分析项的 CITC 值均大于 0.4。可见，各量表数据的信度质量均已达标，可用于进一步分析。

Ⅱ问卷效度检验

a. 探索性因子分析

本研究使用 SPSS26.0 软件，采用主成分分析法对研究所用的自变量、因变量和中介变量的相关量表进行探索性因子分析。通过对自变量心理契约量表的探索性因子分析表明，研究数据的 KMO 检验值为 0.948，大于 0.9，说明非常适合进行因子分析。Bartlett 球形检验的显著性 P 值小于 0.05，水平上呈显著性，各变量间具有相关性，适合做因子分析（见表 5-5）。探索性因子分析主要采用主成分分析法（Principal Factor Analysis），以方差最大正交旋转进行因子旋转，使用固定抽取因子法或特征值大于 1 的标准提取一定数量的公因子（见表 5-6）。

表 5-5 自变量的探索性因子分析表

KMO 和巴特利特检验		
KMO 取样适切性量数		0.948
巴特利特球形度检验	近似卡方	13250.966
	自由度	210.000
	显著性	0.000

表 5-6 自变量旋转后因子载荷系数表

变量	题项	因子载荷系数			共同度（公因子方差）
		成分 1	成分 2	成分 3	
生存责任违背	BSR1	0.101	0.864	0.109	0.768
	BSR2	0.078	0.869	0.105	0.773
	BSR3	0.101	0.839	0.151	0.737
	BSR4	0.108	0.863	0.104	0.767
	BSR5	0.115	0.865	0.169	0.791
	BSR6	0.105	0.876	0.104	0.789
发展责任违背	BDR1	0.089	0.150	0.833	0.725
	BDR2	0.080	0.137	0.855	0.756
	BDR3	0.100	0.134	0.852	0.754
	BDR4	0.057	0.128	0.850	0.741
	BDR5	0.049	0.106	0.865	0.762
关系责任违背	BR1	0.792	0.107	0.061	0.642
	BR2	0.833	0.038	0.054	0.698
	BR3	0.763	0.085	0.028	0.590
	BR4	0.739	0.084	0.066	0.558
	BR5	0.901	0.107	0.044	0.826
	BR6	0.776	0.086	0.067	0.615
	BR7	0.776	0.058	0.058	0.609
	BR8	0.852	0.104	0.083	0.743
	BR9	0.807	0.073	0.047	0.659
	BR10	0.830	0.083	0.079	0.702
特征根		7.682	4.449	2.872	
方差贡献率 %		36.582	21.185	13.674	
累积贡献率 %		36.582	57.768	71.442	

根据表 5-6，采用主成分分析，共提取出 3 个因子，公因子的累积贡献率为71.442%，大于 60%，说明所提取的公因子包含的信息较充分。通过正交旋转

法旋转后，可将 21 个题项归类为 3 个因子，其中每个因子的各题项载荷系数值均高于 0.5，说明每个因子与题项的对应关系良好。所有研究项对应的共同度均高于 0.4，意味着研究项与因子间有着较强的关联性。综上，本研究选取的自变量量表具有良好的建构效度。

根据表 5-7，中介变量数据的 KMO 检验值为 0.933，大于 0.9，说明适合进行因子分析。Bartlett 球形检验的显著性 P 值小于 0.05，水平上呈现显著性，因此拒绝原假设，各变量间具有相关性，适合做因子分析。

表 5-7　中介变量的探索性因子分析表

KMO 和巴特利特检验		
KMO 取样适切性量数		0.933
巴特利特球形度检验	近似卡方	13202.628
	自由度	136.000
	显著性	0.000

根据表 5-8，对中介变量采用主成分分析，一共提取出 3 个因子，公因子的累积贡献率为 79.812%，大于 60%，说明所提取的公因子包含的信息较充分。通过正交旋转，可将 17 个题项归类为 3 个因子，其中每个因子的各个题项载荷系数值均高于 0.5，说明每个因子与题项的对应关系良好，各观测变量按照理论预设聚合到各维度下。所有研究项对应的共同度值均高于 0.4，意味着研究项和因子之间有着较强的关联性。综上，本研究选取的中介变量量表具有良好的建构效度。

表 5-8　中介变量旋转后因子载荷系数表

变量	题项	因子载荷系数			共同度（公因子方差）
		成分 1	成分 2	成分 3	
组织信任	OT1	0.124	0.833	0.056	0.712
	OT2	0.115	0.847	0.109	0.743
	OT3	0.112	0.861	0.056	0.756
	OT4	0.071	0.851	0.071	0.734
	OT5	0.083	0.885	0.068	0.795
	OT6	0.096	0.888	0.091	0.806
工作满意度	JS1	0.041	0.080	0.896	0.811
	JS2	0.083	0.076	0.919	0.856
	JS3	0.078	0.078	0.913	0.847
	JS4	0.073	0.078	0.868	0.765
	JS5	0.087	0.098	0.923	0.869

续表

变量	题项	因子载荷系数			共同度（公因子方差）
		成分 1	成分 2	成分 3	
组织情感承诺	EC1	0.881	0.108	0.057	0.792
	EC2	0.917	0.109	0.062	0.857
	EC3	0.882	0.074	0.070	0.788
	EC4	0.862	0.114	0.047	0.758
	EC5	0.885	0.100	0.079	0.800
	EC6	0.925	0.115	0.094	0.878
特征根		6.351	3.719	3.497	
方差贡献率 %		37.361	21.878	20.573	
累积贡献率 %		37.361	59.239	79.812	

根据表 5-9 的检验结果可知，因变量的 KMO 检验值为 0.887，大于 0.7，说明比较适合进行因子分析。Bartlett 球形检验的显著性 P 值小于 0.05，水平上呈现显著性，因此拒绝原假设，各变量间具有相关性，因子分析有效，适合做因子分析。

表 5-9　因变量的探索性因子分析表

KMO 和巴特利特检验		
KMO 取样适切性量数		0.887
巴特利特球形度检验	近似卡方	6712.800
	自由度	91.000
	显著性	0.000

根据表 5-10 可知，对因变量采用主成分分析，提取出 3 个特征值大于 1 的因子，公因子的累积贡献率为 71.522%，大于 60%，说明提取的公因子包含的信息较充分。通过正交旋转可将 14 个题项归类为 3 个因子，其中每个因子的各个题项的载荷系数值均高于 0.5，且未出现双重因子负荷均高的情况，各观测变量按照理论预设聚合到各维度下。所有研究项对应的共同度值均高于 0.4，意味着因子可以有效提取信息。综上，本研究选取的因变量量表具有良好的建构效度。

表 5-10　因变量旋转后的因子载荷系数表

变量	题项	因子载荷系数			共同度（公因子方差）
		成分 1	成分 2	成分 3	
任务绩效	TP1	0.082	0.012	0.839	0.710
	TP2	-0.011	-0.015	0.823	0.678
	TP3	0.025	0.027	0.795	0.634
	TP4	0.018	0.029	0.834	0.696
工作奉献	WD1	0.890	0.151	0.051	0.818
	WD2	0.869	0.138	0.024	0.775
	WD3	0.874	0.193	0.051	0.804
	WD4	0.860	0.051	0.001	0.743
	WD5	0.846	0.136	0.018	0.735
人际促进	IF1	0.105	0.825	-0.013	0.691
	IF2	0.126	0.861	-0.004	0.758
	IF3	0.147	0.794	0.008	0.652
	IF4	0.127	0.820	0.053	0.691
	IF5	0.111	0.784	0.021	0.627
特征根		4.785	2.706	2.522	
方差贡献率 %		34.179	19.326	18.017	
累积贡献率 %		34.179	53.505	71.522	

b. 验证性因子分析

图 5-3 展示了自变量验证性因子分析模型结果，表 5-11 展示了自变量的模型拟合指标，模型的 CMIN 值为 260.256，DF 值为 186，CMIN/DF 值为 1.399<3，总体较为理想。RMSEA 值为 0.022<0.08，GFI、CFI、NFI、IFI 的指标均大于 0.9。综上，各个指标均符合标准，说明自变量指标的模型的拟合度良好。

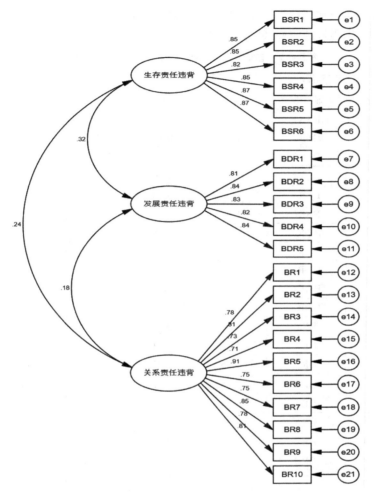

图 5-3 自变量验证性因子分析模型结果图

表 5-11 自变量模型拟合指标统计表

指标	CMIN	DF	CMIN/DF	GFI	RMSEA	CFI	NFI	IFI
理想值	-	-	<3	>0.9	<0.08	>0.9	>0.9	>0.9
达标值	-	-	<5	>0.8	<0.10	>0.8	>0.8	>0.8
拟合值	260.256	186	1.399	0.972	0.022	0.994	0.981	0.994

验证性因子标准化因子载荷表主要包含因子（潜变量）、测量项（显变量）、非标准载荷系数、标准化因子载荷、标准误（S.E.）、z 值（C.R.）、显著性（p）。标准化因子载荷大于 0.5，说明每个观察变量都可以很好地解释潜在变量。t 值和 p 值主要是显著性判断，p 值小于 0.05，说明标准化因子载荷显著。由表 5-12

的自变量因子载荷系数表可知，每个题项的标准化因子载荷均大于0.5，说明每个题项都可以很好地解释其所在维度。

表5-12 自变量验证性因子分析因子载荷系数表

因子（潜变量）	测量项（显变量）	非标准载荷系数	标准载荷系数	标准误	z (C.R.)	p
生存责任	BSR1	1.0	0.848			
	BSR2	1.044	0.849	0.033	31.462	***
	BSR3	0.992	0.824	0.033	29.908	***
	BSR4	1.009	0.847	0.032	31.35	***
	BSR5	1.043	0.869	0.032	32.76	***
	BSR6	1.044	0.866	0.032	32.585	***
发展责任	BDR1	1.0	0.808			
	BDR2	1.042	0.836	0.038	27.621	***
	BDR3	0.973	0.834	0.035	27.514	***
	BDR4	0.977	0.82	0.036	26.874	***
	BDR5	0.994	0.837	0.036	27.623	***
关系责任	BR1	1.0	0.778			
	BR2	1.021	0.813	0.039	26.047	***
	BR3	0.963	0.732	0.042	22.854	***
	BR4	0.981	0.713	0.044	22.149	***
	BR5	1.086	0.911	0.036	30.267	***
	BR6	1.003	0.751	0.043	23.599	***
	BR7	1.001	0.753	0.042	23.657	***
	BR8	1.063	0.85	0.038	27.625	***
	BR9	1.023	0.784	0.041	24.898	***
	BR10	1.01	0.815	0.039	26.12	***

注："***"表示p<0.001。

由表5-13自变量验证性因子分析模型AVE和CR的检验结果显示：每个因子的组合信度CR均大于0.7，说明每个潜变量中的所有测项都可以一致性地解释该潜变量；AVE值均大于0.5，则说明具有较好的聚敛效度。

表5-13 自变量AVE和CR指标结果统计表

因子	平均方差萃取AVE值	组合信度CR值
生存责任	0.724	0.940
发展责任	0.684	0.915
关系责任	0.627	0.944

表 5-14 可知，任一潜变量 AVE 平方根值大于该潜变量与其他潜变量相关系数，说明量表有很好的区别效度。

表 5-14 自变量 Pearson 相关与 AVE 平方根值统计表

	生存责任	发展责任	关系责任
生存责任	0.851		
发展责任	0.320	0.827	
关系责任	0.239	0.182	0.792

注：左下角数据是相关系数，对角线数据是 AVE 平方根值。

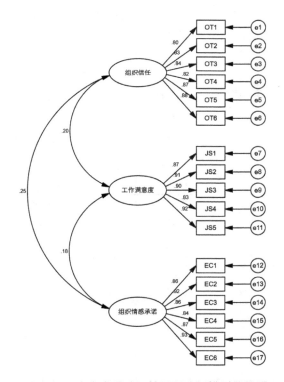

图 5-4 中介变量验证性因子分析模型结果图

图 5-4 展示了中介变量验证性因子分析模型结果，表 5-15 展示了模型的拟合指标。中介变量验证性因子分析模型 CMIN 值为 123.387，DF 值为 116，CMIN/DF 值为 1.064<3，均较理想。RMSEA 值为 0.009<0.08，GFI、CFI、NFI、IFI 的指标均大于 0.9。综上，中介变量各个指标均符合标准，说明验证性因子分析的模型拟合度良好。

表 5-15　中介变量验证性因子分析模型拟合指标统计表

指标	CMIN	DF	CMIN/DF	GFI	RMSEA	CFI	NFI	IFI
理想值	-	-	<3	>0.9	<0.08	>0.9	>0.9	>0.9
达标值	-	-	<5	>0.8	<0.10	>0.8	>0.8	>0.8
拟合值	123.387	116	1.064	0.983	0.009	0.999	0.991	0.999

由表 5-16 可知，从中介变量因子载荷系数来看，每个题项的标准化因子载荷均大于 0.5，说明每个题项都可以很好地解释其所在的维度。

表 5-16　中介变量因子载荷系数表

因子 （潜变量）	测量项 （显变量）	非标准载荷 系数	标准载荷 系数	标准误	z (C.R.)	p
组织信任	OT1	1.000	0.804			
	OT2	0.963	0.834	0.034	27.954	***
	OT3	0.997	0.839	0.035	28.199	***
	OT4	0.905	0.820	0.033	27.287	***
	OT5	0.975	0.872	0.033	29.780	***
	OT6	1.018	0.882	0.034	30.288	***
工作满意度	JS1	1.000	0.871			
	JS2	1.025	0.908	0.027	38.277	***
	JS3	0.996	0.902	0.026	37.715	***
	JS4	0.935	0.831	0.029	32.067	***
	JS5	1.017	0.922	0.026	39.566	***
组织情感承诺	EC1	1.000	0.863			
	EC2	0.995	0.916	0.026	38.408	***
	EC3	0.945	0.859	0.028	33.759	***
	EC4	0.982	0.837	0.031	32.149	***
	EC5	0.974	0.869	0.028	34.497	***
	EC6	0.992	0.934	0.025	40.025	***

注："***" 表示 p<0.001。

由表 5-17 可知，中介变量模型 AVE 和 CR 的检验结果显示：每个因子的组合信度 CR 均大于 0.7，说明每个潜变量中的所有测项都可以一致性地解释该潜变量；AVE 值均大于 0.5，则说明具有较好的聚敛效度。

表 5-17　中介变量模型 AVE 和 CR 指标结果统计表

因子	平均方差萃取 AVE 值	组合信度 CR 值
组织信任	0.709	0.936
工作满意度	0.787	0.949
组织情感承诺	0.775	0.954

由表 5-18 可知，任一潜变量 AVE 平方根值大于该潜变量与其他潜变量相关系数，说明量表有很好的区别效度。

表 5-18　中介变量的 Pearson 相关与 AVE 平方根值统计表

	组织信任	工作满意度	组织情感承诺
组织信任	0.842		
工作满意度	0.196	0.887	
组织情感承诺	0.245	0.177	0.880

注：左下角数据是相关系数，对角线数据是 AVE 平方根值。

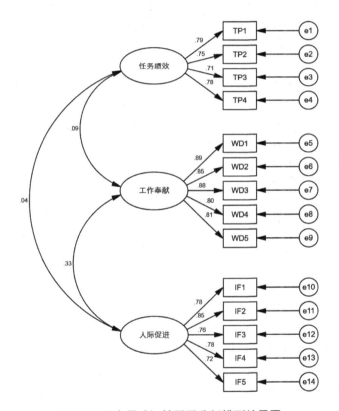

图 5-5　因变量验证性因子分析模型结果图

图 5-5 展示了因变量验证性因子分析模型结果。表 5-19 展示了因变量的模型的拟合指标。模型 CMIN 值为 104.309，DF 值为 74，CMIN/DF 值为 1.41<3，总体较理想。RMSEA 值为 0.022<0.08，GFI、CFI、NFI、IFI 的值均大于 0.9。综上，各个指标均符合标准，说明因变量模型的拟合度良好。

表 5-19　因变量模型拟合指标统计表

指标	CMIN	DF	CMIN/DF	GFI	RMSEA	CFI	NFI	IFI
理想值	-	-	<3	>0.9	<0.08	>0.9	>0.9	>0.9
达标值	-	-	<5	>0.8	<0.10	>0.8	>0.8	>0.8
拟合值	104.309	74	1.41	0.983	0.022	0.995	0.985	0.995

由表 5-20 可知，因变量每个题项的标准化因子载荷值均大于 0.5，说明每个题项都可以很好地解释其所在的维度。

表 5-20　因变量因子载荷系数表

因子 （潜变量）	测量项 （显变量）	非标准载荷 系数	标准载荷 系数	标准误	z（C.R.）	p
任务绩效	TP1	1.000	0.792			
	TP2	0.964	0.748	0.046	20.887	***
	TP3	0.934	0.706	0.047	19.725	***
	TP4	1.011	0.776	0.047	21.571	***
工作奉献	WD1	1.000	0.888			
	WD2	1.011	0.852	0.030	33.785	***
	WD3	0.984	0.877	0.028	35.744	***
	WD4	0.913	0.802	0.030	30.199	***
	WD5	0.969	0.810	0.032	30.708	***
人际促进	IF1	1.000	0.782			
	IF2	1.050	0.849	0.041	25.701	***
	IF3	0.963	0.755	0.043	22.567	***
	IF4	1.068	0.778	0.046	23.359	***
	IF5	0.992	0.722	0.046	21.414	***

注："***"表示 $p < 0.001$。

由表 5-21 的因变量模型 AVE 和 CR 值的检验结果显示：每个因子的组合信度 CR 值均大于 0.7，说明每个潜变量中的所有测项都可以一致性地解释该潜变量，AVE 值均大于 0.5，则说明因变量模型具有较好的聚敛效度。

表 5-21　因变量模型 AVE 和 CR 指标结果统计表

因子	平均方差萃取 AVE 值	组合信度 CR 值
任务绩效	0.572	0.842
工作奉献	0.717	0.927
人际促进	0.606	0.885

由表 5-22 可知，任一潜变量 AVE 平方根值大于该潜变量与其他潜变量相

关系数，说明量表有很好的区别效度。

表 5-22　因变量 Pearson 相关与 AVE 平方根值统计表

	任务绩效	工作奉献	人际促进
任务绩效	0.756		
工作奉献	0.087	0.847	
人际促进	0.040	0.333	0.778

注：左下角数据是相关系数，对角线数据是 AVE 平方根值。

⑤研究结果

Ⅰ工作绩效与中介变量的描述性统计分析

a. 工作绩效的描述性统计分析

本研究对幼儿园教师工作绩效进行描述性统计分析，计算其平均值、标准差与极端值，结果见表 5-23。由统计结果可知，幼儿园教师工作绩效的总体平均值为 4.63，处于"基本符合"到"完全符合"的区间，表明教师总体上认为自己能够较好地达成幼儿园的工作绩效要求。总体上看，得分最高的是任务绩效维度，其次是人际促进维度，得分较低的是工作奉献维度。但是这三个维度数据得分的差异并不十分显著。从极端值来看，三个维度的得分均在 1—5 区间，表明不同教师认为自身完成幼儿园工作绩效情况还是存在显著的差异。

表 5-23　幼儿园教师工作绩效的统计结果表

	平均值	标准差	最小值	最大值
任务绩效	4.70	0.60	1	5
工作奉献	4.52	0.90	1	5
人际促进	4.68	0.59	1	5
工作绩效	4.63	0.70	1	5

b. 工作满意度、组织情感承诺和组织信任的描述性统计分析

本研究对幼儿园教师的工作满意度、组织情感承诺和组织信任进行描述性统计分析，计算其平均值、标准差与极端值，结果见表 5-24。由统计结果可知，幼儿园教师工作满意度的总体平均值为 2.83，处于"不太符合"到"不确定"的区间，可见，教师总体上对幼儿园工作的满意度未达到中值水平，表明教师对幼儿园工作尚存在一定不满。从极端值看，得分均在 1—5 区间，表明不同教师对幼儿园的满意度存在显著差异。幼儿园教师组织情感承诺的总体均值为 4.36，处于"基本符合"到"完全符合"的区间，表明教师总体上对幼儿园组织有较高的组织情感承诺，即对幼儿园有较深的情感和归属感，教师认为自己在幼儿园中能够实现自己的个人理想。从极端值看，得分均在 1—5 区间，表

189

明不同教师对幼儿园的组织情感承诺存在显著差异。幼儿园教师对组织信任的总体平均值为 2.45，处于"不太符合"与"不确定"的区间，表明幼儿园教师总体上对幼儿园组织的信任感较低。从极端值来看，得分均在 1—5 区间，表明不同教师对幼儿园组织的信任感存在显著差异。

表 5-24 工作满意度、情感承诺和组织信任的统计结果表

	平均值	标准差	最小值	最大值
工作满意度	2.83	0.91	1	5
情感承诺	4.36	0.83	1	5
组织信任	2.45	0.82	1	5

Ⅱ中介变量与幼儿园心理契约违背、教师工作绩效的相关分析

为了了解幼儿园心理契约违背、教师组织信任、组织情感承诺、工作满意度与教师工作绩效等变量间的相关性，本研究采用了 Pearson 相关分析，统计学中，Pearson 相关系数（Pearson Correlation Coefficient）又称皮尔逊积矩相关系数，是用于度量两个变量 X 和 Y 之间的相关性（线性相关）的，其值介于 -1 与 1 之间。相关系数的绝对值越大相关性越强；相关系数越接近于 1 或 -1，相关性越强；相关系数越接近于 0 表示相关性越弱，研究结果见表 5-25。

表 5-25 各变量相关性分析结果表

变量	1	2	3	4	5	6	7	8	9	10
1. 任务绩效	-									
2. 工作奉献	0.069*	-								
3. 人际促进	0.038	0.298**	-							
4. 组织信任	0.223**	0.245**	0.310**	-0.338**	-					
5. 工作满意度	0.148**	0.185**	0.280**	-0.273**	0.184**	-				
6. 组织情感承诺	0.124**	0.238**	0.226**	-0.198**	0.235**	0.163**	-			
7. 生存责任违背	-0.157**	-0.240**	-0.288**	0.278**	-0.224**	-0.185**	-0.130**	-		
8. 发展责任违背	-0.163**	-0.286**	-0.313**	0.266**	-0.208**	-0.172**	-0.171**	0.298**	-	
9. 关系责任违背	-0.160**	-0.187**	-0.246**	0.228**	-0.161**	-0.135**	-0.189**	0.224**	0.173**	-

注："**"表示在 0.01 级别（双尾）相关性显著，"*"表示在 0.05 级别（双尾）相关性显著。

由上表 5-25 可知，从工作绩效不同维度间的相关性来看，教师的任务绩效与工作奉献相关系数为 0.069（$p < 0.05$），任务绩效与人际促进的相关系数

为 0.038（$p > 0.05$），人际促进与工作奉献的相关系数为 0.298（$p < 0.01$），说明工作奉献与任务绩效、人际促进具有显著正相关性，但人际促进与任务绩效间没有显著相关性。从组织信任与工作绩效不同维度的相关性来看，组织信任与任务绩效、工作奉献和人际促进具有显著正相关性，相关系数分别为 0.223、0.245 和 0.310，且 p 值均小于 0.01。工作满意度与任务绩效、工作奉献和人际促进具有显著正相关性，相关系数分别为 0.148、0.185 和 0.280，且 p 值均小于 0.01。工作满意度与组织信任的相关系数为 0.184（$p < 0.01$），说明工作满意度与组织信任具有显著正相关性。组织情感承诺与任务绩效、工作奉献和人际促进具有显著正相关性，相关系数分别为 0.124、0.238 和 0.226，且 p 值均小于 0.01。组织情感承诺与组织信任的相关系数为 -0.198（$p < 0.01$），与工作满意度的相关系数为 0.235（$p < 0.01$），说明组织情感承诺与组织信任具有显著负相关性，与工作满意度具有显著正相关性。

幼儿园生存责任违背与教师的任务绩效、工作奉献和人际促进具有显著负相关性，相关系数分别为 -0.157、-0.240 和 -0.288，且 p 值均小于 0.01。幼儿园生存责任违背与教师的组织信任呈现显著正相关性，与工作满意度和组织情感承诺之间具有显著的负相关性，相关系数分别为 0.278、-0.224 和 -0.185，且 p 值均小于 0.01。幼儿园发展责任违背与教师的任务绩效、工作奉献和人际促进间具有显著负相关性，相关系数分别为 -0.163、-0.286 和 -0.313，且 p 值均小于 0.01。幼儿园发展责任违背与教师的组织信任呈显著正相关，与工作满意度和组织情感承诺均呈显著的负相关，相关系数分别为 0.266、-0.208 和 -0.172，且 p 值均小于 0.01。幼儿园关系责任的违背与任务绩效、工作奉献和人际促进均呈显著的负相关，相关系数分别为 -0.160、-0.187 和 -0.246，且 p 值均小于 0.01。关系责任违背与组织信任呈显著正相关，与工作满意度和组织情感承诺均呈显著的负相关，相关系数分别为 0.228、-0.161 和 -0.135，且 p 值均小于 0.01。

Ⅲ 组织信任、组织情感承诺和工作满意度在心理契约违背和教师工作绩效间的中介效应分析

a. 结构方程模型的建构

在相关分析基础上，本研究对工作满意度、组织情感承诺和组织信任在幼儿园心理契约违背和教师工作绩效间的中介效应进行检验。关于中介效应的检验，本研究采用陈瑞等人提出的中介效应检验原理与程序。[①] 采用 AMOS24.0 软件通过建立结构方程模型对工作满意度、组织情感承诺和组织信任在幼儿园心理契约违背和工作绩效间的中介效应进行检验。

---

① 陈瑞，郑毓煌，刘文静. 中介效应分析：原理、程序、Bootstrap 方法及其应用 [J]. 营销科学学报，2013，9（4）：120-135.

b.结构方程模型拟合指数评价

结构模型构建完成后，将本研究的有效样本数据导入，图5-6展示了中介效应结构方程模型图的结果。表5-26展示了中介效应模型的拟合指标。模型CMIN值为1442.706，DF值为1247，CMIN/DF值为1.157<3，均较为理想。RMSEA值为0.014<0.08，GFI、CFI、NFI、IFI的指标均大于0.9。综上，各个指标均符合标准，说明模型的拟合度良好。

表 5-26   中介效应模型拟合指标统计表

指标	CMIN	DF	CMIN/DF	GFI	RMSEA	CFI	NFI	IFI
理想值	-	-	<3	>0.9	<0.08	>0.9	>0.9	>0.9
达标值	-	-	<5	>0.8	<0.10	>0.8	>0.8	>0.8
拟合值	1442.706	1247	1.157	0.939	0.014	0.994	0.959	0.994

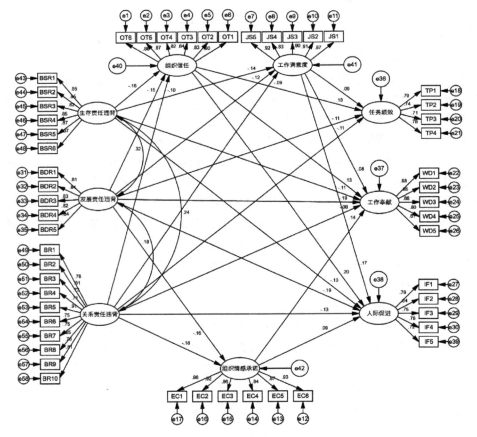

图 5-6   中介效应模型结果图

路径分析是结构方程模型分析最核心的功能，主要是为了验证变量间的关系，学术界通常认为路径系数需大于 0.1，路径系数反映的是潜变量间的直接关系。间接影响主要是验证自变量通过一个或多个中介变量对因变量产生影响，是验证中介作用的有效方法。由表 5-27 可知，幼儿园心理契约的发展责任、生存责任与关系责任的违背对教师的组织信任、组织情感承诺、工作满意度、任务绩效、工作奉献、人际促进均具有显著的负向影响。幼儿园教师的组织信任、工作满意度与组织情感承诺对教师的任务绩效、人际促进和工作奉献均具有显著的正向预测作用。

表 5-27　中介效应模型系数汇总表

自变量	因变量	非标准化路径系数	标准化路径系数	标准误	z (C.R.)	p
发展责任违背	组织信任	-0.129	-0.154	0.032	-4.006	***
发展责任违背	组织情感承诺	-0.128	-0.158	0.030	-4.300	***
生存责任违背	组织信任	-0.131	-0.165	0.031	-4.274	***
生存责任违背	工作满意度	-0.107	-0.138	0.030	-3.589	***
关系责任违背	组织信任	-0.091	-0.104	0.032	-2.838	0.005**
关系责任违背	工作满意度	-0.079	-0.094	0.031	-2.546	0.011*
关系责任违背	组织情感承诺	-0.150	-0.175	0.031	-4.849	***
发展责任违背	工作满意度	-0.099	-0.123	0.031	-3.193	0.001**
发展责任违背	任务绩效	-0.074	-0.109	0.027	-2.732	0.006**
发展责任违背	工作奉献	-0.139	-0.193	0.028	-5.030	***
发展责任违背	人际促进	-0.125	-0.193	0.025	-5.084	***
组织信任	任务绩效	0.149	0.184	0.032	4.701	***
组织信任	工作奉献	0.114	0.133	0.031	3.698	***
组织信任	人际促进	0.152	0.195	0.028	5.484	***
工作满意度	任务绩效	0.079	0.094	0.032	2.472	0.013*
工作满意度	工作奉献	0.070	0.079	0.031	2.265	0.024*
工作满意度	人际促进	0.136	0.169	0.028	4.894	***
组织情感承诺	工作奉献	0.124	0.140	0.031	4.002	***
组织情感承诺	人际促进	0.074	0.093	0.027	2.706	0.007**
生存责任违背	工作奉献	-0.077	-0.112	0.026	-2.982	0.003**
生存责任违背	人际促进	-0.079	-0.128	0.023	-3.444	***
关系责任违背	任务绩效	-0.078	-0.110	0.027	-2.862	0.004**
关系责任违背	工作奉献	-0.062	-0.081	0.027	-2.260	0.024*
关系责任违背	人际促进	-0.086	-0.126	0.024	-3.545	***

注："***"表示 p<0.001。

c.结构方程模型的中介效应分析

本研究采用bootstrap的方法，设定bootstrap样本数为2000，在95%置信水平下执行中介效应检验。根据Preacher Z等的研究，bootstrap置信区间不包含0，则对应的间接、直接或总效应存在。中介效应的检验结果如表5-28所示。

表5-28　中介效应路径分析表

路径关系	直接效应	间接效应	95% 置信区间		p	结论
			下限	上限		
生存责任违背 - 组织信任 - 任务绩效	-	-0.030	-0.054	-0.014	0.000	完全中介
生存责任违背 - 组织信任 - 工作奉献	-0.112（0.003）	-0.022	-0.042	-0.009	0.000	部分中介
生存责任违背 - 组织信任 - 人际促进	-0.128（***）	-0.032	-0.057	-0.016	0.000	部分中介
生存责任违背 - 工作满意度 - 任务绩效	-	-0.013	-0.030	-0.002	0.016	完全中介
生存责任违背 - 工作满意度 - 工作奉献	-0.112（0.003）	-0.011	-0.028	-0.001	0.037	部分中介
生存责任违背 - 工作满意度 - 人际促进	-0.128（***）	-0.023	-0.045	-0.009	0.001	部分中介
生存责任违背 - 组织情感承诺 - 任务绩效	-	-	-	-	-	不显著
生存责任违背 - 组织情感承诺 - 工作奉献	-0.112（0.003）	-	-	-	-	不显著
生存责任违背 - 组织情感承诺 - 人际促进	-0.128（***）	-	-	-	-	不显著
发展责任违背 - 组织信任 - 任务绩效	-0.074（0.006）	-0.028	-0.051	-0.014	0.001	部分中介
发展责任违背 - 组织信任 - 工作奉献	-0.139（***）	-0.020	-0.043	-0.009	0.000	部分中介
发展责任违背 - 组织信任 - 人际促进	-0.125（***）	-0.030	-0.054	-0.014	0.001	部分中介
发展责任违背 - 工作满意度 - 任务绩效	-0.074（0.006）	-0.012	-0.028	-0.002	0.015	部分中介

续表

路径关系	直接效应	间接效应	95% 置信区间		p	结论
			下限	上限		
发展责任违背 - 工作满意度 - 工作奉献	-0.139（***）	-0.010	-0.025	-0.001	0.035	部分中介
发展责任违背 - 工作满意度 - 人际促进	-0.125（***）	-0.021	-0.040	-0.008	0.001	部分中介
发展责任违背 - 组织情感承诺 - 任务绩效	-0.074（0.006）	-	-	-	-	不显著
发展责任违背 - 组织情感承诺 - 工作奉献	-0.139（***）	-0.022	-0.042	-0.009	0.000	部分中介
发展责任违背 - 组织情感承诺 - 人际促进	-0.125（***）	-0.015	-0.031	-0.003	0.008	部分中介
关系责任违背 - 组织信任 - 任务绩效	-0.078（0.004）	-0.019	-0.041	-0.006	0.006	部分中介
关系责任违背 - 组织信任 - 工作奉献	-0.062（0.024）	-0.014	-0.032	-0.004	0.005	部分中介
关系责任违背 - 组织信任 - 人际促进	-0.086（***）	-0.020	-0.043	-0.006	0.007	部分中介
关系责任违背 - 工作满意度 - 任务绩效	-0.078（0.004）	-0.009	-0.023	-0.001	0.021	部分中介
关系责任违背 - 工作满意度 - 工作奉献	-0.062（0.024）	-0.007	-0.020	0.000	0.037	部分中介
关系责任违背 - 工作满意度 - 人际促进	-0.086（***）	-0.016	-0.034	-0.004	0.008	部分中介
关系责任违背 - 组织情感承诺 - 任务绩效	-0.078（0.004）	-	-	-	-	不显著
关系责任违背 - 组织情感承诺 - 工作奉献	-0.062（0.024）	-0.024	-0.045	-0.010	0.001	部分中介
关系责任违背 - 组织情感承诺 - 人际促进	-0.086（***）	-0.016	-0.032	-0.004	0.008	部分中介

注：括号里面为 p 值 *** p<0.001。

如表 5-28 所示，中介效应分析结果表明，幼儿园教师的组织情感承诺在幼儿园生存责任、发展责任和关系责任违背与教师的任务绩效间的中介作用不显著（$P > 0.05$），在幼儿园生存责任违背与教师工作奉献和人际促进间的中介作用不显著（$P > 0.05$）。教师的组织情感承诺在幼儿园发展责任违背与教师工作奉献、人际促进间起到部分中介作用（$P < 0.001$，$P < 0.05$），在幼儿园关系责任违背与教师工作奉献与人际促进间起到部分中介作用（$P < 0.05$）。

教师的组织信任感在幼儿园生存责任违背与教师的任务绩效间起到完全中介作用（$P < 0.001$），在幼儿园发展责任违背与教师的任务绩效、工作奉献与人际促进间均起到部分中介作用（$P < 0.005$，$P < 0.001$，$P < 0.05$），在幼儿园生存责任违背与教师的工作奉献与人际促进间起到部分中介作用（$P < 0.001$），在关系责任违背与教师的任务绩效、工作奉献和人际促进间起到部分中介作用（$P < 0.05$）。

教师的工作满意度在幼儿园生存责任违背与教师的任务绩效间起到完全中介作用（$P < 0.001$），在幼儿园发展责任和关系责任违背与教师的任务绩效、工作奉献和人际促进间起到部分中介作用（$P < 0.05$），在幼儿园生存责任违背与教师的工作奉献与人际促进间起到部分中介作用（$P < 0.05$）。

（2）幼儿园心理契约违背对教师离职意向的影响：工作满意度、组织情感承诺和组织信任的中介作用

①研究假设

任何个体行为都是与情境因素交互影响产生的结果。离职意向指个体想离开组织，但还未在行为上表现出来的认识和观念。[①] 对离职行为具有较强的预见性。西方学者认为研究离职意向要比研究实际的离职行为更有意义。Bluedorn(1982)[②]、Price&Mueller(1981)[③] 等人甚至建议在研究中用离职意向代替实际的离职行为，因为离职行为会受到许多外在因素的影响，比离职意向更难以预测。另外，离职意向往往可以作为离职行为的直接预测指标。Bluedorn(1982) 针对 23 项离职意向研究所做的元分析中也发现离职意向和离职行为之间有非常显著的直接关系。[④] 根据社会交换理论和博弈论理论的观点，当教师感知到幼儿园出现心理契约违背时，会通过调节自身行为使双方投入并达成某种平衡。幼儿园心理契约违背可能会使教师产生消极的态度和行为，即教师会对幼儿园心理契约违背的事件进行自我调节性回应。若幼儿园发生的负

---

① Konovsky M A,Cropanzano R.Perceived fairness of employee drug testing as a predictor of employee attitudes and job performance[J].*Journal of Applied Psychology*,1991,76:698-707.

② Bluedorn A C.A unified model of turnover from organizations[J].*Human Relations*,1982,35(2):pp.135-153.

③ Price J L,Mueller C W.A causal model of turnover for nurses[J].*Academy of Management Journal*,1981,24(3):543-565.

④ Bluedorn A C.A unified model of turnover from organizations[J].*Human Relations*,1982,35(2):135-153.

面事件超出了教师的容忍限度，就可能导致教师终止与幼儿园的雇佣关系，产生离职意向甚至出现离职行为。了解幼儿园教师的离职意向，可尽早采取措施，减少教师离职行为的出现，保障教师队伍的稳定性，对幼儿园的有效管理有着重要价值。幼儿园教师的离职意向通常指向两种可能，一种是调离现在任教的幼儿园到其他园所继续工作，另一种可能是彻底离开幼儿园教师队伍，放弃幼儿园教师的职业转向其他行业。无论是何种原因离职，教师一旦在工作中产生离职意向都会对教师的工作效果产生一定影响。大量已有研究表明，组织心理契约违背会使员工产生离职意向[1][2][3][4][5]。Herriot 等 (1997) 的研究指出，当员工发现组织心理契约违背时，员工会与组织进行谈判、进行自我投入的调整，甚至产生离职意向与离职行为。[6] 总之，当员工感知到组织心理契约违背时，员工会对与组织的交换关系进行重新评价。本研究将探讨幼儿园心理契约不同维度的违背对教师离职意向的影响效应，基于已有研究提出如下研究假设：

假设 1：幼儿园心理契约违背对教师的离职意向具有显著预测作用。

工作满意度涉及的是某一种工作情境因素是否影响工作满意度，多与工作本身如工作自主性、工作变化性、工作重要性、与同事间的关系是否融洽、个人价值观与企业价值观的契合程度等相关。事实上，不满本身就是一种不愉快的心理状态，很大程度上会使员工出现离职意向。[7] 关于员工工作满意度与离职意向的关系，许多研究者进行了相关研究并得出相应结论。Igharia 等 (1992) 的研究认为对离职意向起到最直接决定作用的是工作满意度和组织承诺，其他变量对离职意向的影响大多是通过这两个因素起作用。[8] 很长一段时间，工作满意度被认为是解释员工离职意向的重要变量，工作满意度是离职意向最主要的预

---

① Turnley W H,Feldman D C.The impact of psychological contract violations on exit,voice,loyalty and neglect[J].*Human Relations*,1999:895-922.

② 樊耘，纪晓鹏，邵芳．雇佣契约对心理契约破坏影响的实证研究 [J]. 管理科学，2011（6）：57-68.

③ Lo S,Aryee S.Psychological contract breach in a Chinese context:An integrative approach[J]. *Journal of Management Studies*,2003,40(4):1005–1020.

④ 钱士茹，徐自强，王灵巧．新生代员工心理契约破裂和离职倾向的关系研究 [J]. 现代财经（天津财经大学学报），2015（2）：102-113.

⑤ Kaufmann L,Esslinger J,Carter C R.Toward relationship resilience:managing buyer-induced breaches of psychological contracts during joint buyer-supplier projects[J].*Journal of Supply Chain Management*,2018,54(4):62-85.

⑥ Herriot P,Pemberton C.Facilitating new deals[J].*Human Resource Management Journal*, 1997,7(1):45-56.

⑦ 李永斌著．知识型员工管理 [M]. 石家庄：河北科学技术出版社，2017：153.

⑧ Igharia M,Greenhaus J H.Determinant of MIS employee turnover intentions:a structural equation model[J].*Personnel Management*,1992,35(2):34-49.

测变量。[1][2][3] 研究者 Griffith 等（2000）针对传统的离职研究进行概括分析发现以往研究的基本逻辑假设是：众多与组织和工作相关的因素会通过影响员工的工作态度（包括工作满意度和组织承诺）影响员工的离职意愿，进而引发员工的离职行为。[4] 国内外学者在理论和实践上对于工作满意度对离职意向的预测作用基本达成了共识。我国学者赵西萍等（2003）认为员工对工作的满意度与其离职意向呈负相关，即工作满意度越高，员工的离职意向则越低。[5] 贾绪计等（2015）的研究表明，教师工作满意度与离职意向存在显著负相关。[6] 关于幼儿园教师工作满意度与离职意向的关系，学者张玉琴等（2020）和周思好等（2021）的研究均表明幼儿园教师的工作满意度对其离职意向具有显著的负向影响。[7][8]

在前述的研究假设中已阐明，员工对组织心理契约违背的感知对于员工的工作满意度具有负向影响，对于员工的离职意向具有正向预测作用，且大量研究均证实，员工对工作的满意度与其自身的离职意向呈显著负相关，即员工个体若拥有较高的工作满意度，则更倾向于留职在本单位发挥所长，工作满意度能有效缓解教师的离职意向，降低教师的离职率。基于此，本研究提出以下研究假设：

假设 2：工作满意度在幼儿园心理契约违背与幼儿园教师的离职意向间具有中介作用。

20 世纪 60 年代以来，特别是近 20 年来，关于组织承诺问题的研究已经引起了人力资源管理、组织行为学及心理学等领域研究者的极大兴趣。根据文献综述部分和上述研究假设不难发现，组织心理契约违背对于员工的组织承诺具有一定的负向影响，而对于员工的离职意向具有一定的正向预测作用。

① Lee T W,Holton B C,McDaniel L S,et a1.The unfolding model of voluntary turnover:A replication and extension[J]..*Academy of Management Journal*,1999.42(4):450-462.

② Guan Y,Deng H,Sun J,et al.Career adaptability,job search self-efficacy and outcomes:A three-wave investigation among Chinese university graduates[J].*Journal of Vocational Behavior*,2013(83):561-570.

③ Kang H J,Gatling A,Kim J S.The impact of supervisory support on organizational commitment,career satisfaction,and turnover intention for hospitality front line employees[J].*Journal of Human Resources in Hospitality and Tourism*,2015(14):68-89.

④ Griffeth R W,Hom P W,Gaertner S.A meta-analysis of antecedents and correlates of employee turnover:Update,moderator tests,and research implications for the millennium[J].*Journal of Management*,2000,26(3),463-488.

⑤ 赵西萍，刘玲，张长征.员工离职倾向影响因素的多变量分析 [J].中国软科学，2003（3）：72-76.

⑥ 贾绪计，王成杰，孙军勖，林崇德.中学教师集体自尊与离职意向：工作满意度的中介作用 [J].中国特殊教育，2015，22（9）：58-63.

⑦ 张玉琴，南钢.幼儿园教师职业生涯适应力对离职意向的影响：工作满意度的中介作用 [J].学前教育研究，2020（2）：32-40.

⑧ 周思好，王艺卓，李晓巍.幼儿园新教师学历与离职意向的关系：入职适应、工作满意度的多重中介作用 [J].心理发展与教育，2021（5）：678-682.

关于员工的组织承诺与离职意向间的关系，有研究表明，员工的组织承诺对其离职意向会产生一定影响，组织承诺是离职意向重要的预测指标。研究者Igbaria&Greenhaus（1992）的研究表明，员工的离职意向会受到其自身工作满足感、生涯满足感与组织承诺的影响。[①] 研究者 McNeilly&Russ(1992) 认为员工的组织承诺是其离职意向的直接影响因素。[②] 我国学者陈加洲（1999）在研究中指出，组织心理契约违背对员工的组织承诺具有重要影响，并会通过组织承诺影响员工的离职意向。即组织承诺在组织心理契约违背与员工的离职意向间起到中介作用。[③] 我国学者张爽（2012）在关于员工组织承诺与离职意向间关系的研究中得到了相同的研究结论。[④]

由于在本研究中，研究者认为幼儿园心理契约违背更有可能与组织承诺中的组织情感承诺这一维度相关，这一观点已经在上述问题中进行了阐述。因此，本研究中提及的组织承诺主要指向的是幼儿园教师的组织情感承诺这一维度，主要针对幼儿园教师心理契约违背对教师组织情感承诺和离职意向的影响进行研究。基于以上观点，提出如下研究假设：

假设3：组织情感承诺在幼儿园心理契约违背与幼儿园教师的离职意向间具有中介作用。

信任指一方愿意相信并依赖另一方，包含两方面内容：一是愿意依赖；二是确信另一方是仁慈、诚实、有能力且有预测力的。经济学家们普遍认为信任是人们理性选择的结果，在重复博弈模型中经济学家得出人们追求长期利益会导致信任的结论。[⑤] 根据社会交换理论，信任是人际关系建立和维持的必要条件。组织中，员工个体寻求与组织的公平和平衡的交换关系。人们总要在人与人或人与组织的交换中追求最大效益、寻求最有利的交换对象和活动。社会交换对投入成本是否能得到互惠回报并没有明确保证，唯一的保证是对交换伙伴合作意向的假定，也就是对交换伙伴互惠合作的信念。这种信念是社会交换理论的核心。[⑥] 由于心理契约本身即是在信任的基础上形成的，因而心理契约违背会引起强烈的情感反应和背叛的感觉。[⑦]Robinson&Rousseau(1994) 在对 MBA学生的心理契约违背知觉的过程中发现，心理契约违背与员工满意度、信任和

① Igbaria M,Greenhaus J H.Determinants of MIS employees' turnover intentions:A structural equation model[J]. *Communications of the ACM*,1992,35(2):34-49.

② McNeilly K M,Russ F A.The moderating effect of sales force performance on relationships involving antecedents of turnover[J].*Journal of Personal Selling and Sales Management*,1992,7(1):9-20.

③ 陈加洲 . 企业员工的心理契约研究 [M]. 北京：中国科学院心理研究所，1999.

④ 张爽，崔雪，沙飞 . 江苏高技术企业工作满意度、组织承诺与离职意向的关系研究 [J]. 科技与经济，2012,8（4）：76-80.

⑤ 张维迎 . 法律制度的信誉基础 [M]. 北京：经济研究，2002.

⑥ Blau P M.*Exchange and power in social life*[M].New York:Wi-ley,1964.

⑦ Robinson S L,Kraatz M S,Rousseau D M.Changing obligations and the psychological contract:A longitudinal study[J].*Academy of Management Journal*,1994,37(1):137-152.

员工留在现有企业的意图具有负相关关系。[①] 关于组织信任对员工个体的作用存在很多观点。研究表明，组织信任可以提高服务质量，有助于促进组织成员间的合作，可以降低员工的离职意向。[②] 同时，我国学者于海波等（2007）的研究表明组织信任对员工离职意向具有负面预测效果。[③]

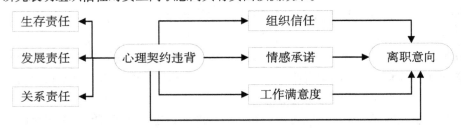

图 5-7 组织信任、情感承诺和工作满意度在心理契约违背和离职意向间的中介作用模型图

上述研究假设已证实，幼儿园心理契约违背会在一定程度上降低员工对于组织的信任程度，且会提升员工的离职意向。研究者 Martin(1997) 选取了人口统计学变量、组织因素变量等众多变量进行研究发现，组织信任显著影响了组织心理契约违背与离职倾向间的关系，心理契约对离职倾向的影响是通过组织信任起作用的。[④] 基于此，本研究提出如下研究假设：

假设 4：组织信任在幼儿园心理契约违背与幼儿园教师的离职意向间具有中介作用。

②研究对象与研究工具

Ⅰ研究对象

此部分幼儿园心理契约违背对教师离职意向影响的中介作用的分析，问卷调查部分与第四章师园心理契约违背现状调查部分问卷发放同步进行，问卷调查对象具体情况见表4-1。

Ⅱ研究工具

a. 心理契约问卷幼儿园责任量表

本研究的师园心理契约问卷幼儿园责任量表主要采用了自主编制的心理契约问卷，具体同第四章现状调查部分工具。

b. 离职意向量表

本研究对幼儿园教师离职意向的测量采用了法尔（Farh）等 (1998) 编制的

---

① Robinson S L,Kraatz M S,Rousseau D M.Changing obligations and the psychological contract:A longitudinal study[J].*Academy of Management Journal*,1994,37(1):137-152.

② Jones G,George J.The experience and evolution of trust:Implications for cooperation and team work[J].*Academy of Management Review*,1998,23:531-546.

③ 于海波，方俐洛，凌文辁，郑晓明.组织信任对员工态度和离职意向、组织财务绩效的影响 [J]. 心理科学，2007（2）：311-320.

④ 朱晓妹.基于心理契约的薪酬模式研究 [M].北京：知识产权出版社，2008：104.

离职意向量表[①]。张勉和李树茁（2001）采用此量表的相关研究显示该量表的会聚效度良好。[②]此量表共包含4个题项，总分为4—20分，其中，对第3个条目进行反向计分，加总得分越高表明幼儿园教师的流失倾向越强烈。该量表目前被广泛应用于相关研究中。研究者依据幼儿园教师的职业特征对题项中的语言表述做适当修改，通过征求专家和学者建议，将其修改为适合幼儿园教师作答的陈述方式，以符合幼儿园教师的实际情况。本研究中离职意向量表的Cronbach's α 系数为 0.840，总体信度较为理想，表明量表具有较好的信度。

c. 工作绩效量表

同上一部分

d. 组织情感承诺量表

同上一部分

e. 工作满意度量表

同上一部分

f. 组织信任量表

同上一部分

③研究程序与数据处理

本研究采用 SPSS26.0 软件对数据进行相关分析，了解幼儿园心理契约违背、组织信任、组织情感承诺、工作满意度与幼儿园教师离职意向变量间的关联程度，在此基础上采用 AMOS24.0 构建结构方程模型对组织信任、组织情感承诺和工作满意度在幼儿园心理契约违背与离职意向之间的中介作用进行检验。

④问卷的信效度检验

Ⅰ问卷的信度检验

通过信度检验可知，如表 5-29 所示，本研究中，离职意向量表的 α 系数为 0.948，大于 0.8，说明该维度数据信度较高，分析项的 CITC 值均大于 0.4，说明分析项之间具有良好的相关关系。其他指标的信度已在上一部分进行了系统论述。综上，研究数据信度质量均已达标，可用于进一步分析。

---

① Farh J L,Tsui A S,Xin K R,et al.The influence of relational demography and Guanxi:The Chinese case[J].*Organization Science*,1998,9(2):1-18.

② 张勉，李树茁 . 人口变量、工作满意度和流失意图的关系实证研究 [J]. 统计研究，2001（10）：51-56.

表 5-29　Cronbach 信度分析表

维度	题项	校正项总计相关性(CITC)	项已删除的α系数	Cronbach'α系数
离职意向	TI1	0.884	0.93	0.948
	TI2	0.875	0.932	
	TI3	0.878	0.931	
	TI4	0.864	0.935	
组织信任	OT1	0.775	0.928	0.935
	OT2	0.798	0.924	
	OT3	0.807	0.923	
	OT4	0.790	0.925	
	OT5	0.836	0.920	
	OT6	0.846	0.918	
工作满意度	JS1	0.842	0.939	0.948
	JS2	0.880	0.932	
	JS3	0.871	0.934	
	JS4	0.808	0.945	
	JS5	0.890	0.931	
组织情感承诺	EC1	0.839	0.946	0.953
	EC2	0.889	0.940	
	EC3	0.835	0.946	
	EC4	0.814	0.949	
	EC5	0.846	0.945	
	EC6	0.904	0.938	
生存责任	BSR1	0.818	0.929	0.940
	BSR2	0.821	0.929	
	BSR3	0.795	0.932	
	BSR4	0.817	0.929	
	BSR5	0.835	0.927	
	BSR6	0.834	0.927	
发展责任	BDR1	0.766	0.900	0.915
	BDR2	0.791	0.895	
	BDR3	0.788	0.895	
	BDR4	0.777	0.897	
	BDR5	0.792	0.894	

续表

维度	题项	校正项总计相关性 (CITC)	项已删除的 α 系数	Cronbach'α 系数
关系责任	BR1	0.748	0.937	0.942
	BR2	0.787	0.935	
	BR3	0.711	0.939	
	BR4	0.688	0.940	
	BR5	0.878	0.931	
	BR6	0.731	0.938	
	BR7	0.724	0.938	
	BR8	0.821	0.933	
	BR9	0.762	0.936	
	BR10	0.793	0.935	

Ⅱ问卷的效度检验

a. 探索性因子分析

由于上一部分已经对自变量和中介变量进行了探索性因子分析，并表明因子分析有效。此部分主要针对离职意向量表进行检验。根据表 5-30 的检验结果，幼儿园教师离职意向指标的 KMO 检验值为 0.872，大于 0.7，说明比较适合进行因子分析。Bartlett 球形检验的显著性 P 值小于 0.05，水平上呈现显著性，因此拒绝原假设，各变量间具有相关性，因子分析有效，适合做因子分析。

表 5-30　离职意向的探索性因子分析结果表

KMO 和巴特利特检验		
KMO 取样适切性量数		0.872
巴特利特球形度检验	近似卡方	3296.988
	自由度	6.000
	显著性	0.000

表 5-31　旋转后的因子载荷指数表

变量	题项	因子载荷系数 成分 1	共同度 （公因子方差）
离职意向	TI1	0.936	0.875
	TI2	0.930	0.865
	TI3	0.932	0.869
	TI4	0.924	0.853
特征根		3.463	
方差贡献率 %		86.583	
累积贡献率 %		86.583	

根据表 5-31，采用主成分分析，抽取特征值大于 1 的因子，共提取出 1 个因子，公因子的累积贡献率为 86.583%，大于 60%，说明所提取的公因子包含的信息较充分。从上表可知：所有研究项对应的共同度值均高于 0.4，意味着研究项和因子间有着较强的关联性，因子可以有效提取出信息。

b. 验证性因子分析

上一部分已对自变量和中介变量进行了验证性因子分析，此部分主要对离职意向量表进行检验。图 5-8 展示了离职意向验证性因子分析模型结果图，表 5-32 展示了离职意向验证性因子分析模型的拟合指标，模型的 CMIN 值为 5.825，DF 值为 2，CMIN/DF 值为 2.912<3，均较为理想。RMSEA 值为 0.048<0.08，GFI、CFI、NFI、IFI 的指标均大于 0.9。综上，各个指标均符合标准，说明模型的拟合度良好。

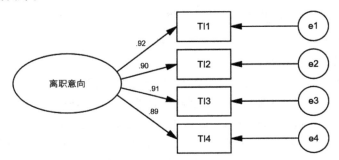

图 5-8　离职意向验证性因子分析模型结果图

表 5-32　离职意向验证性因子分析模型拟合指标表

指标	CMIN	DF	CMIN/DF	GFI	RMSEA	CFI	NFI	IFI
理想值	-	-	<3	>0.9	<0.08	>0.9	>0.9	>0.9
达标值	-	-	<5	>0.8	<0.10	>0.8	>0.8	>0.8
拟合值	5.825	2	2.912	0.996	0.048	0.999	0.997	0.999

由表 5-33 的因子载荷系数表可知：离职意向每个题项的标准化因子载荷均大于 0.5，说明每个题项都可以很好地解释其所在的维度。

表 5-33　离职意向因子载荷系数表

因子 （潜变量）	测量项 （显变量）	非标准载荷系数	标准载荷系数	标准误	z (C.R.)	p
离职意向	TI1	1.0	0.917			
	TI2	1.002	0.905	0.023	42.764	***
	TI3	1.032	0.911	0.024	43.527	***
	TI4	0.989	0.893	0.024	41.325	***

注：*** p<0.001。

由表 5-34 可知，离职意向模型 AVE 和 CR 的检验结果显示：每个因子的组合信度 CR 值均大于 0.7，说明每个潜变量中的所有测项都可以一致性地解释该潜变量；AVE 值均大于 0.5，则说明具有较好的聚敛效度。

表 5-34 离职意向模型 AVE 和 CR 指标结果表

因子	平均方差萃取 AVE 值	组合信度 CR 值
离职意向	0.822	0.949

⑤研究结果

Ⅰ 幼儿园教师离职意向的描述性统计分析

本研究对幼儿园教师的离职意向进行描述性统计分析，计算其平均值、标准差与极端值。具体结果见表 5-35。由统计结果可知，幼儿园教师离职意向的取值范围为 1-5，表明不同幼儿园教师的离职意向具有较大的差异。离职意向的均值为 3.20，处于"不确定"和"基本符合"之间，表明大多数教师存在离开幼儿园另谋他就的想法。

表 5-35 幼儿园教师离职意向的统计结果表

	平均值	标准差	最小值	最大值
教师的离职意向	3.20	1.40	1	5

Ⅱ 幼儿园心理契约违背与教师离职意向的相关分析

对幼儿园心理契约违背、教师组织信任、组织情感承诺、工作满意度与教师工作绩效进行 Pearson 相关分析，研究结果见表 5-36。由相关性分析结果可知，本研究调查中所用到的 7 个潜在变量两两之间的皮尔逊相关系数值均在 0.1 以上，且对应的显著性 P 值均小于 0.05 的显著性统计标准，表明相关性系数具有显著的统计学意义，故能充分的说明本研究调查中所用到的 7 个潜变量两两之间均具有显著的相关性。

表 5-36 各变量相关性分析结果表

变量	1	2	3	4	5	6	7
生存责任	1						
发展责任	0.298**	1					
关系责任	0.224**	0.173**	1				
组织信任	-0.225**	-0.209**	-0.161**	1			
工作满意度	-0.185**	-0.172**	-0.135**	0.183**	1		
组织情感承诺	-0.130**	-0.171**	-0.189**	0.235**	0.163**	1	
离职意向	0.272**	0.235**	0.218**	-0.321**	-0.246**	-0.232**	1

注："**"表示在0.01级别（双尾）相关性显著，"*"表示在0.05级别（双尾）相关性显著。

Ⅲ 组织信任、组织情感承诺和工作满意度在心理契约违背和教师离职意向间的中介效应分析

a. 结构方程模型的建构

在相关分析基础上，本研究采用AMOS24.0软件通过建立结构方程模型对工作满意度、组织情感承诺和组织信任在幼儿园心理契约违背和离职意向间的中介效应进行检验。

b. 结构方程模型拟合指数评价

结构模型构建完成后，将本研究的有效样本数据导入，图5-9展示了中介效应解构方程模型图的结果。

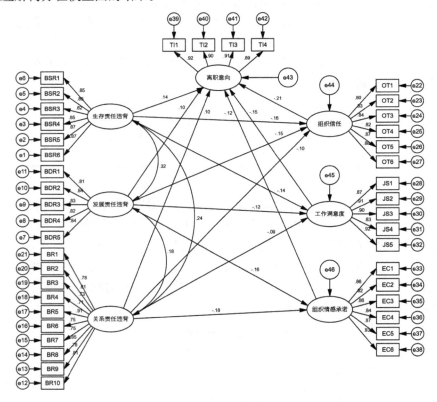

图5-9 离职意向模型结果图

表 5-37 离职意向模型拟合指标表

指标	CMIN	DF	CMIN/DF	GFI	RMSEA	CFI	NFI	IFI
理想值	-	-	<3	>0.9	<0.08	>0.9	>0.9	>0.9
达标值	-	-	<5	>0.8	<0.10	>0.8	>0.8	>0.8
拟合值	905.764	802	1.129	0.952	0.012	0.997	0.971	0.997

表 5-37 展示了离职意向模型的拟合指标,可以适当选择一些指标进行评价。模型 CMIN 值为 905.764,DF 值为 802,CMIN/DF 值为 1.129<3,总体较理想。RMSEA 值为 0.012<0.08,GFI、CFI、NFI、IFI 的指标均大于 0.9。综上,各个指标均符合标准,说明模型的拟合度良好。

由表 5-38 可知,幼儿园生存责任违背对组织信任和工作满意度均具有显著的负向影响,标准化路径系数分别为 -0.164、-0.138,且 $p<0.05$。幼儿园发展责任的违背对组织信任、工作满意度和组织情感承诺具有显著的负向影响,标准化路径系数分别为 -0.154、-0.123 和 -0.157,且 $p<0.05$。幼儿园关系责任的违背对组织信任、工作满意度和组织情感承诺具有显著的负向影响,标准化路径系数分别为 -0.104、-0.094 和 -0.175,$p<0.05$。生存责任的违背对离职意向具有显著的正向影响,标准化路径系数为 0.138 且 $p<0.05$。幼儿园发展责任违背对离职意向具有显著的正向影响,其标准化路径系数为 0.139 且 $p<0.05$。关系责任违背对离职意向具有显著的正向影响,标准化路径系数为 0.102 且 $p<0.05$。组织信任、工作满意度和组织情感承诺对离职意向均具有显著的负向影响,其标准化路径系数分别为 -0.214、-0.149 和 -0.116,且 $p<0.05$。

表 5-38 模型系数汇总表

自变量	因变量	非标准化路径系数	标准化路径系数	标准误	z (C.R.)	p
生存责任违背	组织信任	-0.123	-0.164	0.029	-4.251	***
生存责任违背	工作满意度	-0.100	-0.138	0.028	-3.583	***
发展责任违背	组织信任	-0.127	-0.154	0.032	-4.004	***
发展责任违背	工作满意度	-0.098	-0.123	0.031	-3.196	0.001**
发展责任违背	组织情感承诺	-0.130	-0.157	0.030	-4.288	***
关系责任违背	组织信任	-0.089	-0.104	0.031	-2.839	0.005**
关系责任违背	工作满意度	-0.077	-0.094	0.030	-2.548	0.011*
关系责任违背	组织情感承诺	-0.150	-0.175	0.031	-4.842	***
生存责任违背	离职意向	0.132	0.139	0.035	3.783	***
发展责任违背	离职意向	0.100	0.095	0.039	2.574	0.01*
关系责任违背	离职意向	0.111	0.102	0.038	2.921	0.003**
组织信任	离职意向	-0.271	-0.214	0.045	-6.065	***
工作满意度	离职意向	-0.195	-0.149	0.045	-4.369	***

自变量	因变量	非标准化路径系数	标准化路径系数	标准误	z (C.R.)	p
组织情感承诺	离职意向	-0.147	-0.116	0.043	-3.414	***
生存责任违背	组织信任	-0.123	-0.164	0.029	-4.251	***

注："***"表示 $p < 0.001$。

c.结构方程模型的中介效应分析

本研究采用 bootstrap 的方法，设定 bootstrap 样本数为 2000，在 95% 置信水平下，执行中介效应检验。根据 Preacher Z 等的研究，bootstrap 置信区间不包含 0，则对应的间接、直接或总效应存在。中介效应的检验结果如下表所示。

表 5-39 中介效应路径分析表

路径关系	直接效应	间接效应	95% 置信区间		p	结论
			下限	上限		
生存责任违背—组织信任—离职意向	0.139(***)	0.035	0.018	0.058	0.000	部分中介
发展责任违背—组织信任—离职意向	0.139(***)	0.033	0.017	0.054	0.001	部分中介
关系责任违背—组织信任—离职意向	0.139(***)	0.022	0.007	0.044	0.007	部分中介
生存责任违背—工作满意度—离职意向	0.095(0.01)	0.021	0.009	0.041	0.000	部分中介
发展责任违背—工作满意度—离职意向	0.095(0.01)	0.018	0.006	0.036	0.001	部分中介
关系责任违背—工作满意度—离职意向	0.095(0.01)	0.014	0.004	0.030	0.007	部分中介
生存责任违背—组织情感承诺—离职意向	-	-	-	-	-	不显著
发展责任违背—组织情感承诺—离职意向	0.102(0.003)	0.018	0.007	0.037	0.001	部分中介
关系责任违背—组织情感承诺—离职意向	0.102(0.003)	0.020	0.007	0.040	0.002	部分中介

注：括号里面为 p 值 *** $p < 0.001$。

如表 5-39 所示，中介效应分析结果表明，幼儿园教师的组织情感承诺在幼儿园生存责任违背与教师离职意向间的中介作用不显著（$P > 0.05$）。教师的组织信任感在幼儿园生存责任违背、发展责任违背、关系责任违背与教师的离职意向间起到部分中介作用（$P < 0.05$），教师的工作满意度在幼儿园生存责任违

背、发展责任违背、关系责任违背与教师的离职意向间起到部分中介作用（P < 0.05）。教师的组织情感承诺在幼儿园发展责任违背和关系责任违背与离职意向间起到部分中介作用（P < 0.05）。

4.幼儿园心理契约违背效应的研究结论

根据本研究的研究目的和研究假设，依据自编的"教师—幼儿园"心理契约量表，选取了相关成熟量表，通过建构结构方程模型对幼儿园心理契约违背的效应进行了量化分析，主要是对幼儿园心理契约违背对教师工作绩效和离职意向的效应进行了分析，并分析了组织信任、工作满意度和组织情感承诺在幼儿园心理契约违背和教师离职意向与工作绩效间的中介作用。具体研究结论如下：

（1）幼儿园心理契约违背对教师工作绩效的影响

①心理契约违背与工作满意度、组织信任、组织情感承诺和工作绩效的关系

本研究发现，当幼儿园教师感知到幼儿园组织心理契约不同维度，即生存责任、发展责任与关系责任的违背对教师的组织信任、组织情感承诺、工作满意度及工作绩效的三个维度，包括任务绩效、工作奉献和人际促进均具有显著的负向影响。即当教师感知到幼儿园出现心理契约生存责任、发展责任与关系责任的违背时，会产生对幼儿园强烈的不信任感，降低自身对于组织的情感承诺和对工作的满意度。同时，教师对于幼儿园的组织信任感、工作满意度和组织情感承诺水平的降低会在一定程度上降低教师的工作绩效，对于任务绩效、工作奉献和人际促进三个维度均会产生一定影响。这一结论也与社会交换理论对员工和组织间关系的论证产生了契合之处，为双方在感知到心理契约违背时的工作态度与工作行为的理解提供了一般方法。当员工发现自身实际获得与付出有差距时，会感知到心理契约关系遭到破坏。这种差异造成了雇佣关系的不平衡，使员工产生被欺骗感，员工会通过重新采取行动来平衡雇佣关系。在教师与幼儿园的关系中体现在教师会通过降低工作绩效来表达自身对幼儿园的不满。研究者 Turnley 和 Feldman 在研究中发现，当员工感知到组织出现心理契约违背时，减少角色内绩效、减少角色外绩效和反社会行为是组织责任违背时员工的主要行为反应。[1] 这与本研究的结论具有一定的契合之处。

②心理契约违背与工作绩效：工作满意度、组织信任和组织情感承诺的中介作用

研究表明，幼儿园教师的组织情感承诺水平在幼儿园生存责任、发展责任和关系责任违背与教师的任务绩效间的中介作用不显著，表明幼儿园心理契约违背不会通过降低教师的组织情感承诺水平进而降低教师的任务绩效，这也说

① Turnley W H,Feldman D C.The impact of psychological contract violations on exit,voice,loyalty and neglect[J].*Human Resource Management Review*,1999,9:367-386.

明，即便教师感知到幼儿园出现心理契约违背，也不会因为情感承诺水平的降低而降低自身对本职工作的完成。同时，研究也表明教师的组织情感承诺水平在幼儿园生存责任违背与工作奉献和人际促进间的中介作用不显著，表明当教师感知到幼儿园出现生存责任的违背时，并不会因为自身情感承诺水平的降低而降低对于工作额外的奉献和对于幼儿园人际关系的维系。组织承诺水平在幼儿园关系责任和发展责任违背与教师的工作奉献与人际促进间起到部分中介作用，即当教师感知到幼儿园心理契约关系责任和发展责任的违背时，会降低对于工作的额外奉献，且不会主动维护幼儿园的人际环境。幼儿园教师的组织信任感在幼儿园生存责任、关系责任和发展责任违背与教师的任务绩效、工作奉献和人际促进间起到部分中介作用。即当教师感知到幼儿园出现心理契约的违背时，对幼儿园组织的信任感会遭到破坏，且会进一步降低自身的工作绩效水平。教师的工作满意度在幼儿园生存责任违背与教师的任务绩效间起到完全中介作用，在幼儿园发展责任和关系责任违背与教师的任务绩效、工作奉献和人际促进间起到部分中介作用，在幼儿园生存责任违背与教师的工作奉献与人际促进间起到部分中介作用。表明当教师感知到幼儿园出现心理契约违背时，其对幼儿园的工作满意度会进一步降低，且会随即降低自身的工作绩效。

（2）幼儿园心理契约违背对教师离职意向的影响

①心理契约违背与工作满意度、组织信任、组织情感承诺和离职意向的关系

研究结果表明，幼儿园生存责任违背对教师的组织信任感和工作满意度均具有显著负向影响，即当教师感知到幼儿园出现生存责任违背时，其自身对于组织的信任感和工作满意度均会降低。但研究也表明，幼儿园生存责任的违背对教师的组织情感承诺没有显著影响。幼儿园发展责任和关系责任的违背对教师的组织信任、工作满意度和组织情感承诺具有显著负向影响，即当教师感知到幼儿园出现发展责任和关系责任的违背时，其自身对组织的信任感、对工作的满意度和自身的组织情感承诺水平均会有所降低。研究还表明，幼儿园生存责任、发展责任和关系责任的违背对教师的离职意向均具有显著的正向预测作用，即当教师感知到幼儿园出现心理契约生存责任、发展责任和关系责任的违背时，会表现出更为强烈的离职意向。同时，教师的组织信任感、对工作的满意度和组织情感承诺对其离职意向均具有显著的负向影响，即当教师的组织信任感、工作满意度和组织情感承诺水平均较低时，也会表现出更高的离职意向。这些研究结论均验证了社会交换理论中布劳对于社会交换关系的论证，布劳认为人与组织群体在交流的过程中会产生信任和感激的情感，若社会交换双方都对他们所得到的感到满意，则更可能继续这种关系并进行额外交换。然而，若

不能达成这种交换的平衡，双方的关系则可能会破裂。[①] 当幼儿园的心理契约出现违背时，教师会感受到交换关系的失衡，可能会出现离开幼儿园另谋他就的想法。心理契约是员工与组织之间相互责任、权利和义务的主观反应，已有研究表明，组织心理契约违背对员工工作态度与行为会产生一定负向影响。研究一致发现员工对组织心理契约违背的认知与不良的员工行为（包括离职行为、渎职行为）存在高度正相关；与积极的员工行为（如组织承诺、呼吁行为）和态度（如工作满意度、组织忠诚度）存在高度负相关。研究者 Turnley(1999) 考察了组织心理契约违背对员工行为的影响。发现心理契约的违背会对员工的离职意向、抱怨、怠工行为有不同程度的正向解释力，对组织的忠诚度有负向解释力。[②] 这与本研究的结论存在一定的契合度。Turnley 和 Feldman 根据已有研究提出的员工对心理契约违背的反应模型[③] 的结论与本研究的结论存在一定的一致性。

②心理契约违背与离职意向：工作满意度、组织信任和组织情感承诺的中介作用

研究发现，幼儿园教师的组织情感承诺水平在幼儿园生存责任违背与教师离职意向间的中介作用不显著。即当教师感知到幼儿园教师出现心理契约生存责任的违背时，并不会通过降低自身对于组织的情感承诺水平来提升自身的离职意向。主要由于生存责任包含的是与教师薪资福利待遇、工作条件相关的内容，这些基本是在教师入职之初就具体规定的内容，教师在选择入职幼儿园时就对此部分内容有了大体了解，不会因为幼儿园生存责任的违背而降低自身对于组织的情感承诺，进而产生离职意向。研究还表明，教师的组织情感承诺水平在幼儿园关系责任和发展责任的违背与教师的离职意向间起到部分中介作用，即当教师感知到幼儿园出现心理契约关系责任和发展责任的违背时，会降低幼儿园的组织情感承诺水平，进而使教师产生强烈的离开幼儿园组织的意愿。这主要基于 ERG 需要理论，奥尔德弗认为生存的需要是先天具有的，而相互关系的需要和成长发展的需要是后天习得的。各个层次的需要获得的满足越少人们对这种需要越渴望。若较高层次的需要不能满足人们就会追求较低层次的需要。与其他行业相比，幼儿园整体的薪资和福利待遇水平相对较低，当教师感知到幼儿园在关系责任和发展责任方面出现心理契约的违背时，往往会降低自身对幼儿园的情感承诺水平，进而产生离开幼儿园另谋他就的意愿。

研究表明，幼儿园教师对幼儿园组织的信任感在幼儿园生存责任、发展责

---

① Blau P M.*Exchange and power in social life*[M].New York:John Wiley&Sons,1964.64.

② Turnley W H,Feldman W C.A Discrepancy model of psychological contract violation[J].*Human Resource Management Reiew*,1999,9(3):367-386.

③ Tumley W H,Feldman W C.A Discrepancy model of psychological contract violation[J].*Human Resource Management Reiew*,1999,9(3):367-386.

任和关系责任违背与教师的离职意向间起到部分中介作用，即当教师感知到幼儿园出现心理契约违背时，会降低自身对于幼儿园的信任感，这种对幼儿园的不信任感会使教师产生离开幼儿园的意愿。教师的工作满意度在幼儿园生存责任、发展责任和关系责任违背与教师的离职意向间起到部分中介作用。即当教师感知到幼儿园出现心理契约违背时会产生对幼儿园工作的不满情绪，这种不满情绪会进一步导致教师产生离职的意向。Turnley 和 Feldman 在引入了工作不满意感和未满足的期望作为中介变量，证实了未满足的期望和工作不满意感对心理契约违背与离职三个结果变量之间起到完全中介作用。[①]这一观点与本研究的研究结论有一定的契合之处。

（二）于己：幼儿园心理契约违背对幼儿园自身的影响

幼儿园组织与幼儿园教师是构建"教师—幼儿园"心理契约关系的重要主体，上一部分的研究已表明，在幼儿园组织情境之下，幼儿园心理契约违背会对教师的工作态度与行为产生一定消极影响，同时，教师工作态度与行为的变化还会进一步对幼儿园的管理与发展产生消极影响。由于幼儿园心理契约违背对幼儿园的影响尚未有成熟量表和丰富的已有研究为基础，且幼儿园心理契约违背对幼儿园的影响涉及范围较广，量化研究的已有量表难以涵盖效应涉及的全部内容。基于此，本研究主要采用质性方法幼儿园心理契约违背对幼儿园的影响进行研究。与幼儿园心理契约违背对幼儿园教师工作态度与行为影响的质性研究相似，本研究主要采用质性研究方法对幼儿园心理契约违背对幼儿园管理与发展产生的影响进行研究，并对质性资料进行编码分析。对此部分访谈数据的分析处理将秉承扎根理论的思想，在对访谈文本进行转录后，采用NVIVO12.0 软件对 40 位园长和 40 位教师的访谈资料进行再次编码分析，编码过程同上一部分。根据编码结果，幼儿园心理契约违背对幼儿园组织的影响主要表现为对幼儿园办园质量与组织稳定的影响。具体的访谈资料编码情况见表5-40。

---

① Tumley W H,Feldman W C.A Discrepancy model of psychological contract violation[J].*Human Resource Management Reiew*,1999,9(3):367-386.

表5-40 幼儿园心理契约违背对幼儿园影响的访谈资料节选

访谈资料	开放编码		主轴编码
	标签	概念化	类属
"幼儿园面对教师和家长的冲突一直是逃避的态度,一般会让教师先跟家长沟通,实在不行幼儿园才会出面。比如小朋友受伤这种事情,幼儿园根本不会对老师进行保护,也不会出面跟家长沟通。所以作为教师每天处在忐忑不安的焦虑状态。工作中,对孩子进行保教工作的时候会十分小心翼翼,比如有一些户外活动不敢轻易让孩子尝试。我觉得是会对幼儿园整体保教质量造成一定影响,但是没办法,确实是很担心幼儿的安全问题。——JS-220801-LQY"	在工作中束手束脚	保教工作质量	幼儿园的办园质量
"我认为幼儿园对教师的培训有一半是没有什么实际作用的,可能一部分老师会以一个极其敷衍的态度去完成这个学习或培训,这样的培训就没有意义或是没有什么实际帮助。让老师去参加很多学习和培训,然而老师在这个过程中却没有什么实质性收获,这样就是在浪费老师和孩子们的时间,会影响到教师正常的工作节奏和对幼儿的保教工作的开展。——JS-210729-JYL"	工作时间不足	保教工作质量	幼儿园的办园质量
"班级材料实在太多了,我们不仅要写教案、家园联系册,还有什么植物角,还有每个孩子在区域玩的时候,他们的各种表现力都要通过画圈的形式代表他们达到的水平,各种观察记录,反正还有每一次活动,大活动、小活动都要做视频,还要写文字,都要交到统一的档案室。反正班级每到月末的时候一交材料就会交十多样。我觉得材料特别耗费老师精力,占用了老师大量备课时间,其实会对正常的保教工作开展造成很大影响。——JS-220814-LXY"	工作时间不足	保教工作质量	幼儿园的办园质量
"因为是大学附属幼儿园,教职工子女会在幼儿园上学,因为疫情关系大学十一不放假,很多教师就找到领导要求老师值班看孩子。其实这件事挺不合理,因为大学老师有寒暑假,我们取消了寒暑假,只有法定假日能休息。刚开始统计的是父母双方在大学任教的孩子,后来很多只有一个家长在大学任教的就反映说我们也在这儿工作,为什么不给我们看?就造成越来越多的孩子需要托管。老师们其实不满情绪非常严重,因为确实太累了,上面也不体谅我们,我们老师就都对幼儿园很失望,非常影响工作热情。——JS-210927-LQY"	降低工作热情	保教工作质量	幼儿园的办园质量

访谈资料	开放编码		主轴编码
	标签	概念化	类属
"刚入职的时候,幼儿园规定研究生学历入职两年自动转为中级职称,满两年之后跟我一起入职学校其他单位的老师都很自然的转为中级职称,只有我们幼儿园迟迟不兑现。我中间也沟通过很多次,但是都不太顺利,反正这个事情对我影响还是很大的,一度会让我没有工作热情。——JS-220820-XYP"	降低工作热情	保教工作质量	幼儿园的办园质量
"家长工作方面,幼儿园在安排的时候非常不合理,家访活动总是开展的特别仓促,他给的时间特别短,一周还是两周内把所有学生的家都去一遍,我们是30多个孩子。白天上班,晚上去家访,一晚上能去五六家,你想一晚上去五六家,能跟家长谈什么呀?都是流于表面。其实家长的感受也非常不好,老师也很累,对于家园沟通起不到什么正向作用,反而会使教师和家长都产生反感的情绪。——JS-211007-LN"	降低工作热情	家园沟通质量	幼儿园的办园质量
"我们幼儿园的老师在班级带班,当和家长发生冲突、被家长欺辱的时候,幼儿园就会直接把老师推出去自行面对解决问题,这真的会很让老师寒心。幼儿园怕得罪家长,没有出来维护老师。就是教师在自己幼儿园都得不到作为专业教师的底气,非常影响教师和家长的有效沟通,也会降低工作热情。——JS-220901-TYM"	降低工作热情	家园沟通质量	幼儿园的办园质量
"幼儿园确实会组织很多培训教研活动,但从培训内容和形式来看都太理论化,有点儿假,我觉得真的需要提升培训的有效性,不然长期下去,教师专业知识和技能得不到提升,对教师工作的开展会造成一定影响。——JS-220817-MCQ"	教师专业知能提升受限	教师专业发展	幼儿园的办园质量
"幼儿园组织公开课、比赛这些花费了老师太多时间了,这学期开学新搭了一个老师,她上学期是去参加一个好像优质课比赛,然后那段时间她每天就是加班凌晨一两点才回家,这样加了半个月,到期末的时候身体就不行了,请了一个学期的假,我觉得这样的事情让我很有感触,其实幼儿园不顾及教师的压力和身体健康这些是非常影响教师队伍稳定的。——JS-211001-WXW"	师资的流失	教师队伍稳定	幼儿园组织的稳定
"去年有一个师德考核的事,有个老师德考核的分当时在我们园是倒数第二还是第三。我们都觉得这个老师师德挺好的,没什么问题。园里在考核的时候没有说清考核要求,没有公示,很多老师对自己的成绩都不是特别满意。我觉得这属于幼儿园没有建立一个科学的评价机制,也没有做到公开公正,后来这个老师就找领导理论来着,有些冲突,再加上一些其他的原因,这个老师就离职了。——JS-220817-LN"	师资的流失	教师队伍稳定	幼儿园组织的稳定

访谈资料	开放编码		主轴编码
	标签	概念化	类属
"幼儿园的管理很不合理，比如总让老师加班，然后待遇也不好，没什么加班费，幼儿园整体风气特别不好，留不住人，然后就正式的可能考上了，就觉得人家走不了，就对人家老师的态度什么的都不是很好。我考上正式老师就是为了想要一个假期，这没有假期，并且我暑假的时候学车，还让我晚上去加班。因为这些原因，教师流动性特别大，教师队伍的稳定性很差。——JS-220827-ZT"	师资的流失	教师队伍稳定	幼儿园组织的稳定
……	……	……	……

1. 幼儿园的办园质量

幼儿园的办园质量指向的是幼儿园满足主体需要的特性的总和。一般包括幼儿园的师资质量、课程质量、环境质量与保教质量等多方面内容。在通过对教师和园长的访谈资料进行整理和分析的过程中发现幼儿园心理契约违背会在一定程度上对幼儿园保教工作的开展和幼儿园家长工作开展的质量造成一定影响，进而会对幼儿园的整体办园质量造成一定消极影响。

（1）保教工作质量

在幼儿园组织情境之下，保教工作是幼儿园教师的核心工作。幼儿园保教工作质量是幼儿生存与发展的关键所在，而保教工作质量的提升离不开教师的全身心投入。[1] 在幼儿园办园质量中，保教工作质量是核心指标。这里的保教工作质量包括教师对园所课程方案的制定、园所教育活动水平与游戏组织水平的提升等。幼儿园教师组织的保教活动是促进幼儿全面发展教育的重要手段，也是幼儿园办园质量的重要保障。"合理分配工作任务，保证教师正常休息"是幼儿园重要的心理契约内容，由于幼儿园组织的例会、培训教研活动或完成上级布置的工作任务等均会占用教师的正常工作时间，导致教师没有更多时间投入到幼儿园班级正常的保教工作中，进而会降低教师工作积极性并会打消教师工作热情，教师工作积极性的降低会更为直接地对教师保教工作的开展产生一定消极影响。有教师在访谈中提及："我们幼儿园每周中午都会有教研，基本一周教研三四天，比较占用教师的休息时间，很多时候只能有10分钟或20分钟去吃饭，剩下的时间就要立刻到会议室开会，并且幼儿园经常会面临各项检查，领导会让大家长时间加班。导致老师没时间备课也没时间关注孩子，我觉得对于幼儿园保教工作质量肯定会造成一些影响，但我们也没办法。（JS-220823-ZJB）"访谈中，很多教师提及园所在管理中由于时间安排不合理和事务

---

[1] 时松主编.幼儿园管理实务 [M].南京：东南大学出版社，2016：159.

性工作过于繁杂使得教师休息时间和日常工作时间被大量占用，导致教师无法正常进行幼儿园班级管理和幼儿保教工作的开展。教师提及："因为是新园，整体条件还是不错的，刚开始他们就要省二级预评估，每次都让我们无偿加班进行环境创设。上班时间就有九个多小时，下班后还得在那里干活，就无偿地忙到十一二点都很正常，但一分钱加班费都没有，以前说有加班补贴，但一分都没拿到。老师们的工作热情真的非常受影响，幼儿园日常的保教工作开展肯定也会受到影响。（JS-220806-ZYT）"在幼儿园的日常管理过程中，教师工作任务繁重、休息时间无法得到保障且教师微薄的薪资待遇与繁重的工作任务不对等，都会在一定程度上使教师产生不满情绪，不满情绪的持续累积会进一步降低教师的工作积极性，而工作积极性的降低又会进一步导致教师保教工作开展的不利，保教工作质量也必然会受到影响。

此外，"给予教师工作的自主权"是幼儿园重要的心理契约内容，教师希望在环境创设、日常保教工作开展过程中能按照自己对幼儿教育的理解、所持有教育观念及自身意愿等开展，但现实中，幼儿园管理者会引领、指导教师的工作，甚至会处于管控的状态，且个别管理者为保证教师工作的有效性会过度干预导致教师工作自主权的丧失，有教师提及："幼儿园管理者对我们环境创设和保教工作干涉太多，领导偶尔去班里转一圈，突然看到了一个什么问题就会干预，干预过后就走了，其实领导对平时班里老师究竟建立了一套什么样的常规不是特别了解，个别幼儿被干预后常规又开始乱，老师就要开始重新调整。管理者的干预真的会对教师保教工作的开展造成非常大的影响。（JS-220806-GS）"教师反映幼儿园管理者对教师工作的过度干涉剥夺了教师工作的自主权，使教师无法有效开展保教工作，教师在幼儿园中的工作开展常常受到影响。此外，有教师也指出，由于幼儿园对教师工作的指导不能做到及时且有效，加之幼儿园组织的培训、教研活动等不能满足教师日常保教工作开展需要，导致教师专业知识与技能的提升受限，教师自身专业性的缺失也会进一步导致保教工作的开展受到影响。

在幼儿园组织情境之下，充足的设备资源的提供能够为教师活动的组织与开展提供一定助力与支持。"提供教师工作所需的设备和资源"是幼儿园心理契约的内容，有教师反映，现实中活动材料与资源的不足使教师对于幼儿园班级活动的组织与开展会产生一定消极影响，也会在一定程度上影响幼儿园活动开展的效果。有教师提及："这学期我的想法就是特别想给孩子们开展一些有趣的活动，但幼儿园没能提供活动所需材料，现在我如果想给孩子出一些花样，想让他们更开心一点，基本都需要我自己去买这些东西。幼儿园提供的设备和材料根本不够，都需要教师自己准备，说实话非常打击老师的工作热情，也很影响活动效果。（JS-220903-ZYY）""巧妇难为无米之炊"，设备资源与材料的不足导致教师在保教工作的组织和开展过程中常常不能按照自身意愿,对幼儿园保教工作及活动组织的效果均会产生一定消极影响。

综上,不难看出,作为幼儿园核心工作任务的幼儿园保教工作的开展,需要幼儿园提供充足的设备与资源,组织有效的培训与教研、给予教师充足的完成本职工作任务的时间等,一旦幼儿园不能充分履行这些与教师保教工作开展密切相关的心理契约责任,会在一定程度上打消教师的工作积极性,进而对幼儿园整体保教工作质量的提升产生一定消极影响,从而影响幼儿园的整体办园质量。

（2）家长工作开展的质量

陈鹤琴曾说:"幼稚教育是一种很复杂的事情,不是家庭一方面可以单独胜任的,也不是幼稚园一方面可以单独胜任的,必定要两方面共同合作方能得到充分的功效。"家长工作是为了形成教育合力,更好地促进幼儿的全面发展。[①]是教师在幼儿园中重要的工作任务之一。在幼儿园心理契约内容中,"公平处理教师与家长间的矛盾""幼儿园对于幼儿在园期间的安全事故会适当担责"是教师关注度较高的心理契约内容,幼儿园不能在教师与家长出现冲突时及时出现并协助解决双方矛盾,对于家园沟通与互动会产生一定消极影响。有教师提及:"在面对安全事故的时候,比如孩子在幼儿园受伤,如果是他自己造成的,家长还无理取闹,我觉得幼儿园应该站在老师这方和老师一起解决问题,而不是站在家长立场和老师成为对立面,幼儿园和家长就像合作一样排挤这个老师,像我们幼儿园这种情况比比皆是,一旦孩子出现安全事故,老师会非常非常被动,对于这种家园沟通的积极性和家长关系的处理都会产生很多负面影响。(JS-220820-XX)"在家园关系中,幼儿园能否公平地处理教师与家长间的矛盾、能否协助教师开展家长工作并对师园双方的问题进行协调,对于教师家长工作的开展及良好亲师关系的构建都起着重要作用。教师提及:"从幼儿园的角度来看,对于亲师矛盾,可能事情很大的时候幼儿园才会去协助教师解决,更多情况下都是教师自己处理。幼儿园即便介入,更多是站在家长角度,而不会公平、公正地去解决问题。(JS-220916-CY)"访谈中,多位受访教师提及,由于受利益导向和幼儿园办园目标影响,作为幼儿园组织当面临亲师矛盾时更多是与家长为伍而忽视教师感受,且常常难以在处理亲师矛盾中秉持公平公正的原则,进而导致教师不满情绪的出现,这种不满情绪的不断累积会极大程度降低教师在家长工作中的积极性,甚至会在面对家长时产生抵触和反感情绪,一定程度上会对幼儿园家长工作开展的质量产生诸多负面影响。

综上,作为幼儿园工作重要组成部分的家长工作的开展,离不开幼儿园组

---

① 莫源秋.幼儿园班级管理68问——大教育书系[M].武汉:长江文艺出版社有限公司,2022:133.

织的支持与协助，这也是幼儿园心理契约的重要内容，从某种角度上看，家长工作也是教师在园所中工作压力的主要来源。基于此，与教师家长工作开展息息相关的幼儿园心理契约的违背会对教师家长工作开展的积极性产生一定消极影响，进而进一步降低家长工作开展质量。

2. 幼儿园组织的稳定

组织的稳定指组织的存在方式或运动状态的相对静止的，即组织在相当长的时间内从活动方式到结构功能相对保持不变。组织的稳定主要包括：第一，能够排除内外环境的干扰，保持原来的运行机制不变；第二，当组织受到严重干扰偏离原来的运行轨迹后，能进行适当的自我调节，使组织的运行恢复到原有的状态；第三，组织有意识地调整自己的运行轨迹以保证自身与外来因素的平衡。[①] 在幼儿园组织情境下，组织的稳定离不开稳定师资的保障，因为幼儿园教师队伍的稳定是幼儿园各项工作顺利开展的基础。幼儿园教师是学前儿童学习与发展的重要引路人，充足且稳定的师资在一定程度上决定了学前教育的质量。加强幼儿园教师队伍建设，保障教师数量的充足、质量的优良与队伍的稳定是保障学前教育质量的核心任务。通过访谈调查不难看出，幼儿园心理契约违背会对幼儿园师资队伍的稳定产生一定消极影响。

稳定的师资是幼儿园保教工作开展的关键，无论作为幼儿园还是幼儿及家长，都希望幼儿园教师队伍能保持相对稳定，出现较少的师资流动，一方面可以减少幼儿与教师建立情感链接的时间成本，另一方面也省去了幼儿园对新教师进行培养的麻烦。对于幼儿园而言，稳定的师资可以很大程度上节省教师培养的时间成本与经济成本。幼儿园心理契约内容涉及与教师生存发展和人际交往相关的多方面内容。当幼儿园心理契约履行不利时，会导致教师不满情绪的出现，进而影响教师的工作态度与行为。有教师提及："我当时在的园是一个新园，我去的时候他刚开了第二年。经常会遇到加班的情况，这不又迎来了市优评比，基本每天都会加班到比较晚，这一点导致当时老师的留任率也不是很高，很多老师都选择了离职。（JS-220826-LY）"园所事务性工作任务繁重，工作时间较长，教师得不到正常休息，由于压力过大使教师的离职时有发生。教师指出："老师早上大概7点左右就到幼儿园，晚上5点半左右下班，中午正常有两小时休息时间，12点到2点几乎不能休息，早7点到晚上5点多，5点多都下不了班，怎么也得6点半左右，而且从周一到周五几乎天天有会，会让老师觉得是一个什么样的单位能天天都有会，就很耗费精力，最后导致很多人跳槽走，都是这个原因。（JS-220901-YY）"幼儿园在管理过程中，对园所工作任务不能做到统筹规划和具体安排，导致教师的休息时间被培训、教研及各种事务性工

① 孙绵涛编著. 教育组织行为学 [M]. 福州：福建教育出版社，2012：355.

作所挤占,教师常常因为工作时间长、工作压力大,得不到正常休息而不堪重负。当教师感知到幼儿园心理契约违背时常会产生不满情绪,这种不满情绪的持续累积会使教师出现离职意向甚至离职行为,当教师频繁流动会对幼儿园教师队伍的稳定性产生一定消极影响,也会影响到幼儿园组织的整体稳定。

此外,有教师在访谈中反映,当幼儿园在管理过程中不够人性化且不能满足教师对基本福利待遇的需求时,也会使教师产生心理契约违背的感知,教师提及:"我们园有足球这个特色课程,星期五下午都会有兴趣课,我们老师有个孩子就想放在星期五下午给足球老师带一下,他也在旁边管理一下其他孩子,本身如果要当助教的话是另外要收钱的,但那位老师因为孩子在足球队里面就没有收这个钱,园长看到了之后说你的儿子都在这边练足球了,这个费用也是要交的,那个事情对那个老师伤害很大,就觉得没有那么人性化,园长也不够体谅,后来第二个学期也就离职了。(JS-220920-HAN)"在幼儿园管理过程中,当不够人性化、给予教师的福利待遇过低、对教师的关心体恤不够、管理制度灵活性不足等都会使教师产生不满情绪,甚至产生离职行为,而这些幼儿园管理问题与幼儿园组织的心理契约内容均有一定的相关性。有教师提及:"园长不是很体谅老师,也不关心老师家里的事情,我个人的想法是你出于人道主义多多少少也得稍微问候一下吧。之前我家人生病,很严重的那种,园长非但不关心,还嫌我请假时间长了,当时打电话抱怨来着,还要扣很多工资,我内心真的非常生气,也很失望,觉得幼儿园不够人性化,我从这学期开学就有离职的想法,就是舍不得这些孩子,因为他们是我毕业之后带的第一届带到大班的,孩子毕业我肯定就辞职不干了。(JS-211027-ZYY)"教师在幼儿园中工作,对于幼儿园存有一定的归属感和依赖感,渴望获得园所支持与体谅,也希望幼儿园能关注自身的工作和生活,一旦教师物质需要与人际需求均无法得到满足时,失望情绪的持续累积会使教师产生离开幼儿园另谋他就的想法。

综上,幼儿园在管理过程中不能履行其心理契约,会使教师产生诸多不满情绪,这些不满情绪的持续累积会使教师产生离职意向甚至离职行为。一旦教师出现在幼儿园间的频繁流动,幼儿园师资队伍的稳定性就会遭到破坏,这种不稳定会对幼儿园的管理与发展产生诸多消极影响,进而波及幼儿园的稳定性。

二、幼儿园教师心理契约违背的效应

本研究中,在幼儿园心理契约违背对教师的影响部分主要采用了混合研究范式,最终通过质性研究提取的指标进行量化分析。由于此部分研究已有大量成熟量表,通过质性方法选取量化指标的方式可最大限度保证最后选取的量化指标具有一定代表性,能够对幼儿园心理契约违背的影响进行深入研究。但对于员工心理契约违背对组织管理与员工自身工作态度与行为影响的相关研究非常有限，目前尚未有成熟量表，基于此，此部分对于幼儿园教师心理契约违背效应的研究主要采用质性研究范式。

根据第三章对幼儿园教师心理契约内容和结构维度的划分，教师在幼儿园中生存与发展，其心理契约违背会对幼儿园的健康发展产生一定影响。与幼儿园心理契约违背效应部分的质性研究相似，研究者将对心理契约问卷编制过程中针对 40 位园长和 40 位教师进行访谈的基础上进行回访，第二次访谈主要基于"教师—幼儿园"心理契约量表中教师心理契约的内容，请教师和园长回顾曾经经历过的教师心理契约违背的关键事件，深入分析教师心理契约违背产生的效应（访谈提纲见附录 A）。通过半结构化的深度访谈获取教师心理契约违背效应的数据资料，重点关注幼儿园教师心理契约违背对幼儿园组织管理和发展及对教师自身工作态度与行为产生的影响，并对质性材料进行编码分析。对此部分访谈数据的分析与处理将秉承扎根理论的思想，在对访谈文本进行转录后采用 NVIVO12.0 软件对 40 位园长和 40 位教师的访谈资料进行再次编码，编码过程同上一部分。根据编码结果，幼儿园教师心理契约违背的效应主要表现为对幼儿园组织文化氛围与组织绩效的影响，以及对教师工作绩效、离职意向与离职行为的影响。具体的访谈资料编码情况见表 5-41 和 5-42。

（一）于他：教师心理契约违背对幼儿园的影响

通过对访谈资料的编码分析发现，幼儿园教师心理契约的违背会对幼儿园的组织管理与发展产生一定影响。具体表现为会对幼儿园的组织文化氛围产生一定消极影响，既会导致人际环境和教师专业发展环境的破坏，同时还会导致幼儿园生源的流失和成果的损失，进而导致幼儿园组织绩效的整体降低。

表 5-41　教师心理契约违背对幼儿园影响的访谈资料节选

访谈资料	开放编码		主轴编码
	标签	概念化	类属
"幼儿园里女老师居多，优点是心细体贴，考虑问题周到，缺点就是小心眼儿，爱钻牛角尖儿，遇事爱斤斤计较，看问题不够大度。尤其是一个班三个人是否能配合好，对班级工作的影响非常大，会造成幼儿园人际环境的破坏。俗话说家和万事兴，单位也是一样。——YZ-211207-SN"	同事间关系不和谐	人际环境破坏	组织文化氛围

访谈资料	开放编码		主轴编码
	标签	概念化	类属
"与同事和谐相处、保持良好合作关系是教师在工作中需要显著提升的一个方面。因为现在一个班三位老师，两教一保，在协作配合方面是需要很好的默契才能达成一致。近几年招进来的老师年轻化，也比较独立，在合作方面是非常欠缺的，经常会有矛盾，导致教师之间的关系很紧张，经常会有老师找到幼儿园这边要求换班，其实对于幼儿园整体的组织氛围是会产生非常消极的影响的。——YZ-220807-BAI"	同事间关系不和谐	人际环境破坏	组织文化氛围
"教师在与家长沟通方面做得还有些欠缺，有些家长在群里发信息，老师看到觉着麻烦不想回，还有就是回答问题的恰当程度，有时候老师知道家长有些细节或是很麻烦的事情都要请老师来做。有些老师觉得比较烦，回答的态度不太好就容易引起家长对幼儿园的一些意见，导致亲师间关系遭到破坏，对于幼儿园本身的影响是非常大的。——YZ-220820-JC"	亲师间关系的破坏	人际环境破坏	组织文化氛围
"跟家长沟通，家长跟老师提到说今天孩子怎么样，多数老师都回答'挺好的'三个字，我经常跟老师说，当家长问你的时候，不能只用'挺好的'三个字回答，这三个字谁都能说，显示不出你是一个幼儿园老师的专业。哪方面好，是吃得好还是睡得好，还是学习好，因为老师可能观察能力不够，沟通能力又不强，所以有的时候就会显示缺少专业性。导致家长不满，亲师关系就会受到影响。——YZ-211219-MLL"	亲师间关系的破坏	人际环境破坏	组织文化氛围
"幼儿园组织的很多培训有时候我们管理层真的花了很多心思，花了很多钱请专家来培训，但老师们参与意愿并不是特别强。很多老师干脆请假了，因为各种各样的原因，有的老师虽然人到了，但是感觉心根本没在培训的现场，老师们并不是很认真。而且这种不认真是会互相传染的，老师们最后就都不愿意加入这个培训活动过程中。——YZ-220820-YZ"	专业发展环境的破坏	专业发展环境的破坏	组织文化氛围
"其实很多幼儿园老师学习的积极性和意愿并不是很强，我的很多同事自主学习的意识是非常差的，就觉得我做好眼前的事儿就好了，不用过多地去学习和提升。你要是有这种学习的劲头或表现的积极一些，大家都会把你当作异类，感觉你太过于能显摆。我觉得对于我个人的专业发展其实是非常不利的。——JS-220903-JC"	专业发展环境的破坏	专业发展环境的破坏	组织文化氛围

续表

访谈资料	开放编码		主轴编码
	标签	概念化	类属
"幼儿园教师的专业素养较差，对于幼儿的保育和教育工作职责的履行不利，家长在招生这一块就不会认可我们，他一个小家庭通过他对幼儿园的印象不好，可以告诉他的家人朋友周边的人，可能会导致的周边的人都不会选择我们园所，导致生源的流失。——YZ-220910-LY"	家长的不满	生源的流失	组织绩效
"教师的专业性不够，在跟家长沟通交流时无法解答家长问题，家长就会质疑教师的专业性，之前有家长真的觉得教师不够专业就转园了，这对幼儿园来说是生源的一个流失，损失还是很大的。——YZ-211216-HG"	家长的不满	生源的流失	组织绩效
"对幼儿园的隐私进行保密老师是有责任的。幼儿园很多的想法、点子、方案不是出自某一个人，是一个团队教研讨论的结果。而且每个园的特色或亮点都不一样，这也是老师应主动承担的责任，就是不把我们幼儿园的一些创意隐私去透露给别人。——YZ-21124-BM"	园所活动方案的透露	成果的损失	组织绩效
"幼儿园教师经常会有什么情况呢？就是比如我们幼儿园有园本课程，老师会把我们形成的课程方案这些研究成果给到同学、朋友，这些其他幼儿园的老师，有时候可能觉得不是那么重要吧，但确实是我们幼儿园辛辛苦苦的研究成果，这样透露出去还是对于幼儿园的影响还是很大的，会造成不小的损失。——YZ-220910-LCY"	园所课程方案的透露	成果的损失	组织绩效
……	……	……	……

1. 幼儿园组织文化氛围的破坏

一般认为，组织文化是组织在一定社会政治、经济与文化背景下，在生产与工作实践中创造或逐步形成的，为组织成员普遍认可和遵守的具有组织特色的价值观念、行为准则、团体意识、工作态度和思维模式的总和。幼儿园是社会组织中的一部分，具备一般社会组织的基本特征，但由于幼儿园是以育人为本的社会组织，区别于其他生产性或事业性的社会组织，构成了具有独特内涵、特征和功能的幼儿园组织文化。幼儿园组织文化是一所幼儿园在长期办园过程中积淀的并为全体成员所认同和遵循的价值观念体系、行为规范和物化环境风貌的整合和结晶。① 是幼儿园组织管理中体现的传统、习惯及行为方式等精神格调。由本研究对于"教师—幼儿园"心理契约内容的探索和发现可知，幼儿园教师的心理契约内容包括规范责任、发展责任和关系责任三个维度，其中，规

---

① 杜艳红主编. 幼儿园组织与管理 [M]. 武汉：武汉大学出版社，2019：63.

范责任指向的是教师本职工作任务的完成、遵守幼儿园的规章制度及自身行为习惯的规范等，发展责任指向的是教师自觉提升自身的业务水平，为幼儿园的发展建言献策等，关系责任指向的是保护幼儿园的隐私和机密、与同事积极地沟通协作等，这些心理契约内容的违背均会对幼儿园的组织风貌、人际氛围等产生一定消极影响。

（1）园所和谐人际环境的破坏

幼儿园本身是一个复杂的生态环境，幼儿园管理者、教师和家长同处于幼儿园这个生态系统当中，幼儿园组织系统中的人际关系也较为复杂，和谐的幼儿园人际环境的构建既包括教师与管理层上下级关系的和谐，也包括教师间同事关系的和谐，还包括教师与家长间亲师关系的和谐。园长在访谈中提及教师间不能构建良性的合作关系，对于幼儿园的人际和谐会造成一定消极影响，也会对幼儿园整体的组织文化氛围造成一定影响。有园长在访谈中提及："与同事和谐相处、保持良好的合作关系很重要，都说三个女人一台戏，幼儿园基本都以女性教师为主，所以当中矛盾是很多的。现在的幼师基本都是九零后、零零后，最大的共性就是情绪化，一旦这些老师情绪化比较严重的时候，跟同事的相处就会变得斤斤计较。同事间矛盾的存在真的特别影响幼儿园的组织氛围，那种关系真的很微妙。（YZ-211116-YPX）"与其他学段的教师相比，幼儿园教师的工作具有一定特殊性，幼儿园班级工作的完成，幼儿保教工作的顺利实施均需要教师的相互合作完成。教师间不能做到良性合作、不能构建良好的关系，频发的冲突与矛盾会破坏幼儿园和谐的人际环境，对幼儿园良好组织氛围的构建产生一定消极影响。有教师在访谈中提及："幼儿园女性较多，会产生很多口舌，日积月累的情况下会跟领导有很多不愉快。再如刚入职的年轻教师，对于工作环境不是很了解，人际关系也较为复杂，不知道什么时候会跟你说一些领导的坏话或把你的一些话，不是你的本意，用你的话来去对付领导，这样的情况下幼儿园就会形成一种特别不好的风气。（JS-210930-ZJB）"幼儿园中女性教师心思细腻、较为敏感和情绪化，教师间的关系也较为复杂，有些教师会为了自身利益和维系与领导间的关系，对同事造成不好的舆论影响，进而破坏幼儿园的人际环境。有教师在访谈中提及，幼儿园的组织氛围尤其是同事表现出的不友好甚至对自己的排挤，使自己感受到了来自周围的恶意，会给自身带来诸多消极影响。教师指出："他们都是本地的，我是外地的，大家对于这种外地老师觉得只身一人在这里无依无靠，就觉得你又没有家人在这儿。并且我考的是我们这儿经济水平比较高的一个地区，我家的那个县比较落后。同事和领导经常会话里话外的觉得我家里比较落后什么的。让我有一种被排挤的感觉和一种孤独感，非常没有归属感。（YZ-211007-ZT）"有教师在访谈中提及，自己在幼儿园中没有归属感，这种孤立无援的状态来自同事间不和谐的人际关系，只有教师主动与同事构建和谐的关系、保持友好交往，才能使幼儿园形成和谐的人际环境，否则则会导致幼儿园组织氛围的破坏。

作为幼儿园，其组织形式包括正式组织和非正式组织。根据巴纳德的社会系统理论，正式组织是根据一定社会组织目标和章程建立起来的目标系统，它是实现组织目标的载体。正式组织有明确的上下级关系，对成员有强制性和权威性，成员间也有协作关系。非正式组织具有自发性、内聚性和不稳定性等基本特征。正式组织由于部分成员的性格相投、兴趣爱好相近，交往过程中会形成比一般同事关系更密切的朋友关系，小团体内有自然而然形成的权威或核心人物，也有一些约定俗成的共性行为方式。① 作为幼儿园教师，出于各种原因会对幼儿园倡导的组织文化产生一定质疑，会选择在组织中寻求具有相同感受的"志同道合"者形成非正式组织，会将自身不满通过非正式的沟通渠道向组织中的各个环节散布，在组织中培养与组织文化价值观相悖的行为准则和行为方式。② 幼儿园教师作为独立的个体均形成了自己独特的人生观、价值观和教育观，个人观念与组织的核心精神是否一致相融直接影响教职工能否形成统一的组织精神。那些认同幼儿园组织文化的员工，若其影响力大且人际关系好就可带动一批员工形成共同的组织精神。③ 相反，则会对幼儿园的人际环境和整体的组织氛围形成一定消极影响。基于此，幼儿园教师间良性、健康的同事关系的建立是幼儿园良好组织氛围构建的前提。教师能较好地履行心理契约，尤其是关系责任，会对幼儿园良好组织文化氛围的构建产生一定积极影响，否则可能产生消极影响。

幼儿园组织情境之下，亲师关系也是幼儿园良好人际环境构建的重要组成部分。由于幼儿群体年龄较小，家长就成为幼儿的"代言人"，也成为教师在日常工作中最常接触的群体，良好亲师关系的构建对于幼儿园整体人际环境的构建至关重要。有园长提及："在开展幼儿园的教育活动过程中，由于幼儿比较调皮，教师会对幼儿大声喊叫，再加上幼儿回家可能也有一点点夸大其词，说老师动手了之类的，那么家长在这一块儿只相信孩子的情况下就不依不饶。往往这个时候，有的老师做法就非常不淡定，会出现无所谓，反正大不了就离职的想法，对于幼儿园和教师间关系的构建会起到一定消极影响。（YZ-220805-SN）"教师与家长间的良性沟通和良好亲师关系的构建需要教师与家长的共同努力，尤其需要教师具备充足的耐心、细心和强烈的责任感。在与家长进行沟通的过程中，还有教师由于没有掌握沟通技能与技巧，在沟通中表现出效率低下、沟通效果不佳，会使家长出现一系列不满情绪，造成亲师关系出现危机。有园长

① 杜艳红主编.幼儿园组织与管理[M].武汉：武汉大学出版社，2019：59.
② 郑子林.知识型员工心理契约违背的影响及预防措施探析[J].管理世界，2014（4）：1-4.
③ 杜艳红主编.幼儿园组织与管理[M].武汉：武汉大学出版社，2019：70.

提及:"年轻教师由于经验不足,不知道怎样与家长进行沟通,比如他想向家长反映孩子的问题,可能直接把问题抛给家长,直接说出来,那么老教师就会有先扬后抑的技巧,先肯定孩子的一些优点,再婉转地把缺点慢慢跟家长沟通,这样家长就比较愿意去接受,新教师就不知道怎么去沟通,导致有一些家长会比较反感与教师进行沟通,教师也不愿和家长进行沟通,出现恶性循环。会对亲师关系造成一定消极影响。(YZ-220810-SS)"教师没有掌握与家长沟通的技能技巧,以及自身经验不足、知识储备不够等,都会导致低效和无效的沟通,会引起家长的不满情绪,进而导致教师与家长间亲师关系遭到破坏,这种消极的亲师关系会对幼儿园整体组织氛围造成一定负面影响。

此外,幼儿园教师心理契约的违背也会导致教师与幼儿园间良性沟通环境和沟通氛围的破坏。有教师在访谈中提及:"教师需要为幼儿园的发展献计献策,每年幼儿园领导会通过问卷、会议这些来让教师提出建议,但教师都不太敢说工作中觉得特别不舒服的地方,一般都是表面上说说,真的不满的地方大家也不太敢说。久而久之就导致在幼儿园里没有形成良性的沟通机制,其实对于幼儿园的整体发展是非常不利的。(JS-211002-GS)"作为幼儿园教师,出于诸多考虑未能对幼儿园建言献策,会对幼儿园良性沟通氛围的构建产生一定消极影响,不利于幼儿园良好组织氛围的构建。

基于此,幼儿园教师心理契约的违背,尤其是与良好关系构建相关的关系责任的违背,如教师与家长间良好亲师关系、教师间良好同事关系及教师与幼儿园管理者间上下级关系的构建,都会对幼儿园组织人际环境的构建造成一定影响,进而对幼儿园组织文化氛围的构建造成一定消极影响。

(2)教师专业发展环境的破坏

在幼儿园组织情境下,教师主动提升专业知识和技能、积极参与幼儿园的培训和教研活动等是园长比较关注的教师心理契约内容,是教师专业能力提升与持续发展的保证、也是教师完成幼儿园本职工作任务的基础和前提。幼儿园教师专业发展环境的构建会为幼儿园教师营造积极、主动提升自己的组织氛围,教师的专业发展不是简单的个人行为,不能脱离外在教育环境而存在。在幼儿园教师的心理契约内容中,"自主学习、主动提升专业知识和技能"是园长较多提及的教师责任。有园长在访谈中提及:"在主动学习、自主发展这一块儿老师落实的不是很理想。因为你有了专业知识才能树立科学的教育观和教师观,有了专业的知识技能才能保质保量完成幼儿园的工作任务,才能胜任自己的工作。现在的情况是上了班的老师很多都会安于现状,不想去主动学习,就算幼儿园组织教研培训老师们也不想参与。导致幼儿园整体的学习氛围是很差的。(YZ-220826-MLL)"教师在面对幼儿园组织的培训教研活动中态度不积极的情况时有存在,许多教师在访谈中提及,进入幼儿园工作后大部分教师自主学习意识会降低，整个园所的学习氛围较差，导致教师没有积极主动学习的支持氛围，教师主动学习的意愿会更低，不利于园所积极的专业发展环境的构建。教师在访谈中提及："我觉得自身欠缺的地方就是工作之后真的不愿意学习了，有点安于现状，比如幼儿园考《3-6岁儿童学习与发展指南》，老师很多都是不会的，也不是很想学，如果园里不举行这样的考试我们是不会想自己去学的。而且不光我自己是这样，身边的老师都是这样的。导致幼儿园大环境就是不爱学习的，是个恶性循环的过程。（JS-220810-XX）"由于幼儿园教师自主学习和主动提升的意愿不足，导致幼儿园整体的教师专业发展氛围较差，大部分教师都处于消极倦怠状态，在日复一日、年复一年的重复性工作中，教师逐渐放弃了自我的主动提升，使得幼儿园整体学习氛围较差，总体的专业发展环境不佳。有教师在访谈中提及，自身主动提升专业知识技能的意愿下降的主要原因包括："一方面是工作以后懒了，不想学习了，有点安于现状，觉得自己考上编制就想着挣这些钱了，另一方面也可能是环境使然，身边没有可以带动让我有学习欲望的人，不像以前上大学的时候，如果宿舍里有一个学习好的，都会想像她那样做，不然自己就会落后，身边的环境都是这种不太上进的，导致自己也不太上进。（JS-211013-LCQ）"访谈中，大部分教师都表明希望自己能处在积极向上、主动学习的环境中，但现实中，教师主动学习与自主提升的意愿低下，使幼儿园整体的专业发展环境遭到破坏，没有形成自主学习的组织氛围。导致这种现象出现的原因是幼儿园对于心理契约"发展责任"的履行不力，不能积极主动参与幼儿园组织的培训与教研活动，主动提升自身专业知识和技能的意愿也较差。有园长提及，教师自主学习意识薄弱、主动性不强，对于教师保教能力和家长沟通能力的提升等均会产生一定消极影响："教师自主学习的意识是非常差的，包括幼儿园组织的一些培训教研活动教师常常不想参加，即使参加了人在现场心也不在，导致教师工作了几年并没有太大的长进，教学技能包括家长沟通技能这些都没有什么提升，我们幼儿园也是非常头疼的，非常影响整体办园质量。（YZ-220713-LXM）"教师自主学习和主动提升专业知识和技能的意识淡薄会对教师自身的专业发展产生一定消极影响，因为教师的专业知识和技能会指引教师保教工作的顺利完成，对于教师心理契约履行造成一定消极影响，进而导致幼儿园教师专业发展环境的破坏。

综上，在幼儿园教师的心理契约"发展责任"中，教师主动学习专业知识与技能、积极参与幼儿园培训教研活动等心理契约责任的违背会导致幼儿园积极向上的专业发展环境的破坏，而这种专业发展环境的破坏也会对幼儿园组织文化氛围造成一定消极影响，进而使教师自主提升的意愿下降，陷入恶性循环之中。

2.幼儿园组织绩效的降低

组织绩效是指在一定时期内整个组织取得的绩效。与企业的绩效有所区别，对于幼儿园而言，幼儿园的组织绩效主要体现在幼儿园的办园质量及园所持续且稳定的生源保障，尤其是民办性质的幼儿园，其稳定的生源是保证幼儿园能够有效运转的前提，也是幼儿园稳定、持续收入的保障。当幼儿园能够保证稳定的生源，意味着幼儿园能够拥有持续的收入，进而更好地维系幼儿园的运转，是一个良性循环的过程。除了稳定生源，幼儿园在长期的办园和积累过程中形成的园所文化、园所特色和园本课程等都是幼儿园的宝贵财富，这些长期积累的园所财富的流失也会对幼儿园的组织绩效造成一定影响。

（1）园所生源的流失

幼儿园稳定的生源是幼儿园组织绩效的保证，幼儿园的生源主要与教师本职工作的高质量完成有一定关联，教师心理契约的违背会在一定程度上对幼儿园生源的稳定性造成影响。主要由于作为幼儿园组织，其通过教师的教育行为施加影响的对象是幼儿群体，由于服务对象的特殊性，幼儿园组织教育活动的开展形式也有别于其他任何学段的学校组织，幼儿园无法从幼儿的学业成绩、升学率等方面证明自身的专业性，只能通过教师与家长的沟通与反馈、通过家长对幼儿发展的评估及直观感受来对幼儿园的教育质量进行评估。总体看，家长和社会对于幼儿园组织声誉的感知是一个比较主观的过程。在此情况下，幼儿园的声誉和形象很大程度上与教师对本职工作职责的履行、对幼儿保育教育工作的开展、与幼儿家长的沟通合作及自身良好的行为习惯等息息相关，这些内容均指向的是幼儿园教师的心理契约内容。

幼儿园生源流失经常与幼儿园声誉损害有一定关联，是在相对长期过程中组织给各利益相关者留下的印象。对于幼儿园来说，良好的声誉和形象是保证其核心竞争力、在众多幼儿园中脱颖而出的关键。组织声誉是社会大众对组织的情感评估，但公众对组织的评价不是静态的。对外部利益相关者而言，如果在与组织交往过程中，其当前形象与先前形象、声誉和期待足够相似，则其形象和声誉会得到强化。[1]幼儿园的声誉和形象是在相对较长时期内通过幼儿园内部成员的行为及与外界的互动，在诸多综合因素的共同作用下形成的。有园长提出："教师能够很好地履行自身责任，会对个人及幼儿园产生较好的影响。一旦不能履行自身职责，对幼儿园形象及社会口碑会产生一些消极影响。尤其一些教师可能经验不足，会关注不到某些幼儿，出现一些磕碰事故，会对幼儿园产生非常不好的影响，进而造成生源的流失。（YZ-210925-ZW）"教师对于本职工作职责的履行不利，尤其幼儿出现安全事故等会对幼儿园的声誉造成一

---

[1] Jo H M,Schultz M.Relations between organizational culture,identity and image[J].*European Journal of Marketing*,1997,31(5/6):356-365.

定消极影响，导致家长不满情绪的出现，而家长又会将这种不满情绪传递给其他社会成员，造成幼儿园形象的损坏，进一步影响社会大众对幼儿园的整体印象。有园长提及："一个幼儿园好的声誉的建立是很难的，需要幼儿园做很多很好的事情才能建立起来，当被小事玷污或产生舆情的话，其实对幼儿园的负面影响还是蛮大的，因为有时候家长可能也会捕风捉影或见风就是雨。（YZ-220805-DFF）"幼儿园良好形象和声誉的建立需要一个相对长期的过程，但声誉的破坏却很容易，幼儿园教师不当的言语和行为表现、工作的失职等均会对幼儿园的形象声誉造成一定消极影响。园长指出："教师的行为规范很重要，老师的口头禅幼儿会模仿，老师言行要规范，形象很重要，幼儿园老师不允许戴首饰、染指甲、浓妆艳抹，形象很重要，每天充满朝气，不能穿高跟鞋，孩子的模仿能力太强，包括老师的发型孩子都要模仿。（YZ-211120-YJX）"一旦教师不注重自身的行为规范，将不符合幼儿身份的语言和行为习惯传播给幼儿，不仅会对幼儿身心健康造成一定消极影响，且很容易导致家长不满情绪的出现。而这种不满情绪的不断累积会造成家长对幼儿园的不信任，进而出现幼儿园生源的流失。基于此，作为幼儿园教师心理契约的违背会对幼儿园的形象和声誉造成损害。教师具备科学的儿童观、教育观和教师观，在日常工作中秉持科学的教育理念并付诸对幼儿的教育实践，做好本职工作能够与家长进行积极地沟通协作、处理好与家长间的关系，对于幼儿园整体形象和声誉的维系至关重要。反之，教师一旦出现心理契约违背，会导致家长和社会的不满，进而使幼儿园生源出现流失。

综上，在幼儿园组织情境之下，当教师出现心理契约违背，尤其是教师对于心理契约"规范责任"的违背，如教师本职工作的完成不利、自身行为习惯的不得体等，均会在一定程度上对幼儿园的声誉形象造成一定损坏，这种组织声誉的破坏会进一步致使幼儿园生源的流失，进而导致幼儿园组织绩效的降低。

（2）园所成果的损失

幼儿园的组织绩效除包括幼儿园稳定的生源外，还包括幼儿园在长期发展过程中取得的园所成果，这些成果既包括幼儿园自主开发的园所课程、也包括幼儿园的活动方案和创意及幼儿园园所制定的规章制度等，与教师对幼儿园隐私和机密的保护存在很大关联。当幼儿园的一些特色的园本课程、活动创意等因为教师原因泄露出去，这些凝聚了幼儿园管理者和教师心血的园所成果的损失会对幼儿园造成一定消极影响。有园长在访谈中提出："幼儿园之所以能生存发展、形成自己的园所特色，一定有一些幼儿园与众不同的创意，无论是课程还是环境都很重要。作为教师，因为有一些关系比较好的老师私下交流的时候会说我们园所需要做什么事情或要上一节公开课，做一个环创，有没有好的点子或教案，这时有一些老师就不太注意保护幼儿园的知识产权，会把园所研发的课程教案、新鲜出炉的凝结着教师团队心血的教案分享给一些其他园所的老师，这样，幼儿园的资源就外泄了，对幼儿园来说是会造成一定的损失。（YZ-211219-YZ）""保护幼儿园的隐私和机密"是幼儿园教师一项重要的心理契约内容，当教师不能对幼儿园的知识产权、隐私创意、园本课程资源等进行保护，会造成园所资源的流失和成果的损失。有园长还提及："我们其实在制度里面就明确规定了，对于幼儿园的一些创意，比如环境创设、活动方案啊这些要注意保密，不能随便外传，但是永远有老师不按照规章制度来进行，会导致幼儿园隐私机密的泄露，其实对于幼儿园来说，尤其是我们这种大型的幼儿园，损失还是很大的。（YZ-220914-YY）"教师将凝聚着幼儿园管理者和教师心血的成果外传，导致幼儿园已有成果的流失和损失，会致使幼儿园组织绩效的降低。

综上，幼儿园教师心理契约违背，尤其是教师心理契约中规范责任和发展责任的违背会在一定程度上对幼儿园组织形象与声誉造成一定消极影响，进而导致幼儿园口碑的下降，而幼儿园形象和口碑的损害又可能进一步导致社会大众和幼儿家长的不信任，进而造成生源的流失，从而对幼儿园组织绩效产生一定消极影响。此外，教师不注意保护幼儿园的隐私和机密，会导致幼儿园成果的损失，进而使幼儿园的组织绩效降低。

（二）于己：教师心理契约违背对教师自身的影响

上述研究表明，幼儿园教师心理契约违背会对幼儿园的组织文化氛围和组织绩效产生一定消极影响。实际上，教师心理契约的违背在对幼儿园组织产生直接影响的同时也会进一步对教师自身工作态度与行为等产生一定影响。与上部分的研究方法一致，同样对40位教师与40位园长的访谈资料进行编码分析，最终发现幼儿园教师心理契约的违背会降低教师自身的工作绩效，并会提升教师的离职意向，甚至使教师产生离职行为。

表5-42 教师心理契约违背对教师影响的访谈资料节选

访谈资料	开放编码		主轴编码
	标签	概念化	类属
"爱护幼儿园的设备资源这些责任教师是存在违背的，比如我们公用的电脑或打印机，我们其实有给老师们培训，但老师们使用的时候非常不小心，也不按照操作流程规范操作，而且有时候机器坏掉就坏掉了，如果我或后勤主任没发现的话，都不知道这个机器坏掉了，他们都不会来告诉我们一下让我们去报修或干嘛，他们用坏了之后就直接放在那儿，非常影响教师正常工作的开展。——YZ-210929-LI"	设备材料的损坏	教师工作效率降低	工作绩效

续表

访谈资料	开放编码		主轴编码
	标签	概念化	类属
"自主学习和主动提升自己我觉得大部分老师是做不到的。不督促她们的话，我觉得是达不到自主学习的状态的，会导致教师即使工作很多年并没有太大长进，还处于停滞不前的状态，而且越来越有惰性。——YZ-211031-LI"	专业知识与技能不足	本职工作完成受限	工作绩效
"很多时候园方提供教师免费外出学习和培训的机会他们都不愿意去，认为占用了他们休息时间或需要放弃家里孩子的照顾这些。但每次一个老师出去学习，园方最低要承担 1000 元到 2000 元，这个费用都是园方承担的。真的是非常大的一个资源的浪费。——YZ-211104-YF"	专业知识与技能不足	本职工作完成受限	工作绩效
"有一部分家长比较年轻且文化素质比较高，在和教师沟通的过程中会问出一些比较专业的问题，比如说老师跟家长反映说他家孩子很被动，做什么事儿都不积极，这位家长就会问，说被动有两种，一种是主动被动，一种是被动被动，我家孩子属于哪一种呢？所以有时候，对于这种新入职又经验比较少的教师来说，他不能够给家长一个准确的理论来支撑。在完成家长工作相关任务的过程中完成就不是很好。——YZ-220917-YZ"	幼儿家长的不满	本职工作完成受限	工作绩效
"我们园去年发生了一件特别丢人的事，让我印象非常深刻，当时我们园复审的时候，有镇上面的领导到我们园去指导，我们园的两个老师就吵起来了。因为我们园玩具柜包括一些积木全部需要换新的，一个老师怀孕不能干重活，另一个老师可能心里不太能接受那个怀孕的老师只看班带孩子不做卫生，基本上这种情况保持了一个星期，恰逢领导来的时候就吵了起来。这个事情闹得很大，影响也很不好，后来两个老师就都辞职回家了——JS-220903-ZYY"	教师间关系的破坏	同事关系构建受限	离职意向与离职行为
"我们之前有个老师，小班的孩子坐不住，她就用剪刀去吓唬孩子，说如果你再不坐好，就把你手或脚剪掉什么的，还有小朋友排队的时候，有小朋友没站好，他就用手去敲孩子的头，敲的还挺重的，然后那个孩子家长就找来了，找来去学校里去找、去闹，最后园长了解了具体情况就把那个老师辞退了。——JS-211028-SKH"	幼儿的成长与发展受限	师德失范行为	离职意向与行为
……	……	……	……

1.教师工作绩效的降低

工作绩效指与个人核心工作直接相关的个人工作结果。在幼儿园组织情境之下，教师的工作绩效一般指向的是教师的工作效率及本职工作完成，如保教工作、家长工作的完成及教师完成这些本职工作的效率等。园长在访谈中提及："做好幼儿的保教工作，比如公平地对待每一位幼儿，老师们其实很难做到。老师总会有个人偏好，有的老师会喜欢比较活泼、聪明、可爱的孩子。虽说表面上不会特别明显地区别对待，但每个人都会有一些自私的想法，会对某一个孩子相对好一些，但若做到完全公平是做不到的。但这种相对的不公平会引起家长的不满，有一些偏爱家长是能感觉到的，不被偏爱的孩子的家长就会有意见，那教师在家长工作开展的过程中就会有阻碍。（YZ-220915-LW）"教师在对幼儿进行保育和教育过程中，往往很难做到对幼儿百分之百的公平对待。这种不公平会使家长产生内心的不平衡感，进而会将这种不满情绪代入到与教师进行交流的过程中，进而导致亲师关系的破裂。园长提及："新老师在带好班级的同时如何与家长进行良性沟通也是一直讨论的问题，如何更好地让家长了解你的工作、了解你的育儿观，因为很多大学生都没什么经验，如何与家长沟通、如何把握家长的心思还需要学。如何让家长更了解我们、如何做好家园共育也是一直探讨的问题。教师在这方面往往做得不够好，对家长工作的开展会造成很大影响。（YZ-220926-HLBE）"访谈中园长提及，亲师关系一旦出现裂痕会使教师家长工作的开展受到非常大的影响，进而在一定程度上影响教师的工作效率，导致教师整体工作绩效的降低。

在幼儿园教师的心理契约内容中，"主动提升专业知识和技能"是教师重要的心理契约责任，因为教师自身的专业性会对幼儿园工作任务的完成造成很大影响。现实中，绝大多数教师是很难做到主动学习的。园长提及："一些老师对学习会有自己的选择性，会选自己目前很需要的知识，且很多教师会有惰性，就不想去学，想要休息，另外还有一些老师可能因为家里事情比较多，比较忙，也不会去主动提升自己。这就导致教师专业知识和技能的提升受限，使教师在完成本职工作任务的过程中遇到阻碍。（YZ-220915-LW）"由于工作任务繁重、家庭事务琐碎等，均会导致教师自主学习与主动发展的积极性受到影响，进而使教师本职工作的完成受到限制。此外，教师专业知识与技能的不足会在一定程度上对教师家长工作的开展及其他工作任务的完成造成一定消极影响，有园长提出："因为我们园部分老师是中专学历，专业素养还是差一点。我们园在当地属于中高端园所，消费还是比较高的，家长素养也比较高，在这个环境中，有一些家长问到一些专业方面的问题，老师可能无法解答。比如家长经常会问，为什么孩子下午一到家就会感觉很饿，是不是没给他吃饱等，老师遇到这些专业问题往往不知道如何解答，会使家长觉得教师非常不专业，产生不满情绪，其实对教师进一步的家园沟通和家长工作的开展是非常不利的。（YZ-220910-LY）"教师专业知识储备不足导致教师在日常工作开展过程中无法应对突发难题，在家长提出疑问时常常无法科学解答与应对等，会导致教师家长工作开展的低效。"因为整个教师队伍年龄大一点的有的不是学前教育专业毕业的，缺乏专业知识和技能，一般都是凭经验工作，可能幼儿园的保教工作和家长工作要求是达不到的。而年轻老师虽说有一定理论基础，但这些年轻老师我觉得自己还是孩子，可能耐心、爱心也还不够。需要一段时间沉淀，在实际工作中的磨合，导致教师在本职工作任务完成过程中总是差强人意。（YZ-220917-YZ）"园长在访谈中反复提及，由于教师的学历背景、专业背景及主动学习和提升的意识薄弱，导致教师在工作中无法较好地完成幼儿园的工作任务，使教师工作绩效的完成常常受限，达不到预期目标。

综上，教师心理契约的违背，如不能主动提升自身的专业知识与技能、不能保质保量完成幼儿园的工作任务、不能与同事保持良好的合作关系等，这些心理契约的违背均会对教师本职工作的完成、工作效率的提升等造成一定消极影响，使教师的整体工作绩效降低。

2. 教师出现离职意向与行为

在幼儿园组织情境之下，教师心理契约的违背除了会降低其工作绩效，还会使教师自身或其他教师产生离职意向和离职行为。园长在访谈中提及，教师不能与同事保持良好的合作关系、不能与同事和谐相处会导致教师间关系的破裂，这种关系的破裂会进一步导致教师出现离职意向甚至离职行为。园长提及："我觉得教师违背较多的责任是与同事的和谐共处。幼儿园里全是女老师，女老师的优点是心细体贴，考虑问题周到，缺点是小心眼，爱钻牛角尖，遇事爱斤斤计较，看问题不够大度。尤其一个班的三个人是否能配合好，对班级工作的影响非常大。真的会有一些教师因为和班里的老师相处不好而离职。俗话说'家和万事兴'，单位也是一样。（YZ-220805-SN）"教师间良好心理契约关系的构建可以为教师营造一个和谐且温馨舒适的幼儿园组织环境，使教师能产生对幼儿园的组织认同感、组织归属感和组织情感承诺，但教师间频发的冲突和矛盾会使教师产生职业倦怠感，产生对于幼儿园不良人际关系氛围的感知，进而可能会使教师产生离职意向甚至出现离职行为。

上述案例是教师因为同事间关系不和谐而出现离职意向和离职行为。此外，访谈中也有教师因为自身出现心理契约违背、不堪来自家长和幼儿园的压力而选择主动离职。园长在访谈中列举了一个案例："我们幼儿园发生过一件事情，一个教师因为小朋友调皮，就拍了一下小朋友的脑袋，其实班级是有监控的，我们当时从监控中也发现老师是有这样一个行为，就引起了家长的不满。这位老师其实也很优秀，比较年轻，可能在有些事情上会有自己的想法或自己的脾气，稍微有那么一点点任性。后来教师也承认了确实有打孩子的行为，这个教师也因为压力大最后就选择了离职。（YZ-211207-SN）"教师在对幼儿进行保育和教育的过程中，出于各种原因，不能做到关心和尊重幼儿，甚至出现一系列的师德失范行为，教师会因此出现主动离职或幼儿园的劝离。有园长讲道："有一位老师比较年轻，对中午午睡的时候孩子哭闹的问题不是特别有耐心，在孩子五岁的时候睡的是活动的小床，在给孩子挪动这个活动床的时候可能觉得比较省事，就会用脚把这个活动床挪到旁边去而不是用手来抬，整体不太爱护幼儿园的这些设备，比较粗鲁，也比较缺乏耐心。后来这个老师也因为缺乏责任心等原因就被辞退了。（YZ-220820-XYP）"当幼儿园管理者发现教师在对幼儿进行保育和教育和处理班级事务过程中缺乏责任感和耐心，不能较好地完成幼儿园的保教工作任务等，会采用辞退等方式使教师离开工作岗位。

综上，幼儿园教师心理契约的违背会使教师因无法较好地胜任幼儿园的本职工作任务而导致教师出现师德失范行为。心理契约违背的出现会使教师由于各方压力而出现主动离职，同时，也可能由于园所和家长及社会上的不满出现被动离职，即教师被幼儿园所辞退。

三、师园心理契约违背效应的综合讨论

本章主要对"教师—幼儿园"心理契约违背的效应进行了研究，通过混合研究范式和质性研究方法的综合运用，发现"教师—幼儿园"心理契约的违背会对幼儿园教师的工作态度与行为及幼儿园组织的管理与发展产生一定消极影响。且研究发现，师园心理契约违背的影响作用是交互且动态变化的过程。

（一）心理契约违背会对教师的工作态度与行为产生消极影响

本研究运用混合研究范式和质性研究方法对"教师—幼儿园"心理契约违背对教师工作态度与行为的影响效应进行了系统研究，包括幼儿园心理契约违背和幼儿园教师心理契约违背对教师的工作态度与行为产生的影响效应。

在幼儿园心理契约违背对教师工作态度与行为的影响部分，由于组织心理契约违背对员工工作态度与行为影响已有大量研究且有许多成熟量表，因此，此部分研究主要采用混合研究方法。首先，整合了文献梳理与访谈资料编码结果，提取了幼儿园心理契约违背可能导致的效应指标，包括组织信任、组织情感承诺、工作满意度、工作绩效和离职意向五个指标。其次，根据已有研究和相关理论提出幼儿园心理契约违背对教师工作态度与行为影响的研究假设，建立了幼儿园心理契约违背效应的结构方程模型，探究幼儿园心理契约不同维度责任违背对教师工作态度与行为的影响。最后，结合既有研究、相关理论和访谈资料对统计结果加以阐释，深入剖析幼儿园心理契约违背对教师工作态度与

行为的影响。由于教师心理契约违背对幼儿园管理与发展的相关研究没有成熟量表，已有研究也较为匮乏且涉及范围较广，因此，对于教师心理契约违背对教师工作态度与行为影响的研究主要采用深度访谈的方法，通过对访谈资料编码分析得出教师心理契约违背对教师自身工作态度与行为产生的效应。

研究发现，幼儿园心理契约违背会对教师的工作态度与行为产生一定消极影响。当教师感知到幼儿园心理契约违背时，会产生组织信任、组织情感承诺、工作满意度和工作绩效的降低，同时，会提升教师的离职意向。从中介作用看，教师的组织情感承诺在幼儿园心理契约违背与教师任务绩效间的中介作用不显著，在幼儿园生存责任违背与工作奉献和人际促进间的中介作用不显著，在关系责任和发展责任违背与教师工作奉献与人际促进间起到部分中介作用。教师的组织信任感在幼儿园心理契约违背与教师的工作绩效间起到部分中介作用。工作满意度在幼儿园生存责任违背与教师的任务绩效间起到完全中介作用，在发展责任和关系责任违背与教师的工作绩效间起到部分中介作用，在生存责任违背与教师的工作奉献与人际促进间起到部分中介作用。通过对幼儿园心理契约违背对教师离职意向影响的研究发现，幼儿园心理契约违背对教师的离职意向具有显著的正向预测作用。同时，教师的组织信任感、工作满意度和组织情感承诺对其离职意向均具有显著的负向预测作用。研究发现，教师的组织情感承诺在幼儿园生存责任违背与教师离职意向间的中介作用不显著，教师对幼儿园的组织信任在幼儿园心理契约违背与教师的离职意向间起到部分中介作用。教师的工作满意度在幼儿园心理契约违背与教师的离职意向间起到部分中介作用。

通过质性研究发现，幼儿园教师心理契约违背会对其自身的工作绩效产生一定消极影响，包括影响教师保教工作、家长工作等幼儿园教师本职工作任务的完成。同时，教师心理契约的违背还可能降低教师自身的工作效率，教师也会由于师德失范行为及工作中的失误、抑或是难抵舆论压力而导致其自身压力过大而出现离职意向甚至主动离职行为，此外，教师也可能由于心理契约违背而使幼儿园管理者、幼儿家长等产生不满，进而出现被动离职，即幼儿园的劝退或开除等。

（二）心理契约的违背会对幼儿园的管理与发展产生消极影响

研究表明，"教师—幼儿园"心理契约违背会对幼儿园的管理与发展产生一定消极影响。通过质性研究深度访谈和编码分析发现，幼儿园心理契约违背会对幼儿园的办园质量和组织稳定等产生一定消极影响。对幼儿园办园质量的影响包括对幼儿园保教工作及家长工作等园所工作开展的影响。同时，幼儿园心理契约的违背还可能对幼儿园组织的稳定，尤其是师资队伍的稳定产生一定消极影响，即出现教师的流动或流失等。

此外，幼儿园教师心理契约的违背会对幼儿园的组织文化氛围和组织绩效产生一定消极影响，包括对幼儿园和谐人际关系的破坏，这里主要指村教师与管理者间关系的破坏、对教师间关系的破坏及对教师与家长间关系的破坏，进而导致幼儿园整体人际氛围的破坏。幼儿园教师心理契约违背对幼儿园组织绩效的消极影响包括会导致幼儿生源的流失及园所已有成果的损失，这里的园所成果包括园本课程、制度文本及幼儿园的创意等，生源的流失和成果损失均会造成幼儿园整体绩效水平的降低。总之，研究表明幼儿园教师心理契约的违背会对幼儿园组织的管理和发展产生一定消极影响。

（三）师园心理契约违背的效应是交互影响且动态变化的过程

通过对"教师—幼儿园"心理契约违背效应的研究不难发现，幼儿园心理契约的违背会对教师的工作态度与行为和幼儿园组织的管理与发展等产生一定消极影响。在幼儿园组织情境下，教师消极的工作态度与行为实则会进一步导致教师本职工作完成的不利、专业发展积极性的降低及同事间良好关系和园所组织文化氛围的破坏等，即出现心理契约规范责任、发展责任及关系责任的违背。与此同时，教师消极的工作态度与行为很多都指向教师心理契约的违背，尤其是规范责任的违背。而研究表明教师心理契约的违背会在一定程度上导致幼儿园组织文化氛围的破坏及组织绩效的降低，而组织文化氛围和组织绩效的降低实则指向的就是幼儿园心理契约的违背，比如会导致薪资待遇的降低、工作环境和工作条件的破坏、专业发展环境的破坏及人际环境的破坏等，这些内容指向的就是幼儿园心理契约对生存责任、发展责任与关系责任的违背。幼儿园心理契约的违背又会进一步对教师的工作态度和行为产生一定消极影响……如此，师园心理契约的违背导致的效应会进入到循环往复，无休无止的动态变化过程之中。

基于此，"教师—幼儿园"心理契约违背的效应看似是对幼儿园教师与幼儿园组织线性的影响，实际上，整个效应形成了一个无限循环的环路，在这个循环系统中，幼儿园心理契约的违背会导致教师心理契约的违背，教师心理契约的违背也会成为幼儿园心理契约违背的重要诱因。正是在这样一个相互交织且循环往复的流动的影响效应的复杂系统中，才使得教师与幼儿园间的心理契约关系不断在"失衡—平衡，破坏—修复"的过程中保持着某种平衡，教师与幼儿园间的心理契约关系也因此得以建立且处于某种相对平衡的状态，也使教师与幼儿园间的心理契约关系得以有效构建并维系。

本章小结

基于第四章对"教师—幼儿园"心理契约违背现状的调查分析，本章进一步探究了"教师—幼儿园"心理契约违背的效应。首先，在幼儿园心理契约违背对教师工作态度与行为影响部分，通过对访谈资料进行编码分析提取了相应的指标。其次，提出幼儿园心理契约违背对教师工作态度与行为的影响的假设，建立结构方程模型，探究幼儿园心理契约不同维度的违背对教师工作态度与行为的影响。最后，对研究结果加以阐释，深入剖析幼儿园心理契约违背的效应。由于幼儿园心理契约违背对幼儿园管理与发展的影响及幼儿园教师心理契约违背对幼儿园及教师影响的相关研究没有成熟问卷，已有研究也较为匮乏，且效应的内容范围较广。因此，本研究对于教师心理契约违背效应的研究及幼儿园心理契约违背对幼儿园影响的研究主要采用质性研究方法。

通过对"教师—幼儿园"心理契约违背效应的研究不难发现，幼儿园心理契约违背会对教师的工作态度与行为产生一定消极影响。当教师感知到幼儿园心理契约违背时，会导致教师自身组织信任、组织情感承诺、工作满意度和工作绩效的降低，同时，会提升教师的离职意向。从中介作用看，教师的组织情感承诺在幼儿园心理契约关系责任和发展责任违背与教师工作奉献与人际促进间起到部分中介作用。教师的组织信任感在幼儿园心理契约违背与教师的工作绩效间起到部分中介作用。工作满意度在幼儿园生存责任违背与教师的任务绩效间起到完全中介作用，在发展责任和关系责任违背与教师的工作绩效间起到部分中介作用，在生存责任违背与教师的工作奉献与人际促进间起到部分中介作用。通过对幼儿园心理契约违背对教师离职意向影响的研究发现，幼儿园心理契约违背对教师的离职意向具有显著的正向预测作用。同时，教师的组织信任感、工作满意度和组织情感承诺对其离职意向均具有显著的负向预测作用。教师对幼儿园组织的信任感在幼儿园心理契约违背与教师的离职意向间起到部分中介作用。教师的工作满意度在幼儿园心理契约违背与教师的离职意向间起到部分中介作用。

通过质性研究深度访谈和编码分析发现，幼儿园心理契约违背会对幼儿园的办园质量和组织稳定产生一定消极影响。此外，幼儿园教师心理契约的违背还会对幼儿园的组织文化氛围和组织绩效产生一定消极影响，包括对幼儿园人际环境和教师专业发展环境的破坏，也会导致幼儿生源的流失及园所成果的损失，进而造成幼儿园整体绩效的损失。同时，幼儿园教师心理契约的违背也会导致教师的工作绩效的降低，使教师产生离职意向甚至出现离职行为。

第六章 "教师—幼儿园"心理契约违背影响因素的研究

　　在本研究的第四章和第五章已深入探讨了"教师—幼儿园"心理契约违背的现状和心理契约违背产生的效应。那么，究竟哪些因素导致教师与幼儿园心理契约的违背呢？在现代社会中，人与组织的关系是人所处社会关系的重要表现。心理契约关系的构建是在组织情境下，通过员工与组织的互动产生的，离不开与所处环境和周围人的互动。尽管霍曼斯、卢梭等社会契约论的创立者都认为自由地与他人缔结契约关系是人与生俱来的权力，然而，现实中无论是法定契约的缔结还是心理契约关系的构建，除了受现有条件、契约双方的素质和具体需求的制约外，无不打上社会、经济、文化和时代的烙印。组织的协作系统由物理系统（物质条件、人的系统、社会系统和组织系统）四个系统组成。[①]正如巴纳德在社会系统理论中提及，组织的协作系统由物质条件、人的系统、社会系统和组织系统四个系统组成。[②]通过宏观、微观环境的相互作用不难发现，上述因素均包裹在"员工—组织"的相互关系中，且映射到员工的内心世界，进而通过员工的工作态度与行为折射出组织的管理效能。教师在幼儿园中从事保教活动，置身于学前教育文化实践与社会舆论环境之中，因此，研究师园间心理契约的交互作用难以脱离社会环境因素。"教师—幼儿园"间互惠关系的构建既是组织政策落实的集中体现、又是员工认知系统的背景墙。但心理契约违背的情况是客观存在的，对于为什么教师与幼儿园会出现心理契约违背的问题也需进一步厘清。探究影响师园心理契约违背问题的因素是改善幼儿园组织管理效能、调整教师工作态度与行为的重要路径。基于此，研究者认为教师与幼儿园心理契约违背主要受幼儿园教师个体、幼儿园组织及社会环境三种因素的综合影响。

　　由于"教师—幼儿园"心理契约违背的影响因素涉及范围较广也较为复杂，通过质性研究方法，基于对访谈资料的扎根理论分析能够更加细致和全面

---

　　① 尹少华.管理学原理 [M]. 北京：中国农业大学出版社，2010：39.
　　② 尹少华.管理学原理 [M]. 北京：中国农业大学出版社，2010：39.

地了解影响师园心理契约违背的具体因素。因此，本研究对于教师与幼儿园心理契约违背影响因素的研究将采用质性研究方法，秉承扎根理论的思想，深入剖析影响师园心理契约违背的重要动因。质性研究在社会科学研究中有独特意义：一方面，它强调自然主义，注重探究研究结果的"真实性"和"可靠性"；另一方面，它强调解释主义，要求研究者对研究对象进行"解释性理解"；同时它又具有后现代的批判意识，高度关注社会文化和社会环境等因素的影响。Maxwell 指出，质性研究的目的包括：理解特定情境下的事件、经历及行动对研究参与者的意义；理解参与者所处的特定情境对其行动的影响；寻找非预期的现象及其影响，进而提出新的扎根理论；在过程视野中理解参与者的行动；提出因果解释。

本研究通过质性方法探究"教师—幼儿园"心理契约违背的影响因素主要基于以下考量：一是事情发生的诱因往往深藏于事件本身，难以言喻，基于师园心理契约违背的现实状况与契约违背的关键事件，主要回答的是"为什么违背"的问题；其次，原因本身涉及的范围往往较广，想挖掘心理契约违背背后的深层次原因，靠量化研究很难做到全面和深入，且许多涉及的动因变量缺少合适的量化指标。基于此，本研究将通过深度访谈的方法剖析师园心理契约违背的原因，对心理契约违背的关键事件进行深度解析。只有与研究对象进行深度交流，才能知其然更知其所以然。基于此，质性研究很好地契合了此部分对师园心理契约违背影响因素进行探究的目的。与幼儿园心理契约违背效应的质性研究部分相似，研究者将对第三章心理契约问卷编制过程中针对 40 位园长和 40 位幼儿园教师进行深度访谈的基础上进行回访，第二次访谈主要是基于师园心理契约问卷中心理契约的具体内容，请教师和园长回顾曾经经历过的师园心理契约违背的关键事件，深入分析心理契约违背事件的影响因素（访谈提纲见附录 A），并对质性材料进行编码分析。对此部分访谈数据的处理与分析将秉承扎根理论的思想，在对访谈文本进行转录后，采用 NVIVO12.0 软件对 40 位园长和 40 位教师的访谈资料进行再次分析，编码过程同第五章。生成的编码在两位编码者之间进行讨论和一致性检查，最终确定编码者信度为 81.3%，超过了70%，介于 80%—90% 之间，表明本次编码具有较好的信度。[①] 根据编码结果，发现"教师—幼儿园"心理契约违背主要受幼儿园教师因素、幼儿园因素及社会环境三种因素的综合影响。

一、教师因素对师园心理契约违背的影响

根据社会交换理论，"教师—幼儿园"心理契约关系是雇佣双方基于互惠原

---

① ［美］罗伯特·F. 德威利斯. 量表编制理论与应用 [M]. 魏勇刚，龙长权，宋武，译. 重庆：重庆大学出版社，2004：106.

则建立起来的。在这里，人的因素至关重要。幼儿园教师是师园间心理契约关系构建的重要主体，对教师因素对师园心理契约违背影响的深入探讨可以挖掘出心理契约违背最直接的影响因素。通过编码分析发现（见表6-1），在幼儿园组织情境之下，对师园间心理契约违背产生影响的教师因素主要包括教师的专业理念、职业理解和专业知识与技能。

表6-1 教师因素对师园心理契约违背影响的访谈资料节选

访谈资料	开放编码		主轴编码
	标签	概念化	类属
"幼儿的发展是存在很大差异的，需要教师去观察、了解幼儿，有些教师不能接受那些发展滞后的孩子，很嫌弃，也不懂得结合每个幼儿的特点做到因材施教，对幼儿也不够包容，经常会引起幼儿和家长的不满，我们作为园长也很头疼。——YZ-211104-KK"	不能接受幼儿的个体差异	教育观	专业理念
"有的老师理解不了幼儿的一些行为，比如幼儿不遵守规则、自控能力差、扰乱活动秩序，比较调皮。有些老师意识不到这是学龄前儿童身心发展的一些特点，就会不喜欢这个孩子，有时候就会采用忽略、冷暴力的方式面对幼儿。——YZ-211202-YML"	不理解幼儿的行为	儿童观	专业理念
"很多教师不想和家长进行沟通协作，觉得那并不是她的职责，尤其是很多沟通需要在下班的时间来进行。所以很多教师都会采用应付了事、忽略不理的态度去面对家长，导致很多家长会出现非常不满的情绪。——YZ-211207-YL"	认为与家长沟通不是工作职责	教师观	专业理念
"一些老师选择幼儿教师这个行业只是暂时的，没有想持久去做，可能只是想过渡一下，所以对于幼儿园组织的学习、培训活动可能不是很感兴趣，并不想花费太多的精力在学习上。——YZ-211118-LV"	没有职业的长期选择意愿	职业取向	职业理解
"有的老师其实并不认同自己幼儿园教师这一身份，对外都不敢说自己是幼儿园教师，觉得很没面子，很多老师都有这种心理。她也不会觉得自己的职业很有价值，有的时候自己就看不起自己，怎么可能全身心投入到工作中呢？——YZ-211109-DEN"	不认同幼教职业的价值	职业认同	职业理解
"有些教师不具备幼儿发展的一些专业知识，比如有的家长问：'我们家孩子为什么明明在幼儿吃饭了回家还会特别饿，有时候还会吃很多。是不是没有吃饱啊？'很典型的，这其实是幼儿她消化系统的发展特点嘛，孩子胃容量下，消化快，每天需要多餐。但是有的老师面对家长的疑问就回答不上来，显然就是儿童发展方面的知识欠缺。——YZ-211128-BAI"	幼儿发展知识的欠缺	专业知识	专业知识与技能

访谈资料	开放编码		主轴编码
	标签	概念化	类属
"对孩子及时、有效的评价。因为有时候我们在听课或进班的时候，看到老师确实是给孩子评价，但比较泛泛，你画的真好呀，你这个搭建真不错什么的，其实没有比较有效的深层次评价，往往对孩子进行有效评价才会激发孩子的后续发展，很多孩子其实做不到，说白了就是能力欠缺。——YZ-211216-HG"	评价幼儿技能的欠缺	专业技能	专业知识与技能
……	……	……	……

（一）专业理念：教师准确理解心理契约内容的阻碍

作为幼儿园教师，其所从事的工作是一项专业活动，教师的专业理念在一定程度上会影响其对心理契约的理解。若教师的专业理念是先进的，能从根本上保证专业行为的科学有效；而专业理念一旦产生偏差，低效、无效乃至负效的专业行为就可能出现。[①] 幼儿园教师的专业理念是教师专业发展的一个关键维度，在《幼儿园教师专业标准》的结构框架中居于首要位置。其中，专业理念指专业人员对自身专业性质、标准、价值等的理解、判断、期待与认同，指引着专业人员的思考方式和行为举止；教师的专业理念指教师"在理解教育工作本质的基础上形成的关于教育的观念和理性认识"。[②] 幼儿园教师的专业理念指教师在理解学前教育工作本质的基础上形成的关于学前教育的观念和理性认识。幼儿园教师秉持的专业理念为教师的专业行为提供了理性支点，使得作为专业人员的幼儿园教师和其他非专业人员区别开来。幼儿园教师所持有的专业理念直接决定其组织保教活动的目的、内容与方式，影响其保教活动的效果及自身专业发展的方向。[③] 本研究发现，幼儿园教师的教育观、儿童观和教师观直接影响幼儿园保教工作的顺利开展。有园长提及："教师持有科学的儿童观、教育观和教师观对教师来说是至关重要的，若这三方面观念存在问题，教师秉持错误观念的话，在教育教学活动中，所有跟孩子的互动都不能达成预期效果。这三观直接主导师幼关系，尤其是有质的师幼互动，有质量的观察等。（YZ-211129-XLM）"可见，幼儿园教师持有的科学的儿童观、教育观和教师观是教师在幼儿园有效开展幼儿保教工作的基础，也是教师完成其本职工作、履行教师心理契约的重要前提。教师的观念可以指引教师更好地理解师园间的心理契约关系和自身的工作职责，进而影响其心理契约的有效履行。

---

① 张典兵.教师专业发展[M].徐州：中国矿业大学出版社，2017：37.
② 叶澜.新世纪教师专业素养初探[J].教育研究与实验，1998（2）：43-48+74.
③ 王向红.幼儿教师的核心素养[M].北京：中国轻工业出版社，2017：127.

1.教育观

幼儿园教师的教育观是指教师对教育持有的看法与期待，是教师对各种教育问题的认识与理解。教师所持有的教育观不仅会影响教师的教育行为，且会直接或间接影响儿童身心的健康发展。从某种意义上来说，幼儿教育质量的高低主要取决于幼儿园教师的综合素质，而幼儿园教师能否较好地履行自己的岗位职责、履行心理契约责任，取决于是否树立了正确的教育观，是否能够清楚自身担负的职责。在教育领域，教育者的观念对教育实践产生的影响是最直接和广泛的，先进的教育理念会对教育实践产生积极影响。[①] 否则可能产生消极影响。在幼儿园教师的心理契约内容中，"做好幼儿的保育和教育工作"是教师的基础工作职责，也是幼儿园管理者认为教师担负的最重要的心理契约责任内容。在心理契约内容中，对教师保教工作起到重要指导作用的就是教师的教育观，即教师如何看待自身对幼儿的教育。此外，"保质保量完成幼儿园的工作任务""教师与家长积极地沟通、协作""与同事保持良好的合作关系"等教师的心理契约内容均围绕着幼儿保教工作这一核心内容展开。当教师无法持有科学的教育观念时，其对于心理契约的理解就会出现一定偏差，与家长的沟通交流、与同事的合作互动等均会受到影响。通过对园长和教师的访谈不难发现，在家园沟通过程中，最重要的矛盾点就是关注幼儿能力的提升还是注重知识获取的结果，即关注幼儿结果性保教质量与重视幼儿过程性发展的保教观念上的差异，这些观念的差异在教师面对同样的教育情境时会产生迥异的情景判断，进而产生截然不同的处理方式。此外，教师是否能做到关爱与尊重幼儿等均与教师的教育观息息相关。有教师在访谈中提及："在班级中，即使再喜欢某一个孩子，你要时刻告诉自己你是老师，你在这个位置就应该平视所有孩子，及时调整自己的偏向和倾向。（JS-211002-MCQ）"科学的教育观能够对教师的教育行为起到引领作用，如在教育中，教师要承认并接纳每个幼儿的个体差异，接纳幼儿的特殊性，根据不同幼儿的发展做到因材施教。有园长在访谈中提及："我们园有个小朋友比较调皮但很聪明，不怎么遵守常规，老师对孩子的行为很不认可，很嫌弃。园长有跟老师聊过几次，说每个孩子都存在个体差异，作为老师要接纳孩子的缺点，发现他的优点，这个老师的教育观就不正确，经常惩罚孩子，导致孩子很不愿意上学，我们后来给孩子换了班级，孩子的改变还是很大的，后来这个老师很能接纳这个孩子，就感觉孩子慢慢地变得很开朗了，有很大的进步。（YZ-220813-LY）"在幼儿园的保教工作中，教师要接纳不同幼儿的个体差异，发现幼儿的闪光点并接纳幼儿的不足，不能凭借个人喜好对幼儿进行好坏、优劣的划分，并把这种情绪投射在对幼儿的保育教育工作中。通过上述案

① 周念丽.全国早期教育专业"十三五"规划教材——0-3岁儿童心理发展 [M].上海：复旦大学出版社，2017：170.

例可以看出，教师头脑中不科学的教育观念会使得教育呈现出隐性的负向功能，影响其对于心理契约内容的理解，进而出现心理契约违背。

2. 儿童观

传统的儿童观认为教师是高高在上、居高临下的长者，儿童是绝对的服从者，儿童只是成人世界的附属品。现代儿童观本着"基于儿童发展"的逻辑，即教师意识到在教育实践中应多倾听幼儿的观点或意见、关注他们的心理感受或内在体验，即"关爱和尊重幼儿"，这也是教师心理契约内容中很重要的一项。这种条件下，教师是幼儿活动的支持者、合作者与引导者，幼儿则扮演着思考者与参与者的角色。教师最主要的职责是为幼儿创设一个"有准备的"教育环境，基于幼儿的需要设计各种有利于幼儿发展的教育活动，并通过观察、启发、引导、鼓励和促进最大限度调动幼儿的主动性、积极性和创造性。教师对于幼儿的一系列观点与看法构成了教师的儿童观，儿童观是幼儿教育的基石。教师如何看待幼儿、是否肯定幼儿在师幼互动中的重要性，会在一定程度上影响教师对于心理契约内容的理解。教师对幼儿的观点和看法在一定程度上会影响教师在保教活动中的判断，在工作经验中形成一定自动化的反应。不同的教师持有不同的儿童观，秉持传统观念的教师认为幼儿是不成熟的个体，以成人的视角思考幼儿的行为，很难做到对幼儿的尊重，也会在保教工作中出现偏差。园长指出："很多教师其实觉得幼儿很柔弱，很多时候觉得对于孩子也不用尊重，孩子就是绝对的服从者的角色。所以面对幼儿常常表现得居高临下、非常强势，其实对于幼儿的发展是非常不利的。（YZ-211213-HL）"也有教师将幼儿看作需要保护的脆弱个体，对于幼儿的过度保护常常使幼儿的各项技能得不到锻炼，也无法达成教育目标。有园长提出："很多教师会对幼儿不信任和过度保护，在孩子做手工、吃饭的时候会代劳。你问老师为什么要这样，她们会觉得幼儿太小，很多事情无法独立完成，甚至都不愿意给孩子尝试的机会。这种儿童观之下，幼儿是很难得到发展和进步的。（YZ-211214-NX）"对幼儿的观点和看法是教师教育理念的核心，是其教育行为的"指挥棒"，教师持有的儿童观往往是教师对幼儿进行教育的发心所在。一旦教师的儿童观出现偏差，会影响其自身对于心理契约的理解，进而会对其保教工作的开展产生一定消极影响，甚至导致心理契约违背的出现。

3. 教师观

教师观是教师对教师职业特点、教师责任、教师角色及科学履行职责所必备基本素质的认识。教师观会影响教师的角色观和责任观，进而影响教师在工作中的表现。幼儿园组织情境下，教师自身的角色定位与对互动对象的角色定位会影响教育情境的判断。① 这些对教师持有的观点和看法会影响其对心理契约内容的理解，进而对教师保教工作的开展、与家长的沟通协作等本职工作的完成，包括教师自身发展等会产生一定影响。幼儿园教师最大的特点是角色的多重性，教师既是幼儿活动的支持者、合作者和引导者，也是幼儿的榜样和示范者，同时也扮演着"学习者"和"研究者"的角色。② 在与幼儿进行互动的过程中，教师如何看待自身角色和与幼儿的关系？是幼儿活动的引导者还是管控者？均会对教师保教工作的开展产生一定影响。在师幼互动过程中，教师对"教"与"导"的把握会直接影响教师对幼儿行为的判断，有教师对幼儿的思考方式与行为方式进行控制和牵制，一旦出现与预设不符的情况，就会表现出不满的情绪，并强行对幼儿行为的进行纠正。园长指出："许多老师并不清楚教师角色意味着什么，有的老师认为自己是高高在上的，对幼儿是管理者的角色。这种教师观的指导下，教师在班级中更多是幼儿活动的'管控者'，不能以平等的态度与幼儿进行互动，往往会表现出对幼儿的不理解和不尊重。（YZ-229810-ZW）"站在幼儿立场，"非高控"的教师在与幼儿互动中往往能做到教师要求与幼儿主观能动性的有机结合，更利于幼儿保教工作的有效开展。此外，教师与家长是合作者还是服务者与被服务者的关系？作为教师应如何处理与家长的关系，实现有效的沟通与合作？幼儿园组织情境下，教师的自主学习与发展是否是作为教师角色应尽到的职责等。园长提及："很多老师其实不知道如何处理与家长间的关系，为什么不会处理呢？她们没有想清楚教师在亲师关系中的定位，所以没有以一种合作者的姿态来和家长沟通，所以在处理和家长关系的过程中很痛苦，又达不到沟通效果。（YZ-210926-KXM）"作为幼儿园教师充当着家长的合作者和儿童的保育和教育者的双重角色，也作为教师同伴和幼儿园管理者的下属，多重角色之下，教师所持有的教师观尤为重要。教师的教师观会影响其对于师园间心理契约关系的理解，进而会对幼儿园保教工作的开展、与家长的沟通协作及与同事的合作互动等产生一定消极影响，进而导致其心理契约违背。

综上，幼儿园教师本身所持有的专业理念，即教师本身持有的教育观、儿童观和教师观在一定程度上成为幼儿园教师工作行为的指挥棒，会影响教师对于自身工作职责和师园间心理契约内容的理解。即教师持有的专业理念会成为教师理解心理契约的阻碍，观念上的偏差会进一步影响教师在具体工作中的行为，进而导致心理契约违背的出现。

---

① 余凤燕，郑富兴. 因果机制与管理路径——国外教师情绪劳动研究综述 [J]. 比较教育学报，2021（6）：101-115.

② 刘海燕，贾学书主编. 幼儿园教师必备综合素质 [M]. 长春：东北师范大学出版社，2015：23.

（二）职业理解：教师积极履行心理契约责任的牵绊

职业理解与认识是幼儿园教师从学前教育事业和教师职业角色等宏观层面，对一名合格的幼儿园教师所应具备的专业品质的基本看法。获得对自己所从事职业的正确认识，树立对自己所从事工作的科学理解，是成为一名合格幼儿园教师、确保师园间心理契约得以有效履行的前提。[1] 本研究主要从教师的职业取向和职业认同的角度来分析幼儿园教师的职业理解和认识对心理契约违背的影响。

1. 职业取向

幼儿园教师通过工作经验的积累而形成的职业锚能够反映教师的职业价值取向，指导、约束或稳定教师的职业生涯，也会在一定程度上影响其工作职责和心理契约的履行。在幼儿园组织情境下，教师是否能够履行其岗位职责、遵守幼儿园的规章制度和规范、积极为幼儿园发展进步做出积极贡献，很大程度上源于教师的职业取向，即教师如何看待幼儿园教师这份职业，多大程度上将当前工作当作职业发展的跳板，多大程度上打算在幼儿园做长期职业发展等。张小建等人认为职业取向是人们希望从事某种职业的态度倾向，是人们在社会实践过程中形成的对选择某种社会职业所持的比较稳定的认识、评价、态度、方法与心理倾向，是人们以什么样的态度对待职业、追求职业及其达到什么水平、什么程度的主观向往。[2] 因此，职业取向是指人们希望从事某种职业的态度倾向，它是人们在社会实践过程中形成的，对选择某种社会职业所持的比较稳定的心理倾向，既是人们职业理想的直接体现，也是人生观、价值观的最直观表达，最终决定个体的职业选择。[3] 有园长在访谈中提及："教师的工作态度是不一样的，在编和劳务派遣还有临代老师差距很明显，临代老师觉得他就领2000多块钱，不应该把身心都投入在工作中，所以他就会在工作中没那么尽心尽力，稍微难一点的活就让在编老师完成，感觉和他们没有关系。（YZ-211031-LI）"在幼儿园中，不同身份类型的教师在工作中的投入程度具有显著差异，其对于自身心理契约履行的主动性也存在一定差别，究其原因是职业取向存在差异，临时代课和劳务派遣的教师收入低、发展机会有限且职业发展前景相对较差，很多教师并没有在幼儿园长久发展的想法，导致教师工作的积极性也总体较差。此外，园长提及，教师不主动提升自己、专业发展需要低下等也与教师的职业取向有关："很多老师没有幼师证，想跟自己的孩子同步，所以找了一份幼儿园的工作。很多时候我们给予免费外出学习和培训的机会他们都不愿意去，认为占用了他们休息和照顾孩子的时间。他们只是想用工作便利多照

① 蔡迎旗. 学前教育原理 [M]. 武汉：华中师范大学出版社，2017：94.
② 张小建. 职业指导的操作与实践 [M]. 北京：中国劳动社会保障出版社，1999.
③ 龚芸，辜桃. 大学生职业取向与职业规划 [M]. 北京：中国社会出版社，2017：5.

顾孩子。(YZ-211104-YF)"由于临时聘用的教师在入职之初就没有过高的职业追求和职业生涯发展需要,有的教师是为了陪伴孩子临时在幼儿园工作,对于幼儿园组织的集体活动、提供的培训活动等也并不想主动参与,只想能有更多时间照顾家庭或休息。这种情况下,"自主学习、主动提升专业知识和技能"则更不可能。有园长提出:"教师自主学习意识下降、积极性不够,很大程度与教师对职业的看法有关,觉得自己考取编制、工作稳定之后就可以混日子了,并没有在工作中持续发展的需要。(YZ-211219-MLL)"调研中,教师和园长一致认为,由于教师在考取编制、工作稳定后便没有了进取的欲望,对于自身专业发展的主动性也逐渐降低,这种对于工作本身消极的态度会导致教师心理契约违背的出现。

2. 职业认同

教师的职业认同是教师对其职业及内化的职业角色的积极的认知、体验和行为倾向的综合体。教师职业认同是在教师个体与教师职业、环境的相互作用中建构、形成和发展起来的。[1]是教师逐渐发展、确认自己教师角色身份的过程,反映了教师对其职业的认同程度。[2]幼儿园教师基于自身价值观念、情感态度对幼教职业意义的建构与身份认同会影响其对心理契约履行的积极性,导致其出现心理契约违背。当教师对幼教职业认同度较高时,会主动寻求工作的价值与意义,形成职业归属感,内心深处的接纳与认可对于职业表现而言是潜在内驱力,教师履行心理契约也会更加积极。相反,当教师对教师职业认同度较低时,其职业本身的内在驱动力较弱,更可能导致教师出现更多心理契约责任的违背。如有园长在访谈中提及:"现在基本都是90和00后的孩子,每年实习的时候真的有很好的实习生,但当我们问到毕业之后想干什么,他们都很迷茫,都说毕业不想干这行。你想想他对职业都没有认同感,都不认可这个职业,哪儿来的责任心。(YZ-220619-MLL)"园长认为幼儿园教师对于其工作本身缺乏责任心、工作职责履行积极性不高很大程度上与教师职业认同度低有一定关联。当教师职业认同低的情况下,往往对心理契约的履行缺乏内在动力,进而会由于履责不力而出现心理契约的违背。

有园长在访谈中列举了教师不维护幼儿园形象和声誉的案例,有教师在与其他园所教师交流的过程中,提及自己所在幼儿园虽是高端园,但各方面条件并不好,对外传递了很多幼儿园的负面信息。根据这一事件,园长与教师进行了沟通和交流,认为教师出现心理契约违背的原因包括:"首先,这位老师是新来的,对园所没有感情,对于职业的认同感也较低;第二,对幼儿园教师的职业和幼儿园没有归属感。老师的这种行为是典型认为自己和幼儿园不是一个共

---

① 魏淑华.教师职业认同研究[D].重庆:西南大学博士学位论文,2008.
② 魏淑华.教师职业认同研究[D].重庆:西南大学博士学位论文,2008.

同体，不会有维护幼儿园形象的意识。（YZ-211118-LW）"可见，当教师对于其所在幼儿园缺乏归属感、对于幼儿园教师职业缺乏认同感时，往往很难与幼儿园形成一定情感联结，也很难主动维护幼儿园的形象和声誉。教师担负的心理契约责任，如"爱护幼儿园的环境（包括基础设施）""合理利用幼儿园的资源"和"保护幼儿园的隐私和机密"等心理契约责任内容的履行在很大程度上都与教师对幼教职业的认同感和对幼儿园组织的归属感存在一定关联。

综上，幼儿园教师的职业理解包括其自身的职业取向与职业认同感，职业取向直接影响教师自身工作职责履行的主动性，甚至影响教师专业发展的积极性。有长期工作发展规划的教师更会积极、主动地履行心理契约并参与到幼儿园工作中，相反，没有在幼儿园进行长期工作计划的教师面对工作往往会消极怠工且积极性较低，甚至出现心理契约违背。与此同时，教师对于幼儿园教师职业本身的认同感会在一定程度上影响其对于心理契约履行的积极性，当教师组织认同感和归属感较低的情况下会导致其心理契约履行的积极性降低。基于此，教师对于幼儿园教师职业的理解无时无刻不在影响教师的思想意识，会对教师心理契约履行的效能造成一定影响，成为教师履行心理契约的牵绊，进而导致心理契约的违背。

（三）专业知识与技能：教师履行心理契约效能提升的"门槛"

专业知识是教师专业素质的重要组成部分，是教师专业发展的核心内容之一。幼儿园教师的专业知识体现了教师作为一种专门职业的独特性与不可替代性。它不仅是幼儿园教师从事保育教育工作所必须具备的智力资源，其丰富程度和运用情况也直接决定了教师专业水平的高低。[①]教育部颁布的《幼儿园教师专业标准》将幼儿园教师的专业知识分为"幼儿发展知识""幼儿保育教育知识"和"通识性知识"三部分。这三部分知识是其"专业理念与师德"和"专业能力"的认知基础。通过对心理契约违背现状的研究可发现，在教师心理契约内容中，管理者认为比较重要的包括"做好幼儿的保育和教育工作"和"保质保量完成幼儿园工作任务"，幼儿园管理者认为教师违背较严重的心理契约内容包括"主动提升专业知识与技能"。从幼儿园教师心理契约不同维度看，心理契约的履行均与教师的专业知识与技能密切相关，且很多时候教师对于心理契约履行是"心有余而力不足"，教师想要高质量的履行心理契约，但由于自身专业知识与技能的不足，往往很难做到高质量履责。有园长反应："之前的老师能弹能唱，但理论知识不强，现在我们聘来的老师理论水平很高，但技能还是有所欠缺，有的老师来了不会画画、有的不会弹琴，这个情况下，如果要上课还得请专业的舞蹈老师或美术老师给孩子们上课。（YZ-211128-BAI）"教师的专

---

① 冯晓霞. 幼儿园教师的专业知识 [J]. 学前教育研究，2012（10）：3-12.

业技能缺失导致有些教师不能够胜任幼儿园工作，不足以支撑教师完成本职工作，使幼儿园在用人过程中也遇到了诸多困境。

有园长在访谈中也提及："无论做好幼儿的保教工作，还是与家长的沟通协作，丰富的专业知识和技能非常重要。老师的知识储备不但要面临怎么教育孩子，还要面临怎么提供家长帮助，引领家园合作。但现在很多老师知识储备不够，整体素质不高，导致教师本职工作职责的履行往往不尽人意。（YZ-211120-YJX）"幼儿园管理者认为教师具备专业知识与技能是有效处理家园关系、实现家园共育和与家长进行有效沟通和协作的前提，是教师保质保量完成幼儿园工作任务的基础。比如针对教师心理契约内容中的"与幼儿家长积极地沟通、协作"，有园长认为："部分教师做不到，不是他不想沟通，而是他的专业度还没有达到，尤其一些新教师没这个自信，他可能跟家长交流的仅仅是孩子的表现，科学的育儿理念有些老师还没有达到这样的水平。（YZ-211201-SB）"由于有些教师具备的专业知识与技能是有限的，导致其与家长不能达到有效沟通、积极协作的目的。更无法在与家长沟通过程中进行科学育儿理念的宣传，导致教师常常出现心理契约违背。有园长指出："有专业的知识和技能才能在工作中解决问题，在家长面前才能树立自己的专业形象，没能力的老师才会虐童，教师队伍改善还是要从专业知识与技能的提升着手。（YZ-220920-YZ）"可见，当教师自身具备较为丰富的专业知识与技能时，才能妥善处理工作中遇到的难题、较好地完成本职工作，进而保证心理契约的有效履行。

综上，幼儿园教师自身所具备的专业知识与技能既是教师专业性的体现，也是其完成本职工作任务的保证，同时也会对其心理契约的履行效能产生一定影响，尤其体现在规范责任的履行上，如保质保量完成其本职工作、与家长积极地沟通协作等。反之，则可能由于其专业知识与技能的不足导致心理契约违背的出现。即便在教师本身能够清楚认识和理解心理契约内容的情况下，其具备的专业知识与技能也会成为教师履行心理契约水平提升的"门槛"，进而影响其心理契约履行的效能。

二、幼儿园组织因素对师园心理契约违背的影响

心理契约作为对教师与幼儿园间关系进行研究的重要载体，幼儿园是师园间心理契约关系构建的重要场域。巴纳德的社会系统理论提及，可以通过组织的支持发挥员工的主动性与积极性，实现组织中不同群体间的沟通与协作，使员工能够更好地完成组织的本职工作职责，促进组织目标的达成。通过对访谈资料的分析发现，作为"教师—幼儿园"心理契约关系构建的主体，幼儿园的组织结构和组织领导等会成为影响"教师—幼儿园"心理契约违背的重要因素。

表6-2　组织因素对师园心理契约违背影响的访谈资料节选

访谈资料	开放编码		主轴编码
	标签	概念化	类属
"开学以来，每天都会接到教委不同部门的通知。从园长到主任再到教师都会涉及，一个通知下来要的就是一套资料。我们是单位办园，我们上面有直属单位，也会对我们进行层级管理，我们是分园，总园也会有很多要求，在提升质量的同时，会占据很多时间，导致对老师的指导难以保证。"——YZ-210923-DFF	行政机构构成	组织构成	组织结构
"老师想开展教学活动，园里总会安排各种事务，比如国庆节应该让孩子了解国庆节历史，但幼儿园为了迎检让我们做祖国大好河山环创，占掉好几天，孩子就玩玩具，没开展一个正常教学。最后把做的东西弄出去展览，就简单参观一下，更多是为了做公众号，跟家长宣传，其实孩子并没学到很多。"——JS-211007-LN	价值领导力	领导能力	组织领导
"由于是乡镇园，园长会觉得农村的就是好的，自然的淳朴的东西玩儿一段时间后思想就转变了，觉得不先进了，又想玩儿城里的了，就像给我们发了一套蒙氏教具，一个班就一套，很多老师都不会玩儿，导致小朋友们把那些蒙氏教具当成建构区的积木在摆。因为她是小学教育出身，不太懂幼儿教育。"——JS-211218-WW	教育领导力	领导能力	组织领导
"加班是常态，我觉得跟中层的工作计划与下级那些对接布置有关系，今年好点了，他们把工作计划都列出来了，往年的话是随时随地的要求，而且要求的很急。导致经常加班，得不到休息。"——JS-210928-JZY	结构领导力	领导能力	组织领导
"园长没给我这个荣誉其实我不在乎，我就是希望能公平公正把这个事说出来，他可能觉得刚入职一年就给我说不过去，我都能理解，但你只要实事求是地把这个事儿说了，我都不在乎。"——JS-211007-ZT	人际领导力	领导能力	组织领导
"感觉教师没有太多自主权，尤其近一年，因为现在省二级评估，评级就会对班级环境有要求，老师在做环创的时候就挺费时间，很多加班也都是因为班里老师明明已经商量好了怎么做，领导来看的时候就觉得这个不好那个不好，你们要改掉。"——JS-211002-GS	集权式管理	领导风格	组织领导
……	……	……	……

（一）组织结构：幼儿园心理契约履行效能发挥的"干扰项"

目前，我国幼儿园的办园形式极为复杂，公立园包括教育局办园和学校办园等，民办幼儿园既包括企业办园也包括小规模的社区或家庭办园。尤其作为学校办园（大学办园和小学中心园）或集团化办园，由于受上级管理部门影响，管理中会存在信息断层、衔接不及时等问题，表现为上级精神落实到幼儿园存在一定时间差，上级部门布置任务与幼儿园接收任务也存在理解的偏差。访谈中教师指出："我们园很多通知都是主管学校发出的，园所领导也不知道如何解决一些问题，他也没及时问学校意见，只能把很多问题推给老师。（JS-210927-LS）"由于上级部门在部署任务时常从宏观视角出发，而疏于考虑园所本身的发展、师资情况及阶段性的工作量等，会出现幼儿园为完成上级布置的任务导致教师工作量超负荷的情况。如针对教师普遍反映的任务过多、任务量较大的情况，园长反馈："繁重的工作有时来源于上级部门，我们也只是完成上级布置的任务，没有办法。（YZ-211019-DLL）"园长对于教师工作压力大、工作任务繁重、休息时间不足的问题也常感到非常无奈，认为这与上级部门对幼儿园的施压有一定关联。教师在访谈中也反应，教师自身工作负担重很大程度上与上级要求有关："有时候是市里和省里的要求，要求幼儿园展示、比赛就要去做。我们也想以幼儿为主，但是你说孩子不想表演咱就不表演了，那演出怎么办。（JS-211006-LXY）"这种情况下，教师繁重的任务量、对工作任务的侧重很大程度上与上级的任务布置有关，往往是作为幼儿园管理者和教师无法控制也难以克服的。

由于幼儿园组织机构构成的特殊性，公办园多受上级领导部门工作要求的影响，很多时候需要完成上级布置的任务，导致行政性事务比较多，牵扯了管理者的精力，导致管理者常常忽视了教师队伍建设等心理契约的履行。园长提及："公办园行政事务太多，园长很多都是一线上来的，特别想提高保教质量，但上级的检查压力比较大，像现在疫情防控、党建、师德师风建设等各种要求。集团性质的幼儿园会接收到总部任务，在完成上级任务、达成园所发展目标与实现幼儿健康成长间寻求平衡，既是任务，更是挑战。（YZ-211204-LSN）"可见，来自上级的管理要求使幼儿园管理者无法将更多注意力放在教师队伍建设和教师专业发展的引领上，对于教师日常工作的指导常常不到位，会导致幼儿园心理契约发展责任和关系责任的违背。有园长提及："我们是单位办园，直属单位会对我们进行层级管理，总园会有很多要求，对于我们专业提升或保教质量的提升都会有相应职能部门来对接。这种层级管理在提升质量的同时会占据很多时间，导致对老师的引领很难达到理想状态。（YZ-210923-DFF）"基于此，上级管理部门对于幼儿园的管理和发展要求在一定程度上占用了幼儿园管理者的精力，导致幼儿园会出现心理契约的违背。

此外，上级部门的管理要求，使得幼儿园在办园中无法完全做到自主，而当幼儿园本身办园自主权无法保证的情况下，教师的工作自主权更难得到保障，教师的工作自主权无法保障，在工作中常感到束手束脚，会引发教师不满情绪的出现。有园长提及："最有难度的是给老师工作自主权，幼儿园办园自主很多时候都很难保证，迎接各种检查、观摩、评比，上报各种报表，幼儿园还要分一部分精力去做这些。没办法真正思考如何发挥幼儿园的育人功能，思考教师队伍建设。幼儿园不自主办学，老师能有多大自主，孩子又能有多大自主空间。（YZ-211106-YY）"由于上级部门对于幼儿园的严格管控，条条框框的要求使幼儿园常规工作的开展受到了诸多限制，常常需要将幼儿园的计划和发展目标搁置一旁，而要优先完成上级部门布置的工作任务，这就导致幼儿园很多事务性工作是固定的，幼儿园本身没有更多的自主权完成园所本身的工作任务。在幼儿园办园自主权无法保证的前提下，教师工作的自主权更难以保证，在双方自主权均无法保证的情况下就会导致师园双方心理契约关系出现危机，进而出现心理契约的违背。

综上，受幼儿园组织大环境，尤其是组织机构构成的影响，在不同层级管理之下，幼儿园管理决策的实施往往具有滞后性，会导致其不能及时履行心理契约。同时，受上级管理的制约，幼儿园需优先完成上级部署的工作任务，导致其与教师相关的心理契约责任的履行时效性较差，师园间的心理契约关系也会因此受到影响。基于此，幼儿园组织机构的构成成为幼儿园心理契约履行效能发挥的"干扰项"，使得心理契约的违背常常发生。

（二）组织领导：幼儿园心理契约履行意识与行为的"牵引绳"

幼儿园管理者能否站在幼儿园保教质量提升的角度开展幼儿园的管理工作，以及幼儿园秉持何种办园理念、管理是否民主、是否能为教师营造和谐的工作氛围，对于教师与幼儿园间良好心理契约关系的构建至关重要。因此，园长的领导力、管理风格等组织管理因素会影响幼儿园心理契约履行的效果。组织领导，即园长的领导力与领导风格在某种程度上成为了幼儿园心理契约履行意识与行为的"牵引绳"。

1. 园长的领导力

领导力是指领导者在一定情境内影响追随者与利益相关者，引领他们实现组织目标的能力。在幼儿园组织情境下，园长领导力是指园长在一定情境内对全园教职工及以幼儿和家长为主的利益相关者施加影响，引领、确立并实现幼儿园组织目标、促进幼儿园发展的能力。[1] 园长的领导力通常包括园长的价值领导力、人际领导力、教育领导力与结构领导力。

（1）价值领导力

幼儿园作为育人机构，组织成员需要拥有共同的价值追求和文化理念。园长进行幼儿园组织领导时，首先要考虑的就是如何进行价值领导，幼儿园的核心价值观决定着园所的发展方向，幼儿园的发展实质上是基于核心价值的逻辑演绎过程。价值领导力是指园长运用核心价值观去引导教职工，营造健康的组

---

① 刘霖芳,柳海民.教育变革背景下幼儿园园长领导力的现状及提升策略 [J].现代教育管理,2015（2）：81-86.

织文化、实现共同愿景的能力。① 创建独特的幼儿园组织文化是决定园所发展方向的重要因素。但管理者的管理理念根植于其所处社会的历史传统、文化背景及价值导向。在利益驱使下，很多幼儿园的办园目的不是"一切为了孩子"，而是"一切为了园所利益"，尤其以民办的营利性幼儿园为代表。这种"利益至上"的办园理念、奉家长为"上帝"的管理思想及偏离的价值观念衍生了大量管理问题。尤其体现在管理者面对教师与家长冲突时的态度与立场。访谈中，有教师指出："有时我觉得幼儿园对孩子和家长的态度，家长是第一位，孩子是第二位，我个人觉得应该把孩子排在第一位，家长排在第二位，毕竟孩子才是你教育和服务的对象。（JS-211002-MCQ）"很多受访者在访谈中反映幼儿园过于关注家长感受，忽略了幼儿发展，使幼儿教育本末倒置，大量时间用在了拍摄照片、公众号建设等讨好家长的面子工程上，只是为了能够最大程度赢得家长满意而忽视了对幼儿教育的本质，常常偏离了幼儿园的教育目标，脱离了教育的本真。

为了获得家长认可，幼儿出现安全事故时，幼儿园往往不愿相信教师，也不愿与教师一同承担责任，这也是许多教师感知到幼儿园心理契约违背的主要原因。有教师提及："幼儿出现安全事故，虽说是孩子自己磕破的，就会把责任归咎于教师，让教师跟家长道歉。很多教师会因为安全问题出现职业倦怠甚至离职，说实话我也有过这种想法，因为安全问题太难了。（JS-211015-JQ）"幼儿园对于教师职业理解的偏差常常会反映在管理过程中，使教师感知到幼儿园心理契约的违背。此外，管理者也会为了自身功绩而忽略幼儿教育目标。如有教师在访谈中反映："管理者有时太功利化，太追求荣誉，没有切切实实做教育。为达到省里要求，造假也得造出来。很多领导就把他当作衡量自己地位的东西。接受过一点先进理念且有责任心老师，投入到这种工作状态下会非常痛苦。（JS-211007-ZT）"幼儿园偏离的管理理念和价值取向，使身处其中的教师在充满形式化和功利化的管理体制之下常常苦不堪言。基于此，幼儿园是否具备正向的价值领导力对于其心理契约履行具有一定影响作用，幼儿园的价值领导力低下也成为了幼儿园心理契约违背的重要诱因。

（2）教育领导力

园长作为幼儿园的管理者，帮助和引导教师树立正确的儿童观和教育观、将科学的保教理念运用到教育实践中是园长领导工作的重要着眼点。教育领导力指园长利用专业知识提高幼儿园保教质量、引领教师专业发展的能力。② 在

① 刘霖芳,柳海民.教育变革背景下幼儿园园长领导力的现状及提升策略[J].现代教育管理,2015（2）：81-86.

② 刘霖芳,柳海民.教育变革背景下幼儿园园长领导力的现状及提升策略[J].现代教育管理,2015（2）：81-86.

教育领导方面，部分幼儿园执着于追求创新，将流行的理念不假思索地移植到幼儿园或花费大量精力打造所谓的园所特色，缺乏对幼儿园保教质量内涵的关注。有些园长所持的办园理念功利化、在办园过程中形式主义严重，有教师反应："比如近几年流行的 steam 教学、项目教学和深度学习，像这些词汇，大家就在不断地去研究。让教师一下子学很多东西、接受这么多的东西，教师的工作量和工作任务就会特别多。（JS-211016-YY）"新理念的一拥而入，使教师有大量的新鲜事务需要去吸纳，常常增加了教师的工作量，加重了教师的工作负担。急功近利的幼儿园课程改革和科研正以各种方式影响和干扰着教师的智慧水平及自主权。①

还有教师反映管理者没有对教育理念稳定且持久的看法，想法经常会发生改变，这种变化也给教师带来了很大困扰。除常规工作外，幼儿园常常单纯为了满足上级检查任务而让教师完成许多无意义的工作。教师提及："幼儿园经常有一些检查和文件，很多并不实用，只是做样子的一些文件性的东西，教师可能大多数时候加班都是去做这些东西，上面检查，一过目这些东西就统统扔掉了。（JS-210930-ZJB）"这些为了满足上级检查需要的非常规的园所事务增加了教师的工作量，使教师的工作积极性降低、工作绩效也大打折扣，会导致教师心理契约违背的出现。同时，作为幼儿园为了完成上级检查任务也增加了教师的工作负担，使教师无法得到正常休息，进而使幼儿园出现心理契约的违背。

（3）人际领导力

在幼儿园中，园长的人际领导力是指园长善于驾驭人际资源、构建和谐人际关系的能力。②美国当代教育管理学家托马斯·J. 萨乔万尼在卓越学校的领导力框架中将人际领导作为一项十分重要的构成要素。③幼儿园教职工以女性教师为主，相较于男性往往需要更多关爱与理解，更倾向于在充满爱的组织氛围中工作。在对幼儿园心理契约内容进行总结的过程中也发现幼儿园心理契约中的"关系责任"占了较大比重，是教师比较关注的心理契约内容。在幼儿园组织领导中，管理者的人际领导力非常重要，管理工作的本质实际上是管理者与员工间的交往，管理者通过人际关系影响组织中的成员实现组织目标。④巴纳德的社会系统理论强调组织是一个由个人组成的协作系统，且个人只有通过同他人协作才能发挥作用。⑤在组织中想要构建和谐的人际关系，良性的沟通十分重要。良性的沟通可以促进管理者与员工双方意见、观点和信息的交流、交换

① 于泽元. 自我统整的教师 [M]. 北京：教育科学出版社，2012.

② 刘霖芳，柳海民. 教育变革背景下幼儿园园长领导力的现状及提升策略 [J]. 现代教育管理，2015（2）：81-86.

③ [美] 托马斯·J. 萨乔万尼. 道德领导抵及学校改善的核心 [M]. 冯大鸣，译. 上海：上海教育出版社，2002：159.

④ 王克岭，张建民. 管理学 [M]. 北京：高等教育出版社，2010：240.

⑤ 尹少华. 管理学原理 [M]. 北京：中国农业大学出版社，2010：39.

与共享,从而达成双方的了解与信任。在管理中,通过沟通管理者可以有效协调各成员和各要素,使组织成为一个有凝聚力的有机整体,沟通是启发员工工作热情的重要方式。充分而有效的沟通可以使员工明白他所做工作的目标、意义与价值,进而增加其工作热情,只有通过有效沟通管理者才能准确、及时地把握员工的工作进展,为员工遇到的困难提供帮助,确保组织工作协调、有序地开展。①

在幼儿园组织情境下,良性沟通是幼儿园了解教师需求与教师了解园方要求的重要途径。园长与教师进行沟通时的态度对于师园双方的有效沟通至关重要。沟通中,即便教师有表达诉求的需要,由于受园长权威的影响,管理者往往很难接受教师的建议。由于身份地位的差距,幼儿园管理者与教师间天然存在一种权力势差。沟通双方地位的高低对沟通的方向和频率有很大影响。地位越悬殊下行沟通就越多,即信息趋向于从地位高的个体流向地位低的个体。下行沟通带有很强的命令性、强制性和权威性。②这种权力差别之下,许多诉求教师没有渠道提出来,即便存在渠道,也碍于管理者的权威和沟通态度不敢提出来。有教师指出:"有次三八节,大家讨论福利的问题,有老师提出来可不可以放半天假,因为平时加班特别多但并没有给大家算加班,我们提议能不能给老师半天假,领导就很生气,吹胡子瞪眼睛说是不合法的,特别强势地反驳了老师。所以您说这样谁还敢发表意见?(JS-211012-XI)"由于作为管理者无法在沟通中将自己与教师置于平等的地位上,沟通态度强势且生硬,导致教师常常在沟通中"欲言又止",甚至"望而却步"。有教师指出:"对于幼儿园的决定,不信服也没办法,因为强权之下只能忍受。后来我们就不再提那些意见了,因为也解决不了。(JS-211013-XX)"很多教师碍于幼儿园强势的沟通态度,不愿更多地表达自身诉求,对于幼儿园的建言献策仅浮于表面,很多教师干脆选择沉默而不去沟通。

从沟通方式上看,根据沟通方向是否可逆,即信息发送后是否会进行反馈可以将沟通划分为单项沟通和双向沟通。③现实中,教师与幼儿园间的沟通多是单向的,即管理者通过信息传达和监管落实与教师进行互动,而教师较少向管理者寻求协助和反馈信息。④这种单向的沟通不利于信息互通,很难达成沟通效果。在访谈中有教师提及:"园长跟老师沟通方式不是很好,总是指责老师,老师表面上可能承认自己的不足,但回来还是该怎样怎样,不但没达到沟通效果,还会使教师不愿再去表达自己的想法。(JS-211007-LN)"沟通中,管理者有时

① 王克岭,张建民.管理学[M].北京:高等教育出版社,2010:241.
② 袁连升.管理学原理[M].北京:北京理工大学出版社,2017:210.
③ 袁连升.管理学原理[M].北京:北京理工大学出版社,2017:204.
④ 索长清.幼儿园教师文化的现实考察与分析——基于符号互动理论的视角[J].基础教育,2019(5):23-56.

会不直接与想了解的教师进行沟通，而是通过其他教师了解情况，导致沟通中会出现信息差，影响了师园间的沟通效果。很多教师反映："说是沟通，其实都是园长给老师洗脑，说一些冠冕堂皇的话，让老师死心塌地地给幼儿园打工。最常说的就是年轻人不要总把待遇放在第一位，要积累经验。说到底就是灌输，其实老师们真的很反感的。（JS-211006-BHQ）"这种单向的"灌输式"和"说教式"的沟通方式往往很难达成好的沟通效果，反而会使教师产生反感情绪。

当然，沟通不畅不能简单归咎于管理者，很多时候也是幼儿园与教师双方互动偏差的结果，如立场不同、性格不合及信息不对称等。基于此，管理者无法获悉教师的需求，教师的不满也无法客观表达，双方的矛盾与隔阂逐渐加剧，师园间的心理契约关系也会因此出现破裂，导致心理契约违背的出现。

（4）结构领导力

幼儿园作为教育组织具有一定的结构和功能，园长作为幼儿园的领导者，适应和引领幼儿园发展和变革的基础是善于经营和管理幼儿园。园长要整合、协调幼儿园外部资源，了解利益相关者的想法并获得其支持。在这里，园长的结构领导力包括内部管理优化力和外部资源协调力两方面。[①] 在结构领导力方面，管理者常因缺乏对园所工作统筹规划而导致组织低效。教师常在工作中面临"返工"，增大了教师的工作压力与负荷。若管理者能做到管理思路清晰、有计划又能执行高效，就会使教师工作的条理性更强，减少不必要的加班，教师也能最大程度提升其工作效率。管理者统筹规划的不利也体现在对活动安排和时间安排的不利，使教师的正常休息时间被培训、教研等占据，教师反映："幼儿园的培训大部分老师都不愿参加，因为上了一天班真的很累，每次培训都占用下班时间。有一次培训到了晚上快八点，我住的又远，回去都要九点了，说实话，大家都不喜欢在这种时间进行培训。（JS-211007-LN）"管理者在培训时间的安排上没有做到统筹规划、充分考虑教师的休息，常常因为培训占用教师的休息时间，使教师出现一系列不满情绪。此外，还有管理者不能任人唯贤，常将能力较强的教师作为廉价劳动力。教师谈道："现在师资有限，领导是欺压政策，很多事一旦这次交给你就会粘到你手里，领导会觉得理所当然。打着能者多劳的旗号让教师无私奉献。比如幼儿园的宣传、拍摄及环创一些大型设计都是一个老师负责，但这些工作必须要在完成自己工作的基础之上来做，其实就是加班。（JS-211006-BHQ）"管理者在工作任务的安排上常会存在任务分配不均的问题，使教师产生反感情绪，不利于教师工作积极性的激发和工作效率的提升。在繁杂的园所事务中，管理者的统筹和协调能力非常重要。有园长提道："我是业务园长，我的业务范围既包括日常保健管理，也包括教育、教

---

① 刘霖芳，柳海民. 教育变革背景下幼儿园园长领导力的现状及提升策略 [J]. 现代教育管理，2015（2）：81-86.

研、培训和课题研究等。因为这些任务牵扯的精力比较多，导致很多时候教师的指导和沟通工作可能确实是做得不好。（YZ-210923-DFF）"如何在繁杂的管理事务中能知其轻重，并且能有条不紊地进行处理，正是园长结构领导力的重要体现。有园长也在访谈中反思自己管理不利很大程度上与自身的领导能力有关系："我们的管理水平是否能够很好地去整合或者去合理的分配任务，合适的人做合适的事儿，我觉得这个也是对我们自己管理水平的一种挑战。（YZ-211020-HAN）"可见，园长能否最大程度提升自身的管理水平，在幼儿园中合理分配工作任务、统筹协调园所事务并进行合理安排，是园长结构领导力的重要体现。园长的结构领导力也会在一定程度上影响教师心理契约的履行，进而影响到幼儿园的整体管理效率。

综上，幼儿园园长作为师园间心理契约关系构建的主体和幼儿园管理的主体，园长的领导力会在一定程度上影响幼儿园心理契约履行效果，也会影响师园间心理契约关系的维系。如面对复杂任务时如何能协调教师进行有效地分工合作、实现任务的合理分配，面对教师间和教师与家长间的冲突及园所的突发事件，如何在不破坏幼儿园整体氛围、不打消教师工作积极性的前提下公平、公正且及时地对突发事件进行妥善处理。同时，如何将有限的资金进行合理的分配与利用，尽可能满足园所正常运转的需要，如保障教师的福利待遇、提供维系园所日常运转所需及教师工作所需的充足资源等。由于幼儿教育本身的特殊性，幼儿园相较于企业组织及其他学段的学校组织具有一定特殊性，幼儿园以女性教师为主，女性的情感更为敏感和细腻，对自身需要未满足产生的失落感也更强，这些特殊性均对幼儿园管理者的领导力提出了更高要求。一旦园长无法在幼儿园的管理工作中保持其自身的领导力，则会导致幼儿园心理契约出现违背。

2. 园长的领导风格

管理者的领导风格指领导者与被领导者间发生作用的方式。按照不同标准可对领导风格类型做不同划分。按权力运用方式可以将管理者的领导风格划分为集权式领导、参与式领导和放权式领导。集权式领导的特征是权力高度集中，突出领导者的中心地位。表现为工作任务、方针、政策及方法都由领导者决定，然后布置给下属执行。这种类型的领导偏重于运用权力推行工作，因而会产生抑制下属积极性、创造性和责任感的弊端。[①] 管理者的领导风格会反映在园长对园所事务处理过程中的情绪态度及价值观等方面，这些细节会对教师在工作中的体验产生重要影响。集权式的领导风格常常使教师在工作中丧失自主权，有教师在访谈中提及："我们园长雷厉风行，他会把他的教育理念灌输给我们，且

---

① 袁连升. 管理学原理 [M]. 北京：北京理工大学出版社，2017：160.

一定要严格执行。比如外面下雪，间操时间带孩子进行户外活动，园长规定我们一定要让孩子去雪地踢球。有一天我看外边下雪了，孩子就在雪地上跑跶，后来园长就把我们叫住了，开大会问我们为什么非得在雪地上跑步，上清完雪的操场上跑步不好吗？（YZ-211218-WW）"老师反映这种专制和集权式的领导风格常常使教师在工作中束手束脚，使教师在组织幼儿园教育教学活动时畏首畏尾，而且领导长期的集权式管理会使教师在工作中不敢做出决策。"前段时间幼儿园举行了一个建言献策的活动，我们班的老师就写了五条，然后被领导找谈话了，说你怎么那么多建议？导致我们不知道该怎么办，是实话实说还是什么都不说？所以有什么真实意见一般也会保存在心里。（JS-211216-SD）"现实中，教师常常对幼儿园管理者高控制的管理方式表示不满，往往出现消极怠工、不愿为幼儿园发展建言献策等心理契约违背的现象。长此以往，幼儿园会出现整体效率低下、组织氛围不和谐等问题，进而出现心理契约违背。

此外，管理者在工作中的投入程度、工作热情等也会对其心理契约履行产生一定影响。精力充沛且富有激情的园长在管理中也会更有热情、更乐于与教师进行沟通，也更易与教师建立起信任关系。反之，则表现为对教师态度冷漠、与教师互动时态度生硬、敷衍。工作积极性较低的管理者往往本着"多一事不如少一事"的态度，不愿协助教师开展工作或对教师遇到的问题、提出的质疑等置之不理。有教师提及："疫情期间，我们园要求家长凡是出省回来的就要隔离14天，可能现在很多家长觉得我们省疫情不是很严重，所以对幼儿园的要求不是特别理解。有一个小朋友的爸爸常年从外省来回跑，这个孩子已经隔离好几次了，幼儿园是不给退费的，家长就问这种情况怎么办，我觉得幼儿园特别不负责的一点就是让老师直接跟家长说那你就退园吧，我们老师根本没办法跟家长说这种话。（JS-210927-LQY）"除了消极处理园所事务之外，还有管理者致力于与所有工作人员建立良好关系，不愿"得罪人"，不懂衡量"严"与"慈"的关系，不懂在"御"和"放"间寻求平衡，而选择极端采用宽松和消极的管理方式。还有管理者因临近退休或换岗，知晓在岗位上工作时间殆尽，而采用消极的管理方式，如除关注幼儿的安全外，对其他事项置之不理等，导致管理者在管理中的问题纷纷浮现。以上因素均是导致幼儿园管理者管理不力的重要因素，也会导致幼儿园心理契约的违背。

综上，领导者采取何种风格、何种方式开展领导活动、对下属施加何种影响，以及该方式对实现领导目标的有效性，是幼儿园管理者进行有效管理的重要课题。[①] 园长在幼儿园组织情境之下的领导风格会在一定程度上对师园间良好心理契约关系的构建产生一定影响。尤其体现在集权式的领导风格会使教师

---

① 袁连升. 管理学原理 [M]. 北京：北京理工大学出版社，2017：160.

在工作中丧失自主权，使教师出现对幼儿园组织的不满情绪，进而使教师出现幼儿园心理契约违背的感知。

三、社会环境因素对师园心理契约违背的影响

教师与幼儿园间心理契约关系的构建是基于幼儿园组织情境下，在特定的社会文化背景、独特的情境中交织产生的，是社会互动的产物。根据社会系统理论，巴纳德认为组织不是一个僵硬的结构，而是一个有机的系统，组织所处的社会环境会对组织施加多种约束与限制。通过对访谈资料的编码分析可见，社会对于幼儿园教师职业的认识偏差和支持程度低下等因素均会导致师园心理契约违背。其中，社会认识包括家长和社会大众对幼儿园教师职业的认识和理解，社会对于幼教事业的支持程度会对幼儿园工作条件的改善和设备资源的提供、教师的薪资福利待遇、教师专业发展等产生一定影响。立足宏观视野挖掘其外部支持性因素，可以深入探究影响师园心理契约违背的社会环境因素。

表6-3　社会环境因素对师园心理契约违背影响的访谈资料节选

访谈资料	开放编码		主轴编码
	标签	概念化	类属
"幼教行业的社会地位太低了，你想现在马上2022年了，还能听见很多家长管你叫阿姨，家长对你的那种不尊重或是态度可能都会影响到老师的工作状态，觉得自己不被尊重，真的会让教师会产生消极倦怠的状态。——JS-211012-XI"	家长的不尊重	家长对教师职业的认识	社会认识
"新闻里幼师伤害孩子的报道比较多，导致家长对老师不信任，对幼儿园工作不信任，这两者之间是有隔阂的，一旦有一点不好的苗头，家长肯定选择不信任老师，加上老师工资本身就低，再有这样的一个隔阂存在，家园沟通就成了一个很大的问题。——YZ-211116-YPX"	家长的不信任	家长对教师职业的认识	社会认识
"现在的一些报道，比如哪个幼儿园出了事，虐待孩子，给孩子服药了。但从来没人宣传，比如说今天有家长晚接孩子，教师无私的陪孩子到七八点，这样的事都没人去报道，反而负面的报道特别多。工资低，不受社会尊重，教师就真的特别容易流失。——JS-211016-YY"	负面报道的消极影响	社会舆论的导向	社会认识
"很多责任我们也很头疼，提高教师的福利待遇，我们有时也在想，政府应给予一些政策，比如幼儿园老师工作的特殊性，中午是不能回去的，有些幼儿园中午提供误餐费，他们从保教费中支出，但我们不能动用这一块儿，还有加班费也是我们比较头疼的——YZ-211107-ZY"	政策的支持	政策和法律的支持	社会支持

续表

访谈资料	开放编码		主轴编码
	标签	概念化	类属
"为教师安排丰富的业余生活我们基本上也很少，一般比如看电影啊举行一些运动会这些都是工会组织的，我们没有单独的工会，就只有上级安排我们才会有活动，如果上级没安排，我们也没有多余的经费来进行这些业余活动。——YZ-211031-LI"	福利待遇的支持	资金支持	社会支持
"虽然是公立园，老师做环创的材料是需要自己买的，别的园都是园里提供，比如说打印机、电脑根本不够老师用，老师多电脑少。主要就是因为资金不足，我们幼儿园总欠钱。——JS-211013-XX"	园所建设和设备材料支持	资金支持	社会支持
"资金这一块儿我也会积极地跟领导去申请，在教师学习培训的资金上再多投入。老师们就是快速成长起来。外出学习的机会很少。城乡差别还是非常大的，大城市幼教的专项资金是很充裕的，我们这一块儿就是很难。——YZ-HAN-211030"	教师专业发展的支持	资金支持	社会支持
……	……	……	……

（一）偏颇的社会认识削弱了教师履行心理契约的积极性

社会认识即社会对幼教行业的了解和对幼儿园教师职业的认识。这些认识包括社会大众对学前教育的意义和价值及幼儿园教师工作性质的认识。[①] 社会大众对于幼儿园教师职业的认识会影响教师心理契约履行和师园间心理契约关系的构建。长期以来，由于在思想根源上人们对学前教育性质的定位缺乏科学认知，社会对幼儿园教师在事业发展中的地位和专业性缺乏应有的认识与重视，认为幼儿园教师是"阿姨"和"看孩子的"，幼儿园教师的专业性未能得到认可，工作价值被严重低估。[②] 而这些社会大众对幼儿园教师职业偏颇的认识会直接影响教师自身对于幼儿园教师职业的认同感及对幼儿园组织的归属感，进而使教师出现心理契约的违背。

1. 幼儿家长对于幼儿园教师职业的认识

近些年，社会大众对学前教育事业的关注度不断提高，家长群体作为幼儿教育事业的合作者，在幼儿园组织中扮演着重要角色。随着幼儿家长综合素养的提升，家长的法律意识与维权意识逐渐增强，对于幼儿在幼儿园中的生存境遇关注度不断提高。亲师关系是访谈中教师与园长反复提及的问题，也是目前幼儿园工作的难点，更是影响教师工作开展的重要因素。家园共育沟通了家庭和幼儿园这两个幼儿生活的重要场域，但幼儿园与幼儿所在的家庭由于在所处

---

① 龙正渝.幼儿园教师的主观社会地位及其改善 [J].教师教育研究，2014（2）：3-11.
② 丁海东.幼儿园教师职业的专业性及其发生根基 [J].学前教育研究，2015（11）：21-27.

立场、教育观念和教育方法等方面存在着一定差异，这些差异会导致教师和家长在沟通过程中存在观点的分歧，从而诱发家园间的冲突与矛盾，使教师出现心理契约违背。教师在访谈中普遍提及家长对于幼儿园教师职业不尊重的问题，教师指出："大众对幼儿园教师的认识，以为会像对中小学教师一样是敬重心理，到了幼儿园才发现，特别是家里有两个孩子的，给小学老师打电话和对我们语气完全不同，他们认为小学老师是老师，我们就像半个保姆，对我们的态度也是颐指气使的，让人觉得特别不爽。（JS-211002-MCQ）"在亲师间的日常沟通中，家长时常会对教师表现出不尊重和不重视，常以命令的态度和强势的口吻与教师进行沟通和互动，家长的这些表现均会导致教师产生消极情绪，这种负面情绪的不断累积不利于教师与家长间形成良性的沟通氛围，教师也往往会将对家长的不满情绪发泄到幼儿的保教工作中，进而对本职工作的完成产生一定消极影响，导致教师心理契约违背的出现。

幼儿园教师普遍认为教师的社会地位比较低，由于家长对教师工作的不理解，对于教师的日常付出缺乏感激，这些不和谐因素均会诱发教师产生对工作的倦怠感。通过访谈可以看出，绝大多数教师对幼儿教育工作本身是持有积极态度的，许多教师都表现出对幼儿的热爱和对幼儿教育事业本身的热情，但更多教师反映出面对家长的无奈："家长对幼儿园教师认同度低、社会尊重度弱，无论做多少努力家长总会挑剔，甚至会把个人情绪不断发泄给教师。导致教师在工作中出现消极情绪，消极情绪又会使教师对工作的责任感降低。（YZ-211116-YJ）"在许多亲师冲突事件中，教师不被尊重和信任是诱发亲师冲突的重要原因，这些因素的累积会导致教师对工作本身产生逃避的态度和消极怠工的行为，抑或选择应付了事，教师与家长间的沟通也不能达成较好的效果，进而会导致教师心理契约违背的出现。

综上，作为家长对于教师职业工作内容和工作特点的认识会反映出家长对于幼儿园教师的态度，当家长不能理解教师工作的特殊性、不能共情教师工作的辛苦时，往往会对教师产生误解，而当家长对于教师职业的误解被教师感知到时，常会感觉自己工作的辛苦得不到家长的理解和认可，进而产生一系列消极的情绪，而这种消极情绪又会导致教师出现消极怠工等工作行为，使教师出现本职工作履行不利，如保教工作的失职、与家长沟通积极性的降低、甚至出现自我提升和专业发展积极性的降低等。总之，家长对于幼儿园教师职业理解的偏差会在一定程度上影响教师与家长间良好关系的构建，同时也会由于负面情绪的累积而出现心理契约的违背。

2. 社会大众对于幼儿园教师职业的理解

社会大众对于幼儿园教师职业理解的偏差很大程度上源于社会媒体的不实报道。由于大众媒体、自媒体在近些年的兴盛和活跃，人们获取资讯和信息的途径越来越广泛和便利，为提升话题讨论度、博取大众眼球，媒体更多将镜头聚焦于幼儿园教师的师德失范事件，社会舆论对于幼儿园教师的负面报道也逐渐增多，教师虐童、体罚事件等频繁出现在大众视野中，引发了社会舆论的热议和强烈反响。受媒体报道影响，社会大众对幼儿园教师职业存在一定误解和刻板印象，认为幼儿园教师队伍整体素质较低、教师不够关爱幼儿等。由于大部分关于幼儿园教师的新闻报道呈现负面性，导致教师失去了公正的社会评判环境，歪曲了幼儿园教师的行业形象，恶化了教师生存和发展的社会环境。幼儿园教师专业形象的树立离不开社会和大众的客观评价，会受到媒体和社会舆论的影响。园长在访谈中提及："现在的舆论传播速度虽然很快，但媒体好像跟完成任务一样，揪住一个点就要放大，他没有去科学的判断到底实际情况是怎样的？为什么会出现这种情况。根本没有深入了解一下，所以我觉得这个东西影响因素是很多的，他不是说单方面，宣传报道往往太过激了。（YZ-211201-YZ）"基于此，大众媒体在对幼儿园教师职业进行宣传报道的过程中，往往夸大事实，不能做到客观宣传，导致幼儿园教师的形象和声誉遭到了破坏。而对于教师形象声誉的损坏又会对教师心理契约的履行造成一定消极影响，使教师出现心理契约违背。

园长在访谈中提及，这些社会上的负面舆论对于教师与家长间的良性互动会产生一定负面影响："因为社会上负面报道多，家长把孩子刚送到幼儿园就不相信老师，这种互信的关系很难建立起来，所以我们在给家长开会的时候往往跟家长强调，咱们是合作伙伴，而不是对立的关系。（YZ-211202-YZ）"教师无法取得家长的信任、难以与家长构建良好的亲师关系，无法实现良性的沟通互动很大程度上与社会对教师负面的报道和宣传相关，导致家长在入园之初就对教师产生不信任的情感且积蓄很多对立情绪，甚至是敌意，一旦出现冲突事件，家长的不满情绪会持续升级，会选择不信任教师。现实中，关于幼儿园和教师负面报道的真实性是有待考证的，而且很多时候为了获取点击量和浏览量，往往存在夸大其词或恶意放大的倾向。有园长在访谈中提及："现在的舆情虽然传播很快，但我个人认为媒体好像完成任务一样，他揪住一个点把他无限放大，没有深入的了解，有些宣传报道确实是过激了，但这些不实报道会很大程度上影响幼儿园的工作开展。（YZ-220901-YZ）"基于此，社会大众对于幼儿园教师职业的认识与理解很大程度上与社会舆论的传播相关，而这些舆论又会影响家长对于教师的信任感，不利于双方良好关系的建立，也会导致教师心理契约违背的出现。

综上，由于社会大众媒体对于幼儿园教师职业的不良宣传会产生消极的社会舆论氛围，这种消极的舆论氛围会使教师产生对工作的负向情绪和情感，也会影响教师对于幼儿教育职业的认同感和对幼儿园的归属感。这些负面影响映射在幼儿园教师的日常工作中会对师园间心理契约关系的缔结产生一定消极影响。对幼儿园教师职业的负向看法使教师接收到负向信号，会在一定程度上影响教师心理契约履行的积极性，进而导致心理契约的违背。

（二）偏畸的社会支持松动了师园心理契约的纽结

学前教育作为一项社会公共事业，其良性发展离不开社会的支持。现实中，社会对于学前教育事业的支持，既包括政策和法律的支持，也包括社会资金的支持。这些支持也成为师园双方心理契约关系构建的重要依据。现实中，社会对于中小学等其他学段教育的支持要明显多于对学前教育的支持，而这种偏畸的社会支持成为师园心理契约履行的阻碍，进而松动了师园间心理契约的纽结。

1. 法律和政策的支持

幼儿园教师的法律身份与地位长期不明确，导致教师的薪资和福利待遇缺乏规范性保障。在我国颁布的《中华人民共和国教师法》中虽已涉及幼儿园教师的身份地位，但仅在附则中规定"中小学教师"包括幼儿园教师。虽然近期学前教育立法草案已原则性通过，但对于幼儿园教师作为从事学前教育工作的专业人员的身份并没有特别强调，这都使得幼儿园教师的薪资、编制、职称等长期缺乏保障。学前教育作为公共教育服务体系的重要组成部分，政府应努力发挥其主导作用。由于长期以来地方政府对于学前教育公益性属性缺乏认识，导致不少地区学前教师待遇保障的政策制度不健全，特别是对幼儿园教师待遇保障的主体、权责等缺乏明确规定。此外，我国长期实行"地方负责、分级管理"的管理体制，由于缺乏对地方各级政府保障教师待遇职责的明确划分，导致不同层级政府在幼儿园教师待遇保障中存在权责不清的问题，许多地区的幼儿园教师待遇保障的责任主体主要在县级（甚至以下）政府。[①] 而在许多贫困地区，县级政府的财政能力较弱，事权和财权不匹配，幼儿园教师待遇保障难以有效落实。

近些年，随着学前教育事业迅速发展，公立幼儿园教师需求不断增多。在编制有限的情况下，许多公立园选择大量聘用非在编教师进行师资的补充。当前我国公立园专任教师中一半以上是非在编教师。在"双轨制"人事管理制度背景之下，非在编教师的待遇未被纳入财政预算，主要靠幼儿园的保教费予以保障。非在编与在编教师待遇存在较大差距，同工不同酬的问题突出。据调查；"全国公办园在编教师月均工资为5412元，非在编教师仅为2371元。"[②] 即使近些年个别地方通过政府购买服务或专项补助对公办园非在编教师的工资收入予以支持，但与在编教师的工资收入仍存在显著差距。调研中有园长提出："我们

---

① 庞丽娟，范明丽."省级统筹 以县为主"完善我国学前教育管理体制 [J]. 教育研究，2013，34（10）：24-28.

② 张志勇. 亟须通过学前教育立法破解"六大难题" [J]. 人民教育，2018（9）：18-20.

园分为在编和劳务派遣还有临代老师，工作态度差别很明显，临代老师就觉得他那些工作都应该由在编老师来做，他觉得领2000多块钱，不应该全身心投入在工作中，所以在完成工作任务时不会尽心尽力去做，会把稍难一点的活让在编老师完成。事不关己高高挂起的心态。（YZ-211031-LI）"非在编教师的低薪资、同工不同酬会导致幼儿园教师的工作热情低下，进而影响本职工作的完成，导致心理契约的违背。

除了在编教师的待遇问题，民办幼儿园的生存发展也依托于国家的政策支持。随着我国大力发展普惠性学前教育资源，各地陆续实施普惠性民办园扶持政策。多省出台了对普惠性民办园的生均补助制度，一些省份还实施了一次性补助政策和扩学位补助等，但许多民办园管理者反映国家政策对民办园的支持尚且有限，特别是对于保障与提高教师待遇的作用有限。且民办园转为普惠园后，受政府财政支持收费需限价。在办园经费趋紧的情况下，一些民办园园长在访谈中反映自身对于幼儿园心理契约的履行常常力不从心。园长提及："我们处在一种生死存亡的边缘，生存都很困难，我们想给老师更多，但方方面面的压力使我们必须要节俭开支，给老师的待遇目前已经占到了整体收入的60%，已经明显失衡了。（YZ-211116-YZ）"多数民办幼儿园无法履行心理契约责任主要由于园所资金缺乏使其办园过程中遇到很多困境。访谈中一位民办园园长提出："民办幼儿园在夹缝里求生存，国家政策要求多、挤压多，支持并不多，经费太紧张，很多民办幼儿园普惠化，人均生补兑现不了，幼儿园不是慈善机构，普惠的日子很难过。（YZ-211120-YJX）"国家政策对于民办园的支持不足是导致民办幼儿园出现生存困境的主要原因。而在基本生存难以保证的前提下常常会出现心理契约的违背。

综上，国家相关法律政策对于幼儿园教师身份地位的强调、对于教师薪资待遇的保障，以及对于民办幼儿园教师及非在编教师合法权益的维系均对教师与幼儿园间良好心理契约关系的维系具有重要意义，对双方心理契约的履行会产生重要影响，而国家法律政策的不健全、幼儿园教师身份地位无法得到保障会在一定程度上导致教师与幼儿园心理契约的违背。

2. 社会资金的支持

受综合因素影响，我国学前教育财政投入长期不足且在教育要素和不同性质机构间投入结构不合理。研究表明，我国学前教育财政性经费占教育财政经费比例长期徘徊在1.2%—1.3%。[①] 虽然在近些年财政投入呈增长趋势，但由于历史欠账严重，短期投入增长难以满足学前教育快速发展的需要。总体看，我国学前教育经费主要来源于政府财政经费投入和家庭投入，而政府财政投入占

---

① 庞丽娟，韩小雨. 中国学前教育立法：思考与进程 [J]. 北京师范大学学报（社会科学版），2010（5）：14-20.

主体。计划经济时期形成的城乡二元结构使公共领域的城乡差异明显。政府对学前教育财政投入的力度不仅受地方财力影响，也受地方政府对学前教育投入意愿的影响。[①]学前教育财政投入重心在城市，地方政府财政经费多用于城市公办园，农村园的经费则较少。[②]韩军辉等认为，一些家庭特别是农村家庭没有认识到学前教育的重要性，致使家长缺乏对学前教育的投入热情，加上城乡家庭收入差距较大，影响了农村家庭的投入力度。[③]在社会层面，邬平川认为受经济和社会发展的双重约束，社会投入主体难以意识到学前教育投入的重要性和回报率，使得中国学前教育的发展没有得到社会力量应有的关注和支持。[④]

调研中发现，我国幼儿园办园资金的匮乏是幼儿园出现心理契约违背的主要原因，"巧妇难为无米之炊""无能为力"是园长在提及幼儿园资金问题时出现频次最多的词汇，究其原因，政府和社会支持的不足是资金匮乏的主因。有园长指出："幼儿园资源的匮乏、政府和社会投资不足是主要原因。虽然这些年投入加大了很多，但还是缺，没钱，什么都白谈。（YZ-211030-HAN）"也有教师提出："幼儿园资源的欠缺就是资金短缺造成的，很多时候幼儿园是入不敷出的，因为公立园的国费、管理费和伙食费很少。（JS-210930-ZJB）"目前我国学前教育成本来源包括三个层面：从政府层面看，财政投入主要集中在义务教育阶段，虽然近些年对学前教育的投入明显倾向且有增多趋势，但总体还是匮乏；从社会层面看，社会团体和个人对学前教育的支持微乎其微，学前教育成本重担更多落在了家长身上；从家长层面看，家长支付的学费是学前教育经费的第三个来源，由于受政府管控，不同层次的幼儿园收费存在一定限制，总体上非常有限。这三方面经费的提供为幼儿园的日常开销提供了支持，具体包括对于教师薪资和福利待遇的支持、园所建设和设备材料的资金支持及教师专业发展的支持等。

（1）对教师薪资和福利待遇的支持

社会对幼儿教育的支持包括客观支持、主观支持及支持的利用程度。工资待遇作为客观社会支持性因素，是幼儿园教师在工作中最基本的保障。长期以来，我国幼儿园教师待遇整体偏低，特别是工资、社保等缺乏保障，成为我国整个基础教育教师队伍建设的最薄弱环节。[⑤]现实中，幼儿园与中小学教师待遇

① 张守礼，冉甜．阳光与阴影——新政下的中国学前教育发展［J］．教育经济评论，2019，4（3）：98-107.

② 刘颖．城乡学前教育财政经费分配更公平了吗？——2010年来我国城乡学前教育财政公平的进展［J］．当代教育论坛，2019（5）：17-24.

③ 韩军辉，闫艺，孙燕．城乡家庭学前教育机会公平性比较研究——基于益贫指数的视角［J］．教育理论与实践，2017，37（20）：15-18.

④ 邬平川．我国学前教育投入的政府责任探究［J］．教育学报，2014，10（3）：94-99.

⑤ 庞丽娟，贺红芳，王红蕾，袁秋红．不同性质幼儿园教师待遇保障研究：现状、原因分析与政策建议［J］．教师教育研究，2021，5（3）：38-44.

差距较大。有研究对 9 省 3731 名幼儿园教师工资待遇的调研表明，幼儿园教师的月实发工资（即扣除"五险一金"后的工资）平均为 3043.41 元，而小学和中学教师的月实发工资平均分别为 4384.11 元和 5047.66 元，可见，幼儿园教师与中小学教师的工资待遇存在较大差距。且无论东部经济发达地区还是中西部地区，幼儿园教师的收入均偏低。2019 年全国政协委员胡卫反映，东部地区公办园教师年收入在 5 万—6 万元，而一些中西部地区幼儿园教师年收入大都在 3 万—4 万元，与其他学段教师收入差距悬殊。① 另一个突出的问题是社保缺失严重，很多幼儿园教师不能完整地享有"五险一金"。特别是乡镇中心园的非在编教师和民办园教师，基本没有缴纳社会保险，这些教师的养老、医疗、住房等缺乏保障。② 当前政府公共财政更大程度保障了公立园教师待遇，而民办园教师待遇保障则更多由举办者负责，在此情况下，教师稳定的待遇保障就成为一个很大的难题。

调查发现，目前幼儿园教师的薪酬待遇整体偏低，且受地方经济发展水平和幼儿园发展影响，薪资水平参差不齐。教师指出："公办园比较有底气，待遇方面因为公家出钱，不是老板出钱，人家也不会来扣你这点钱，每个月多少就是多少，按时发放。（JS-211001-ZYT）"虽然公办园的薪资在不同经济社会发展水平的地域有所区别，但总体能做到按时发放且不会随意克扣。当教师获得的薪资待遇与其付出最大程度上契合，工作能满足教师基本生存需要，工作本身带给教师的价值感和成就感就会提升。但绝大部分民办幼儿园，尤其是转向普惠性质的民办园生存状态不容乐观，在生存难以保障的前提下，教师的薪资待遇更难以保障。现实中，绝大多数幼儿园教师生存状态堪忧，薪资待遇往往落后于其他职业的工作者或其他学段教师。教师在访谈中反馈："工资我现在到手是 3405，公积金一千一还是一千二，这工资根本不够，我 16 号中午 12 点开，1 点就没了，还支付宝这些费用一个小时就没有了。（JS-210928-JZY）"这位受访教师来自东北四线城市的公立幼儿园，虽然是公立园的带编教师，但仍反映出了对于薪资待遇的极大不满。这种不满投射到教师日常工作中，不利于教师本职工作职责的履行。教师的薪资待遇是教师工作的原始动力，也是教师选择加入幼儿园教师队伍的初衷。园长在访谈中提及："因为薪资待遇无法保证，教师多少会不平衡，你让她百分百做到尽职尽责，包括自主学习、知识技能的提升都不现实，大部分老师是做不到的，如果薪资待遇能达到理想状态，教师的积极性也会高一些。（YZ-211207-SN）"可见，幼儿园资金缺乏导致的教师薪资待遇的不足会在一定程度上影响教师本职工作的完成、教师自主学习和主动提升知识技能等心理契约履行，甚至导致心理契约违背的出现。

---

① 黄浩. 破解学前教育"人难进、人难留"难题 [N]. 中国教师报，2019-3-6.
② 张志勇. 亟须通过学前教育立法破解"六大难题"[J]. 人民教育，2018（9）：18-20.

除了基本的薪资待遇，幼儿园为教师提供良好的福利待遇也非常重要，好的福利保障也使教师在工作中能获得一定的职业幸福感。但幼儿园资金不足导致教师的需求无法得到满足，使幼儿园管理者也常常感到无可奈何。此外，为教师安排丰富的业余文化生活也需要园所经费的支持，园长在访谈中提出："为教师安排业余生活也很少，一般就是看电影啊举行运动会这些，都是工会组织的，我们没有单独的工会组织，只有上级有安排我们才会有活动，如果上级没安排我们也没有多余经费来组织业余活动。（YZ-220531-LI）"如果政府和社会能够给予幼儿园资金方面更多的支持与帮助，幼儿园就能够更自由地提供给教师福利待遇的支持，为教师提供更多物质支持或提供更丰富的业余文化生活等。总之，为教师提供一定的福利待遇，既是教师的需要，也是幼儿园管理者的诉求。社会对于学前教育资金方面的投入与支持，能够使幼儿园有更多空间为教师提供更为合理的福利待遇。

社会对于幼儿园资金投入的不足除了会直接影响幼儿园心理契约履行，也会在一定程度上影响教师工作的积极性，进而导致心理契约违背的出现。访谈中有园长指出："老师一定是有职业倦怠的，很重要的原因就是待遇比较低，尤其是现在很多老师又要租房又要成家，生活压力也很大，待遇满足不了的情况下，他对工作职责的履行必然会受到一些影响。（YZ-211201-SB）"还有园长提出："好的薪资待遇是前提，是归属感的来源，我都不喜欢在这儿工作，没有长远打算，我也不愿意去遵守规章制度，这些都是造成老师最后缺少责任感的根源。说白了，我出来打工，连钱都赚不到，还有什么心思提升能力水平，所以物质基础、包括归属感也是责任心的基本根基。（YZ-211219-MLL）"基于此，社会对于学前教育资金方面的支持，除了能使幼儿园有充足的资金满足教师对于薪资和福利待遇的需求，也能使教师对幼儿园有更大的归属感，进而更好地履行岗位职责，减少心理契约违背的出现。总的来看，在社会保障方面，幼儿园教师全面享有"五险一金"的比率较低。实际上，对于生计的苦恼在很大程度上会影响教师自身的心态。所得薪酬较低的教师容易缺乏工作价值感，更多地考虑自身的真实感受，会降低教师工作的积极性。基于此，无论对于公办园还是民办园，来自社会的资金支持对于幼儿园的正常运转都是非常重要的，资金是否充足也在一定程度上成为幼儿园心理契约履行的重要影响因素，是导致心理契约违背出现的重要原因。

（2）对园所建设和设备材料的支持

"为教师提供工作所需的设备和材料""为教师提供好的工作条件"是幼儿园需要履行的心理契约的重要责任，也是教师认为幼儿园比较重要的心理契约内容。幼儿园基础设施的建设、教师工作所需的设备资源都需要一定的资金支持。实际上，无论民办园还是公立园，其园所建设资金都存在匮乏的状况。有园长在访谈中提出："提供老师所需的材料是很多园所做得不好的，也是公办和民办园共同面临的问题。最主要还是资金问题，因为公办园收费相对较少，我们还要保证幼儿的基本饮食、教职工的开销和园所建设，这样的情况下，班级材料投放会是一大块资金。（YZ-211219-YZ）"基于此，幼儿园资金匮乏导致的设备资源的缺乏是不同性质幼儿园共同面临的问题，有园长在访谈中提出，财政支持力度不足、园所资金的缺乏会在一定程度上导致教师所需材料和资源无法满足。"巧妇难为无米之炊，随着整体财政的收紧，因为幼儿园很多都是消耗性材料，的确会在一定程度上制约教师活动开展的质量，这也是我们不能自己支配的，在整个园所经费使用过程中我们更愿意把钱花在教育教学上。（YZ-211129-XL）"幼儿园拥有的资金数量是一定的，有限的资金如何进行分配和使用是管理者比较关注的问题。管理者表示更倾向于将钱花在教育教学上，资金支持的不足是在一定程度上导致幼儿园资源和设备支持不够的原因，而园所资源和设备的不足又在一定程度上会影响教师保教活动开展质量，导致教师心理契约违背，进而陷入师园双方心理契约关系破裂的困境。

除了为教师提供工作所需的充足的工作资源，为教师提供舒适的工作环境（物质环境）也需要一定的资金支持。"温馨舒适的幼儿园环境的打造是需要大量资金来完成的，外部环境舒心了，老师的素质提升了，在幼儿园里能体现到自己的价值感了。但实际上是非常困难的，主要还是资金的不足导致的。（YZ-220530-HAN）"访谈中，很多园长表示特别希望能为教师提供温馨舒适的工作环境、提供满足教师工作需要的设备资料以及为教师提供良好的工作条件，但由于幼儿园本身收费低，经费需要满足幼儿园正常运转等多方面的需求，导致幼儿园常常没有充足的经费进行教师工作条件的改善和设备资料的补充，进而使教师产生了心理契约违背的感知。

（3）对幼儿园教师专业发展的支持

Martin 等人（1998）认为通过培训可以提升员工自身的可雇佣性。通过对心理契约内容重要程度的评定，教师非常关注自身能力的提升和专业发展，尤其是大部分幼儿园缺少具有时效性和实际意义的培训机会。访谈中有教师指出："在幼儿园教师离职原因中，工作辛苦是一方面，占离职原因的40%，其他60%是在单位得有成长，我认为老师在幼儿园是没有发展前景的。（JS-220830-JZY）"除满足自身对于薪资待遇的需求外，教师对于自身职业发展的需要也较迫切，希望能在幼儿园中获得发展。"我是乡村教师，我们包括周围公办园都是这样，就是对教师的培养基本为零，全靠老师自谋出路，包括教研、科研这些基本上在农村园没办法实施。其实教育局也会组织非常多的培训，但基本不会分到我们这些农村园，分到我们这一层就分完了，基本上没什么培训。（JS-211027-ZYY）"通过访谈不难发现，教师对于幼儿园提供给自身进修培训的需求是非常强烈的，希望谋求更多专业发展机会。但由于幼儿园资金限制，尤其是农村幼儿园资金的匮乏、政策支持不足等，导致幼儿园无法提供教师充足的培训机会。幼儿园教师尤其是农村园教师专业发展和进修培训的机会较少，很大程度上与幼儿园的培训资金不足有一定关系。有园长在访谈中提及："培训资金这一块儿我也会积极地跟上级领导申请，在教师培训资金上再多投入，老师们就可以快速成长起来。但实际上，幼儿园教师外出学习机会很少，城乡差别非常大。培训的专项资金不足，我们在培训这一块儿还是很有难处的。（YZ-211030-HAN）"由于培训资金不足，导致幼儿园常常无法提供给教师具有时效性的培训，使得教师在专业发展等问题上困难重重。

综上，在针对心理契约违背的问题进行调研的过程中，最多被园长和教师提及的就是幼儿园的资金问题，充足的资金既是幼儿园满足其办园条件和提升管理效能的重要影响因素，也是幼儿园教师获得良好工作条件、充足的薪资福利待遇和专业发展机会的关键因素，从这一角度看，充足的社会资金的支持既可以满足幼儿园正常运转需要，也满足了幼儿园教师的日常工作生活所需。基于此，社会资金的支持可在一定程度上对幼儿园与教师心理契约的违背产生一定影响。

本章小结

基于本研究编制的"教师—幼儿园"心理契约问卷，在深入了解"教师—幼儿园"心理契约违背现状和效应的基础上，通过对 40 位教师和 40 位园长的深度访谈及回访，并对访谈资料通过 NVIVO 软件进行编码分析和整理，基于扎根理论的思想总结出影响"教师—幼儿园"心理契约违背的因素包括幼儿园教师因素、幼儿园因素和社会环境因素。具体而言，这些因素对师园心理契约违背的影响体现在：

第一，从幼儿园教师因素对师园心理契约违背产生的影响来看，幼儿园教师的专业理念，即教师的教育观、儿童观和教师观会影响教师对师园心理契约内容的认识和理解，是幼儿园教师工作行为的指挥棒，会影响教师对于自身工作职责和师园心理契约内容的理解，教师观念上的偏差会进一步影响教师在具体工作中的行为，进而导致心理契约的违背。教师的职业理解，包括教师的职业取向和职业认同会影响教师履行心理契约的积极性，其职业取向直接影响教师对自身工作职责履行的主动性，而教师对于幼儿园教师职业的认同感会在一定程度上影响其履行心理契约的积极性。同时，幼儿园教师自身具备的专业知识与技能会影响教师履行心理契约的水平与效能，尤其体现在心理契约规范责任的履行上，成为教师履行心理契约水平提升的"门槛"。

第二，从幼儿园因素对师园心理契约违背产生的影响来看，幼儿园的组织结构会影响幼儿园履行心理契约的时效性，成为幼儿园心理契约履行效能发挥的"干扰项"。由于受不同组织层级管理，幼儿园管理决策的实施往往具有滞后性，会导致幼儿园组织出现心理契约违背。同时，受上级管理的制约，幼儿园需优先完成上级部署的工作任务，导致其与教师相关的心理契约内容的履行时效性较差。幼儿园管理者的组织领导，即园长的领导力和领导风格会影响幼儿园履行心理契约的意识和行为。在这里，园长的领导力包括园长的价值领导力、教育领导力、人际领导力和结构领导力。领导者采取何种风格、何种方式开展领导活动及对下属施加影响，是幼儿园管理者进行有效管理的重点。园长在幼儿园组织情境之下的领导风格会对师园间良好心理契约关系的构建产生一定影响。尤其体现在集权式的领导风格会使教师在工作中丧失自主权，导致教师出现对幼儿园心理契约违背的感知。

第三，从社会环境因素对师园心理契约违背的影响来看，偏颇的社会认识削弱了教师履行心理契约的积极性，这里的社会认识包括家长和社会大众对幼儿园教师职业的认识和理解，大众媒体对于幼儿园教师职业的不良宣传会产生消极的社会舆论，进而使教师产生对工作的负向情绪，也会影响教师对幼儿教育职业的认同感和对幼儿园的归属感。社会大众对幼儿园教师工作偏颇的认识会影响教师心理契约履行的积极性，进而导致心理契约的违背。与此同时，偏畸的社会支持会影响师园间心理契约关系的维系，松动了师园间心理契约关系的纽结。这里的社会支持既包括社会法律和政策的支持，也包括社会资金对教师薪资和福利待遇、对设备材料和园所建设及对教师专业发展的支持。

总的来说，幼儿园教师、幼儿园组织和社会环境这三方面的因素的综合作用会对教师与幼儿园间的心理契约履行造成一定消极影响，进而导致师园间心理契约的违背。

第七章　研究结论、建议与展望

　　本研究通过对已有研究的整理分析，基于本研究的研究目的与具体研究问题，首先通过建构"教师—幼儿园"心理契约的结构模型，自主开发了"教师—幼儿园"心理契约问卷。通过所开发问卷测查了师园心理契约违背的现实状况，并采用混合研究范式进行了师园心理契约违背效应的研究，通过质性研究方法进行了师园心理契约违背影响因素的探究。下面将对本研究的主要研究结论进行总结，并提出构建"教师—幼儿园"间良好心理契约关系的相关建议，反思研究过程与不足，并对研究的未来走向予以展望。

一、研究结论

　　本研究围绕"'教师—幼儿园'心理契约违背"的研究主题，选取幼儿园这一场域和幼儿园教师这一特殊群体。秉承组织行为学、管理学、社会学和社会认知心理学等跨学科研究思想，参照不完全契约理论、社会交换理论和社会系统理论等理论，通过对四个关键子问题的逐层剖析，得出具有一定启示性的研究结论：

　　（一）心理契约问卷"幼儿园量表"和"教师量表"各包括三个维度

　　研究表明，"教师—幼儿园"心理契约的三维结构的划分更为合理，在师园心理契约问卷中，"幼儿园责任量表"与"教师责任量表"各包括三个维度。具体而言，本研究通过采用开放式问卷调查法、深度访谈法和封闭式问卷调查法形成了"教师—幼儿园"心理契约问卷，建构了师园心理契约的结构模型，并形成了师园心理契约的主要内容。该模型中的"幼儿园责任量表"和"教师责任量表"各包括三个维度，其中"幼儿园责任量表"中的三个维度分别为生存责任、发展责任和关系责任，生存责任包括 6 个题项、发展责任包括 5 个题项、关系责任包括 10 个题项，共计 21 个题项，"教师责任量表"中的三个维度分别为规范责任、发展责任和关系责任，规范责任包括 6 个题项、发展责任包括 3 个题项、关系责任包括 6 个题项，共计 15 个题项。具体来看，幼儿园心理契约的"生存责任"指以幼儿园为教师提供满足基本生存需要的物质资源、薪酬待遇和安全保障等为基础，使教师通过在幼儿园工作获得基本生存保障，与之相对的是幼儿园教师的"规范责任"，指为保证幼儿园的良性运转与健康生存，教师通过在幼儿园中留任和完成本职工作作为回报；幼儿园的"发展责任"以幼儿园为教师提供事业发展空间为基础，使教师充分发挥自身优势与潜能，与之相对的是幼儿园教师的"发展责任"，指教师通过提升自身专业能力给予幼儿园长期、稳定的以幼儿园总体绩效提升为目的的长期回报；幼儿园的"关系责任"以幼儿园为教师提供良好人际环境和进行人文关怀为基础，使教师在工作中拥有和谐人际关系，与之相对的教师的"关系责任"，指教师尊重幼儿园、自觉为园所良好人际环境创设做出贡献和保护园所环境等。

从师园心理契约结构模型的具体特征来看，在西方经典的二维结构划分中，通常将发展责任与关系责任合并为一个维度，而本研究对师园心理契约问题的研究则将这两个维度单独区分且更强调关系责任。从不同类型组织的心理契约内容看，在幼儿园组织情境之下，幼儿园教师队伍的构成与其工作性质的特殊性使得这一群体对于和谐关系的需要更为强烈，在师园心理契约内容与结构维度的划分上，也更突显了关系责任维度，从心理契约责任条目的具体数量来看，关系责任的内容条目相对较多，强调在幼儿园组织情境下和谐关系的构建。从师园心理契约与企业员工与组织间心理契约内容结构的比较来看，教师与幼儿园双方均更关注心理契约的关系责任维度，对于与组织内部各成员间及教师与幼儿园间良好关系的维系更为关注。

（二）师园心理契约均有违背且在不同人口学和组织特征下存在差异

通过对"教师—幼儿园"心理契约违背现状进行调查研究表明：第一，教师与幼儿园心理契约均处于"违背"水平，且幼儿园心理契约生存责任的违背程度最高、关系责任的违背程度最低，幼儿园教师关系责任的违背程度最高、发展责任的违背程度最低。第二，从不同人口学特征下的教师群体来看，处在26—30岁年龄段、学前教育专业出身、来自民办幼儿园和处于中等规模幼儿园的教师更易感受到幼儿园心理契约的违背，工龄较短的新手教师、非在编教师、低学历和低职称的教师更易感知到幼儿园心理契约生存责任和关系责任的违背，且这种感知随教师职称的提升而逐渐降低。从不同组织特征变量下的幼儿园组织来看，不同性质幼儿园的管理者对教师心理契约违背的感知在关系责任维度的差异较显著，公立幼儿园的管理者认为教师关系责任违背较严重。但是不同级别、不同规模和处于不同地区的幼儿园对教师心理契约违背的感知不存在显著差异。

（三）心理契约违背会对教师工作和幼儿园管理与发展产生消极影响

借由编制的师园心理契约问卷，遵循科学、合理的实证研究策略，通过综合定性与定量分析技术的顺承、两阶段解析途径，从理论建构与实践应用的双重角度进一步对师园心理契约违背的效应问题进行深入分析。此部分对于幼儿园心理契约违背对教师工作态度与行为影响的研究主要采用了质性研究和量化研究相结合的混合研究范式，对于教师心理契约违背效应的研究及幼儿园心理契约违背对幼儿园影响的研究主要采用了深度访谈的质性研究方法。

关于幼儿园心理契约违背对教师工作态度与行为影响的研究，首先通过对教师与园长的访谈资料进行编码分析提取效应的指标。其次，提出幼儿园心理契约违背对教师工作态度与行为的影响的假设，通过建构结构方程模型探究幼儿园心理契约不同维度内容的违背对教师工作态度与行为的影响。最后，对研究结果加以阐释，深入剖析幼儿园心理契约违背的效应。研究发现，幼儿园心理契约违背会对教师的工作态度与行为产生一定消极影响。当教师感知到幼儿园心理契约违背时，会产生自身组织信任、组织情感承诺、工作满意度和工作绩效的降低，同时，会提升教师的离职意向。从中介作用看，教师的组织情感承诺在关系责任和发展责任违背与教师工作奉献与人际促进间起到部分中介作用。教师的组织信任感在幼儿园心理契约违背与教师的工作绩效间起到部分中介作用。工作满意度在幼儿园生存责任违背与教师的任务绩效间起到完全中介作用，在发展责任和关系责任违背与教师的工作绩效间起到部分中介作用，在生存责任违背与教师的工作奉献与人际促进间起到部分中介作用。研究还发现，幼儿园心理契约违背会使教师产生离职意向。同时，教师的组织信任感、工作满意度和组织情感承诺对其离职意向均具有显著的负向预测作用。教师对幼儿园的组织信任感在幼儿园心理契约违背与教师的离职意向间起到部分中介作用。教师的工作满意度在幼儿园心理契约违背与教师的离职意向间起到部分中介作用。

通过质性研究发现，幼儿园心理契约的违背会对幼儿园的办园质量和组织稳定产生一定消极影响。此外，幼儿园教师心理契约违背会对幼儿园的组织文化氛围和组织绩效产生一定消极影响，包括对幼儿园和谐人际关系的破坏和专业发展环境的破坏。对幼儿园组织绩效的影响包括导致幼儿生源的流失及园所成果的损失，进而造成幼儿园整体绩效的降低。同时，幼儿园教师心理契约的违背还会导致教师工作绩效的降低，使教师产生离职意向或离职行为。

可见，幼儿园心理契约的违背会对教师的工作态度与行为和幼儿园组织的管理与发展产生一定消极影响。在幼儿园组织情境下，教师消极的工作态度与行为很大程度上指向的就是教师心理契约的违背，而教师心理契约的违背会在一定程度上导致幼儿园组织文化氛围的破坏及组织绩效的降低，使幼儿园出现心理契约违背的可能，幼儿园心理契约的违背又会进一步对教师的工作态度与行为产生一定消极影响。基于此，师园心理契约违背的影响效应形成了一个无限循环的环路，在这样一个相互交织和循环往复的流动的复杂系统中，教师与幼儿园间的心理契约关系得以建立且处于相对平衡的状态。

（四）心理契约违背受教师、幼儿园和社会环境三个因素的综合影响

秉承理论与实践相结合的研究思想，基于扎根理论与质性研究的哲学理念，采用深度访谈的方法，得到影响师园心理契约违背的三类影响因素，分别是幼儿园教师因素（包括专业理念、职业理解和专业知识与技能）、幼儿园组织因素（包括组织结构和组织领导）和社会环境因素（包括社会认识和社会支持）。

首先，幼儿园教师的专业理念即教师的教育观、儿童观和教师观会影响教师对心理契约内容的认识与理解，教师观念的偏差会进一步影响教师在工作中的行为，导致教师心理契约违背的出现。教师的职业理解，包括教师的职业取向和职业认同会影响教师履行心理契约的积极性，而幼儿园教师自身具备的专业知识与技能会影响教师履行心理契约的水平与效能，尤其体现在心理契约规范责任的履行上，成为教师履行心理契约水平提升的"门槛"。

其次，幼儿园的组织结构会影响幼儿园履行心理契约的时效性，同时，园长的领导力和领导风格会影响幼儿园履行心理契约的意识与行为。具体而言，由于受不同组织层级管理的影响，幼儿园管理决策的实施往往具有滞后性，会导致其出现心理契约违背。在这里，领导力包括园长的价值领导力、教育领导力、人际领导力和结构领导力。同时，领导者采取何种风格、采用何种方式开展幼儿园的组织管理及对下属施加影响是幼儿园管理者进行有效管理的关键。

再次，从社会环境因素对心理契约违背的影响来看，社会认识，即家长和社会大众对幼儿园教师职业的认识和理解会影响教师履行心理契约的积极性和时效性。大众媒体对于幼儿园教师职业的消极宣传会诱发消极的社会舆论，使教师产生对工作的负向情绪，影响幼儿园教师的职业认同及对幼儿园的归属感，进而导致心理契约的违背。同时，偏畸的社会支持会影响师园间心理契约关系的维系，包括社会法律和政策的支持，社会资金对教师薪资和福利待遇、对园所建设及对教师专业发展的支持。

二、研究建议

心理契约是对雇佣关系品质进行研究的重要理论框架，对于"教师—幼儿园"心理契约问题研究的最终目标是为幼儿园的人力资源管理提供相应策略、为幼儿园组织目标的实现提供借鉴和支持、为幼儿园教师工作态度和行为的调整提供方向，同时为教师生存境遇的改善营造良好的社会环境。关于员工与组织间雇佣关系的研究最早出现在美国社会系统学派创始人切斯特·巴纳德的文章中，他指出组织的成功权变依赖于"效用互换"。[①] 员工在组织中努力工作的

---

① 哈佛公开课研究会编. 人力资源总监手册 [M]. 北京：中国铁道出版社，2015：17.

程度取决于组织愿意且能提供给他们公正对待及社会情感资源回报的程度。基于此，对于师园间心理契约关系改善的根本策略是以师园心理契约特征为依据，以幼儿园发展目标和价值定位为导向，通过综合性手段构建师园间良好心理契约关系，为幼儿园组织目标的实现提供动力和支持，通过教师自身潜能的激发促进幼儿园组织的发展。基于对师园间心理契约违背现状的考察结果，参考心理契约违背的影响因素，对于师园间良好心理契约关系的构建应从幼儿园组织管理、幼儿园教师工作态度和行为改善及良好社会环境与氛围的营造三方面着手。

（一）组织管理与赋能：幼儿园加强在心理契约中的主导责任担当

在社会系统理论的理论框架之下，巴纳德用"诱因／贡献"理论构建了"员工—组织"关系，认为构成组织力量的人的努力贡献是诱因引起的。即当组织提供足够多的诱因时，会提高员工的贡献和协作意愿；相反，不当的诱因则会造成员工与组织双方的损失。这里的诱因既包括物质诱因也包括一般诱因，因为物质诱因的效用是有限的，组织往往采取多种诱因来激励员工。在人力资源管理领域，基于心理契约组织管理的终极目标是为组织的健康发展与目标实现服务，为组织的持续、健康发展提供人力支持。基于心理契约的员工管理的根本策略是以心理契约的特点为依据，以组织目标为导向，通过全方位和综合管理来构建员工与组织间良好的心理契约关系，通过员工潜能的激发促进组织发展。在幼儿园组织情境之下，对于幼儿园教师的管理需要基于教师的工作性质与特点，以幼儿园组织的发展为指针，通过综合手段架构起幼儿园管理的总体框架，促进师园间心理契约关系的构建。

1.创设舒适的环境，加强依托环境的管理

（1）提供工作所需资源，保障教师的工作条件

"为教师提供舒适的工作环境""为教师提供充足的工作资源"是幼儿园心理契约生存责任的重要内容，也是促进教师履行自身岗位职责、满足其心理需要的重要因素。教师所需的工作条件与设备资源关系到幼儿园的整体教育质量，关系到教师的专业发展，也关系到幼儿园组织的整体效益。因此，幼儿园应努力改善教师的工作条件、为教师提供舒适的工作环境并提供满足教师基本工作需要的硬件设施。资源是一切可被人类开发和利用的物质、能量和信息的总称。幼儿园的资源主要指向的是幼儿园的教学资源和活动资源，指能直接支持幼儿园活动的各种资源与物质条件，如幼儿园的活动材料、教学课件、活动场所、多媒体资源及环境创设所需的资源等。由于幼儿园工作的特殊性，教师缺少休息、备考等独立空间，教师在访谈中也提及希望能拥有舒适的备课室和午休室，温馨、舒适的备课和休息环境能够使教师拥有好心情、获得身心的全面休息，进而提升自身的工作效率。丰富的教学活动资源是幼儿园教师日常工作得以有

效开展的支撑与保障。教师在访谈中反复提及幼儿园无法创设良好的幼儿园环境、无法提供良好的工作条件、无法提供教师日常所需的设备资源，导致教师在幼儿园活动开展过程中常常需自行购买材料，也常因材料不足导致活动的开展受限，工作效率和活动效果等均受到一定影响。基于此，幼儿园应将更多资金投入到幼儿园良好环境创设、工作条件的保障和工作资源的供给上。具体而言，幼儿园可通过采用建立设备资源库的方式提供给教师充足的保教所需的设备资源，资源库中要保证资源的充足且做到及时更新，根据教师的实际需要做到及时调整，保障教师对于幼儿日常保教活动的顺利开展。

（2）营造良好的人际环境，促进人际关系和谐

关系责任是师园心理契约内容的一个重要维度，尤其在中国文化背景和幼儿园组织情境之下，教师与幼儿园对于彼此心理契约关系责任的关注度均较高。中国是一个注重人际关系的社会，个体构成了人际网络，同时个体又受到人际网络的影响。幼儿园人际网络的构建与良好人际环境的创设既是影响教师工作态度与行为的重要因素，又是提升幼儿园整体管理效能的重要途径。研究者们对于组织人际关系问题的关注始于20世纪30年代哈佛大学教授梅奥开展的霍桑实验，该实验表明影响工人生产效率的最重要因素不是待遇和工作条件，而是工作中的人际关系。梅奥认为，良好的待遇并非是激励员工工作积极性的唯一动力，作为组织员工还有社会、心理等方面的需求，在师园心理契约关系中主要体现在关系责任维度。为了推进师园心理契约关系的构建，除要关注提供给教师的薪资待遇和物质条件外，更要重视社会与心理等因素。

首先，作为幼儿园管理者应有意识地营造温馨、和谐与融洽的幼儿园组织氛围，只有人际和谐，才能促成团队合作。幼儿园内部的人际关系包括领导层的关系、教师间的关系、领导与教师间的关系、教师与幼儿间的关系及亲师间的关系几个层面。其中，领导层良好关系的构建是幼儿园工作开展的保障，不仅影响幼儿园的决策与管理效能，也影响其他各方面的人际关系。领导层的关系一旦破裂就可能转化为教师群体间的矛盾，损害幼儿园组织共同体的凝聚力。作为幼儿园管理者，要通过幼儿园的日常活动、园所会议等协调各方面人际关系的基础上给予科学引导，促进教师间的积极合作、形成凝聚而向上的教师团队，树立共同的价值观。想要打造和谐的教师队伍，面对教师间的矛盾，管理者要积极进行引导、充当调节者的角色。遇到教师内部出现难以合作和矛盾频发的状况，管理者要适当进行人员调配，最大程度上促进幼儿园组织内部的人际和谐。此外，在幼儿园中，师园间心理契约关系会在很大程度上影响教师与家长间的关系，即亲师关系。当教师感受到来自管理者与同事的关怀时，教师往往会表现得更为团结、友善与自信，这种和谐的人际氛围也会成为良好亲师关系构建的重要基础。基于此，作为幼儿园应建立完善的亲师间的沟通机制，

通过家长会、公众号等向家长传递科学的育儿理念，引导家长积极参与幼儿教育，建立和谐的家园共育氛围，减少亲师间矛盾。且当教师与家长出现矛盾和冲突时，作为幼儿园应全面了解情况，公平、公正地对双方关系进行调节，避免更多因关注家长感受而使得教师产生不满情绪和不公平感。总之，作为幼儿园组织要全方位地进行幼儿园人际环境的营造，为师园间良好心理契约关系的构建创设良好的人际氛围。

2. 保持畅通的沟通渠道，实现民主化管理

心理契约关系的缔结是师园双方双向互动的过程，当双方认为对方知晓自身的想法而缺少沟通，就会使双方认知存在一定偏差，从而导致矛盾的出现——心理契约关系可能由此破裂。在对师园间心理契约违背的影响因素进行分析的过程中也发现，园长的人际领导力，尤其是管理者与教师沟通合作相关的内容，对于师园间心理契约关系会产生重要影响。巴纳德的社会系统理论强调组织成员间信息的交流非常重要。信息交流的过程将组织员工个体、孤立的和静态的组织要素串联起来。哈佛大学就业指导小组在1995年对500名被解雇职员的解雇原因进行调查，结果显示，因人际沟通不良导致工作不称职者占82%。[①]可见，有效沟通对于师园双方良好心理契约关系的建立和维系至关重要。于个体而言，沟通有助于其表达思想感情、保障心理健康、建立良好的人际关系。于组织而言，组织内部有效的沟通能营造信息畅通、和睦友好的组织氛围，充分调动组织成员的积极性。[②]基于不完全契约理论，师园间由于信息不对称、所处立场和持有价值观不同等原因，容易产生心理契约内容理解的偏差。因此，教师与幼儿园应通过向对方传递真实信息的方式减少彼此间的隔阂。幼儿园管理中良好的沟通体现了民主管理的理念，民主管理是指组织各群体成员和民主管理机构行使民主权利对组织公共事务的管理。[③]民主管理是科学与现代化管理的重要组成部分。组织与员工双方畅通的沟通渠道的建立和运行是幼儿园进行民主管理的重要体现，具体措施可包括加强管理者的沟通意识与技能及在幼儿园搭建无障碍沟通平台等。

（1）增强管理者的沟通意识，提升沟通技能

在师园心理契约关系构建过程中，幼儿园管理者与教师间充分的沟通与交流非常重要，师园双方对于心理契约违背的感知，很多时候源于对彼此心理契约内容理解的偏差。欲实现师园间的有效沟通，作为管理者必须要强化沟通意识。同时要在行动上善于做沟通的榜样，主动与教师进行交流，倾听教师的需求，及时将幼儿园的发展状况、重要决策和遇到的问题传达给教师。幼儿园管

---

① 袁连升. 管理学原理 [M]. 北京：北京理工大学出版社，2017：201.
② 袁连升. 管理学原理 [M]. 北京：北京理工大学出版社，2017：202.
③ 徐远火. 大学民主管理理论 [M]. 成都：四川人民出版社，2006：1.

理者的沟通观念会渗透到幼儿园内部，继而能推动组织集体的沟通机制的建立、在幼儿园内部形成积极沟通的良好氛围。在与教师进行沟通的过程中，管理者要保持一定的耐心和敏锐的洞察力，使教师有自由表达想法的欲望。教师与幼儿园间的矛盾有些是由误解造成的，通过双方的有效沟通可以消除彼此心中不满。当发现教师产生幼儿园违背心理契约的感知时，管理者应及早干预并进行积极引导。对于一些可能引发教师消极情绪的情境——如待遇发放不均等、职称晋升不公平等管理者应予以充分关注。管理者如若对教师异样的工作状态体察迟钝，放任教师误解和消极情绪的不断累积，则不仅会导致教师工作效率低下，还会对师园双方关系的维系产生一定消极影响。因此，作为管理者应聆听教师诉求、及时对教师的负面情绪进行疏导，对于问题积极地进行解释说明，最大程度获取教师的理解与支持，构建师园双方良好的心理契约关系。

（2）搭建无障碍的沟通平台，畅通沟通渠道

无障碍沟通平台的建立主要为教师与幼儿园间的充分沟通创造条件。在管理中，幼儿园需理顺并拓宽沟通渠道，坚持以教师为主体，如利用园长信箱、座谈会、听证会、园务委员会及教师代表大会等渠道倾听教师声音、了解教师诉求。如果由于园长的时间与精力有限，不能实现与教师的一对一沟通，可通过借助网络平台进行更为广泛地沟通与交流。除正式沟通外，管理者还要善于利用非正式沟通渠道。可通过聚餐、出差旅行等机会深入了解教师内心最真实的想法。当幼儿园管理者感受到教师出现不佳的心理状态和内心感受后，应对教师的疑惑进行及时疏解与反馈。幼儿园在管理中还应逐步建立民主参与机制，通过健全教师代表大会制度的方式增加教师在幼儿园管理工作中的话语权。同时，作为幼儿园在重要管理政策出台前应广泛听取教师建议，深化教师对幼儿园组织文化的了解，激发教师的组织认同感。此外，幼儿园还要保障教师对幼儿园决策的知情权。在与教师进行沟通的过程中，幼儿园管理者应给予教师更多充分表达自己的机会，虚心听取教师意见。对于幼儿园的相关制度和政策也可根据教师的意见酌情进行补充与修改，提升幼儿园管理的时效性。简言之，幼儿园应通过与教师及时、高效地沟通促进彼此形成稳固的情感联结，使幼儿园能够充分知晓教师的需求与意见，通过畅通沟通渠道来促进师园间良好心理契约关系的构建与维系。

3. 协助教师的职业规划，坚定动态化管理

心理契约关系在教师职业生涯的不同阶段会呈现不同特点。在教师入职后的工作阶段中，师园双方对于相互权利与义务的沟通及后续做出的比较等都影响着双方心理契约关系的发展。从职业生涯发展角度看，教师入职后首先进入

的是早期社会化阶段[①]，这一阶段是承诺交换的初始阶段，双方常表现出积极的、多种形式的信息搜索，以便进一步适应、了解和实现心理契约关系的修正。师园双方在雇佣初期都希望给彼此留下好印象，希望通过相对积极的信息交换来获得高回报。但随着雇佣双方彼此了解的不断深入，双方的期望与具体表现会存在一定差异，契约的违背也由此出现。这时，雇佣双方会重新审视彼此的关系，调整彼此的期望水平和自身表现。一旦双方的表现不能符合对方的预期，心理契约关系就会出现破裂的可能。在这期间，彼此会进一步调整其对双方心理契约关系的认知与期待，心理契约也因此达到一种平衡状态。根据卢梭构建的心理契约形成的职业社会化阶段模型[②]，在雇佣前阶段和招聘阶段，幼儿园应为教师提供必要的现实工作预览，使其了解幼儿园组织文化和自身职业发展信息，帮助教师形成初始的心理契约。早期社会化阶段，师园间的心理契约处于磨合状态，稳定教师的职业心态是心理契约关系构建与维系的核心需要，具体可通过适当、适时地指导使教师适应工作环境与教师角色。后期经历阶段是教师职业生涯的上升期，此时想要维持心理契约关系的平衡，需为教师搭建更广阔的发展平台，助力教师的职业发展。

教师进入幼儿园工作，既追求经济保障，更追求可持续的职业发展。科学的职业生涯规划可提升教师的成就感与职业幸福感。有园长在访谈中提及："我们接到实习的时候，真的有很好的实习生，但当我们问说你毕业了之后想去干什么，他们都很迷茫，都说毕业了不想干这行。后期沟通的时候他们还是对未来的工作挺迷茫。你想想他对自己都没有规划，哪儿来的责任心？所以说幼儿园要给老师制定一份职业规划让他知道一年以后、两年以后、包括五年以后我应该是什么水平的，这样他们才有盼头，才能激发他们的责任心。（YZ-220619-MLL）"基于此，幼儿园应协助教师进行职业生涯规划，引领教师将个人发展与幼儿园的发展结合起来。幼儿园管理制度需服务于教师职业生涯发展需要，在帮助教师进行职业生涯规划时以教师自身发展为出发点，根据幼儿园的组织目标促进教师自身的全面发展。基于职业生涯规划的教师心理契约管理，需分解相关目标、制定相应的实施方案。具体而言，要根据教师的专业能力与发展潜能，结合教育部门的规划和幼儿园的工作计划与条件，将总目标分解到各学年、各学期甚至更小的时间范畴，制定具体的实施方案，如具体工作任务、业务学习、进修培训、经验总结与展示等，方案尽可能明确且具有可操作性。这样，教师既能形成明确的奋斗目标，也会形成较为合理的期望。巴纳德在社

---

① Rousseau D M.Schema, promise and mutuality:The building blocks of the psychological contracts[J].*Journal of Occupational and Organizational Psychology*,2001,74:511-542.

② Rousseau D M.Promise and mutuality:The building blocks of the psychological contract[J]. *Journal of Occupational and Organizational Psychology*,2001,74:511-541.

会系统理论中提及"共同的目标"对于员工与组织间形成良好的关系，以及形成合作的意愿具有较为积极意义，职业生涯的规划实际上从理论上达到了师园双方发展目标的统一，能够保证教师与幼儿园之间建立相对稳定和良性的心理契约关系，有利于调动各方的积极性，实现利益最大化，进而有效减少心理契约违背的发生。

4. 制定合理的规章制度，坚持公平化管理

教师与幼儿园之间的一切文字约定，包括聘用合同和管理制度，如薪酬制度、晋升制度与奖惩制度等，都是发挥幼儿园组织管理效能的重要工具。聘用合同规定了雇佣双方的权利与义务，为教师与幼儿园间心理契约关系的形成奠定了基础。规章制度中包含了对教师的工作要求与岗位职责的规定。雇佣合同中的规定越详尽，双方对于彼此心理契约内容的理解就越为清晰与明确。此外，作为雇佣合同体现的雇佣双方的权利与义务要尽量做到公平合理，防止双方出现心理失衡。幼儿园对教师的期望很大程度上是通过工作职责要求、奖励制度、晋升制度、绩效考核等规章制度体现出来的。明确且清晰的规章制度能减少教师的认知模糊性，帮助教师形成合乎实际的角色定位与心理预期。首先，合理意味着科学、公平与公正。这里的公正指应把握利益的均衡点进行权利与义务的分配。只有制度合理，教师才能从心理上保持认同并最大程度上遵守。其次，对已成文的制度进行宣传。由于制度主要由管理者拟定，教师往往不了解制度形成的内在逻辑与机理。若强制执行教师会产生抵触情绪，心理预期与制度要求存在较大偏差，作为教师就会出现心理契约违背的感知。

在这里，要特别强调公平与公正的任务分配、职称晋升、奖惩与绩效考核机制的构建。"幼儿园在任务分配、职称晋升和奖惩等问题上公平公正"是幼儿园重要的心理契约内容。公平是人类社会追求的永恒主题，在心理契约关系中，物质需求是人们的首要需求，心理契约的核心内容是利益分配的公平。在幼儿园组织情境之下，既包括任务分配的公平也包括利益分配结果的公平。根据亚当斯的公平理论，员工在将付出与回报进行对比时，不仅会进行纵向的自我对比，还会与和自己有同样付出的人进行横向对比，且更在意横向对比的结果。[①]在此过程中，教师一旦发现幼儿园不能做到公平公正，不能获得与劳动付出相一致的报酬，则会对幼儿园管理的公平性质疑，甚至出现心理契约违背的感知。现实中，教师对于组织公平感的感知很大程度上是主观臆断的结果，即使在情况基本相同的情形下，不同的人也会对是否公平得出不同结论。根据公平理论，一般情况下，人们更倾向于高估自己的投入而低估他人的投入，进而产生不公平感。基于此，在幼儿园组织情境之下，建立科学合理的任务分配、职称晋升、

---

① 张圣华主编. 管理学基础 [M]. 青岛：中国海洋大学出版社，2017：182.

奖惩和绩效考核机制，保证信息的公开、透明尤为重要。以此提升教师的职业认同感、归属感及组织信任感，保证幼儿园心理契约的有效履行，为教师提供公平公正的组织环境。

5. 夯实双方信任的基石，保持诚信化管理

著名社会学家吉登斯（Giddens）认为，信任缩短了因时空造成的距离，排除了人的生存焦虑。[①] 心理学家赖兹曼 (L.Wrightsman) 指出信任是个体特有的对他人的诚意、善意及可信性的普遍可靠的信念。"[②] 社会交换是建立在信任基础上的。[③] 心理契约的破坏可能会造成教师对幼儿园的不信任，使其产生消极的情绪情感或行为。在幼儿园组织情境之下，基于诚信理念的管理十分重要。诚信管理指组织在管理中以真诚为核心，符合诚实、守信、诚挚和精诚的管理理念。[④] 诚信管理是师园间和谐关系得以维系的基础，也是教师与幼儿园为追求各自利益进行博弈遵循的准则。现实中，当契约双方充分信任时，即便出现心理契约违背的感知，也因彼此的信任而不会出现心理契约关系的破裂。基于此，幼儿园在管理过程中应以诚信为原则，努力构建信任机制，规范地兑现承诺，夯实师园间信任的基石。

师园间心理契约关系的构建是从招聘阶段开始的，教师往往通过幼儿园在招聘过程中的信息形成对彼此心理契约的认识。幼儿园在招募过程中提供的不真实信息（如无法兑现承诺、对于薪资待遇夸大等），会使教师对园所形成不切实际的期待，当教师感到园所的承诺与实际情况存在较大差距时，会产生"心理契约违背"的感知，进而产生一定消极反应。基于此，为了降低教师的"心理契约违背"感，幼儿园在招聘阶段应为教师提供必要的现实工作预览，让其清晰地了解幼儿园组织文化和职业发展等实际信息，从而促进教师的心理预期与幼儿园实际状况趋于一致，夯实教师初始心理契约。幼儿园在招聘过程中，要向应聘的教师提供真实的园所信息。幼儿园网站或公众号对园所情况和相关制度与政策的描述、管理者的口头承诺等都可能影响教师对幼儿园的心理预期，继而影响师园之间后续的心理契约关系。真实工作预览（Realistic Job Preview）作为西方较为提倡的招聘手段，目的是让应聘者翔实地了解工作本身的实际情况，如工资福利待遇、岗位职责要求与职称晋升渠道等，避免不切实际地夸大薪资待遇。包括工作单位本身存在的问题等，确保受聘员工对单位和工作本身形成合理预期，避免过高期待的出现。为达成这一目标，幼儿园可以在招聘准备工作中形成一份内容真实、丰富、介绍翔实的招聘手册，客观、真实地呈现

[①]　Anthony G.*The consequences of modernity*[M].Stanford,CA:Stanford University Press,1990:97.

[②]　转引自郑也夫：信任论 [M]. 北京：中国广播电视出版社，2001：17.

[③]　刘少杰 . 国外社会学理论 [M]. 北京：高等教育出版社，2006：131-142.

[④]　Meyer J P,Allen N J.A three-component conceptualization of organizational commitment[J]. *Human Resource Management Review*,1991(01):61-89.

包括幼儿园本身发展历史、园所环境、园所文化及园所优势和未来发展的规划等，对园所招聘工作岗位进行具体、翔实地描述。此外，还应保证参与教师招聘的园所工作人员对幼儿园有充分了解，确保传递给教师的基本信息能够完整统一。真实工作预览可通过幼儿园管理者与教师面谈、书面介绍，帮助应聘者形成契合实际的工作预期，还可针对教师的岗位情况通过一对一沟通等方式帮助新教师熟悉园所工作内容。进而避免教师出现对于幼儿园工作本身的不切实际的期待，减少心理契约违背感的出现。

幼儿园在管理过程中也应做到发布真实、全面的信息。组织代理人的言行要严格规范、始终如一。幼儿园在日常管理中要以诚信为原则，规范履行心理契约责任，兑现各类承诺，尽可能地满足教师的合理需求。通过师园心理契约的结构维度及具体内容不难看出，在中国社会的文化背景下，师园心理契约中的关系责任占据重要地位。访谈中，教师提及感知到心理契约违背的产生，很多时候与幼儿园管理者隐瞒事实、不发布真实信息有关。尤其对于一些评奖评优等与教师自身利益密切相关的事宜，在此过程中，若幼儿园不发布真实信息、隐瞒事实等会使教师产生强烈的心理契约违背感。

6. 加强培训与教研，促进教师的专业成长

教师的专业成长是一所幼儿园发展的根本，幼儿园心理契约的"发展责任"强调"要为教师提供职业相关的有效的培训活动""要为教师提供工作方面的指导"，幼儿园想要提升教师的整体素养、提高幼儿园的教育质量，就必须为教师专业成长提供适宜的条件。总体而言，幼儿园应通过开展常态化的教研活动和具有时效性、针对性的培训活动来助力教师的专业成长。

（1）开展常态化的教研活动，助力教师专业发展

对幼儿园教师的教育教学活动进行指导是幼儿园重要的心理契约内容。教师在访谈中反映幼儿园组织的教研活动没有实际意义，很多教研活动不仅不能达到提升教师专业知识与技能的目的，反而会在时间与精力上给教师造成很大负担。究其原因，幼儿园组织的教研活动多流于形式，经常"为了研讨而研讨""为了开展而开展"，导向性单一且效用性不足，例如"一味地追求研讨的外在形式，忽视了教研活动的实际效果。"为了达成教研目标，首先，幼儿园要致力于从问题出发，立足于教师工作实际，以解决问题为核心，立足于凝集体之智慧、聚集体之力解决教师在保教工作中遇到的实际问题。其次，倡导民主的教研风气，鼓励教师形成民主开放的心态和互助合作的研讨氛围。园本教研中，要积极鼓励教师发表自己的观点，敢于提出质疑，乐于相互探讨且共同学习、避免教研活动中出现园长或专家的"一言堂"，使教师在教研活动中真正成为"主角"。再次，实现教研活动常态化。为确保教研工作的有序开展，要将幼儿园的教研活动纳入幼儿园的管理体系，积极执行园本教研制度，充分发挥制

度的管理作用，并引导教师积极参与到每一次教研活动中。综上，作为幼儿园应积极组织并开展教研活动，通过教研活动达成提高教师教育教学水平、提高幼儿园教育质量的目的。只有通过组织常态化的教研活动、鼓励教师积极参与并给予教师一定自由表达、自主决策的权力，才能真正调动教师参与教研活动的热情，从而在园所上下逐渐形成浓厚的教研氛围。只有始终秉持具有问题导向性的教研活动，才能切实解决教师在专业实践中的困境与难题，教师才能真正从教研活动中实现自身成长。

（2）积极组织并开展培训活动，促进教师专业成长

组织社会化指使新员工转变为正式成员的过程。有效的组织社会化过程包括为胜任工作做准备、充分了解自己所在的组织及建立良好的工作关系。在组织社会化过程中，对于教师的岗前培训至关重要。因为岗前培训可以使在教师在进入组织正式工作前以最快的速度熟悉幼儿园的规章制度、工作流程及注意事项，更重要的是能让教师迅速了解幼儿园的组织文化与价值观念等，从而为教师更好地理解彼此的权利、义务与责任奠定基础，且能够促进双方构建起良好的心理契约关系。岗前培训主要指在教师上岗前就岗位要求对教师进行的培训，包括园所规章制度、园所环境、具体工作职责的介绍与工作关系的澄清等。岗前培训的目的是增强教师对幼儿园的归属感，帮助教师以较快的速度适应并融入幼儿园的工作环境。这对于新教师协调人际关系、克服因学识不足与经验欠缺带来的焦虑与不适应的情绪、减少工作压力、降低教师因理想与现实间差距而产生的挫败感具有关键意义。入职培训的特点是导向性与规范性，要做到园所理念的培训深入且明确、教育方法的培训现实且有效、规章制度的培训严格且准确。即使是为了激发工作热情、提高凝聚力而进行的鼓动性的培训内容也要做到实事求是，不可盲目许诺、任意煽动。培训层次、培训手段要尽量做到多样化，应全方位展示幼儿园的基本情况，既要体现幼儿园的规范管理和明确要求，也要体现出园所文化、人际氛围与人文关怀。

为幼儿园教师提供具有时效性和针对性的培训是促进教师专业发展的重要手段。《关于学前教育深化改革规范发展的若干意见（2018）》提出，为了切实提高教师专业水平和科学保教能力，有必要建立健全教师培训制度，出台幼儿园教师培训课程指导标准，实行教师的定期培训和全员轮训。基于此，幼儿园一方面应确保幼儿园教师培训学时的充足，另一方面也应保证每位教师都有平等的机会参与不同形式的培训，满足不同层次教师专业发展的需要。幼儿园应积极了解不同背景、不同工龄与不同职称教师的培训和学习需求，以此为依据为教师提供多类型且具有园所特色的培训课程。从培训形式上看，可以是授课式培训、多媒体远程培训、导师式培训，也可以组织教师进行参观和观摩，培训内容尽可能做到灵活多样且生动活泼。幼儿园可综合采用远程教育与集中实

训等方式，以更灵活的形式满足教师培训需求。培训过程中应注意加强不同层次教师的沟通交流，兼顾教师成长发展的需要，支持他们个人的学习和技能提升，如可以对教师的学习进行相关费用的报销等。为教师提供培训、教研方面的精准支持，激发幼儿园教师发展的内在需要，为其提供长效且可持续的教研机制。在知识经济时代，只有不断提升教师的专业知识和技能才会提供给教师更多发展空间，这是时代的要求，也是教师内在需求，更是师园良好心理契约关系构建的需要。

（二）个体更新与转变：教师加强自身在心理契约中的主体参与意识

教师与幼儿园间良好心理契约关系的构建，既需要幼儿园构建良好的组织环境，也离不开教师自身主动、积极地投身到幼儿教育事业中，注意自身工作态度与行为的转变，这需要教师树立科学的专业理念、提升自身的专业知识与技能、遵守幼儿园的规章制度、积极参与园所事务，为幼儿园的发展建言献策，同时，加强亲师间的沟通合作，进而构建良好的家园关系。

1. 转变自身的教育观念，树立科学的专业理念

幼儿园教师的专业理念是教师素养最基本和最重要的组成部分，只有具备正确、科学的专业理念，才能更好地开展教育实践。心理契约违背影响因素的相关研究已发现教师的专业理念会对师园间心理契约违背造成一定影响。本研究中幼儿园教师的专业理念主要指向的是教师的教育观、儿童观和教师观。科学的专业理念可以指导教师的教育行为，使教师更好地完成与幼儿保育、教育相关的本职工作任务。教师看待、认识与评价幼儿所持有的观念即教师的儿童观，儿童观直接影响教师实施教育的理念、路径、方法与行动。具体而言，教师要做到关爱幼儿，将保护幼儿生命安全放在首位。尊重幼儿人格、维护幼儿合法权益、平等对待每一位幼儿，不讽刺、挖苦和歧视幼儿，不体罚或变相体罚幼儿。信任幼儿、尊重幼儿的个体差异，主动了解和满足有益于幼儿身心发展的不同需求。[①]这些教师看待幼儿的观念会指引教师的教育行为，与其心理契约规范责任息息相关，紧密关系到幼儿园教师本职工作的完成程度。除了儿童观，教师保教观念的科学性对其心理契约的履行也至关重要。幼儿园教师对保教活动的原则、方法、内容、方式与效果等整个过程的认识与理解直接决定保教活动的实践形态。具体而言，需做到保教结合、培育幼儿良好的意志品质，帮助幼儿形成良好的行为习惯。注重保护幼儿的好奇心，培养幼儿的想象力，发掘幼儿的兴趣爱好。重视环境和游戏对幼儿发展的作用，创设富有教育意义的环境氛围，将游戏活动作为幼儿的主要活动。重视丰富幼儿多方面的直接经验，将探索、交往等实践活动作为幼儿最重要的学习方式。重视自身日常言行

---

① 蔡迎旗. 学前教育原理 [M]. 武汉：华中师范大学出版社，2017：95.

对幼儿发展的重要影响与作用。此外，教师也要树立科学的教师观，明确自身作为教师在幼儿教育中扮演的重要角色，发挥自身实践在幼儿教育中的正向作用，真正成为幼儿发展的引导者，全方位履行作为幼儿园教师的岗位职责，履行其心理契约责任。

2. 提升自身的专业知能，积极地实践教育热忱

幼儿园教师的专业水平会影响其与幼儿互动的质量，进而影响幼儿的身心发展。通过对教师心理契约违背的探究不难发现，教师需要在工作中树立科学的儿童观、教育观和教师观，不断丰富自身的专业知识并提升自身专业技能。这是教师履行心理契约、完成本职工作任务的基础和前提，尤其体现在教师心理契约规范责任的履行中。作为传道授业解惑的教师群体应始终秉持终身学习的理念，扎实自身的专业理论。伴随着儿童发展研究成果的日渐丰富，科学、先进的保教经验被大众广泛宣传，在这一背景之下，及时获取有关幼儿身心发展、保育教育等方面的知识，更新与完善自身的专业知识就成为教师专业发展的需要。作为幼儿园教师要密切关注国内外学前教育的发展趋势与新的理论，及时更新自身观念、优化知识结构。更多地关注幼儿的兴趣和需要，在与幼儿共同学习和生活的过程中培养幼儿的学习习惯、激发幼儿的学习兴趣并提升幼儿的学习能力，助力幼儿自我认知、自我悦纳，帮助幼儿形成稳定的情绪状态和良好的性格。教师应重新认识自身在幼儿教育中的角色定位，树立科学的儿童观、教育观和教师观。首先，教师需提升自身学习的主动性与积极性、提高自身的专业知识与能力，在实践中积累经验，与其他教师交流、分享自己在幼儿教育中的经验与困惑。其次，教师要积极踊跃地参加园本教研活动，在与优秀的教师相互学习与交流互动的过程中不断完善自身的教育方式与教育理念，提高教育管理能力和教学效能感。同时，教师要珍惜并抓住每次园内外学习培训的机会，并注重运用所知所学到专业实践中。总之，作为幼儿园教师要不断通过提升自身的专业知识与技能，提升完成幼儿园本职工作职责的能力，促进自身履行心理契约的能力。

3. 尊重园所的组织文化，遵守幼儿园规章制度

幼儿园组织文化是幼儿园在长期教育实践中积累和创造出来的，具体包括物质文化、制度文化与精神文化。幼儿园组织文化是幼儿园最宝贵的精神财富，是幼儿园发展的核心竞争力。幼儿园组织文化是组织成员普遍认同并遵循的共同的价值观、精神信念及行为方式的总和。[①]教师在幼儿园中工作，需遵守幼儿园的制度和规范，爱护幼儿园环境，积极配合幼儿园园所事务，透彻地了解幼儿园的组织愿景与文化，并检视其与自身教育理念是否与幼儿园组织文化相契合，透过对幼儿园的接触与了解，增进对幼儿园的归属感和认同感，诱发实践

---

① 秦旭芳编.学前教育管理[M].长沙：湖南大学出版社，2015：234.

教师使命的行为表现。具体而言，要做到保护幼儿园环境、合理利用幼儿园的设备资源并维护幼儿园的物质文化，通过了解、尊重和遵守幼儿园的规章制度来维护幼儿园制度文化，通过完成对幼儿的保教工作、尊重和关爱幼儿来维系与幼儿良好的关系，通过与家长保持良性的沟通合作、宣传科学的育儿理念处理好亲师关系、与同事保持良好的合作构建与同事间的友好关系，为幼儿园良好精神文化的建设贡献自身力量。在这里，要特别强调遵守幼儿园的规章制度。"遵守幼儿园的规章制度和规范"是作为教师需履行的重要的心理契约责任，幼儿园的规章制度主要指基于幼儿园的发展目标，对各项工作和对各类人员的要求通过条理化和系统化的文本进行规定，形成幼儿园组织成员必须遵守的行为准则和工作规程。幼儿园规章制度是幼儿园管理赖以维持的基本依据，也是实现对幼儿园科学管理的有效手段，在强化管理、提高员工工作效能和形成良好园风方面具有重要意义。总之，制度作为组织运转、活动的准则，能够规范人们自身的行为、协调相关人员的行为与关系、指引幼儿园组织集体及员工个体的工作方向。教师作为幼儿园组织中的个体，要清晰、深入地认识并理解幼儿园的制度和规范，清楚自身在幼儿园中的"应为"和"不应为"，在理解相关制度基础上严格遵守相应的行为准则，认真履行岗位职责，力所能及地为幼儿园良好制度文化和组织文化的建设做出一份贡献。

4. 加强与家长沟通合作，建立良好的家园关系

家长是幼儿园教师在实践中最常接触的人际互动对象，家园关系的良好与否事关教师工作的效能。"与幼儿家长积极地沟通、协作"是幼儿园教师需要履行的心理契约内容。为构建良好的家园关系，教师应尽量与家长保持沟通，解答家长疑问并及时进行反馈。当家长对于教师专业性质疑时，教师应主动与家长进行沟通并增进彼此了解，化解信任危机。一方面，教师应努力提升自身道德修养和专业素养，与家长沟通时尽可能展示自身专业性，沟通内容应涉及幼儿身心发展的各个方面，既要向家长展示幼儿的优势，也要反馈幼儿的不足，沟通内容尽量做到客观且全面。教师在沟通时应抱有同理心，主动与家长共情、理解家长所思所想，解决家长所难所急。另一方面，教师应加强与家长的对话，倾听家长的意见和建议并及时做出反馈。教师在双方交流互动过程中，应本着不卑不亢、平等对待与相互尊重的态度，保障家长的话语权。当双方出现分歧和矛盾时，应保持沉着冷静并及时进行处理，应对发生的事件尽量做到客观分析，不主观臆断。同时，教师还要学习和掌握与不同类型家长沟通的策略，对祖辈家长可先建立良好关系，再对其不科学的育儿理念进行沟通反馈并适当进行纠正。对于年轻家长则应做到更加积极和平等地沟通交流，本着合作的态度共同为幼儿的发展做出努力。一方面教师要密切关注不同类型家长的想法与需求，有针对性地采取不同的沟通策略，如宣传科学的育儿理念、树立科学的教

养目标，关注家长在幼儿教育中的实际需求，通过线上、线下等方式帮助家长增进对孩子的了解、解决家长的教育困惑。良好亲师关系的构建既是教师的工作职责，也是师园间构建良好心理契约关系的重要途径和必经之路。

（三）社会支持与保障：完善促进师园心理契约良性发展的社会环境

教师与幼儿园作为社会环境的构成因子，彼此间良好心理契约关系的构建离不开社会的理解与支持。社会的支持能从外部为师园间心理契约关系的改善提供有力支撑。可以从法律政策体系建设、学前教育管理体制改革、财政投入体制机制的完善、家长观念的转变和社会氛围营造等方面为师园间良好心理契约关系的构建提供支持与保障。

1. 加强法律政策体系建设，明确幼儿园教师的身份地位

通过对师园心理契约影响因素的研究发现，社会大众对于幼儿园教师职业偏颇的认识很大程度上源于教师身份地位的不明确。教师身份地位的确立离不开健全的法律法规和政策体系的构建与支持。目前，在政府的高度重视下，我国出台了一系列学前教育相关的法律法规，初步明确了教师的法律身份与地位，是制定和落实教师待遇和权益保障相关的政策与制度的前提。具体而言，应把握《学前教育法》立法契机，明确幼儿园教师的法律身份与地位，保障不同类型幼儿园、不同雇佣关系下幼儿园教师的基本待遇。首先，应以法律形式明确幼儿园教师同中小学教师一样承担着基础教育的重要职能，是基础教育教师队伍的重要组成部分，享有与中小学教师同等的法律身份、社会地位与职业地位。[①] 政府在幼儿园教师待遇保障中承担着主体性责任，应进一步通过财政拨款与投入切实保障在编教师的待遇，还应完善保障非在编教师及普惠性民办园教师应有待遇的法律法规和政策制度，从立法角度提高不同性质幼儿园教师的薪资待遇、社会保障等福利待遇，实现不同性质幼儿园的教师能尽量做到同工同酬。同时，为教师缴纳"五险一金"，为从源头保障幼儿园教师的职业地位提供有力的法律支撑。通过法律手段明确幼儿园教师的身份地位，保证幼儿家长和社会大众对幼儿园教师职业形成科学的认识，为师园间良好心理契约关系的构建提供良好的社会支持与保障。

2. 完善财政投入的体制机制，持续加大对学前教育的投入

通过对"教师—幼儿园"心理契约违背影响因素的分析不难发现，学前教育事业整体投入不足是师园心理契约违背重要的影响因素。在编与非在编教师工资待遇差距大、同工不同酬等问题一方面会影响教师的薪资福利待遇，另一方面也会影响园所良好工作条件的提供及教师的专业发展，成为幼儿园心理契约履行的阻碍。幼儿园心理契约的违背也会在一定程度上影响教师工作的积极

[①] 庞丽娟，王红蕾，贺红芳等．关于我国学前教育立法的思考 [J]．教育发展研究，2018，38（23）：46-50.

性，甚至引发教师心理契约的违背。因此，作为教育管理部门应通过行政手段加大对学前教育的整体投入，满足教师基本生存发展需要，解除教师的后顾之忧。基于此，通过强化政策供给方式，健全对各类普惠性幼儿园教师待遇的财政支持制度、加强对幼儿园教师财政保障与支持，有利于教师待遇的整体提升。

具体而言，一是要完善学前教育财政投入体制机制，为幼儿园教师待遇保障提供稳定的财政性支持。针对当前各地公办园生均公用经费标准和普惠性民办园的补助标准偏低的问题，进一步指导各地研制科学、合理并覆盖各类普惠性幼儿园的生均公用经费标准；健全各级政府对财力薄弱县的财政转移支付制度，加强对中西部农村及贫困地区幼儿园教师待遇支持力度。二是优化学前教育的财政支出结构，健全面向各类普惠性幼儿园及教师待遇保障的财政支持制度。以普惠发展和质量提升为导向，优化财政投入结构，构建以优先发展公益性和普惠性幼儿园为主的公共财政投入结构，加大对各类普惠性幼儿园的投入力度。三是改革"重硬件轻软件"的投入结构，重点改善教师的工资和福利待遇。此外，应充分调动社会力量投资的积极性，发挥政府在幼儿园投入中的主导作用，鼓励社会、家庭、企业等积极参与进来并形成合力，促进学前教育多元体制发展。当教师基本生存需要得到充分满足且有一定安全感时才能更好地履行其岗位职责，产生为幼儿园发展做出贡献的欲望，确保教师心理契约的有效履行。

3. 宣传科学的幼儿教育理念，促进家长教育观念的转变

幼儿家长不科学的教育理念和教育观念是心理契约违背的重要影响因素。家长工作是幼儿园教师工作的重要组成部分，家长不科学的教育理念会对教师本职工作的完成，即心理契约的履行造成一定影响，导致教师履行心理契约的积极性降低。由于学龄前儿童年龄小、身心发展尚不成熟，家长作为幼儿的抚养者和"代言人"，是教师专业实践中不可忽视的重要存在。在幼儿园组织情境之下，师园间良好心理契约关系的构建离不开家长的支持。家庭与幼儿园是幼儿成长的两个重要场域，幼儿家长和教师在幼儿成长过程中均扮演着不可或缺的重要角色，家园共育的实现是幼儿健康成长的保障。[①] 幼儿园教师关爱幼儿、对幼儿进行保育和教育，离不开幼儿家长的理解和家庭的配合与支持。在大多数家长眼中，幼儿园教师仍是幼儿教育中的主要责任方，家长认为自己购买了教师的服务，教师理应对自己的孩子负责。幼儿园为了能保证稳定的生源，确保幼儿园稳定的收入，往往会更关注家长感受。尤其是面对偶发的幼儿意外事故等，家长会对教师产生强烈的不信任感，成为教师心理契约违背的重要诱因，幼儿园也会因此产生不满情绪，使师园双方关系陷入恶性循环。基于此，师园

---

① ［美］格雷恩·奥尔森. 家校关系：与家长和家庭成功合作（第3版）[M].南京：南京师范大学出版社，2013.

间良好心理契约关系的构建离不开家长的助力。总的来说，家长需转变观念、与教师形成教育合力，通过构建良好的亲师关系以促进幼儿的健康成长。

对于家长教育观念的转变，具体而言，要向全社会宣传科学的育儿理念与育儿知识，营造全社会关心支持学前教育发展的良好氛围。各地教育行政部门可以充分利用广播、电视、报纸和网络等多种媒体开展多种形式的社会宣传，引导全社会树立科学的幼儿教育理念。促进家长教育观念的转变，使家长树立角色意识。家庭是幼儿学习与生活的重要场域，幼儿进入幼儿园学习与生活不是教师职责的转移，而是在孩子的教养过程中多了一个合作伙伴。家长要充分认识自身职责，不能将教育孩子完全寄希望于教师与幼儿园。且家长需清楚，自己与教师不是雇佣关系，而是平等、尊重、互信与合作的关系。因此，作为家长要充分尊重与信任教师，双方在互相支持、密切合作中共同支持幼儿的生活和学习。家长要做到充分尊重与信任教师，摒弃幼儿园教师是"保姆"和"看孩子阿姨"的偏见。为了促进家长观念的转变，构建平等互信的亲师关系，幼儿园可以通过家长学校、家长会等使家长明确自己在幼儿教育中充当的角色，使家长常怀感恩之心，充分理解教师。同时，也可通过家长学校和家长开放日等园所活动向家长宣传科学的育儿理念，给家长体验教师工作的机会，使家长对幼儿园教师的工作有更加全面和深入的了解和理解。

4. 推进社会舆论的积极导向，营造尊师爱师的社会氛围

在影响因素部分通过质性研究得出偏颇的社会认识削弱了教师履行心理契约的积极性的结论。近些年，网络媒体大量涌现"虐童"、教师师德失范的案例，"低素质""责任心差"成为社会大众对幼儿园教师形象的普遍认知，公共话语中的幼儿园教师形象呈现明显的负面导向。[①] 教师形象指大众对于教师角色行为、职业特点和职业社会职能形成的一种较为稳固而概括的总体评价与整体印象。[②] 在大量虐童事件曝光后，幼儿园教师往往难以被家长信任。加之大众视野对幼儿园教师存有学历低、能力差等偏见，大众对于幼儿园教师形象的定位偏颇、缺乏专业性的角色认知。繁重的工作下，作为幼儿园教师被尊重及自我实现的需要难以得到满足。这需要社会重新定位幼儿园教师角色，推进社会舆论的积极导向，营造尊师爱师的社会舆论氛围。新闻媒体应积极担负起社会职责，对于幼儿园工作性质和教师工作状态应做到客观报道且实事求是。避免为吸引大众眼球、对个别师德失范的负面教师形象进行夸张渲染、大肆宣传。尽量从负面批评转向正向引导，对于忠于职守、师德优良的幼儿园教师事迹做到客观、积极宣传，维护幼儿园教师的正面形象。家长需要理性看待极端事件，

---

① 张丽敏，叶平枝，李观丽. 公共话语中的幼儿园教师形象——基于网络媒体新闻的内容分析与话语分析 [J]. 学前教育研究，2020（3）：16-30.
② 阮成武. 论传统教师形象的现代重塑 [J]. 教育科学研究，2003（1）：47-50.

社会各界应积极行动起来形成一种尊师重教的社会氛围。教师专业形象的塑造需要一定渠道进行宣传，媒体应对教师工作过程进行客观宣传。园所应重点关注对教师工作过程的宣传，将游戏观察与指导、师幼互动等过程进行客观、积极地展示，使社会各界能够客观了解幼儿园教师为促进幼儿学习与发展付出的努力，全面、客观、真实地了解幼儿园保教过程。同时，教师也可借助微信、微博等媒体渠道分享动态，使幼儿园教师在工作中付出的辛苦努力被家长及大众尊重和认可，构建幼儿园教师的专业形象。

三、研究展望

心理契约是一个极富价值的对于员工与组织间雇佣关系进行分析的理论框架，基于心理契约理论视角对雇佣关系进行更进一步研究是非常值得研究者探索的方向。对于教师与幼儿园间的心理契约相关问题的研究，研究者未来可从以下几方面进行开展：

（一）对心理契约问题进行纵向的动态化研究

动态性是心理契约的主要特点之一，员工与组织间的心理契约具有动态变化与发展的特点，随着教师在幼儿园工作时日的增长，教师自身的需求及对幼儿园的要求也会产生一定变化，伴随着幼儿园的发展与组织管理效能的提升，教师与幼儿园双方对于彼此心理契约关系的认知会产生一定变化。受研究者研究精力所限，本研究主要对师园间的心理契约问题进行了"此时此刻"的研究，对于被研究者"彼时彼刻"的需要未能进行追踪调查。后续的研究可继续对师园心理契约问题进行纵向研究，可通过横向和纵向数据的收集进一步对师园心理契约关系进行更为全面的掌握，可更准确地把握师园心理契约的整体状况，全面把握师园心理契约的因果关系。因此，未来可考虑对师园心理契约问题进行追踪式考察，亦可辅以心理实验法，以便通过动静结合的手段多角度审视并深度剖析处在不同职业生涯时期的教师与幼儿园的心理契约状态。基于此，对于师园心理契约问题的动态研究具有一定现实意义，可作为后续研究的切入点。

（二）聚焦于教师与幼儿园之间"关系"的研究

心理契约相关研究的理论框架可用于对教师与幼儿园之间雇佣关系问题的研究。虽然本研究已在汲取已有研究经验的基础上极力将单向度的心理契约研究推向员工与组织的双向视角，将心理契约问题推向对员工与组织间"关系"的研究，更强调契约本身的双向性。但由于研究者自身能力和精力以及研究时间的局限性，本研究最终只停留在了对教师与幼儿园组织间心理契约双向视角的研究，而未能真正从双方"关系"的角度深入剖析教师与幼儿园之间更为深层次的内在关联性。基于此，在未来关于"教师—幼儿园"心理契约研究的过程中，研究者可将研究继续推向对师园间"关系"的研究，更进一步探究教师与幼儿园双方在心理契约构建基础之上的关系问题，探究隐藏在彼此雇佣关系中更为深层次的内在逻辑。

（三）推进心理契约研究成果在实践中的应用研究

已有的关于心理契约的理论和实证的研究多停留在经验层面，即使在西方国家，心理契约研究对组织管理实践影响的相关研究仍较为有限。本研究虽然针对幼儿园教师和幼儿园组织代理人进行了大量调研工作，也通过混合方法研究范式得到了一系列的研究结论，但相关建议的提出尚停留在理论层面，在我国亟需理论指导管理实践的背景下，在开展科学规范的心理契约研究的同时，更需将具有解释力和可操作性的心理契约管理的路径、方法与策略引入组织雇佣关系实践活动之中，即通过一系列的实验和干预等方式，将促进教师与幼儿园间心理契约关系的管理方法应用于具体管理实践，真正使教师与幼儿园组织双方能积极地履行心理契约，减少心理契约违背的风险，有效促进师园间心理契约关系的维系与发展。

结　语

　　心理契约是近年来西方组织行为学和人力资源管理领域研究的重要课题，也是对于雇佣关系进行研究的重要视角之一。对于幼儿园教师群体而言，其所置身的雇佣情境具有特殊性——如工作对象是心智发展尚不健全的幼儿、工作任务琐碎重复等，且其社会地位与工作待遇往往不尽如人意，诸如上述多种因素往往使教师容易出现职业倦怠情绪、产生离职意向及工作效率低下等问题。心理契约作为教师与幼儿园对彼此担负责任的主观认知，是教师与幼儿园双方雇佣关系的重要体现。对师园心理契约的内容进行解构、对心理契约违背的现实状况进行探究、对违背的效应及影响因素进行深入剖析，对于提升幼儿园教师工作满意度及职业幸福感、促进教师工作态度与行为的积极调整与转变具有重要价值，同时也有利于幼儿园组织管理效能的提升和良好组织氛围的构建。总之，无论对幼儿园教师还是幼儿园组织来说，将心理契约研究的理论框架引入对师园间雇佣关系的分析并开展实证研究皆具有重要的价值与意义。

　　本研究以"'教师—幼儿园'心理契约"为研究主题，遵循"是什么""怎么样"和"为什么"的逻辑展开系统研究。依据不完全契约理论，本研究界定了教师与幼儿园心理契约这一核心概念，并在已有理论关照和实证研究数据支持下探索了心理契约的内容与结构维度，根据探索结果编制了本土化的"教师—幼儿园"心理契约问卷。至此，"教师—幼儿园"心理契约成为有维度可依、有指标可循的操作性概念。具体而言，师园心理契约的"幼儿园责任"由生存责任、发展责任和关系责任三个维度构成。"幼儿园教师责任"由规范责任、发展责任和关系责任三个维度构成，上述研究结果可以有效阐释师园心理契约"是什么"的问题。编制的问卷为本研究进一步探究心理契约违背现状和效应的"怎么样"的问题提供了科学合理的工具。研究发现，师园心理契约"幼儿园责任"与"幼儿园教师责任"均处于违背水平，且表现为幼儿园责任中的生存责任和教师责任中的关系责任违背程度相对较高，心理契约违背在不同人口学特征下的教师群体和不同组织特征变量下的幼儿园间呈现出一定差异。进一步采用混合研究方法对师园心理契约违背产生的效应进行研究，结果发现幼儿园心理契约违背会使教师产生离职意向且会导致工作绩效、工作满意度、组织情感承诺和组织信任的降低，通过结构方程模型的构建发现教师工作满意度、组织情感承诺和组织信任在幼儿园心理契约违背和离职意向及工作绩效间起到一定中介作用。通过质性研究发现，幼儿园心理契约的违背会对幼儿园办园质量及组织稳定产生一定消极影响。幼儿园教师心理契约的违背会导致幼儿园组织氛围的破坏和组织绩效的降低，同时还会致使教师工作绩效降低，使教师产生离职意向甚至离职行为。最后，通过对师园心理契约违背影响因素的探究来解释"为什么"的问题。本研究发现，师园心理契约违背的影响因素包括幼儿园教师的专业理念、职业理解和专业知识与技能等个体化因素，也包括幼儿园组织结构和组织领导等组织性因素，还包括社会认识和社会支持等社会性因素。只有了解心理契约"是什么""怎么样"及"为什么"的问题，才能深入探究构建师园间良好心理契约关系的有效路径。

　　以上，研究者对本研究的研究目的、研究思路及研究结论进行了简要总结和阐述。本研究虽然在研究视角和研究设计方面具有一定创新性，但囿于时间、精力和个人能力，尚存在需完善和精进的空间。第一，由于心理契约是动态变化的社会性构念，因此从理论上来看，纵贯性研究更利于洞悉心理契约的变化规律。但受时间所限，本研究未能对师园心理契约问题进行追踪研究，只聚焦于"此时此刻"现状的研究，采用的数据都是同一时间点的截面数据，未能考虑对同一个体时间纵轴数据的研究。第二，虽然本研究运用混合研究范式对师园心理契约问题进行研究，但在质性和量化研究方法的运用、方法的结合与衔接等方面尚存在诸多精进的空间。第三，本研究虽然针对师园心理契约违背中存在的现实问题提出了解决策略与建议，但这种建议仅是理论层面的思考，尚未通过实验、干预等方式对相关研究建议的实践有效性进行考查。第四，通过研究我们不难发现，师园心理契约虽说是"教师—幼儿园"双方之间的链接，但也映照着家长、社会公众等"不在场"却关键的教育事业利益相关者的身影，而本研究尚未与上述利益相关者展开直接性的交流与研究。反思至此，愈发感受到本研究在研究设计延展性、研究方法精细度、研究对象多样化等方面存在的缺憾。虽有惋惜但也为之振奋，因为这都是本研究在后续的研究工作中自我突破、自我超越的起点与契机。总之，教师与幼儿园的心理契约仍是一个有待进一步挖掘和探索的研究领域，存有诸多尚待探索的研究问题。如师园心理契约的动态形成过程如何？师园心理契约的影响机制是如何构建的？如何从实践的角度进行师园心理契约关系的构建？诸多问题皆是有待解开的"谜题"。希望本研究的研究结论能对现有的心理契约相关研究起到补充作用、能给未来拟开展相关研究的研究者提供些许灵感或启示，这将是本研究最大的意义所在。

附　录

附录 A 访谈提纲

"教师—幼儿园"心理契约访谈提纲（教师版）

尊敬的老师：

您好！非常感谢您能接受我的访谈（或电话访谈）。我是一名博士研究生，目前正在做一项学术研究，很荣幸邀请您参与到研究中。访谈主要想通过您了解一下教师与幼儿园之间关系的基本情况。我们的谈话大概进行 60 分钟左右。另外，这次访谈仅用于学术研究，您所提供的信息我们会绝对保密，如果将来在论文中需引用您提供的资料，绝对会将人名、地名等所有个人信息隐去，请您放心。再次感谢您的支持和理解，谢谢！

访谈工作基本信息：

访谈日期：　　　　访谈地点：　　　　访谈形式：

开始时间：　　　　结束时间：

受访者基本信息：

性别：　　　　　　年龄：　　　　　　所在省份：

学历：　　　　　　专业：　　　　　　教龄：

职称：　　　　　　幼儿园办园性质：　　幼儿园级别：

劳动关系类型：　　简单的工作经历：

访谈的主要问题：

第一次访谈

1. 您能否列举在工作中幼儿园履行或违背其责任的一些令您印象深刻的具体事件，您当时有何感受？您认为这些责任的履行或违背对教师和幼儿园是否会产生影响？具体会产生怎样的影响？您认为幼儿园为什么会出现相关责任的违背呢？

2.您所在幼儿园（各级领导）是否经常就双方责任及责任的履行或违背等问题通过各种方式与教师进行沟通？一般会通过哪些方式进行沟通？沟通的频率如何？产生了怎样的效果？

3.您能否列举在工作中教师履行或违背其责任的一些具体事件，您认为这些责任的履行或违背对教师和幼儿园是否会产生影响？具体会产生怎样的影响？您认为教师为什么会出现相关责任的违背呢？

4.您所在幼儿园通常会通过哪些方式来对教师进行激励？这些措施有效吗？您认为还需要进行怎样的补充？

5.您所在幼儿园教师队伍的稳定性如何？一般由于什么原因教师会出现主动或被动的离职？

6.您认为幼儿园与教师之间理想的关系状态应该是怎样的？目前幼儿园和教师的关系能达到这种理想状态吗？

7.从您入职至今，您对幼儿园教师这份职业的认识发生了怎样的变化？不同阶段是否有不同的感受？您的心态发生了怎样的变化？您认为有哪些是您最初对幼儿园过高的期待？

8.如果现在您的角色转变为了幼儿园园长，您想通过哪些具体的措施来改善幼儿园对于教师的管理呢？

第二次访谈

1.请您根据所列出的幼儿园相关责任的条目，列举在工作中幼儿园违背其责任的一些令您印象深刻的具体事件，您当时有何感受？您认为这些责任的违背对教师和幼儿园是否会产生影响？具体会产生怎样的影响？您认为幼儿园为什么会出现相关责任的违背呢？

2.请根据所列出的幼儿园教师相关责任的条目，列举在工作中幼儿园教师违背其相关责任的一些令您印象深刻的具体事件，您认为这些责任的违背对于幼儿园和教师是否会产生影响？具体会产生怎样的影响？您认为教师为什么会出现相关责任的违背呢？

"教师—幼儿园"心理契约访谈提纲（园长版）

尊敬的园长：

您好！非常感谢您能接受我的访谈（或电话访谈）。我是一名博士生，目前正在做一项学术研究，很荣幸邀请您参与到研究中。访谈主要想通过您了解一下教师与幼儿园之间关系的基本情况。我们的谈话大概进行60分钟左右。另外，这次访谈仅用于学术研究，您所提供的信息会绝对保密，如果将来在论文中需引用您提供的资料，绝对会将人名、地名等所有个人信息隐去，请您放心。再次感谢您的支持和理解，谢谢！

访谈工作基本信息：

访谈日期：　　　　访谈地点：　　　　访谈形式：

开始时间：　　　　结束时间：

受访者基本信息：

性别：　　　　　年龄：　　　　　　所在城市：

学历：　　　　　专业：　　　　　　职务：

职称：　　　　　幼儿园办园性质：　　幼儿园级别：

从事园长职务年限：简单的工作经历：

访谈的主要问题：

第一次访谈

1.您能否列举在工作中教师履行和违背其相关责任的一些令您印象深刻的具体事件，您当时的感受是怎样的？您认为这些责任的履行或违背对于幼儿园和教师是否会产生影响？具体会产生怎样的影响？您认为教师为什么会出现相关责任的违背呢？

2.您能否列举幼儿园履行和违背其责任的一些具体事件？您认为这些责任的履行或违背对于幼儿园和教师是否会产生影响？具体会产生怎样的影响？您认为幼儿园为什么会出现相关责任的违背呢？

3.如果现在您能够凭一己之力改善幼儿园教师的整体状况，您希望从哪些方面对教师队伍进行改善呢？

4.您所在幼儿园是否经常就双方责任及责任的履行和违背等问题通过各种方式与教师进行沟通？一般会通过哪些方式进行沟通？沟通的频率如何？产生了怎样的效果？

5.幼儿园通常会通过哪些方式来对教师进行激励？这些措施有效吗？您认为还需要进行怎样的补充？

6.您所在幼儿园教师队伍的稳定性如何？一般由于什么原因教师会出现主动或被动的离职呢？

7.您认为幼儿园与教师之间理想的关系状态应该是怎样的？目前幼儿园和教师的关系能达到这种理想状态吗？

8.从您担任园长到现在，您对教师应承担责任的要求发生了怎样的变化？

您的心态发生了怎样的变化？您认为有哪些是您最初对教师过高的期待或要求？

第二次访谈

1. 请根据幼儿园教师相关责任的条目，列举在工作中教师违背其责任的一些令您印象深刻的具体事件，您当时的感受是怎样的？您认为这些责任的违背对于幼儿园和教师是否会产生影响？具体会产生怎样的影响？您认为教师为什么会出现相关责任的违背呢？

2. 请根据幼儿园相关责任的条目，列举在工作中幼儿园违背其责任的一些具体事件，并谈谈一般由于什么原因幼儿园出现了相关责任的违背？这些责任的违背对于教师和幼儿园是否会产生影响？具体会产生怎样的影响？

附录 B 开放式问卷

"教师—幼儿园"心理契约开放式问卷（教师版）

尊敬的老师：

您好！非常感谢您对本次调查的支持！

本开放式问卷的主要目的是了解教师与幼儿园之间相互关系的问题。本调查采取匿名的形式进行，您所填写的内容仅用于学术研究，请您无需顾虑，请如实填写。

再次感谢您的参与和支持！

一、背景资料（请勾选符合您的信息）

性　　别：□男　　　　　□女

年　　龄：□ 30 岁及以下　□ 31—40 岁　□ 40 岁以上

所在省份：＿＿＿＿＿＿

最后学历：□专科及以下　□本科　□硕士及以上

所学专业：□学前教育专业 □非学前教育专业

从事幼儿园工作年限：□ 5 年及以内　□ 6—10 年　□ 10 年以上

职　　称：□暂未定级　□幼教三级　□幼教二级　□幼教一级

　　　　　□幼教高级　□幼教中学高级

园所性质：□公立　　　　□民办

劳动关系类型：□在编教师　□非在编教师

园所级别：□省市级示范园　□一级园　□二、三级园　□暂未定级

二、问题

1. 无论是基于您与幼儿园的书面或口头协议，还是基于惯常要求，您认为幼儿园应当对您承担哪些责任？请列出 8 项责任，并根据重要性程度排列。

重要性程度	幼儿园担负的责任
强 ↓ 弱	1.
	2.
	3.
	4.
	5.
	6.
	7.
	8.

2. 无论是基于您与幼儿园的书面或口头协议，还是基于惯常要求，您认为您应当对幼儿园承担哪些责任？请列出 8 项责任，并根据重要性程度排列。

重要性程度	教师担负的责任
强 ↓ 弱	1.
	2.
	3.
	4.
	5.
	6.
	7.
	8.

"教师—幼儿园"心理契约开放式问卷（园长版）

尊敬的园长：

您好！非常感谢您对本次调查的支持！

本开放式问卷的主要目的是了解幼儿园与教师相互关系的问题。本调查采取匿名的形式进行，您所填写的内容仅用于学术研究，请您无需顾虑，请如实填写。

再次感谢您的参与和支持！

一、背景资料（请勾选符合您的信息）

职　　务：□园长　　　　　□副园长

年　　龄：□ 35 岁及以下　□ 36—45 岁　□ 45 岁以上

所在省份：＿＿＿＿＿＿＿

最后学历：□专科及以下　□本科　□硕士及以上

所学专业：□学前教育专业　□非学前教育专业

任园长年限：□ 5 年及以内　□ 6—10 年　□ 10 年以上

园所性质：□公立　　　　　□民办

园所级别：□省市级示范园　□一级园　□二、三级园　□暂未定级

园所建园年限：□ 5 年及以下　□ 6—10 年　□ 11—20 年　□ 21 年及以上

二、问题

1. 无论是基于幼儿园与教师的书面或口头协议，还是基于惯常要求，您认为教师应当对幼儿园承担哪些责任？请列出 8 项责任，并根据重要性程度排列。

重要性程度	教师担负的责任
强 ↓ 弱	1.
	2.
	3.
	4.
	5.
	6.
	7.
	8.

2. 无论是基于幼儿园与幼儿园教师的书面或口头协议，还是基于惯常要求，您认为您应当对幼儿园教师承担哪些责任？请列出 8 项责任，并根据重要性程度排列。

重要性程度	幼儿园担负的责任
强 ↓ 弱	1.
	2.
	3.
	4.
	5.
	6.
	7.
	8.

附录 C 内容效度专家评价表

"教师—幼儿园"心理契约问卷内容效度专家评价表

尊敬的专家：

您好！

本研究需要进行"'教师—幼儿园'心理契约问卷"的编制，恳请您对我所设计的量表内容给予评价和修改。本研究在参考已有成熟量表基础上，通过对幼儿教师和幼儿园组织代理人（园长／副园长）进行开放式问卷调查和深度访谈初步形成了"'教师—幼儿园'心理契约问卷"的基本内容。心理契约量表内容包含在幼儿园组织情境下幼儿教师应担负的责任和幼儿园应担负的责任两个分量表。请您针对初步形成的量表内容进行评判，并提出具体修改意见，主要思考以下内容：

1. 各题项构念选取是否合理？是否该有合并或删减？

2. 各题项的语义表述是否清晰与明确？是否存在歧义？

3. 除了以上内容是否还有其他需要修改的问题？

感谢您在百忙之中提供宝贵的意见和建议，您的建议对于我问卷的顺利编制，研究的顺利完成至关重要，再次对您致以衷心的感谢！

		责任条目 修改意见	合适／修改／ 合并／删除	若需合并或修改，建议修改为
幼儿园责任	1	提供与贡献对等的工资待遇		
	2	提供教师一定的福利待遇		
	3	帮助解决教师之间的矛盾		
	4	帮助教师进行职业生涯的规划		
	5	保护教师个人的隐私和形象		
	6	对教师工作开展进行指导		
	7	对教师及时公开与反馈各项信息		
	8	对于幼儿在园的安全事故，园所依据实际情况承担相应责任		
	9	工作强度适宜，保证教师的正常休息		
	10	在任务分配、职称晋升和奖惩等问题上公平公正		
	11	关心教师的身心健康，并会提供帮助		

		责任条目 修改意见	合适 / 修改 / 合并 / 删除	若需合并或修 改，建议修改为
幼儿园责任	12	制定明确合理的规章制度		
	13	提供持续、有效且机会相对平等的培训和教研活动等		
	14	保障教师在工作中的安全		
	15	提供教师晋升和发展的机会和空间		
	16	为教师提供开展工作所需的材料和资源		
	17	听取、采纳教师合理的意见和建议		
	18	提供教师舒适的工作环境		
	19	协助教师开展家长工作		
	20	公平地处理教师与家长的矛盾		
	21	营造和谐友好的幼儿园组织文化氛围		
	22	保证师园间沟通渠道畅通		
	23	提供教师展示能力和特长的平台		
	24	给予教师工作中一定的自主权		
	25	帮助教师解决生活中的困难		
	26	为教师组织丰富的业余文化生活		
	27	进行师德师风建设		
		其他修改意见：		

		责任条目 修改意见	合适 / 修改 / 合并 / 删除	若需合并或修 改，建议修改为
幼儿教师责任	1	爱护幼儿园的环境和基础设施		
	2	关心、爱护、尊重且平等对待每一位幼儿		
	3	规范自身行为习惯，为人师表		
	4	积极参与幼儿园组织的集体活动（包括学习、培训和教研等）		
	5	创设幼儿园物质环境		
	6	配合幼儿园的工作安排，接受合理的工作调动		
	7	若辞职会提前告知幼儿园		
	8	主动为幼儿园工作开展和发展建言献策		
	9	积极与幼儿家长沟通协作，宣传科学的育儿理念		
	10	在各种场合自觉维护幼儿园的形象、声誉和利益		
	11	自主学习、主动提升专业知识和技能		
	12	做好幼儿的保育和教育工作		
	13	按时且保质保量完成幼儿园布置的工作任务		
	14	不对外透露幼儿园的决策或隐私		
	15	在工作中勇于创新		
	16	与同事和谐相处，保持良好的合作关系		
	17	遵守幼儿园的规章制度和规范		
	18	合理利用幼儿园的资源		
	19	不因个人私事影响园所工作开展		
	20	保证在园所较长期的工作		

其他修改意见：

附录 D 心理契约违背及效应问卷（节选）

"教师—幼儿园"心理契约问卷（教师版）

尊敬的老师：

　　您好！

　　感谢您在百忙之中参与本次问卷调查！本问卷是一项有关幼儿园教师与幼儿园组织间关系的调查问卷，旨在探究幼儿园组织情境下，幼儿园教师与幼儿园对彼此应担负的责任内容的认知，以及心理契约履行、违背对教师工作态度与行为的影响，以为幼儿园组织的有效管理提供借鉴和支持。本问卷答案没有对错之分，恳请您根据实际情况作答。本次问卷调查将以匿名形式开展，且问卷仅用于学术研究，我们会对您的回答严格保密，不会对您和您所在幼儿园造成任何不利影响，您不必有顾虑，请放心作答。衷心感谢您的支持和帮助！

第一部分：背景资料（节选）

您的性别：□男　　　　　　□女

您的年龄：□25 岁及以下　□26—30 岁　□31—40 岁　□41 岁及以上

所在省市：_____ 省 _____ 市

最后学历：□专科以下　□专科　□本科　□硕士及以上

所学专业：□学前教育专业　□教育学专业（非学前）□非教育学专业

园所性质：□公立　　　　　□民办

劳动关系类型：□在编　　　□非在编

担任专任教师年限：□5 年及以内　□6 年及以上

园所班级数量：□5 个及以下　□6—11 个　□12 个及以上

第二部分：调查内容

"教师—幼儿园"心理契约违背

　　下表列出了在幼儿园组织情境下，幼儿园教师与幼儿园对彼此担负的心理契约责任的内容。您认为这些责任的重要程度如何？实际兑现和履行的程度又如何？请根据每个项目内容的具体描述，选择一个最符合您认知的选项。其中，在"重要程度"一栏，数字 1 代表"完全不重要"……数字 5 代表"非常重要"。"实际履行程度"一栏，数字 1 代表"几乎未履行"……数字 5 代表"完全履行"。责任越重要则分数越高，履行的越好则分数越高。请在下表中直接在相应数字代号上用"√"进行勾选。

幼儿园教师的责任

具体内容	重要程度					实际履行程度				
	完全不重要	有一些重要	中等重要	比较重要	非常重要	几乎未履行	履行了一些	中度履行	履行较好	完全履行
1. 关爱和尊重幼儿	1	2	3	4	5	1	2	3	4	5
2. 做好幼儿的保育和教育工作	1	2	3	4	5	1	2	3	4	5
3. 与幼儿家长积极地沟通、协作	1	2	3	4	5	1	2	3	4	5

幼儿园的责任

具体内容	重要程度					实际履行程度				
	完全不重要	有一些重要	中等重要	比较重要	非常重要	几乎未履行	履行了一些	中度履行	履行较好	完全履行
1. 幼儿园为我提供与贡献对等的工资待遇	1	2	3	4	5	1	2	3	4	5
2. 幼儿园会保障我的福利待遇（医疗、保险等）	1	2	3	4	5	1	2	3	4	5
3. 幼儿园会为我提供充足的工作资源	1	2	3	4	5	1	2	3	4	5

幼儿园教师的工作态度与行为

请对下面每一项陈述与您现实工作状况的符合程度作出评价。其中，1代表"完全不符合"，2代表"不太符合"，3代表"不确定"，4代表"基本符合"，5代表"完全符合"。请直接在符合您状况程度的相应数字上用"√"进行勾选。

离职意向

具体内容	符合程度				
	完全不符合	不太符合	不确定	基本符合	完全符合
1. 我常常想辞去我目前的工作	1	2	3	4	5
2. 我在明年可能会离开该幼儿园另谋它就	1	2	3	4	5
3. 我计划在该幼儿园做长期的职业发展	1	2	3	4	5

工作满意度

具体内容	符合程度				
	完全不符合	不太符合	不确定	基本符合	完全符合
1. 总体来说，我对我所在的幼儿园非常满意	1	2	3	4	5
2. 我对我在幼儿园中的晋升前景非常满意	1	2	3	4	5
3. 我对我所在幼儿园的领导非常满意	1	2	3	4	5

组织信任

具体内容	符合程度				
	完全不符合	不太符合	不确定	基本符合	完全符合
1. 我相信我所在的幼儿园是很公道的	1	2	3	4	5
2. 我相信幼儿园对我是很坦诚的	1	2	3	4	5
3. 我完全信任我所在的幼儿园	1	2	3	4	5

工作绩效

具体内容	符合程度				
	完全不符合	不太符合	不确定	基本符合	完全符合
1. 遵守幼儿园的规章制度	1	2	3	4	5
2. 主动解决工作中存在的问题	1	2	3	4	5
3. 完成幼儿园工作符合领导要求	1	2	3	4	5

组织情感承诺

具体内容	符合程度				
	完全不符合	不太符合	不确定	基本符合	完全符合
1. 我将幼儿园的问题视为我自己的问题	1	2	3	4	5
2. 我愿为我所在的幼儿园做出任何贡献	1	2	3	4	5
3. 我对我所在的幼儿园感情很深	1	2	3	4	5

"教师—幼儿园"心理契约问卷（园长版）

尊敬的园长：

　　您好！

　　感谢您在百忙之中参与本次问卷调查！这是一项有关幼儿园教师与幼儿园间关系的调查问卷，旨在探究幼儿园组织情境下，幼儿园教师与幼儿园对彼此应担负的责任的认知，以为幼儿园的有效管理提供借鉴和支持。本问卷答案没有对错之分，恳请您根据实际情况作答。本次问卷调查将以匿名形式开展，且问卷仅用于学术研究，我们会对您的回答严格保密，不会对您和您所在幼儿园造成任何不利影响，您不必有顾虑，请放心作答。衷心感谢您的支持和帮助！

第一部分：背景资料（请勾选符合您基本情况的选项）

您的性别：□男　　　　　　□女

您的职务：□园长　　　　　　□副园长

所在省市：＿＿＿＿＿＿省＿＿＿＿＿＿市

最后学历：□初中　□高中及中专　□大专　□本科　□硕士及以上

从事园长（副园长）职务的年限：□5年及以下　□6—10年

　　　　　　　　　　　　　　　□11—15年　□16年及以上

园所班级数量：□5个及以下　□6—11个　□12个及以上

院所级别：□一级园　□二级园　□三级或未定级

园所建园年限：□5年及以下　□6—10年　□11—15年　□16—20年

　　　　　　　□21年及以上

第二部分：调查内容

　　下表列出了在幼儿园组织情境下，幼儿园教师与幼儿园对彼此担负的心理契约责任内容。您认为这些责任的重要程度如何？请根据每个项目内容的具体描述，选择一个最符合您认知的选项。其中，在"重要程度"一栏，数字1代表"完全不重要"……数字5代表"非常重要"。"实际履行程度"一栏，数字1代表"几乎未履行"……数字5代表"完全履行"。担负的责任越重要则分数越高，履行的越好则分数越高。请在下表中直接在相应数字代号上用"√"进行勾选。

幼儿园教师的责任

具体内容	重要程度					实际履行程度				
	完全不重要	有一些重要	中等重要	比较重要	非常重要	几乎未履行	部分履行	基本履行	履行较好	完全履行
1. 关爱和尊重幼儿	1	2	3	4	5	1	2	3	4	5
2. 做好幼儿的保育和教育工作	1	2	3	4	5	1	2	3	4	5
3. 与幼儿家长积极地沟通、协作	1	2	3	4	5	1	2	3	4	5

幼儿园的责任

具体内容	重要程度					实际履行程度				
	完全不重要	有一些重要	中等重要	比较重要	非常重要	几乎未履行	部分履行	基本履行	履行较好	完全履行
1. 为教师提供与贡献对等的工资待遇	1	2	3	4	5	1	2	3	4	5
2. 保障教师的福利待遇（医疗、保险等）	1	2	3	4	5	1	2	3	4	5
3. 为教师提供充足的工作资源	1	2	3	4	5	1	2	3	4	5

参考文献

一、中文参考文献

（一）著作

[1] [英] 波特·马金等 . 组织和心理契约 [M]. 王新超，译 . 北京：北京大学出版社，2000.

[2] [美] 布劳 . 社会生活中的交换与权力 [M]. 李国武，译 . 北京：商务印书馆，2008.

[3] [美] 彼得·德鲁克 . 管理的实践 [M]. 齐若兰，译 . 北京：机械工业出版社，2006.

[4] 白艳莉 . 雇佣关系感知对知识员工行为的影响机制研究：基于心理契约的理论视角 [M]. 北京：法律出版社，2012.

[5] 白云涛编 . 信任构建中的领导力科层与机制 [M]. 厦门：厦门大学出版社，2013.

[6] 陈向明 . 质的研究方法与社会科学研究 [M]. 北京：教育科学出版社，2000.

[7] 陈向明主编 . 在行动中学做质的研究 [M]. 北京：教育科学出版社，2003.

[8] 陈维政等主编 . 人力资源管理 [M]. 北京：高等教育出版社，2002.

[9] 陈加洲 . 员工心理契约的作用模式与管理对策 [M]. 北京：人民出版社，2007.

[10] 曹海英主编 . 人力资源管理概论 [M]. 北京：中国金融出版社，2016.

[11] 蔡迎旗 . 学前教育原理 [M]. 武汉：华中师范大学出版社，2017.

[12] 杜艳红主编 . 幼儿园组织与管理 [M]. 武汉：武汉大学出版社，2019.

[13] 范逢春 . 管理心理学 [M]. 成都：四川大学出版社，2009.

[14] 风笑天 . 社会调查中的问卷设计 [M]. 天津：天津人民出版社，2002.

[15] 龚芸，辜桃 . 大学生职业取向与职业规划 [M]. 北京：中国社会出版社，

2017.

[16] 甘开鹏主编.现代社会学教程 [M].厦门：厦门大学出版社，2012.

[17] [美]格雷恩·奥尔森.家校关系：与家长和家庭成功合作（第3版）[M].南京：南京师范大学出版社，2013.

[18] [美]哈特.企业、合同与财务结构 [M].费方域，译.上海：上海三联书店，1998.

[19] 哈佛公开课研究会编.人力资源总监手册 [M].北京：中国铁道出版社，2015.

[20] 刘永芳.管理心理学 [M].北京：清华大学出版社，2009.

[21] 刘献君等编著.中国高校教师聘任制研究：基于学术职业管理的视角 [M].北京：科学出版社，2009.

[22] 刘少杰.国外社会学理论 [M].北京：高等教育出版社，2006.

[23] 刘少杰主编.西方社会学理论 [M].北京：中央广播电视大学出版社，2010.

[24] 刘少杰主编.现代西方社会学理论 [M].长春：吉林大学出版社，1998.

[25] 刘海燕，贾学书主编.幼儿园教师必备综合素质 [M].长春：东北师范大学出版社，2015.

[26] 刘飞燕，张云侠主编.管理学原理 [M].广州：华南理工大学出版社，2018.

[27] 刘倬.人力资源管理 [M].沈阳：辽宁大学出版社，2018.

[28] [美]罗伯特·F.德威利斯.量表编制理论与应用 [M].魏勇刚，龙长权，宋武，译.重庆：重庆大学出版社，2004.

[29] 郎润华，曾庆双，唐亮编著.管理学基础（第2版）[M].重庆：重庆大学出版社，2021.

[30] 林澜.心理契约及其对员工组织公民行为的影响——基于中国高校组织情境的研究 [M].厦门：厦门大学出版社，2013.

[31] 李晓风，余双好.质性研究方法 [M].武汉：武汉大学出版社，2006.

[32] 李原.企业员工的心理契约概念、理论及实证研究 [M].上海：复旦大学出版社，2006.

[33] 李伟主编.组织行为学 [M].武汉：武汉大学出版社，2012.

[34] 李永斌.知识型员工管理 [M].石家庄：河北科学技术出版社，2017.

[35] [美]罗尔斯.正义论 [M].何怀宏，何包钢，申白，译.北京：中国社会科学出版社，1988.

[36] 梁漱溟.中国文化要义 [M].北京：商务印书馆，2021.

[37] [美]拉里·克里斯滕森，伯克·约翰逊，莉萨·特纳.研究方法设计与

分析（第 11 版）[M].赵迎春，译.北京：商务印书馆，2018.

[38] [美] 劳伦斯·纽曼.社会研究方法：定性和定量的取向（第五版）[M].郝大海，译.北京：中国人民大学出版社，2007.

[39] [美] 鲁思·华莱士，（英）艾莉森·沃尔夫.当代社会学理论：对古典理论的扩展 (第六版)[M].刘少杰等，译.北京：中国人民大学社，2008.

[40] [英] 梅因.古代法 [M].沈量，译.北京：商务印书馆，1995.

[41] [美] 麦克尼尔.新社会契约论 [M].雷喜宁，潘勤，译.北京：中国政法大学出版社，2004.

[42] 马旭军.基于心理契约破裂因素的企业与员工共生关系研究 [M].北京：知识产权出版社，2018.

[43] 莫源秋.幼儿园班级管理 68 问——大教育书系 [M].武汉：长江文艺出版社有限公司，2022.

[44] 潘玉峰，赵蕴华编著.教师职业倦怠与应对 [M].合肥：安徽人民出版社，2012.

[45] 仇立平.社会研究方法 [M].重庆：重庆大学出版社，2015.

[46] [美] 切斯特·巴纳德.经理人员的职能 (珍藏版)[M].王永贵，译.北京：机械工业出版社，2013.

[47] [美] 乔纳森·特纳.社会学理论的结构 (上)[M].邱泽奇等，译.北京：华夏出版社，2001.

[48] 孙泽厚，罗帆主编.人力资源管理——理论与实务 [M].武汉：武汉理工大学出版社，2007.

[49] 孙绵涛编著.教育组织行为学 [M].福州：福建教育出版社，2012.

[50] 时松主编.幼儿园管理实务 [M].南京：东南大学出版社，2016.

[51] [美] 斯蒂芬·P.罗宾斯.组织行为学（第 7 版）[M].孙建敏，李原，译.北京：中国人民大学出版社，1997.

[52] 田宝军.教师心理契约与学校人本管理 [M].保定：河北大学出版社，2011.

[53] [美] 托马斯·J.萨乔万尼.道德领导 抵及学校改善的核心 [M].冯大鸣，译.上海：上海教育出版社，2002.

[54] 王克岭，张建民.管理学 [M].北京：高等教育出版社，2010.

[55] 王晓钧.管理心理学（第 2 版）[M].北京：高等教育出版社，2014.

[56] 王向红.幼儿教师的核心素养 [M].北京：中国轻工业出版社，2017.

[57] 吴晓义主编.管理心理学（第 3 版）[M].广州：中山大学出版社，2015.

[58] 吴增基，吴鹏森，苏振芳.现代社会学 [M].上海：上海人民出版社，

2009.

[59] 吴明隆.SPSS 统计应用实务：问卷分析与应用统计 [M].北京：科学出版社，2003.

[60] 吴明隆.问卷统计分析实务：SPSS 操作与应用 [M].重庆：重庆大学出版社，2010.

[61] 徐远火.大学民主管理论 [M].成都：四川人民出版社，2006.

[62] 袁小平.从对峙到融通：教师管理范式的现代转向 [M].长沙：湖南师范大学出版社，2004.

[63] 袁连升.管理学原理 [M].北京：北京理工大学出版社，2017.

[64] 袁庆明.新制度经济学 [M].上海：复旦大学出版社，2012.

[65] 袁振国主编.教育研究方法 [M].北京：高等教育出版社，2000.

[66] 原光.管理心理学 [M].北京：中国政法大学出版社，2018.

[67] 于泽元.自我统整的教师 [M].北京：教育科学出版社，2012.

[68] 杨桢.英美契约法论 [M].北京：北京大学出版社，1997.

[69] [英] 约翰·克雷斯维尔，薇姬·L.查克.混合方法研究：设计与实施（第二版）[M].游宇，陈福平，译.重庆：重庆大学出版社，2017.

[70] [英] 约翰·克雷斯威尔.混合方法研究导论 [M].李敏谊，译.上海：上海人民出版社，2015.

[71] [英] 约翰·W.克雷斯威尔.研究设计与写作指导——定性、定量与混合研究的路径（第 2 版）[M].崔延强，译.重庆：重庆大学出版社，2007.

[72] 尹洁林.知识型员工理契约相关问题研究 [M].北京：经济科学出版社，2012.

[73] 尹少华.管理学原理 [M].北京：中国农业大学出版社，2010.

[74] [英] 约瑟夫·A.马克斯威尔.质的研究设计：一种互动的取向 [M].朱光明，译.重庆：重庆大学出版社，2007.

[75] 朱晓妹.基于心理契约的薪酬模式研究 [M].北京：知识产权出版社，2008.

[76] 朱晓妹.创新型人才激励机制研究——基于心理契约的视角 [M].北京：中国经济出版社，2013.

[77] 朱力，肖萍，翟进.社会学原理 [M].北京：社会科学文献出版社，2003.

[78] 张圣华主编.管理学基础 [M].青岛：中国海洋大学出版社，2017.

[79] 朱颖俊.组织行为与管理 [M].武汉：华中科技大学出版社，2017.

[80] 周念丽.全国早期教育专业"十三五"规划教材——0-3 岁儿童心理发展 [M].上海：复旦大学出版社，2017.

[81] 周世德主编.当代西方管理学简明教程 [M].天津：天津人民出版社，2001.

[82] 张德，吴志明编著.组织行为学 [M].沈阳：东北财经大学出版社，2002.

[83] 张维迎.法律制度的信誉基础 [M].北京：经济研究，2002.

[84] 张典兵.教师专业发展 [M].徐州：中国矿业大学出版社，2017.

[85] 张士菊，国有企业与民营企业员工心理契约比较研究 [M].北京：中国经济出版社，2013.

[86] 张楚筠.公务员心理契约研究 [M].上海：上海交通大学出版社，2011.

[87] 张建卫.军民融合教育组织行为学——案例研究与理论解析 [M].北京：北京理工大学出版社，2017.

[88] 张卫东.新制度经济学 [M].大连：东北财经大学出版社，2010.

[89] 张小建.职业指导的操作与实践 [M].北京：中国劳动社会保障出版社，1999.

[90] 邹治平，刘艳红.社会系统理论的创始人——切斯特·巴纳德 [M].石家庄：河北大学出版社，2005.

[91]（美）詹姆斯·吉布森.组织行为学：行为、结构及过程 [M].杨忠等译.南京：南京大学出版社，2009.

（二）学位论文

[1] 蔡建群.管理者—员工心理契约对员工行为影响机理研究——基于中国国有企业样本的实证分析 [D].博士学位论文，上海：复旦大学，2008.

[2] 胡琪波.家族企业员工心理契约与组织公民行为的关系研究 [D].博士学位论文，西安：西北工业大学，2014.

[3] 郝永敬.地方高校专任教师心理契约对工作绩效的影响 [D].博士学位论文，石家庄：河北工业大学，2013.

[4] 刘燕.心理契约违背对员工行为选择策略的影响机制研究 [D].博士学位论文，长春：吉林大学，2014.

[5] 彭川宇.知识型员工心理契约与其态度行为关系研究 [D].博士学位论文，成都：西南交通大学，2008.

[6] 王庆燕.组织社会化过程中的新员工信息寻找行为与心理契约的实证研究 [D].博士学位论文，上海：上海交通大学，2007.

[7] 王海威.大学教师心理契约的结构及其动态变化 [D].博士学位论文，大连：大连理工大学，2009.

[8] 魏峰.组织—管理者心理契约违背研究 [D].博士学位论文，上海：复旦大学，2004.

[9] 魏淑华.教师职业认同研究 [D].博士学位论文，重庆：西南大学，2008.

[10] 相飞.房地产企业知识型员工心理契约违背及其效应研究 [D].博士学位论文，石家庄：河北工业大学，2013.

[11] 徐进.心理契约对企业隐性知识共享绩效的影响 [D].博士学位论文，大连：大连理工大学，2014.

[12] 胥兴春.教师工作价值观及其影响效应研究 [D].博士学位论文，重庆：西南大学，2007.

[13] 余琛.员工心理契约与持股计划研究 [D].博士学位论文，杭州：浙江大学，2003.

[14] 张立迎.普通高等学校教师心理契约形成、履行、破裂的实证研究 [D].博士学位论文．长春：吉林大学，2010.

[15] 张家瑞.民营企业领导—员工"关系"对员工工作态度的影响研究 [D].博士学位论文，成都：西南财经大学，2011.

[16] 邹循豪.高校体育教师心理契约与工作状态关系 [D].博士学位论文，福州：福建师范大学，2011.

[17] 魏淑华.教师职业认同研究 [D].重庆：西南大学，2008.

（三）期刊

[1] 白长虹，廖伟.基于顾客感知价值的顾客满意研究 [J].南开学报，2001（2）

[2] 陈加州，凌文栓，方俐洛.心理契约的内容、维度和类型 [J].心理科学进展，2003（4）

[3] 陈加洲，凌文铨，方俐洛.企业员工心理契约的结构维度 [J].心理学报，2003（3）

[4] 陈明，于桂兰.破坏型领导：何时危害性更大——关系取向及工具性对破坏型领导与强制性公民行为的调节作用 [J].南开管理评论，2013（4）

[5] 陈杰.心理契约理论在高校外籍教师引进中的应用 [J].江苏高教，2020（11）

[6] 陈怡洁."国民中学"校长文化领导、教师心理契约、教师社群互动与学校效能关系之研究 [J].学校行政双月刊，2019（5）

[7] 陈瑞，郑毓煌，刘文静.中介效应分析：原理、程序、Bootstrap 方法及其应用 [J].营销科学学报，2013，9（4）

[8] 程丽，张红梅，伍香平，陈荣.幼儿教师心理资本对职业承诺的影响：有调节的中介效应 [J].教师教育研究，2020（4）

[9] 邓子林.知识型员工心理契约违背的影响及预防措施探析 [J].管理世界，2014（4）

[10] 丁海东.幼儿园教师职业的专业性及其发生根基 [J].学前教育研究，2015（11）

[11] 方学贤，赖凤仪.心理契约之前因后果之质性分析与量化研究 [J].劳资关系论丛，2018（1）

[12] 樊耘，纪晓鹏，邵芳.雇佣契约对心理契约破坏影响的实证研究 [J].管理科学，2011（6）

[13] 冯晓霞.幼儿园教师的专业知识 [J].学前教育研究，2012（10）

[14] 高山，黄建元，徐颖.基于修正激励理论的高校教师心理契约违背规避研究 [J].江苏高教，2017（6）

[15] 黄家齐.人力资源管理活动认知与员工态度、绩效之关联性差异分析——心理契约与社会交换观点 [J].管理评论，2002（4）

[16] 韩明，董学安，范丹，何先友.高校教师心理契约问卷的编制 [J].心理发展与教育，2010（3）

[17] 韩军辉，闫艺，孙燕.城乡家庭学前教育机会公平性比较研究——基于益贫指数的视角 [J].教育理论与实践，2017，37（20）

[18] 侯燕.心理契约：大学青年教师职业获得感生成路向探论 [J].江苏高教，2017（9）

[19] 胡三嫚.企业员工工作不安全感与组织承诺的关系研究——以心理契约破坏感为中介变量 [J].经济管理，2012（8）

[20] 金芳，但菲，陈玲.心理授权对幼儿园教师组织公民行为的影响：心理契约的中介作用 [J].学前教育研究，2020（5）

[21] 金芳.心理契约视角下幼儿园教师的管理 [J].教育科学研究，2021（6）

[22] 金芳，姚芳玉，张珊珊等.变革型领导对幼儿园教师组织承诺的影响——心理契约的中介作用 [J].中国特殊教育，2020（7）

[23] 靳宏，杨峰.论高校教师心理契约对职业道德建构之影响 [J].首都师范大学学报（社会科学版），2014（4）

[24] 金艾裙.高校教师心理契约的违背及其规避 [J].江苏高教，2011（3）

[25] 金艾裙.基于职业生涯发展的高校教师心理契约管理 [J].江苏高教，2012（4）

[26] 金艾裙.基于心理契约的中学教师动态管理 [J].中国教育学刊，2013（12）

[27] 江忠华.高校教师心理契约违背及其规避机制研究 [J].江苏高教，2015（5）

[28] 江忠华.基于高校教师心理契约特征的激励策略 [J].江苏高教，2017（6）

[29] 贾绪计，王成杰，孙军勋，林崇德. 中学教师集体自尊与离职意向：工作满意度的中介作用 [J]. 中国特殊教育，2015，22（9）

[30] 柯江林，邓秀婷，吴丹. 慈善公益组织员工心理契约违背的影响效应研究——职场精神力为中介变量 [J]. 科研管理，2018（7）

[31] 康勇军，屈正良. 高职院校教师心理契约与职业倦怠的关系：工作满意度的中介作用 [J]. 中国临床心理学杂志，2011（2）

[32] 李燚，魏峰，任胜钢. 组织心理契约违背对管理者行为的影响 [J]. 管理科学学报，2006（5）

[33] 李洪英，于桂兰. 基于 SSG 组织关系调节的心理契约履行与员工绩效 [J]. 统计与决策，2016（23）

[34] 李原，郭德俊. 组织中的心理契约 [J]. 心理科学进展，2002（1）

[35] 李恺，万芳坤. 乡村振兴背景下乡村教师工作满意度研究——基于心理契约的视角 [J]. 华中农业大学学报（社会科学版），2019（4）

[36] 林俊莹，谢宛伶，谢亚恒. 台湾地区学前阶段教师心理契约违犯对工作行为的影响 [J]. 教育研究与发展期刊，2014（3）

[37] 林澜，伍晓奕. 高校教师心理契约的结构探索 [J]. 福州大学学报（哲学社会科学版），2011（5）

[38] 吕部. 心理契约对组织绩效影响的实证研究 [J]. 山西财经大学学报，2011（3）

[39] 刘耀中. 基于人力资源管理的大学教师心理契约结构研究 [J]. 西北师大学报，2006（6）

[40] 刘霖芳，柳海民. 教育变革背景下幼儿园园长领导力的现状及提升策略 [J]. 现代教育管理，2015（2）

[41] 刘颖. 城乡学前教育财政经费分配更公平了吗？——2010 年来我国城乡学前教育财政公平的进展 [J]. 当代教育论坛，2019（5）

[42] 龙正渝. 幼儿园教师的主观社会地位及其改善 [J]. 教师教育研究，2014（2）

[43] 梅红，宋晓平. 领导行为、组织沟通有效性与教师心理契约违背的关系——基于高等院校二级学院背景的实证研究 [J]. 西安交通大学学报（社会科学版），2012（2）

[44] 马丽. 中国情境下心理契约与离职倾向关系的元分析 [J]. 经济管理，2017（10）

[45] 彭川宇. 职业承诺对知识员工心理契约、工作满意度及离职倾向关系的研究 [J]. 科学学与科学技术管理，2008（12）

[46] 庞丽娟，范明丽."省级统筹 以县为主"完善我国学前教育管理体

制 [J]. 教育研究，2013，34（10）

[47] 庞丽娟，韩小雨 . 中国学前教育立法：思考与进程 [J]. 北京师范大学学报（社会科学版），2010（5）

[48] 庞丽娟，贺红芳，王红蕾，袁秋红 . 不同性质幼儿园教师待遇保障研究：现状、原因分析与政策建议 [J]. 教师教育研究，2021，5（3）

[49] 庞丽娟，王红蕾，贺红芳等 . 关于我国学前教育立法的思考 [J]. 教育发展研究，2018，38（23）

[50] 钱士茹，徐自强，王灵巧 . 新生代员工心理契约破裂和离职倾向的关系研究 [J]. 现代财经（天津财经大学学报），2015（2）

[51] 秦梦群，简玮成 . 国民中学教师心理契约、情绪劳务与组织公民行为之关联性研究 [J]. 教育与心理研究，2017（1）

[52] 齐琳，刘泽文 . 心理契约破坏对员工态度与行为的影响 [J]. 心理科学进展，2012，20（8）

[53] 阮成武 . 论传统教师形象的现代重塑 [J]. 教育科学研究，2003（1）

[54] 孙武斌，于兆良 . 聘任制改革下高校青年教师心理契约的动态演化 [J]. 黑龙江高教研究，2011（10）

[55] 孙海法，张倩秋 . 民营企业高层管理者心理契约结构维度的探索与验证 [J]. 商业经济与管理，2014（3）

[56] 索长清 . 幼儿园教师文化的现实考察与分析——基于符号互动理论的视角 [J]. 基础教育，2019（5）

[57] 宋利，古继宝 . 员工组织承诺的培育：心理契约与信任视角 [J]. 科技管理研究，2005（7）：38-41.

[58] 谭明，方翰青 . 新生代女性农民工心理契约与工作满意度的相关研究 [J]. 现代远距离教育，2014（1）

[59] 王哲 . 基于心理契约违背视角的新入职编辑离职意向研究 [J]. 出版发行研究，2018（10）

[60] 王庆燕，石金涛 . 有效员工社会化的影响因素实证研究 [J]. 管理科学，2006（6）

[61] 王黎萤，陈劲 . 知识型员工心理契约结构和激励机制 [J]. 经济管理，2008（1）

[62] 汪林，储小平 . 心理契约违背与员工的工作表现：中国人传统性的调节作用 [J]. 软科学，2008（12）

[63] 万映红，岳英胡，万平 . 基于映像理论视角的顾客心理契约中商家责任认知激励研究 [J]. 管理学报，2013（1）

[64] 吴淑玲，靳国芬 . "国小"教师对学校心理契约的期望与实践知觉之探

讨 [J]. 学校行政双月刊, 2013（11）

[65] 吴继红, 吴敏, 陈维政. 领导—成员关系认知差异对员工情感承诺与绩效关系的影响 [J]. 软科学, 2012, 7（7）

[66] 邬平川. 我国学前教育投入的政府责任探究 [J]. 教育学报, 2014, 10（3）

[67] 谢蓉, 曾向阳. 幼儿教师职业倦怠的缓解与职业幸福感的提升 [J]. 学前教育研究, 2011（6）

[68] 徐建平, 张厚粲. 质性研究中编码者信度的多种方法考察 [J]. 心理科学, 2005（6）

[69] 于桂兰, 陈明, 于楠. 心理契约与组织公民行为的关系——元分析回顾及样本选择与测量方法的调节作用 [J]. 吉林大学社会科学学报, 2013, 3（2）

[70] 余琛. 心理契约履行和组织公民行为之间的关系研究 [J]. 心理科学, 2007（02）

[71] 余琛. 四类不同心理契约关系的比较研究 [J]. 心理科学, 2004（4）

[72] 余高雅. 新生代员工心理契约与离职倾向关系的实证研究 [J]. 江西社会科学, 2015（8）

[73] 余凤燕, 郑富兴. 因果机制与管理路径——国外教师情绪劳动研究综述 [J]. 比较教育学报, 2021（6）

[74] 袁书卷. 聘任制背景下地方高校教师管理中的心理契约研究 [J]. 黑龙江高教研究, 2012（12）

[75] 于海波, 方俐洛, 凌文辁, 郑晓明. 组织信任对员工态度和离职意向、组织财务绩效的影响 [J]. 心理科学, 2007（2）

[76] 叶澜. 新世纪教师专业素养初探 [J]. 教育研究与实验, 1998（2）

[77] 朱晓妹, 王重鸣. 中国背景下知识型员工的心理契约结构研究 [J]. 科学学研究, 2005（1）

[78] 朱晓妹, 王重鸣. 员工心理契约及其组织效果研究 [J]. 管理工程学报, 2006（3）

[79] 张高旗, 徐云飞, 赵曙明. 心理契约违背、劳资冲突与员工离职意向关系的实证研究：整合型组织文化的调节作用 [J]. 商业经济与管理, 2019（9）

[80] 张火灿, 刘嘉雯, 杨辉南. 心理契约对工作生活平衡的影响：社会支持与情绪智力的干扰角色 [J]. 人力资源管理学报, 2010（3）

[81] 张士菊, 张光进. 不同群体员工的心理契约差异及其对管理的启示 [J]. 理论月刊, 2012（3）

[82] 张术霞, 范琳洁, 王冰. 我国企业知识型员工激励因素的实证研究 [J]. 科学学与科学技术管理, 2011（5）

[83] 张玉琴，南钢.幼儿园教师职业生涯适应力对离职意向的影响：工作满意度的中介作用 [J].学前教育研究，2020（2）

[84] 张志勇.亟须通过学前教育立法破解"六大难题"[J].人民教育，2018（9）

[85] 朱嘉蔚，朱晓妹，孔令卫.心理契约多元关系路径及其影响效应研究——基于扎根理论的个案分析 [J].江西社会科学，2019，39（3）

[86] 朱苏丽，龙立荣，贺伟，王忠军.超越工具性交换：中国企业员工—组织类亲情交换关系的理论建构与实证研究 [J].管理世界，2015（11）

[87] 朱苏丽，龙立荣.合私为公：员工—组织类亲情交换关系的形成和演化 [J].南京大学学报（哲学·人文科学·社会科学），2017，54（2）

[88] 朱江.巴纳德和社会系统理论 [J].管理现代化，1992（4）

[89] 曾越，秦金亮.幼儿教师心理契约的结构及影响因素——以浙江省为例 [J].教育学术月刊，2018（1）

[90] 周晓芸，彭先桃，付雅琦等.心理授权与幼儿教师职业倦怠的关系：链式中介效应分析 [J].中国临床心理学杂志，2019（5）

[91] 周莉.心理契约对员工离职意向的影响研究 [J].学术论坛，2014（6）

[92] 周思妤，王艺卓，李晓巍.幼儿园新教师学历与离职意向的关系：入职适应、工作满意度的多重中介作用 [J].心理发展与教育，2021（5）

[93] 郑子林.知识型员工心理契约违背的影响及预防措施探析 [J].管理世界，2014（4）

[94] 张生太，杨蕊.心理契约破裂、组织承诺与员工绩效 [J].科研管理，2011，32（12）

[95] 张爽，崔雪，沙飞.江苏高技术企业工作满意度、组织承诺与离职意向的关系研究 [J].科技与经济，2012，8（4）

[96] 张勉，李树苗.人口变量、工作满意度和流失意图的关系实证研究 [J].统计研究，2001（10）

[97] 张守礼，冉甜.阳光与阴影——新政下的中国学前教育发展 [J].教育经济评论，2019，4（3）

[98] 张丽敏，叶平枝，李观丽.公共话语中的幼儿园教师形象——基于网络媒体新闻的内容分析与话语分析 [J].学前教育研究，2020（3）

[99] 赵西萍，刘玲，张长征.员工离职倾向影响因素的多变量分析 [J].中国软科学，2003（3）

（四）其他

[1] 曹雨平，杨文奇.说说高校教师"职业倦怠病"[N].经济日报，2005-5-25.

[2] 国务院关于当前发展学前教育的若干意见 [EB/OL].http://www.moe.gov.cn/jyb_xxgk/moe_1777/moe_1778/201011/t20101124_111850.html.2010-11-21.

[3] 黄浩. 破解学前教育"人难进、人难留"难题 [N]. 中国教师报,2019-3-6(01).

[4] 李超平,梁莹. 谁来为教师减压 [N]. 中国教育报,2005-10-16.

[5] 朱波,王斯敏. 谁来教育我们的幼儿?——学前教育迷局中的师资之困 [N]. 光明日报,2011-5-1.

[6] 中共中央 国务院关于全面深化新时代教师队伍建设改革的意见 [EB/OL].http://www.moe.gov.cn/jyb_xwfb/moe_1946/fj_2018/201801/t20180131_326148.html.2018-1-20.

二、外文参考文献

[1] Abdalla M J,Said H,Ali L,et al.COVID-19 and unpaid leave:Impacts of psychological contract breach on organizational distrust and turnover intention:Mediating role of emotional exhaustion[J].*Tourism Management Perspectives*,2021,9.

[2] Amoah V S,Annor F,Asumeng M.Psychological contract breach and teachers'organizational commitment:Mediating roles of job embeddedness and leader-member exchange[J].*Journal of Educational Administration*,2021,59(5).

[3] Abela F,Debono M.The relationship between psychological contract breach and job-related attitudes within a manufacturing plant[J].*Sage Open*,2019,9(1).

[4] Achnak S,Schippers A,Vantilborgh T.To deny,to justify,or to apologize:Do social accounts influence stress levels in the aftermath of psychological contract breach[J].*BMC Psychology*,2021,9(1).

[5] Argyris C.Understanding organizational behavior[J].*American Journal of Sociology*,1960(1).

[6] Adams S,Quagrainie F,Klobodu E K M.Psychological contract formation:The influence of demographic factors[J].*International Area Studies Review*,2014(17).

[7] Ahmad L,Zafar M A.Impact of psychological contract fulfillment on organizational citizenship behavior:Mediating role of perceived organizational support[J].*International Journal of Contemporary Hospitality Management*, 2018,30(2).

[8] Abu-doleh J D,Hammou M D.The impact of psychological contract breach on organizational outcomes:The moderating role of personal beliefs[J].*Journal of Competitiven Essstdies*,2015,23(1-2).

[9] Argyris C.*Understanding organizational behavior*[M].London:Tavistock

Publications,1960.

[10] Anthony G.*The consequences of modernity*[M].Stanford,CA:Stanford University Press,1990.

[11] Bari M W,Qurrah-tul-ain,Abrar M,et al.Employees' responses to psychological contract breach:The mediating role of organizational cynicism[J].*Economac and Industrial Democracy*,2020,10(2).

[12] Bal P M,Kooi D.The relations between work centrality,psychological contracts and job attitudes:The influence of age[J].*European Journal of Work and Organizational Psychology*,2011(20).

[13] Bal P M,Smit P.The older the better:Age-related differences in emotion regulation after psychological contract breach[J].*Career Development International*,2012,17(1).

[14] Baruch Y, Rousseau D M.Integrating psychological contracts and ecosystems in career studies and management[J].*The Academy of Management Ammals*,2018,19(01).

[15] Blomme R J,Van R A,Tromp D M.The use of the psychological contract to explain turnover intentions in the hospitality industry:A research study on the impact of gender on the turnover intentions of highly educated employees[J].*TheInternational Journal of Human Resource Management*,2020:21(1)

[16] Blessley M,Mir S,Zacharia Z,et al.Breaching relational obligations in a buyer-supplier relationship:Feelings of violation,fairness perceptions and supplier switching[J].*Industrial Marketing Management*,2018,74

[17] Buttner E,Lowe K,Billings-Harris L.The impact of diversity promise fulfillment on professionals of color outcomes in the USA[J].*Journal of Business Ethics*,2010,91(4)

[18] Becker H S.Notes on the concept of commitment[J].*American Journal of Sociology*,1960(66)

[19] Bluedorn A C.A unified model of turnover from organizations[J].*Human Relations*,1982,35(2)

[20] Barnard D C.*The functions of the executive*[M].Cambridge:Harvard University Press,1938.

[21] Blau P M.*Exchange and power in social life*[M].New York:John Wiley&Sons,1964.

[22] Bemnardin H,Betty R W.*Performance appraisal:Assessing human behavior work*[M].Boston:Kent Publishers,1984.

[23] Conway N,Briner R B.A daily diary study of affective responses to psycho-logical contract breach and exceeded promises[J].*Organ.Behav.*2002,23

[24] Coyle-Shapiro J A M,Kessler L.Consequences of the psychological contract for the employment relationship:A large scale survey[J].*Journal of Management Studies*,2000,37(7)

[25] Coyle-Shapiro J A M,Kessler L.Contingent and non-contingent working in local government:Contrasting psychological contracts[J].*Public Administration*,2002a,80(1)

[26] Coyle-Shapiro J A M,Kessler L.Exploring reciprocity through the lens of the psychological contract employee and employer perspectives[J].*European Journalof Work and Organizational Psychology*,2002,11(1):

[27] Coyle-Shapiro J A M,Kessler L.The employment relationship in the UK.Public Sector:A psychological contract perspective[J].*Journal of Public Adminis-tration Research and Theory*,2003(2)

[28] Coyle-Shapiro J A M,Neuman J H.The psychological contract and individual differences:The role of exchange and creditor ideologies[J].*Journal of Vocational Behavior*,2004,64

[29] Coyle J A M,Costa S P,Doden W,et al.Psychological contracts:Past,present, and future[J].*Annual Review of Organizational Psychology and Organizational Behavior*,2019(6)

[30] Cassar A V,Briner R B.The relationship between psychological contract breach and organizational commitment:Exchange imbalance as a moderator of the mediating role of violation[J].*Journal of Vocational Behavior*,2011,78(2)

[31] Cassar V,Buttigieg S C,Briner R B.Causal explanations of psychological contract breach characteristics[J].*Psychologist-manager Journal*,2013(16)

[32] Carbery R,Garavan T,O'Brien F,et al.Predicting hotel managers' turnover cognitions[J].*Journal of Managerial Psychology*,2003,18(7)

[33] Curtis S,Gesler W,Smith G,et al.Approaches to sampling and case selection in qualitative research:Examples in the geography of health[J].*Social Science and Medicine*,2000,50(7-8)

[34] Chen C C,Chiu S F.The mediating role of job involvement in the relation-ship between job characteristics and organizational Citizenship behavior[J].*The Journal of Social Psychology*,2009,149(4)

[35] Conway N,Briner R B.*Understanding psychological contract at work:A critical evaluation of theory and research*[M].London Oxford University Press,2005.

[36] De V A,Buyens D,Schalk R.Psychological contract development during organizational socialization:Adaptation to reality and the role of reciprocity[J]. *Journalof Organizational Behavior*,2003,24(5)

[37] De M K P,Bergrnann T J,Lester S W.An investigation of the relational component of the psychological contract across time,generation and employment status[J].*Journal of Managerial Issues*,2001,13(1)

[38] De J J,Schalk R,De C N.Balanced versus unbalanced psychological contractsin temporary and permanent employment:Associations with employee attitudes[J].*Management and Organization Review*,2009,5(3)

[39] Deery S J,Iverson R D,Walsh J T.Toward a better understanding of psychological contract breach:A study of customer service employees[J].*Journal of Applied Psychology*,2006,91(1)

[40] Deng H,Coyle S J,Yang Q.Beyond reciprocity:A conservation of resources view on the effects of psychological contract violation on third parties[J].*Journalof Applied Psychology*,2018,103(5)

[41] Duff A,Monk E A.Attitudes of new appointees to accounting and finance departments in the higherucation sector[J].*The British Accounting Review*,2006,(38).

[42] David H.But you promised!Managing consumers' psychological contracts[J].*Business Horizons*,2016,59(4)

[43] Estreder Y,Tomas,L,Ramos,J.Psychological contract and attitudinal outcomes:Multilevel mediation model[J].*Personnel Review*,2019,48(7)

[44] Edwards J C,Rust K G,McKinley W,et al.Business ideologies and perceivedbreach of contract during downsizing:The role of the ideology of employee selfreliance[J].*Journal of Organizational Behavior*,2003,24(1)

[45] Endler N S.Magnusson D.Toward an interactional psychology of personality[J].*Psychological Bulletin*,1976,83

[46] Farh J L,Tsui A S,Xin K R,et al.The influence of relational demography and Guanxi:The Chinese case[J].*Organization Science*,1998,9(2)

[47] Freese C,Schalk R.Implications of differences in psychological contracts forhuman resource management[J].*European Journal of Work and Organizational Psychology*,1996,5(4)

[48] Farh J L,Cannnella A A,Lee C.Appproaches to scale development in Chinese management research[J].*Management and Organization Review*,2006,2(3)

[49] Guest D E.Is the psychological contract worth taking seriously[J].*Journal ofOrganizational Behavior*,1998,19

[50] Guest D E,Conway N.Communicating the psychological contract:An employer perspective[J].*Human Resource Management Journal*,2002,12

[51] Gakovic A,Tetrick L E.Psychological contract breach as a source of strain for employees[J].*Journal of Business and Psychology*,2003(18)

[52] Garcia P J M,Bordia P,Restubog S L D,et al.Sleeping with a broken promise:The moderating role of generativity concerns in the relationship between psychological contract breach and insomnia among older workers[J].*Journal of Organizational Behavior*,2017,39(3)

[53] Gracia F J,Silla I,Peiro J M,et al.The state of the psychological contract anditsrelation to employees' psychological health[J].*Psychology in Spain*,2007:11(1)

[54] Griep Y,Vantilborgh T.Reciprocal effects of psychological contract breach oncounter productive and organizational citizenship behaviors:The role of time[J].*Journal of Vocational Behavior*,2018:104

[55] Greenberg J.Employee theft as a reaction to underpayment inequity:The hidden cost of pay cuts[J].*Journal of Applied Psychology*,1990,75(5)

[56] Grimmer M,Oddy M.Violation of the psychological contract:The mediating effect of relational versus transactional beliefs[J].*Australian Journal of Management:University of New South Wales*，2007,32(1)

[57] Guan Y,Deng H,Sun J,et al.Career adaptability,job search self-efficacy and outcomes:A three-wave investigation among Chinese university graduates[J].*Journalof Vocational Behavior*,2013(83)

[58] Griffeth R W,Hom P W,Gaertner S.A meta-analysis of antecedents and correlates of employee turnover:Update,moderator tests,and research implications for the millennium[J].*Journal of Management*,2000,26(3)

[59] Glaser B G,Strauss A L.*The discovery of grounded theory:Strategies for qualititative research*[M].Chicago:Aldine,1967.

[60] Haynes S N,Richard D C,Kubany E S.Content validity in psychological assessment:A functional approach to concepts and methods[J].*Psychological Assessment*,1995,7(3)

[61] Homans G C.Social behavior as exchange[J].*American Journal of Sociology*,1958,63(6)

[62] Herriot P,Manning W E G,Kid J M.The content of the psychological contract[J].*British Journal of Management*,1997,8

[63] Herriot P,Pemberton C.Contracting careers[J].*Human Relations,1996,*

49(6)

[64] Herriot P,Pemberton C.Facilitating new deals[J].*Human Resource Management Journal*,1997,7(1)

[65] Hui C,Lee C,Rousseau D M.Psychological contract and organizational citizenship behavior in China:Investigating generalizability and instrumentality[J]. *Journal of Applied Psychology*,2004,89(2)

[66] Ho T,Weingart L R,Rousseau D M.Responses to broken promises:Does personality matter[J].*Journal of Vocational Behavior*,2004,65

[67] Ho V T,Levesque L L.With a little help from my friends(and substitutes): Social referents and in psychological contract fulfillment[J].*Organization Science*, 2005,16(3)

[68] Henderson D J,Wayne S J,Shore L M,et al.Leader-member exchange, differentiation and psychological contract fulfillment:A multilevel examination[J]. *Journalof Applied Psychology*,2008,93(6)

[69] Hermida R,Luchman J.The moderating role of locus of causality in the relationship between source of information and psychological contract breach perceptions[J].*Journal of Business and Psychology*,2013:28(2)

[70] Hinkin T R.A brief tutorial on the development of measures for use in survey questionnaires[J].*Organizational Research Methods*,1998,1

[71] Hartmann N N,Brian N R.Psychological contract breach's antecedents and outcomes in salespeople:The roles of psychological climate,job attitudes,and turnover intention[J].*Industrial Marketing Management*,2015,51

[72] Hair J F,Anderson R E,Tatham R L,et al.Factor analysis:Multivariate data analysis[J].*NJ:Prentice-Hall*,1998,3

[73] Homans G C.*Social behavior:Its elementary forms*[M].New York:Harcout, Brace & World.1961.

[74] Hoppock R.*Job satisfaction*[M].New York:Harper & Brother Publisher, 1935

[75] Hui-chin C,Chi-jung F.The influences of leadership style and climate to faculty psychological contracts:A case of S university in Taiwan[C].Proceedings of AHRD 2006 Internaticnal Conference,2006.

[76] Inkson K,Heising A,Rousseau D M.The interim manager:Prototype of the 21st-century worker[J].*Human Relations*,2001,54

[77] Igharia M,Greenhaus J H.Determinant of MIS employee turnover intentions:Astructural equation model[J].*Personnel Management*,1992,35(2)

[78] Jensen J M,Opland R A,Ryan A M.Psychological contracts and counter productive work behaviors:Employee responses to transactional and relational breach[J]. *Journal of Business and Psychology*,2010,25(4)

[79] Jiang L,Probst T M,Benson W L.Organizational context and employee reactions to psychological contract breach:A multilevel test of competing theories[J]. *Econ.Ind.Democr*.2017,38

[80] Johnson J L,O'Leary-Kelly A M.The effects of psychological contract breach and organizational cynicism:Not all social exchange violations are created equal[J].*Journal of Organizational Behavior*,2003,24(5)

[81] Jones G,George J.The experience and evolution of trust:Implications for cooperation and team work[J].*Academy of Management Review*,1998,23

[82] Jo Hatch M,Schultz M.Relations between organizational culture,identity and image[J].*European Journal of Marketing*,1997,31(5/6)

[83] Kotter J P.The psychological contract[J].*California Management Review*,1973(2)

[84] Kickul J,Lester S W,Belgio E.Attitudinal and behavioral outcomes of psychological contract breach:A cross cultural comparison of the United States and Hong Kong Chinese[J].*International Journal of Cross Cultural Management*, 2004,4(2)

[85] Kickul J,Lester S W.Broken promises:Equity sensitivity as a moderator between psychological contract breach and employee attitudes and behavior[J]. *Journal of Business and Psychology*, 2001,16(2)

[86] Kickul J.Matthew A L.The meaning behind the message:Climate perceptionsand the psychological contract[J].*Mid-American Journal of Business*, 2003,18(2)

[87] Kickul L J,Lester S W,Belgio E.Attitudinal and behavioral outcomes of psychological contract breach:A cross culture comparison of the United States and Hong Kong Chinese[J].*International Journal of Cross Cultural Management*,2004,4(2)

[88] Karagonlar G,Eisenberger R,Aselage J.Reciprocation wary employees discount psychological contract fulfillment[J].*Journal of organizational behavior*,2016,37

[89] Kaufmann L,Esslinger J,Carter C R.Toward relationship resilience: Managingbuyer-induced breaches of psychological contracts during joint buyer-supplier projects[J].*Journal of Supply Chain Management*,2018,54(4)

[90] Kickball J,Lester S W,Fink l J.Promise breaking during radical organizational change:Do justice interventions make a difference[J].*Journal of*

OrganizationalBehaviour,2002,23

[91] Konovsky M A,Cropanzano R.Perceived fairness of employee drug testing as a predictor of employee attitudes and job performance[J].*Journal of Applied Psychology*,1991,76

[92] Kang H J,Gatling A,Kim J S.The impact of supervisory support on organizational commitment,career satisfaction,and turnover intention for hospitality front line employees[J].*Journal of Human Resources in Hospitality and Tourism*,2015(14)

[93] Lee C,Tinsley C H.Psychological normative contracts of work group member in the US and Hong Kong[J].*Working Paper*,1999.

[94] Lee C,Tinsley C H,Chen G Z.Psychological normative contracts of work group member in the US and Hong Kong[J].*Psychological Contract in Employment:Cross National Perspective,Sage*,2000.

[95] Lester S W.Not seeing eye to eye:Differences in supervisor and subordinat perception of and attributions for psychological contract breach[J].*Journal of Organizational Behavior*,2002,23

[96] Lee G J,Faller N.Transactional and relational aspects of the psychological contracts of temporary workers[J].*South African Journal of Psychology*,2005,35(4)

[97] Lee T W,Holton B C,McDaniel L S,et a1.The unfolding model of voluntary turnover:A replication and extension[J].*Academy of Management Journal*,1999.42(4)

[98] Lemire L,Rouillard C.An empirical exploration of psychological contract violation and individual behaviour:The case of Canadian federal civil servants in quebec[J].*Journal of Managerial Psychology*, 2005,20(2)

[99] Lo S,Aryee S.Psychological contract breach in a Chinese context:An integrative approach[J].*Journal of Management Studies*,2003,40(4)

[100] Lo S,Aryee S.PCB in a Chinese context:An integrative approach[J]. *Journalof Management Studies*,2003,40

[101] Lester S W,Turnley W H,Bloodgood J M,et al.Not seeing eye to eye:Differences in supervisor and subordinate perceptions of and attributions for psychological contract breach[J].*Journal of Organizational Behavior*,2002,23(1)

[102] Levinson H.*Organizational diagnosis*[M].Harvard Univ Press,Cambridge MA,1962.

[103] Lynn A L.Exploring affective commitment through the sense making of psychological contract breach in small,family-owned businesses:An interview study[D].University of Maryland Eastern Shore,2018.

[104] Mazumdar B,Warren A,Dupre K ,et al.Employment expectations:

Examining the effect of psychological contract fulfillment on bridge employees' personal and work attitudes[J].*Employye Relations*,2022,44(4)

[105] Miles M B,Huberman A M.*Qualitative data analysis:An expanded sourcebook(2nd ed.)*[M].Thousand Oaks,CA:Sage,1994:74.

[106] Mareike R,Jakob G.Psychological contract breach and employee health:Therelevance of unmet obligations for mental and employee heath:The Relevance ofUnmet Obligations for Mental and Physical Heath[J].*Journal of Work and Organizational Psychology*,2017,33(1)

[107] Morishima M.Renegotiating psychological contracts:Japanese style[J].*Journalof Organizational Behavior*,1996,3

[108] Morrison E W,Robinson S L.When employees feel betrayed:A model of how psychological contract violation develops[J].*Academy of Management Review*,1997,22(1)

[109] Millward L J,Hopkins I J.Psychological contracts,organizational and job commitment[J].*Journal of Applied Social Psychology*,1998,1

[110] Mclean P J,Kidder D L,Gallagher D G.Fitting square pegs into round holes:Mapping the domain of contingent work arrangements onto the psychological contract[J].*Journal of Organizational Behavior*,1998,19

[111] Millward L J,Brewer P M.Contractors and their psychological contracts[J].*British Journal of Management*.1999.10

[112] McDonald D J,Makin P J.The psychological contract,organizational commitment and job satisfaction of temporary staff[J].*Leadership Organization Development Journal*,2000,21(2

[113] Macneil I R.Relational contract:What we do and not know[J].*Wisconsin-Law Review*,1985,28

[114] McNeilly K M,Russ F A.The moderating effect of sales force perfor-manceon relationships involving antecedents of turnover[J].*Journal of Personal Sellingand Sales Management*,1992,7(1)

[115] Meyer J P,Allen N J.Testing the side-bet theory of organizational commitment:Some methodological considerations Journal of Applied Psychology,1984,69

[116] Noble-Nkrumah E,Anyigba H,Mensah H K.Psychological contract fulfil-ment and work behaviour nexus:The interactive effects of employee job autonomy and trust[J].*Management Decision*,2022,60(5)

[117] Ng T W H,Feldman D C,Lam S S K.Psychological contract breaches, organizational commitment and innovation-related behaviors:A latent growth

modelingapproach[J].*Journal of Applied Psychology*,2010.95(4)

[118] Nadin S,Cassell C.New deal for old?Exploring the psychological contract ina small firm environment[J].*International Small Business Journal*,2007,25(4)

[119] Nunnally J C.*Psychometric theory*[M].New York M Grwa-w,1978.

[120] Pohl S,Bertrand F,Pepermans R.Relationship between psychological contractbreach and organizational affective and normative commitment:The role of perceived organizational and supervisory support[J].*Travail Humain*.2020,83(3),pp

[121] Price J L,Mueller C W.A causal model of turnover for nurses[J].*Academyof Management Journal*,1981,24(3)

[122] Raja U,Johns G,Ntalianis F.The impact of personality on psychological contracts[J].*Academy of Management Journal*.2004,47(3)

[123] Rosen C C,Levy P E.Stresses,swaps,and skill:An investigation of the psychological dynamics that relate work politics to employee performance[J].*Human Performance*,2013,26(1)

[124] Robinson S L,Kraatz M S,Rousseau D M.Changing obligations and the psychological contract:A longitudinal study[J].*Academy of Management Journal*,1994,37(1)

[125] Robinson S I,Rousseau D M.Violating the psychological contract:Not the exception but the norm[J].*Journal of Organizational Behavior*,1994(15)

[126] Robinson S L,Morrison E W.Psychological contracts and OCB:The effect of unfulfilled obligations on civic virtue behavior[J].*Journal of Organizational Behavior*,1995(3)

[127] Robinson S L.Trust and breach of the psychological contract[J].*Administrative Science Quarterly*,1996,41(4)

[128] Robinson S L,Morrison E W.The development of psychological contract breach and violation:A longitudinal study[J].*Journal of Organizational Behavior*,2000,21

[129] Robinson S L,Wolfe M E.The development of psychological contract breach and violation:A longitudinal study[J].*Journal of Organizational Behavior*,2000,21(5)

[130] Robbins J M,Ford M T,Tetrick L E.Perceived unfairness and employee health:A meta-analytic integration[J].*Journal of Applied Psychology*,2012:97(2)

[131] Roehling M V.The origins and early development of the psychological contract construct[J].*Journal of management History*,1997,3(2)

[132] Reimann M,Guzy J.Psychological contract breach and employee

health:Therelevance of unmet obligations for mental and physical health[J].*Journal of Workand Organization Psychology*,2017(33)

[133] Rousseau D M.Psychological and implied contracts in organizations employee[J].*Responsibilities and Rights Journal*,1989(2)

[134] Rousseau D M.New hire perceptions of their own and their employer's obligations:A study of psychological contracts[J].*Journal of Organizational Behavior*,1990,11(5)

[135] Rousseau D M,Greller M M.Human resource practices:Administrative contract makers[J].*Human Resource Management*,1994,33(3)

[136] Rousseau D M.Perceived legitimacy unilateral contract changes:It takes a good reason to change a psychological contract[J].*Symposium At the SIOP Meetings,San Diago*,1996,4.

[137] Rousseau D M,Tijoriwala S.Perceived legitimacy unilateral contract changes:It takes a good reason to change a psychological contract[J].*Symposium At theSIOP Meetings,San Diago*,1996,4.

[138] Rousseau D M,Tijoriwala S.Assessing psychological contracts:Issues, alternatives and Measures[J].*Journal of Organizational Behavior*,1998(19)

[139] Rousseau D M.Schema,promise and mutuality:The building blocks of the psychological contract[J].*Journal of Occupational and Organizational Psychology*,2001,74

[140] Rousseau D M,Mclean P J.The contracts of individuals and organizations[J]. *Research in Organizational Behavior*,1993,15

[141] Rosen C C,Levy P E.Stresses,swaps,and skill:An investigation of the psychological dynamics that relate work politics to employee performance[J].*Human Performance*,2013,26(1)

[142] Restubog S L D,Hornsey M J,Bordia P,et al.Effects of psychological contract breach on organizational citizenship behaviour:Insights from the group valuemodel[J].*Journal of Management Studies*,2008:45(8)

[143] Restubog S L D,Bordia P,Tang R L.Effects of psychological contract breach on performance of IT employees:The mediating role of affective commitment[J].*Journal of Occupational and Organizational Psychology*,2006,79(2)

[144] Rousseau D M.*Psychological contracts in organizations:Understanding written and unwritten agreements*[M].Thousand Oaks:Sage Publications,1995.

[145] Rousseau D M,Schalk R.*Psychological contracts in employment:Cross-national perspectives*[M].Thousand Oaks,CA:Sage.2000.

[146] Roehling M V.Conceptualizing the psychological contract construct:The identification and empirical investigation of critical issues[D].Michigan State University,1997.

[147] Suazo M M,Turnley W H,Mai-Dalton R R.Antecedents of psychological contract breach:the role of similarity and leader member exchange[C].Academy ofManagement Proceedings,2005,M1-M.

[148] Suazo M M.The mediating role of psychological contract violation on the relations between psychological contract breach and work-related attitudes and behaviors[J].*Journal of Managerial Psychology*,2009,24(2)

[149] Stiles P,Gratton L,Truss C,et al.Performance management and the psychological contract[J].*Human Resource Management Journal*,1997,7(1)

[150] Sparrow P R.Reappraising psychological contracting:Lesson for the field ofhuman resource development from cross-cultural and occupational psychology research[J].*International Studies of Management and Organization*,1998,28(1)

[151] Shapiro J C,Kessler L.Consequences of the psychological contract for theemployment relationship:A large scale survey[J].*Journal of Management Studies*,2000,17

[152] Shapiro S P.The social control of impersonal trust[J].*American Journal of Social Psychology*,1987(3)

[153] Shore B.Examining degree of balanced level of obligation in the employment relationship:A social exchange approach[J].*Journal of Organizational Behavior*,1998(19)

[154] Shore L M.The employee-organization relationship:A timely concept in a period of transition[J].*Research in Personnel and Human Resource Management*,2004,23

[155] Shore L M,Tetrick L E.The psychological contract as an explanatory framework in the employment relationship[J].*Journal of Organizational Behavior*,1994

[156] Sturges J,Guest D.Working to live or living to work?Work/Life balance early in the career[J].*Human Resource Management Journal*,2004,14(4)

[157] Sturges J,Conway N,Guest D,et al.Managing the career deal:The psychological contract as a framework for understanding career management, organizationalcommitment,and work behavior[J].*Journal of Organizational Behavior*,2005,26

[158] Suarez M M.The mediating role of psychological contract violation on

therelations between psychological contract breach and work-related attitudes and behaviors[J].*Journal of Managerial Psychology*,2009,24(2):13

[159] Spindler G.Psychological contracts in the workplace:A lawyers view[J]. *Human Resource Management*,1994,33(3)

[160] Smithson J,Lewis S.Is Job Insecurity changing the psychological contract[J]. *Young Peoples Expectations of Work Personnel Review*,2000,29(6)

[161] Salin D,Notelaers G.The effects of workplace bullying on witnesses: Violation of the psychological contract as an explanatory mechanism[J].*The International Journal of Human Resource Management*,2018:1-21.

[162] Schouten R.Personality,the psychological contract and organizational commitment[J].*Gedragen Organisatie*,2002,14(6)

[163] Shih H A,Chiang Y H,Hsu C.High performance work system and HCN performance[J].*Journal of Business Research*,2013,66(4)

[164] Sim J,Saunders B,Waterfield J,et al.Can sample size in qualitative researchbe determined a priori[J].*International Journal of Social Research Methodology*,2018,21(5)

[165] Savage D .Trust as a productivity management tool[J].*Training and development Journal*,1982,3

[166] Schein E H.*Organizational psychology*[M].Englewood Cliffs,NJ: Prentice-Hall,1965.

[167] Shaw R B.*Trust in the balance:Building successful organizations on results,integrity and concern*[M].San Francisco:Jossye Bass,1997.

[168] Thibaut J W.*The social psychology of groups*[M].New York:Routledge, 2017:26.

[169] Tsui A S.Contextualization in Chinese management research[J].*Management and Organization Review*,2006,2(1)

[170] Tsui A S,Pearce J L,Porter L W,et al.Alternative approaches to the employee-Organizational relationship:Does investment in employees pay off[J]. *Academy of Management Journal*,1997,40(5)

[171] Turnley W H,Feldman D C.The impact of psychological contract violationson exit,voice,loyalty,and neglect[J].*Human Resource Management Review*,1999(9)

[172] Turnley W H,Feldman D C.Psychological contract violations during corporate[J].*Restructuring.Human Resource Management*,1998,37(1)

[173] Turnley W H,Feldman W C.A discrepancy model of psychological contract violation[J].*Human Resource Management Reiew*,1999,9(3)

[174] Turnley W H.Feldman D C.Re-examining the effects of psychological contract violations:Unmet expectations and job dissatisfaction as mediators[J].*Journal of Organizational Behavior*,2000,21(1)

[175] Turnley W H,Bolino M C,Lester S W,et al.The impact of psychological contract fulfillment on the performance of in-role and organizational citizenship behaviors[J].*Journal of Management*,2003,29(2)

[176] Thomas D C,Au K,Ravlin E C.Cultural variation and the psychological contract[J].*Journal of Organizational Behavior*,2003,24(5)

[177] Thompson J A,Bunderson J S.Violations of principle:Ideological currency in the psychological contract[J].*Academy of Management Review*.2003, 28(4)

[178] Tirole J.Incomplete contracts:Where do we stand[J].*Econometniea*, 1999,67(4)

[179] Terborg J R.Interactional psychology and research on human behavior in organizations[J].Acadenny of Management Review[J].1981(6)

[180] Tsui-Hsu T,Jing L.Do psychological contract and organizational citizenshipbehavior affect organizational performance in non-profit organizations[J]. *ChineseManagement Studies*,2014,8(3)

[181] Upasna A A,Vijaya D,Natalia N,et al.A psychological contract perspective of vertical and distributed leadership in project-based organizations[J].*International Journal of Project Management*,2021,2(48)

[182] Vander E T,De C N.Baillien,et al.Perceived control and psychological contract breach as explanations of the relationships between job insecurity,job strain and coping reactions:Towards a theoretical integration[J].*Stress Health*,2016,32

[183] Van D L,Ang S.Organizational citizenship behavior of contingent workers in singapore[J].*Academy of Management Journal*,1998,41(6)

[184] Welander J,Astvik W,Isaksson K.Corrosion of trust:Violation of psychological contracts as a reason for turnover among social workers[J].*Nordic269 SocialWork Research*,2017,7(1)

[185] Xanthi-Evangelia A,Panagiotis T.Psychological contract breach and organizational commitment in the greek banking sector:The mediation effect of Job satisfaction[J].*Procedia-Social and Behavioral Sciences*,2014(148)

[186] Yueyuan Cheng.The effect of psychological contract combined with stress and health on employees' management behavior[J].*Fontiers in Psychology*, 2021,9(10)

[187] Zacher H,Rudolph C W.Relationships between psychological contract breath and employee well-being and career-related behavior:The role of occupational future time perspective[J]. *Journal of Organizational Behavior*,2021,42(1)

[188] Zagenczyk T,Cruz K,Woodard A,et al.The moderating effect of machiavel lianismon the psychological contract breach-organizational identification/disidentification relationships[J].*Journal of Business and Psychology*,2013:28(3)